U0873289

"十四五"职业教育国家规划教材

城市轨道交通概论

（第2版）

主　审　徐瑞华

主　编　罗　钦　陈菁菁

副主编　徐旭晖　李　伟　潘伟健

西南交通大学出版社

·成 都·

图书在版编目（CIP）数据

城市轨道交通概论 / 罗钦，陈菁菁主编. —2 版
. —成都：西南交通大学出版社，2021.4（2024.9 重印）
ISBN 978-7-5643-7923-0

Ⅰ. ①城… Ⅱ. ①罗… ②陈… Ⅲ. ①城市铁路－概
论 Ⅳ. ①U239.5

中国版本图书馆 CIP 数据核字（2020）第 262689 号

Chengshi Guidao Jiaotong Gailun

城市轨道交通概论

（第 2 版）

主　编 / 罗　钦　陈菁菁

责任编辑 / 宋浩田
封面设计 / 何东琳设计工作室

西南交通大学出版社出版发行
（四川省成都市金牛区二环路北一段 111 号西南交通大学创新大厦 21 楼　610031）
发行部电话：028-87600564　　028-87600533
网址：http://www.xnjdcbs.com
印刷：四川煤田地质制图印务有限责任公司

成品尺寸　185 mm×260 mm
印张　18.25　　字数　429 千
版次　2017 年 9 月第 1 版　　2021 年 4 月第 2 版　　印次　2024 年 9 月第 6 次

书号　ISBN 978-7-5643-7923-0
定价　63.00 元

课件咨询电话：028-81435775
图书如有印装质量问题　本社负责退换

第2版前言

城市轨道交通是一种大运量、快速、准时、舒适的客运交通系统，能有效解决大城市人口密度高、交通流量大、道路拥堵严重、交通事故多等诸多问题。随着国内一些大城市的轨道交通网络化建设进程快速推进，不同类型的轨道交通线路并行发展，新线路、新技术、新设备的密集投入使用，大大改变原有的运营组织、管理和维护保障模式，呈现出线网结构和规模日趋复杂、不同轨道交通线路制式和功能多元化，列车运行方式多样化、客流需求时空分布特点多重性等特征。城市轨道交通是一个集土木建筑、轨道工程、车辆、供电、通信信号、运营管理等于一体的复杂综合系统。考虑到交通运输（城市轨道交通方向）课程体系建设的需要，本书主要从总体角度概要性介绍城市轨道交通概念、类型、发展情况、系统构成及特点、以及各子系统之间的相互关系，此外，在本次第二版修订中，增加了相关内容的数字资源，旨在使学习城市轨道交通基础理论和专业知识的学生或从事相关工作的人士能初步了解及更直观掌握城市轨道交通的线路工程、轨道结构、车辆、通信、信号系统、供电、运营组织等方面的基本知识，为以后进一步的专业课程学习打下基础。

本书是“城市轨道交通运营管理系列教材”之一，在本书的编写过程中，得到了深圳技术大学城市交通与物流学院和深圳地铁运营集团许多老师、工程师的帮助和大力支持，同时，郭莹、王卓群、莫义弘、侯宇菲、杨永泰、徐涛、项奕凡、林华桢、曾志鹏、陈伟龙、蔡洋、林彬等深圳大学和深圳技术大学研究生和本科生全程参与并做了大量工作，在此一并表示感谢。本书参考了国内外大量书籍、文献和资料，在此谨向相关作者表示崇高的敬意和衷心的感谢。

此外，感谢深圳技术大学教材出版基金及广东省高校轨道交通智慧运维工程技术开发中心（2019GCZX006）、广东省普通高校创新团队（2022KCXTD027）资助。

限于水平，书中难免疏漏或差错，敬请广大读者批评指正。

编　者

2020年10月10日

第1版前言

城市轨道交通是一种大运量、快速、准时、舒适的客运交通系统，能有效解决大城市人口密度大、交通流量大、道路拥堵严重、交通事故多发等诸多问题。随着国内一些大城市的轨道交通网络化建设进程快速推进，不同类型的轨道交通线路并行发展，新线路、新技术、新设备的密集投入使用，大大改变了原有的运营组织、管理和维护保障模式，呈现出线网结构和规模日趋复杂、不同轨道交通线路制式和功能多元化，列车运行方式多样化，客流需求时空分布特点多重性等特征。城市轨道交通是一个集土木建筑、轨道工程、车辆、供电、通信信号、运营管理等于一体的复杂综合系统。考虑到交通运输（城市轨道交通方向）课程体系建设的需要，本书主要从总体角度概要性介绍城市轨道交通概念、类型、发展情况、系统构成及特点、以及各子系统之间的相互关系，旨在使学习城市轨道交通基础理论和专业知识的学生或从事相关工作的人士能初步了解城市轨道交通的线路工程、轨道结构、车辆、通信、信号系统、供电、运营组织等方面的基本知识，为以后进一步的专业课程学习打下基础。

本书是“城市轨道交通运营管理系列教材”之一。在本书的编写过程中，编者得到了深圳大学城市轨道交通学院和深圳地铁集团运营总部许多老师、工程师的帮助和大力支持，同时，郭莹、王卓群、莫义弘、侯宇菲、杨永泰、徐涛、项奕凡、林华桢等深圳大学研究生和本科生全程参与并做了大量工作，在此一并表示感谢。本书参考了国内外大量书籍、文献和资料，在此谨向相关作者表示崇高的敬意和衷心的感谢。

此外，感谢深圳大学教材出版基金的资助。

限于水平，书中疏漏难免，敬请广大读者批评指正。

编　者

2017年6月26日

AR 资源目录

21	第五章 城市轨道交通的轨道结构	第二节 钢轮钢轨轨道结构	悬空式接头	三维模型	P101
22		第二节 钢轮钢轨轨道结构	绝缘接头侧面	动画	P103
23		第二节 钢轮钢轨轨道结构	道岔地段铺设的系列岔枕	动画	P108
24		第二节 钢轮钢轨轨道结构	分开式弹条Ⅱ型扣件	动画	P110
25		第二节 钢轮钢轨轨道结构	DTⅢ2 型扣件截面尺寸	三维模型	P112
26		第二节 钢轮钢轨轨道结构	板式轨道	三维模型	P118
27		第三节 道岔	道岔的转辙部分	动画/三维模型	P121
28		第六节 磁浮交通系统轨道结构	上海磁浮轨道系统	三维模型	P124
29	第六章 城市轨道交通车站	第一节 概述	地面车站	视频	P127
30		第二节 城市轨道交通车站分类	站台布置形式	动画	P131
31		第三节 城市轨道交通车站平面布置与结构	深圳地铁站台门	三维模型	P136
32		第三节 城市轨道交通车站平面布置与结构	某地下车站设备层布置	动画	P137
33		第四节 车站机电设备与管理	BAS 系统结构图	动画	P145
34		第四节 车站机电设备与管理	U/O 风机	三维模型	P147
35		第四节 车站机电设备与管理	自动扶梯结构图	三维模型	P151
36		第四节 车站机电设备与管理	全高封闭式屏蔽门	动画	P153
37	第七章 城市轨道交通车辆	第二节 车辆的基本组成	转向架的基本结构	动画	P176
38		第二节 车辆的基本组成	构架	三维模型	P178
39		第二节 车辆的基本组成	一系弹簧悬挂转向架示意图	动画	P179
40		第二节 车辆的基本组成	两系弹簧悬挂转向架示意图	动画	P180
41		第二节 车辆的基本组成	Scharfenberg 密接式车钩缓冲装置	三维模型	P181
42		第二节 车辆的基本组成	深圳地铁车辆半永久性牵引杆结构	三维模型	P182
43		第四节 车辆段	车辆段总体布局示意图	动画	P190

44	第八章 城市轨道交通供电系统	第二节 电力牵引供电系统	电力系统和城市轨道交通供电系统示意图	动画	P199
45	第九章 城市轨道交通通信信号系统	第三节 闭塞	移动闭塞时列车间隔示意图	动画	P217
46		第四节 联锁	车站进路划分	动画	P221
47	第十章 城市轨道交通运营管理	第一节 运输计划	世界主要城市轨道交通系统运营时间	动画	P240
48		第一节 运输计划	三种列车交路	动画	P243
49		第二节 列车运行图	列车运行图的坐标表示	动画	P247
50		第四节 客运组织	站厅层设置导流栏杆	视频	P266

AR 资源使用帮助：

1. 请按照本书封底的操作提示，下载安装“轨道在线”APP。

2. 安装完成后打开 APP（请允许弹出的所有权限申请，否则将导致 APP 无法正常使用），点击添加图书并输入封底刮层中的 12 位序列号，系统将开始下载 AR 资源包。

3. 下载完成后，请点击图书的图标，然后将手机或平板对准书中带有 AR 标志的插图，即可浏览对应 AR 资源。

目　录

第一章　绪　论

第一节　城市轨道交通的概念与特点

城市轨道交通是在不同形式轨道上运行的大、中运量城市公共交通工具，是当代城市中地铁、轻轨、单轨、自动导向、磁浮等轨道交通的总称，主要服务于城市公共客运，是一种在城市公共客运交通中起骨干作用的现代化交通系统。城市轨道交通车辆在固定导轨上运行，有别于道路交通；服务于城市公共客运，也有别于城际铁路。在中国国家标准《城市公共交通分类标准》（CJJ/T 114）中，将城市轨道交通定义为“通常以电能为动力，采取轮轨运转方式的快速大运量公共交通之总称”。在《城市轨道交通技术规范》（GB 50490—2009）中，城市轨道交通被定义为“采用专用轨道导向运行的城市公共客运交通系统，包括地铁系统、轻轨系统、单轨系统、有轨电车、磁浮系统、自动导向轨道系统、市域快速轨道系统”。

相比于城市道路交通，城市轨道交通具有明显的优势：运能大；运行准时、快速；安全性高；能耗低，无污染，利于环境保护；用地省，能实现大运量的要求，具有明显且良好的社会效益。

1. 容量大

地铁单向每小时运送能力超过 3 万人次，轻轨交通的单向每小时运送能力介乎于 1 万～3 万人次，而公共汽车的单向每小时运送能力仅为 8 000 人次。在客流密集的城市，通过建设轨道交通可在极大程度上缓解交通压力。

2. 运行准时、快速

城市轨道交通是一种独立的有轨交通系统，有专用线路，基本不受道路交通状况的影响，也极少受到其他交通方式的干扰，一般不会出现类似于因道路交通阻塞而延误运行时间这样的问题，可保证旅客准时、迅速抵达目的地。由于轨道交通系统有良好的线路条件与自动控制体系，兼有可靠的安全保障措施，一般城市轨道交通旅行速度为 35～40 km/h，而道路公交的旅行速度通常只有 15～20 km/h。

3. 安全性高

城市轨道交通建于地下或高架，与其他交通工具相互之间无干扰，且自身有可靠的安全保障措施，在没有突发灾害或事故的情况下，运行安全能够得到充分的保障。

4. 能耗低

由于城市轨道交通是大运量集约化的客运系统，如果按每运送一位乘客的能耗多少来评价，是其他任意一种交通方式所无法比拟的，因此可节约大量能源。在同样运输工作量的前提下，小轿车的能耗是轨道交通的 6 ~ 13 倍，公共汽车的能耗是轨道交通的 1.8 倍。

5. 无污染

城市轨道交通采用电力牵引，对环境几乎没有污染，有利于环境和生态保护，对现代都市的可持续发展带来较大且长远的利益。从环境污染量来看，城轨交通的氮氧化合物、硫氧化合物的排放量等指标远低于小轿车及公共汽车。

6. 用地省

正是因为城市轨道交通多建于地下或高架，充分利用了城市空间，节省了日益宝贵的城市土地资源。从土地占用量来看，在同等运能下，道路公交的用地是轨道交通的 8 ~ 10 倍，小轿车则对土地资源的要求更高。

尽管轨道交通拥有上述种种优势，但其局限性亦不容忽视。首先，城市轨道交通建设投资巨大，施工要求高且难度大，而运营成本高昂，经济效益有限，如果没有足够强的整体经济实力，是无法承受此等巨额投资的。其次，城市轨道交通系统建设周期长，一条线路的建设短则几年，长则可达十余年，甚者数十年之久，对于周边的影响不言而喻。最后，建成后的线路调整难度大，线路和车站均为永久性结构，一旦建成后改造的成本巨大。因此，决定是否建设城市轨道交通前需要谨慎细致地开展前期研究，切不可盲从跟风。

第二节　轨道交通的发展历史

人类古代文明的发源都与河流有关，如两河流域文明、恒河流域文明与黄河流域文明等，一个重要原因是史前的人类无法解决在地面上克服摩擦力来运送重物的问题，因而只能采用水运。因此，早在公元前一万年，世界各地的人们就开始进行水上交通运输。直到公元前 3 500 年，轮子的出现才改进了人类的陆上交通工具。而近代文明前的陆上重物运输往往借助于轨道，人们在不平整的地面上铺设了由原木或打磨过的石灰石组成的轨道，借助人力或畜力推拉安放在轨道上的重物。人类使用轨道的最早记载是在公元前六世纪，在希腊有一条 6 km 长的轨道，称作 Diolkos（Δίολκος），其用于将船只从地中海的萨罗尼科斯湾（Σαρωνικός）拖至科林西亚湾（Κόρινθος）。奴隶拉着载着船只的架子沿轨道将其搬运至目的地。

马拉轨道车辆出现在希腊、马耳他和罗马帝国，而在至少两千年后才出现使用加工过的石材作为轨道，轨道有凹槽或挡肩，限制车轮只能沿轨道行走。直至十八世纪中叶，因铁质车轮对木质轨道会带来严重损坏，才发明了铁制轨道，但轨道强度不足，容易发生变形，此后又出现类似现代钢轨的轨道形式，铁质车轮内侧高出轮踏面从而形成轮缘，卡在铁轨间以提供车辆的导向力以保证车辆沿轨道行驶。到十九世纪中叶，因为蒸汽牵引已占据交通动力的主导地位，所以铁轨也逐渐开始占据主导地位。而在十九世纪二三十年代，在伦敦和纽约就已经出现了公共马拉或驴拉轨道车辆被用于城市客运。十九世纪八十年代前后，公共马拉或驴拉车辆更是风靡北美各大城市。

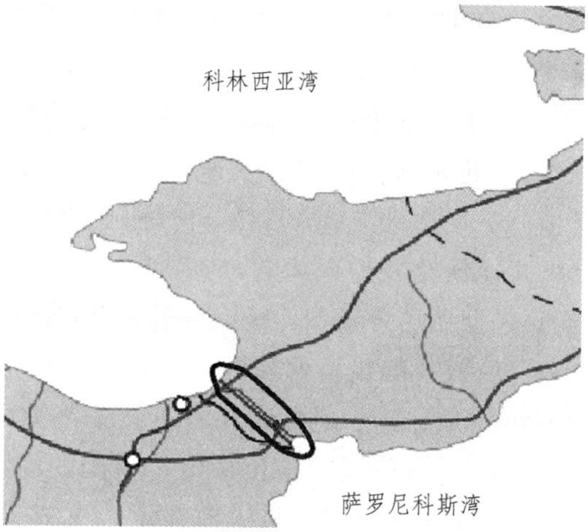

图 1.1　希腊 Diolkos（Δίολκος）轨道（图中黑圈内部）示意图

蒸汽机问世后，人们逐渐开始设想将其运用到驱动车辆运动上来的可能性。1769 年，法国工程师居纽造出了第一辆蒸汽驱动的三轮汽车。1801 年，英国也出现了蒸汽汽车，但由于传统运输业带来的压力，这类车辆只允许在专用轨道上行驶。随后在 1803 年，英国人特里维西克制成第一台实用铁路蒸汽机车，最高时速可达 5 km/h。1823 年，斯蒂文森主持修建英格兰北部煤矿城市斯托克顿与沿河城市克林顿之间的首条商用铁路，正式将火车推向实用。1825 年 9 月 27 日，斯蒂文森亲自驾驶其设计制造的“旅行号”机车在铁路上试车，取得了空前的成功。该机车牵引 6 节煤车、20 节满载的旅客的客车，载重达到 90 t，时速 15 km/h。1830 年，利物浦—曼彻斯特铁路贯通，斯蒂文森驾驶的“火箭号”时速达到 29 km/h，该车完全使用蒸汽牵引，全程未出现故障，这一事件宣告了“铁路时代”的到来。

此后，西方诸国大力推进铁路建设，修建铁路的热情高涨。从 1840 年到 1913 年，世界铁路运营里程从 8 000 千米猛增至 110 万千米。几乎所有西方国家都不遗余力地加入这一行列，将大笔资金及大部分的钢材都投入到铁路建设中去，其中又以美国最甚，仅 1881 年至 1890 年的十年间，就创下了运输年均修建 1 万千米铁路，每年钢产量的 70%都用于轧制钢轨的纪录。铁路的快速及超前发展，奠定了西方资本主义国家工业化的坚实基础。第一次世界大战前，铁路已经垄断了陆上交通运输。在美国，98%的城市间旅客周转量由铁路承担，在其他资本主义国家，交通运输量的 80%以上由铁路承担。铁路发展在 1940 年达到鼎盛时期，全球铁路运营里程已达到 135.6 万千米。

第二次世界大战后，铁路的发展大受打击，其原因主要是汽车运输与航空运输的崛起。一方面，汽车制造业以及高速公路网的跨越式发展夺取了铁路在中短途运输中的份额，而汽车的自由程度则更是铁路所不可比拟的，这严重削弱了铁路的发展。另一方面，现代航空业以及喷气式飞机的发展则抢占了铁路长途运输的份额。尽管乘坐飞机费用高昂，但其时间成本却比当时的铁路降低不少，这进一步打压了铁路的发展。除了其他交通方式的竞争因素外，铁路公司内部的恶性竞争与行业内部的不思进取，加之新技术未能得到及时采用，最终导致轨道交通行业每况愈下，陷入了“夕阳产业”的窘境。但在 1973 年发生的第一次石油危机后，铁路的发展再一次得到人们的重视。与此同时，集装箱货运的发展也带动了铁路的复苏，尤其是1964年日本东海道新干线的通车让人们再一次发现了铁路运输的巨大潜力。此后，铁路的发展迎来第二春，西欧诸国紧随日本也开始了高速铁路的研制工作，其中又以法国的TGV（Train à grande vitesse）和德国的ICE（Intercity Express）最具代表性。从2007年开始，中国也加入高速铁路快速发展的行列，截至2019年年底，中国高速铁路通车里程已达到3.5万千米，居全球首位。除中国、日本、法国、德国外，全球还有韩国、西班牙等国已建成高速铁路并投入运营。

在铁路发展与城市交通日趋拥挤的背景下，城市轨道交通应运而生。1863年1月10日，由英国律师查尔斯·皮尔逊在伦敦发起投资修建的“大都会铁路”（Metropolitan Railway）正式通车运行，此即世界上第一条地铁。它的诞生，为人口密集的大都市如何发展公共交通提供了一个解决方案。此后，包括英国的格拉斯哥、美国的纽约等在内的大城市相继建成地铁，特别是1879年电力机车的成功研制，极大改善了地下客运环境和服务条件。1900～1924年，法国巴黎、德国柏林、美国费城等大城市相继建成地铁。随着第二次世界大战爆发，全世界的城市轨道交通建设处于低潮，但仍有日本的东京、大阪等少数城市修建了地铁。由于汽车产业和快速公路的迅猛发展，城市轨道交通发展陷入停滞。1973年第一次石油危机以及城市里日益严重的交通问题让人们重新认识到城市轨道交通的优越性，促使人们重新向市中心聚集。此后数十年间，城市轨道交通取得长足发展。在1975～1995年的20年间，世界上有三十余座城市建成或正在修建地铁，包括华盛顿、温哥华、香港、上海等。进入21世纪，由于世界经济的进一步发展，不仅是发达国家，发展中国家的许多城市也在大力发展城市轨道交通，且制式渐趋多样化，一度被拆除的有轨电车也在部分国家和地区以全新的面貌出现在世人面前。

第三节　世界城市轨道交通的发展

本节主要介绍国外比较有代表性的城市轨道交通系统，包括巴黎、伦敦、东京、莫斯科和纽约等的城市轨道交通系统。

一、伦敦

伦敦城市轨道交通系统规模庞大，历史悠久。其地铁系统（英文名为 Underground 或 The tube）是欧洲规模最大、世界建成最早的，首条线路于1863年1月10日便建成通车。除久负盛名的地铁外，伦敦的城市轨道交通系统还包括码头区轻轨（Docklands Light Railway，DLR）、横贯铁路（Crossrail）、地上铁（Overground）、有轨电车线（Tramlink）以及由国家铁路运营的市郊铁路。截至2019年年底，总共有11条地铁线路投入运营，码头区轻轨DLR有7条路线，地上铁Overground共有6条线路，横贯铁路目前只开通1条线路，贯穿伦敦市区并连接伦敦郊区与市中心，于2019年12月全线通车。有轨电车Tramlink共有4条线路。大伦敦地区轨道交通线网如图1.2所示，两个站台如图1.3和1.4所示。

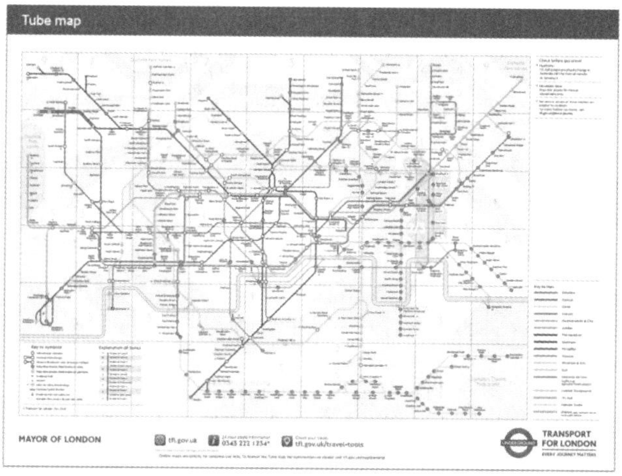

图 1.2　大伦敦地区轨道交通线网图

图 1.3　伦敦地铁北线（Northern Line）国王十字-圣潘克拉斯站（King's Cross-St. Pancras）站台

图 1.4　码头区轻轨格林威治站（Greenwich）站台

伦敦地铁服务于大伦敦地区及邻近各郡，是世界上最早建成的地铁。为应对人口快速增长所导致的严重交通问题，早在 19 世纪 30 年代，律师查尔斯·皮尔森就提出了修建地下铁路穿城而过的想法，但由于资金等问题，线路直到 1860 年才开始修建。线路均采用明挖法修建，并被称为“大都会铁路”（Metropolitan Railway），从帕丁顿（Paddington）到法灵顿街（Farrington Street），全长 6 km。如今这段线路是环线（Circle）、汉默史密斯及城区线（Hammersmith & City）以及大都会线（Metropolitan）的一部分。线路在 1863 年 1 月 10

日正式通车运行，运营时借用了大北方铁路公司（Great Northern Railway，GNR）的蒸汽机车和车辆。尽管常有乘客被浓烟熏得晕过去，但通车首年即运送 950 万人次，翌年更跃升至 1 200 万人次，足见其成功。此后，线路埋深加大，修建时隧道截面被挖成近似的圆形，“tube”的绰号便由此而来。在 1890 年前后，蒸汽机车逐步被替换为电力机车。尽管地铁被称为 Underground，但事实上只有 45%的线路位于地下，其他大部分线路（尤其是在伦敦外围区域）均位于地面以上。早期的地铁线路由多家私营铁路企业运营，后来才统一由伦敦交通局（Transport for London，TL）下辖的伦敦地铁有限公司（London Underground Limited，LUL）运营。现今的伦敦地铁线路概况如表 1-1 所示。

表 1-1　伦敦地铁线路概况表

线路名称	启用时间	里程/km	起讫站		车站数	使用车型
贝克卢线	1906 年	23.2	哈罗威尔斯顿	象堡	25	1972 Stock
中央线	1900 年	74.0	西瑞斯丽普/伊灵道	海恩诺特/伍德福德/埃平	50	1992 Stock
环线	1884 年	27.2	汉默史密斯	艾威道	35	S7 Stock
区域线	1868 年	64	伊灵道/肯辛顿—奥运/里士满/温布尔顿	艾威道/上敏斯特	60	D78 Stock S7 Stock
汉默史密斯及城区线	1863 年	25.5	汉默史密斯	巴金	29	S7 Stock
朱比利线	1979 年	36.2	斯坦莫尔	斯特拉福德	27	1996 Stock
大都会线	1863 年	66.7	贝克街/奥德门	阿默舍姆/切舍姆/阿克斯桥/华特福德	34	S8 Stock
北线	1890 年	58.0	肯宁顿/莫登	艾威/上巴奈特/东米尔山	50	1995 Stock
皮卡迪利线	1906 年	71.0	卡克福斯特斯	希斯罗机场 2、3 号客运大楼/4 号客运大楼/5 号客运大楼/雷纳道/阿克斯桥	53	1973 Stock
维多利亚线	1968 年	21	布里克斯顿	沃尔瑟姆斯通中心	16	2009 Stock
滑铁卢及城区线	1898 年	2.5	银行纪念碑	滑铁卢	2	1992 Stock

伦敦地铁的运营方式独具一格，特别是共线运营，其共轨方式与规模特点都比较突出。在共轨的线路规模上，共轨区段里程约 68 km，涉及的共轨线路有 6 条，共轨车站约 70 座，约占车站总数的 26%。在共轨的组合方式上，不仅地铁线路与市郊铁路或地上铁共轨，而且地铁线路与有轨电车线路间也存在共轨运行区段。这样设计，从乘客的角度来看，减少了换乘走行距离和时间，提高了换乘效率，极大地满足了不同方向的换乘需求；从地铁运营者的角度来看，缓解了换乘车站的换乘压力。伦敦地铁高水平的线路共轨运行运营组织，对运输计划编制水平、列车运行安全保障技术以及轨道列车信号等的升级改造提出更高的要求。

码头区轻轨线是 1987 年开通的一条全自动化轨道交通线路，最早是为了振兴因货运量锐减而衰败的码头区（Docklands）而规划的。该线路有部分是利用了原有的一条货运铁路，迄今该条线全长 39 km，共计有 45 座车站投入运营，其中又有六条线路（支线）。由于客运量小，该线路采用两节编组列车运行的方式。

大伦敦地区的市域快轨系统主要包括地上铁、横贯铁路（Crossrail）以及由 19 家私营运营公司运营的部分国家铁路线路，其中地上铁是 2007 年启用的通勤铁路系统，它为大伦敦地区以及邻近的哈特福德郡（Hertfordshire）提供通勤服务。线路全长 167 km，共计 9 条线、112 座车站。该系统的部分线路属国家铁路网，但由 TL 授权控制管理。自 2016 年起，该线网由 Arriva 公司获得授权进行管理。另一条通勤铁路是横贯铁路。这是一条贯穿伦敦市区、连接伦敦郊区与市中心的城市铁路，西起雷丁（Reading），途经希斯罗机场（Heathrow），东西贯穿整个伦敦城，东达申菲尔德（Shenfield）和埃比伍德（Abbey Wood），随着 2019 年 12 月雷丁（Reading）的延伸线建成通车，横贯铁路至此前线通车开始运营。除地上铁和横贯铁路外，大伦敦地区的市域快速轨道系统还包括国家铁路网授权 19 家私营企业运营的线路，其里程超过 3 000 km，超过 70%的线路位于伦敦中心城区以外的地区，线网密度颇高，并且在不同的交通圈形成不同的站点密度及站间距。在伦敦中心区内部，市域快速轨道交通站点密集，站间距较短；离中心区越远，则站间距越大，适应了大都市不同交通圈的不同交通特征，以及出行的多样化需求。在伦敦中心区内部，市域快速轨道交通线路总长达到 788 km，车站数高达 321 座，平均站距为 2.5 km；近郊区（50 km 交通圈）市域快速轨道交通总长 923 km，车站 254 座，平均站距约 3.5 km；远郊区（100 km 交通圈）线路总长高达 1 360 km，但仅有 173 座车站，平均站距达到 7.5 km。

有轨电车线 Tramlink 是服务于伦敦南部克罗伊登（Croydon）地区的一个有轨电车系统，在 2000 年投入运营。和大多数西方国家大城市相似，伦敦的有轨电车也曾占据公共交通出行的半壁江山。但在 1935 年，由于其便利性远不及柴油驱动的公共汽车与私家车，发展遭遇困境，并在 1952 年被全部拆除。直至 1994 年，议会才批准修建克罗伊登有轨电车。Tramlink 使用低地板车辆，并利用部分既有的国家铁路线路，在城市道路上，Tramlink 与道路交通共有路权。与下述的法国法兰西岛大区（Région d'Île de France）有轨电车多条线路独立运营不同，Tramlink 虽有 4 条路线，但在部分路段共轨运营。

二、巴黎

本节提及的巴黎城市轨道交通系统，指的是巴黎市区及其所属的法兰西岛大区的城市轨道交通系统，包括在巴黎市区及近郊运行的地铁（Métro）、近郊省份的有轨电车、连接巴黎市中心和法兰西岛大区的区域快线（Réseau Express Régional，RER）和远郊铁路 Transilien（部分线路运行范围延伸至周边大区的邻近市镇）。截至 2019 年年底，总共有 16 条地铁线路（14 条主线，2 条支线）、5 条 RER 线路、10 条有轨电车线路，以及 8 条 Transilien[①] 远郊铁路，运营商为巴黎独立公交公司（Régie autonome des transports parisiens，RATP）以及法国国家铁路公司（Société nationale des chemins de fer français，SNCF），其中巴黎地铁、RER A、B 线部分区段以及除有轨电车 4 号线以外的有轨电车线均由 RATP 运营，其余线路由 SNCF 运营。法兰西岛大区轨道交通线路图如图 1.5 所示。

① 在 SNCF 运营区段上的所有轨道交通线统称为 Transilien，但为便于区别，Transilien 常指从巴黎市区内各大火车站始发的远郊铁路，并与区域快线及有轨电车 T4 相区别。

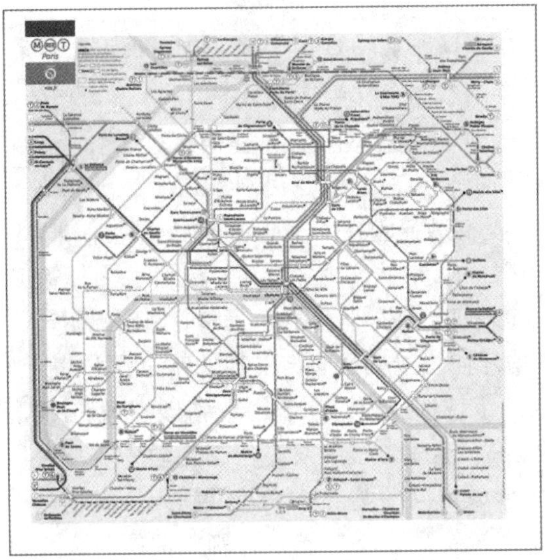

图 1.5　法兰西岛大区轨道交通线路图

（一）地铁

早在 1865 年，巴黎市政府即与西部铁路公司（Chemins de fer de l'Ouest）签订了关于修建内环线铁路的协议，但修建城市地铁线路的计划却一波三折。由于 1900 年万国博览会及第二届夏季奥运会的临近，1895 年，巴黎市政府最终同意修建一条地铁线路，这便是后来的巴黎地铁 1 号线。该线路于 1898 年 11 月动工，在 1900 年 7 月 19 日下午 1:00 正式投入运营。受到客流持续攀升的鼓舞，巴黎市政府加快了地铁修建的步伐，并在 1910 年实现了早期地铁网的通车运营，比原定计划提前了一年多。到 1935 年，共有十余条线路投入运营，巴黎市区地铁网初步成型。此后数十年内巴黎并没有再新建地铁线路，直到 1988 年，由于 1977 年通车的 RER A 线已不堪重负，RATP 遂向政府提议在塞纳河右岸修建一条与 RER A、D 线平行的全自动的新地铁线，即新 14 号线[1]。该线首期从玛德莱娜（Madeleine）发车，到弗郎索瓦·密特朗图书馆（Bibliothèque François Mitterrand），该线于 1992 年动工，于 1997 年 6 月开始试运营，于 1997 年 10 月 15 日正式通车。此后该线路在两端分别延长至圣拉扎尔站（Saint-Lazare）和奥运站（Olympiades）。

与早期的地铁系统相似，巴黎地铁的站距普遍较短，最短仅有 465 m，平均站距也仅为 548 m，一方面方便了乘客的出行，但另一方面也增加了列车运行时间，同时也对列车的起动和制动性能提出了更高要求，因此巴黎早在 20 世纪 50 年代即开始着手开展将部分既有线路改造为胶轮地铁的工作，已改造的线路有 1、4、6、11 号线，巴黎地铁线路概况如表 1-2 所示。

巴黎地铁 2 号线民族广场（Nation）终点站如图 1.6 所示，巴黎地铁 14 号线里昂车站（Gare de Lyon）如图 1.7 所示。

① 在现有的 14 号线之前，上世纪 30 年代曾有一条从荣军院（Invalides）到旺午门（Porte de Vanves）的地铁，当时称为 14 号线，后在 60 年代并入 13 号线。

图 1.6　巴黎地铁 2 号线民族广场（Nation）终点站

图 1.7　巴黎地铁 14 号线里昂车站（Gare de Lyon）

表 1-2　巴黎地铁线路概况

线路	起讫站	开通年份	长度（地面线长度）/km	车站数	车型	每列车辆数	轨道形式
1	德方斯↔万塞讷城堡	1900 年	16.6（0.6）	25	MP 05	6	橡胶轮胎钢轨
2	王妃门↔民族广场	1900 年	12.3（2.2）	25	MF 01	5	钢轮钢轨
3	勒瓦卢瓦—贝孔桥↔加列尼	1904 年	11.7	25	MF 67	5	
3bis	冈贝塔↔丁香门	1921 年	1.3	4	MF 67	3	
4	克利尼昂古门↔红山镇	1908 年	12.1	27	MP 89CC	6	橡胶轮胎钢轨
5	波比尼—帕博罗·毕加索↔意大利广场	1906 年	14.6	22	MF 01	5	钢轮钢轨
6	夏尔·戴高乐—星形广场↔民族广场	1907 年	13.7（6.1）	28	MP 73	5	橡胶轮胎钢轨
7	新廷—欧洲胜利日↔犹太城—路易·阿拉贡/伊芙希镇	1910 年	22.5	38	MF 77	5	钢轮钢轨
7bis	路易·布朗↔佩—圣热尔韦	1911 年	3.1	8	MF 88	3	
8	巴拉德↔湖之角	1913 年	23.4（4.1）	38	MF 77	5	
9	塞弗尔桥↔蒙特勒伊镇	1922 年	19.6	37	MF 01	5	
10	布洛涅—圣克卢桥↔奥斯特里茨车站	1913 年	11.7	23	MF 67	5	
11	夏特莱↔丁香门	1935 年	6.3	13	MP 59 MP 73	4	橡胶轮胎钢轨

续表

线路	起讫站	开通年份	长度（地面线长度）/km	车站数	车型	每列车辆数	轨道形式
12	人民阵线↔伊希镇	1910 年	15.3	29	MF 67	5	钢轮钢轨
13	阿涅尔—热讷维利埃—库尔蒂伊/圣德尼—大学↔夏蒂永—红山	1911 年	24.3 （2.4）	32	MF 77	5	
14	圣拉扎尔↔奥运	1998 年	9.2	9	MP 89 CA MP 05	6	橡胶轮胎钢轨

（二）区域快线 RER 及远郊铁路 Transilien

巴黎区域快线及远郊铁路的前身是法国各大铁路公司在 19 世纪于巴黎城门外修建的铁路，包括小环线（La Petite Ceinture）、国玺线（Ligne de Sceaux）等线路。为应对郊区面积不断扩大的局面，早在 20 世纪 20 年代，相关部门便着手拟定区域地铁的实验性计划，但直到 1961 年才开始修建巴黎西北的德方斯（La Défense）与民族广场之间的连接线，这段地下连接线与既有的万塞讷线及西部的线路连接组成现在看到的 RER A 线。万塞讷（Vincennes）以东的线路早在 1969 年就以“区域地铁”（Métro régional）的名称投入运营，而完整的 A 线在 1977 年年底才对公众开放。在 A 线取得巨大成功后，B、C、D 线也逐步以完整的线路投入运营。RER B 线拉普拉斯（Laplace）站如图 1.8 所示。

图 1.8　RER B 线拉普拉斯（Laplace）站

A 线的成功在另一个角度来看无疑加大了其本身的负担。因此除上文所述通过修建地铁新 14 号线缓解巴黎市区客流压力外，E 线的修建也同时被提上了议程。由于施工进度缓慢，原本预计于 1998 年通车的线路押后至 1999 年通车。该线通车时始于巴黎市区的奥斯曼—圣拉扎尔车站（Haussmann Saint-Lazare），终于东部的舍勒—顾尔奈（Chelles-Gournay）及马恩河畔维利耶—普莱西特列韦斯（Villiers-sur-Marne-Le Plessis-Trévise），后于 2003 年年底延长至图尔南（Tournan）。由于种种原因，原本将 E 线向西延长的计划遭到拖延。由法国国家铁路公司运营的远郊铁路的发展历程与 RER 相仿，其线路大多由 SNCF 的既有线路一脉相承，并一直以郊区线路的名称运营，以巴黎市内六大火车站及巴黎西北的德方斯（La Défense）为始发站。

巴黎区域快线及远郊铁路有着独特的运营模式。由于支线众多，开行的列车不仅有复杂的长短交路之分，还有快慢车之分，SNCF 开发了一个独特的编码系统，并在之后于 RATP 所属区段上也加以推广。该系统将每条线路上方向不同、停站不同的列车班次用四个字母组成的单词予以命名，部分线路上还会在其后加注两位编号，便于拼读记忆以及辨认行车方向。

RER A 线阿谢尔城（Achères-Ville）站如图 1.9 所示，RER C 线热讷维利埃车站（Gennevilliers）的老式列车信息板如图 1.10 所示，巴黎区域快线 RER 及远郊铁路 Transilien 线路概况表如表 1-3 所示。

图 1.9　RER A 线阿谢尔城（Achères-Ville）站

图 1.10　RER C 线热讷维利埃车站（Gennevilliers）的老式列车信息板

表 1-3　巴黎区域快线 RER 及远郊铁路 Transilien 线路概况表[1]

<table>
<tr><th>线路</th><th>启用年份</th><th>车站数</th><th>长度/km</th><th>运营商</th><th>使用车型</th></tr>
<tr><td>A</td><td>1969 年</td><td>46（12/34）[2]</td><td>108</td><td>RATP
SNCF</td><td>MI 84
MI 2N
MI 09</td></tr>
<tr><td rowspan="2">B</td><td rowspan="2">1977 年</td><td rowspan="2">47（16/31）[2]</td><td rowspan="2">80</td><td>RATP</td><td>MI 79</td></tr>
<tr><td>SNCF</td><td>MI 84</td></tr>
<tr><td rowspan="4">C</td><td rowspan="4">1979 年</td><td rowspan="4">84</td><td rowspan="4">187</td><td rowspan="15">SNCF</td><td>Z 5600</td></tr>
<tr><td>Z 8800</td></tr>
<tr><td>Z 20500</td></tr>
<tr><td>Z 20900</td></tr>
<tr><td>D</td><td>1987 年</td><td>59[3]</td><td>197[3]</td><td>Z 20500[4]</td></tr>
<tr><td rowspan="2">E</td><td rowspan="2">1999 年</td><td rowspan="2">22</td><td rowspan="2">56</td><td>Z 22500</td></tr>
<tr><td>Z 50000</td></tr>
<tr><td>H</td><td>1999 年</td><td>46</td><td>138</td><td>Z 50000</td></tr>
<tr><td rowspan="2">J</td><td rowspan="2">1999 年</td><td rowspan="2">52</td><td rowspan="2">256</td><td>BB 27300+VB 2N</td></tr>
<tr><td>Z 50000</td></tr>
<tr><td>K</td><td>1999 年</td><td>10</td><td>61</td><td>Z 50000</td></tr>
<tr><td rowspan="2">L</td><td rowspan="2">1999 年</td><td rowspan="2">40</td><td rowspan="2">86</td><td>Z 6400</td></tr>
<tr><td>Z 50000</td></tr>
</table>

续表

线路	启用年份	车站数	长度/km	运营商	使用车型
N	1999 年	35	117		BB 7600/BB 27300+VB 2N
					Z 8800
P	1999 年	40	252		BB 67400+RIB/RIO
					Z 20500
					B 82500
					U 25500
					Z 50000
R	1999 年	24	164		Z 5300
					Z 5600
					Z 20500
U	1999 年	10	31		Z 8800

注：① A～E 线为 RER，H～U 线为 Transilien。
② 括号内数字分子为 RATP 下辖车站数，分母为 SNCF 下辖车站数。
③ D 线线路长度不含位于法兰西岛以外线路的长度。
④ D 线在里昂车站以南的线路偶有采用 Z 5300、Z 5600 列车的情形。

（三）有轨电车

在 1930 年以前，有轨电车一直是巴黎及其近郊的一种重要的交通方式，但由于其本身的问题以及汽车快速发展所带来的竞争，迫于舆论与政治的双重压力，绝大多数的有轨电车线路从 1930 年开始陆续遭到拆除。但此后伴随着道路交通的一些严重问题以及爆发的第一次石油危机令法国政府重新开始审视有轨电车的发展。经过多年的研究讨论，1992 年首条电车线终于在巴黎北部的塞纳-圣德尼省（Seine-Saint-Denis）动工建设，并在同年通车运营。此即有轨电车 1 号线（T1），由 RATP 运营。1993 年，RATP 在原有的皮托至伊希平原线（Ligne de Puteaux à Issy-Plaine）的基础上开始修建有轨电车 2 号线（T2），在 1997 年开通运营，也同样大获成功。此后，有轨电车建设在法兰西岛大区逐步展开。最新开通的线路是有轨电车 11 号线（T11），这条线路是有轨电车北部切向线（Tangentielle Nord）计划中的一部分，该线路第一期在 2017 年 7 月 1 日通车，是法兰西岛大区首条有轨电车快线，全长约 11 km。全线设 7 座车站，连接巴黎北部的塞纳河畔艾比内（Épinay-sur-Seine）、维尔塔讷斯（Villetaneuse）、布尔歇（Le Bourget）等地，平均站距达到 2 150 m，由 SNCF 运营，采用与 4 号线相同的铁路-电车制式（Tram-train）。未来线路将继续向东西两端延伸，预计于 2027 年实现全线通车。

法兰西岛有轨电车 4 号线邦迪（Bondy）站如图 1.11 所示，法兰西岛有轨电车 6 号线如图 1.12 所示。

截至 2019 年年底，法兰西岛有轨电车共有 10 条线路投入运营。法兰西岛有轨电车种类杂乱，采用了四种互不兼容的技术标准（具体见表 1-4）。尽管线路制式各不相同，但整个电车系统还是发挥了相当大的作用。它作为地铁、RER、Transilien 网络的连接与延伸线路，极大地便利了郊区旅客的出行，同时弥补了 RER、Transilien 网络在郊区路段站距较长的缺点。未来有轨电车将再建 4 条新线，其中 9、10 号线已于 2017 年正式动工兴建，采用目前常见的现代有轨电车制式，预计将在 2020～2021 年开通。12、13 号线将组成法兰西岛电车快线，利用部分既有的重型铁路线，采用和 4 号线相同的铁路—有轨电车制式，12、13 号线预计最快将在 2020 年部分投入使用。

图 1.11　法兰西岛有轨电车 4 号线邦迪（Bondy）站

图 1.12　法兰西岛有轨电车 6 号线

表 1-4　法兰西岛大区有轨电车概况表

线路编号	起讫站	启用年份	线路长度/km	车站数	车型	形式	车辆宽度/m	长度/m	定员数	模块数
1	阿涅尔—热纳维利埃—库尔蒂伊↔诺瓦西—塞克	1992 年	17	36	法国标准电车 TFS	部分低地板钢轮钢轨电车	2.30	29.4	178～252	3
2	贝宗桥↔凡尔赛门	1997 年	17.9	24	阿尔斯通 Citadis 302		2.40	32.2	213	5
3a	加利格里阿诺桥↔万塞讷门	2006 年	12.4	25	Citadis 402	完全低地板钢轮钢轨电车	2.65	43.4	304	7
3b	万塞讷门↔小教堂门	2012 年	9.9	18	Citadis 402			43.4		
4	欧奈丛林↔邦迪	2006 年	7.9	11	U 25500（西门子 Avanto S70）	铁路-电车部分低地板		37	242	5
5	圣德尼墟↔加尔什—萨尔塞勒	2013 年	6.6	16	Translohr STE3	完全低地板橡胶轮胎电车	2.20	25	127	3
6	夏蒂永—蒙图日↔维霍夫莱右岸	2014 年	14	21	Translohr STE6			46	170	6
7	犹太城—路易·阿拉贡↔埃松门	2013 年	11.2	18	阿尔斯通 Citadis 302	完全低地板钢轮钢轨电车	2.40	32.7	200	5
8	圣德尼—巴黎门↔维尔塔讷斯—大学/塞纳河畔艾比内	2014 年	8.5	17				32.7		
11	塞纳河畔艾比内↔布尔歇	2017 年	11	7	U 53600（阿尔斯通 Citadis Dualis）	铁路-电车完全低地板	2.65	42	250	4

尽管在建设过程中遭遇重重阻力，且建设周期漫长，但总体而言，法兰西岛的轨道交通系统仍然是相当成功的。它大幅减少了整个大区内汽车的使用，缓解了交通拥堵，极大地便利了通勤人员的出行，同时带动了巴黎周边省份的发展。但是，由于部分设施建设时间较早，已经出现了相当程度的老化现象，故障时有发生。同时，在社会治安环境逐渐恶化的情况下，乘车安全问题也应予以高度关注。

三、东京

东京实指“东京都市圈”，包含东京都以及周围的神奈川县、群马县、栃木县、埼玉县、茨城县以及千叶县。东京的轨道交通网是东京都市圈公共交通的重要组成部分，是最主要的交通出行方式。它有高度发达的地铁系统以及市域快速轨道交通系统，主要由地铁、JR（Japan Railway）及各私铁公司经营的市域快速轨道、有轨电车、自动导向系统、单轨组成。在整个东京都市圈内，总共有多达 882 座的铁路车站，每日客流量可达 4 000 万人次，仅新宿站日的客流量即达 342 万人次。线路数量多达 121 条，由 30 家运营商共同运营。东京都市圈轨道交通线网图如图 1.13 所示。

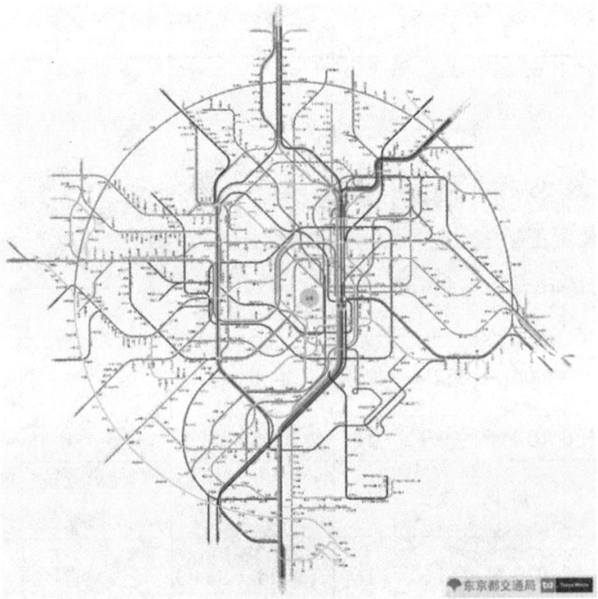

图 1.13　东京都市圈轨道交通线网图

（一）地铁

东京地铁实际上由两家运营商共同负责 13 条线路的运营，分别是东京地下铁株式会社和东京都交通局，其中由东京都交通局运营的线路又称为都营地下铁。东京地下铁 9 条，都营地下铁 4 条，所有线路总长 304.1 km。东京地铁平均每天的客流量超过 800 万人次，但是这仅占整个铁路网日客流量的 22%。

在地铁进入东京以前，东京市区最主要的公共交通方式是于 1903 年开通的有轨电车。但由于经济的高速发展，有轨电车客运能力变得捉襟见肘，时常人满为患，高峰期候车时间长达一个小时甚至更多，以致有乘客被迫挂在车厢外部，极端拥挤的有轨电车成为人们揶揄的“东京特产”。1914 年，日本实业家早川德次赴欧洲考察，对伦敦等地的地铁系统印象深刻，遂立下大志，要在东京修筑地铁。此后经历重重困难，最终在早川德次主导下，东京乃至整个远东地区真正意义上的首条地铁在 1927 年 12 月 30 日建成通车。线路从上野站到浅草站，全长 2.2 km，当时由早川德次发起的东京地下铁道株式会社运营，而早川也因此被誉为东京地铁之父。随后在 1938 年，当时的另一家运营公司——东京高速铁道株式会社开通了该公司的地铁线，从青山六丁目（今表参道）至虎之门，并在 1939 年延伸至新桥站。但由于两家运营商各自为政，导致了两个新桥站之间的换乘需要出站，最终经过协商，两段线路经过新桥站贯通运营。这两段地铁线现在都是银座线的一部分，而这两家运营公司数年后合并为帝都高速度交通营团，即现在的东京地下铁。由于战争带来的社会动荡，日本一直到 1954 年才开通新的地铁线路——丸之内线，该线路从池袋到御茶之水，随后相继延伸至淡路町、东京、西银座（今银座）等，最终至新宿。而都营地铁也在 1955 年诞生，奠定了如今两大运营商运营地铁的格局。

东京地下铁丸之内线新宿站站台如图 1.14 所示，东京地铁日比谷线中目黑站如图 1.15 所示。

图 1.14　东京地下铁丸之内线新宿站站台

图 1.15　东京地铁日比谷线中目黑站

自 1960 年起的 40 年间，东京地铁迎来大建设时代。与此同时，战后的日本经济快速腾飞，经历了第二次城市化时期，大量人口涌入东京都市圈，住宅也相应延伸至市区以外，通勤需求增长迅速，日本国电在1956年的运输量超过20亿人次，最拥挤的一小时拥塞度[1]逼近300%，市郊的私铁稍好一些，但拥挤度仍超过200%，且逐年增加。此外，私铁公司始终不放弃将线路延伸至山手线内的计划，在此之前并不允许这种做法。有鉴于此，私铁线与地铁线的贯通运营（直通運転）被提上了日程。此后新建设的日比谷线、浅草线、荻窪线均具备了贯通运营的技术条件，同时包括京成电铁等私铁公司也配合两家地铁公司进行改造。1960年，都营地铁浅草线与京成线开始贯通运营，效果显著。乘客不必在换乘结点换乘，而是直接抵达市中心，缓解了山手线上各站的拥挤状况，与私铁的贯通运营也成了东京地铁的一大特色。东京地铁各线路概况如表1-5所示。

表1-5　东京地铁线路概况表

<table>
<tr><th colspan="2" rowspan="2">线路名称</th><th rowspan="2">运营商</th><th rowspan="2">起讫站</th><th rowspan="2">线路长度/km</th><th rowspan="2">通车时间</th><th colspan="3">贯通运营线路</th></tr>
<tr><th>运营商</th><th>贯通区间长度/km</th><th>线路</th></tr>
<tr><td colspan="2" rowspan="10">浅草线</td><td rowspan="10">都营地下铁</td><td rowspan="10">西马込↔押上</td><td rowspan="10">18.3</td><td rowspan="10">1960年</td><td rowspan="4">京成电铁</td><td rowspan="4">64.6</td><td>押上线</td></tr>
<tr><td>本线</td></tr>
<tr><td>成田空港线</td></tr>
<tr><td>东成田线</td></tr>
<tr><td rowspan="4">京滨急行电铁（京急）</td><td rowspan="4">73.4</td><td>本线</td></tr>
<tr><td>空港线</td></tr>
<tr><td>逗子线</td></tr>
<tr><td>久里滨线</td></tr>
<tr><td>北总铁道</td><td>49.9</td><td>北总线</td></tr>
<tr><td>芝山铁道</td><td>2.2</td><td>芝山铁道线</td></tr>
<tr><td colspan="2" rowspan="2">日比谷线</td><td rowspan="2">东京地下铁</td><td rowspan="2">北千住↔中目黑</td><td rowspan="2">20.3</td><td rowspan="2">1961年</td><td rowspan="2">东武铁道</td><td rowspan="2">44.4</td><td>伊势崎线</td></tr>
<tr><td>日光线</td></tr>
<tr><td colspan="2">银座线</td><td>东京地下铁</td><td>浅草↔涩谷</td><td>14.3</td><td>1927年</td><td colspan="3" rowspan="3">无贯通运营</td></tr>
<tr><td rowspan="2">丸之内线</td><td>主线</td><td rowspan="2">东京地下铁</td><td>池袋↔荻窪</td><td>24.2</td><td>1954年</td></tr>
<tr><td>支线</td><td>中野坂上↔方南町</td><td>3.2</td><td>1961年</td></tr>
<tr><td colspan="2" rowspan="3">东西线</td><td rowspan="3">东京地下铁</td><td rowspan="3">中野↔西船桥</td><td rowspan="3">30.8</td><td rowspan="3">1964年</td><td rowspan="2">JR东日本</td><td rowspan="2">15.5</td><td>中央线[3]</td></tr>
<tr><td>总武线[3]</td></tr>
<tr><td>东叶高速铁道</td><td>16.2</td><td>东叶高速线</td></tr>
<tr><td colspan="2">三田线</td><td>都营地下铁</td><td>目黑↔西高岛平[1]</td><td>26.5</td><td>1968年</td><td rowspan="2">东京急行电铁（东急）</td><td rowspan="2">11.9</td><td rowspan="2">目黑线</td></tr>
<tr><td colspan="2" rowspan="2">南北线</td><td rowspan="2">东京地下铁</td><td rowspan="2">目黑↔赤羽岩渊[1]</td><td rowspan="2">21.3</td><td rowspan="2">1991年</td></tr>
<tr><td>埼玉高速铁道</td><td>14.6</td><td>埼玉高速铁道线</td></tr>
</table>

---

① 在日本，拥塞度超过250%表示"电车每次摇动时身体会随之倾斜，但即便如此手和身体都无法移动"，而300%则表示"已接近物理极限，会对人体造成危害"。

续表

线路名称		运营商	起讫站	线路长度/km	通车时间	贯通运营线路		
						运营商	贯通区间长度/km	线路
有乐町线		东京地下铁	和光市↔新木场②	28.3	1974年	东武铁道	40.1	东上线
						西武铁道	40.3	狭山线
								池袋线
								西武有乐町线
副都心线		东京地下铁	和光市↔涩谷②	11.9	2008年	东武铁道	40.1	东上线
						东京急行电铁（东急）	24.2	东横线
						横滨高速铁道	4.1	港未来线
千代田线	主线	东京地下铁	绫濑↔代代木上原	21.9	1969年	小田急电铁	52.5	多摩线
								小田原线
						JR东日本	29.7	常磐线③
	支线		绫濑↔北绫濑	2.1	1979年	无贯通运营		
新宿线		都营地下铁	新宿↔本八幡	23.5	1978年	京王电铁	67.3	高尾线
								相模原线
								京王线
								京王新线
半藏门线		东京地下铁	涩谷↔押上	16.8	1978年	东京急行电铁（东急）	31.5	田园都市线
						东武铁道	56.9	晴空塔线—伊势崎线
								日光线
大江户线		都营地下铁	光丘↔新宿④	12.9	1997年	无贯通运营		
			新宿↔两国↔都厅前④	27.8				

注：① 三田线、南北线在目黑↔白金高轮区间共轨运营，东急目黑线有着两条线路均有贯通运营。

② 有乐町线、副都心线和光市↔小竹向原区间共轨运营，东武铁道东上线、西武铁道狭山线、池袋线、西武有乐町线与这两条地铁线均有贯通运营。

③ 只有各站停列车方可贯通运营。

④ 大江户线为勺形环，新宿↔两国↔都厅前区间为环线，光丘↔新宿区间为放射线。

（二）市域快速轨道交通

在东京都市圈，市域快速轨道交通的线路与运营商众多，线路包括山手线（环线）、京王本线、东急田园都市线等，运营商包括JR东日本、小田急电铁、京滨急行电铁（京急）、京成电铁等，但绝大多数运营商都是私营企业，因此除了JR线路以外，基本可通称为私铁。按照规定，私铁线路只允许在山手线以外修建，不得延伸至山手线以内，因此几乎所有的私铁线都以山手线上的车站为终点站，但有相当多的私铁线路与地铁贯通运营，缓解了山手线上各站的拥挤状况。东京的市域快速轨道交通运营方式灵活多样，除上述的贯通运营外，还有开行快慢车、长短交路套跑、支路运营等方式，极大地提高了运营效率，缩短了通勤时间。

JR 东日本运营着东京都市圈规模最大的市域快轨网络，其运营线路有包括山手线、中央本线、总武本线、常磐线、湘南新宿线在内的 37 条线路。现今所看到的 JR 东日本运营的市域快轨网，前身正是日本最早的铁路，这些铁路在当时既有客运功能，又有货运功能。而现在最重要的一条线路——山手线，一开始由日本铁路负责建设，并作为该公司的品川线完成西侧涩谷至目白的线路。此后，经过多次调整，现在的山手线池袋至日暮里区间（当时称为丰岛支线）于 1903 年通车，在 1903 ~ 1909 年间，涩谷至品川段才逐步通车，并实现全线电气化。中央线的建设也在逐步推进，在 1889 年开通了新宿↔八王子间的线路，并在此后缓步向市中心推进，分六次开通。1919 年，中央线延伸至东京站，开始与现在的山手线共同呈“α”字贯通运营（见图 1.16）。由于中央线沿线修建了住宅，中央线也开始致力于发展以通勤为主体的城市交通运输，但在客流高峰期会变得相当拥挤，因此建设了特快线。1925 年，上野↔东京段开通，山手线成环运营，行车间隔为 4 min。此后其他路线相继通车，通勤铁路网初步形成。第二次世界大战后，城市化进程加快，近郊区域的铁路被称为“通勤地狱”，线路的拥挤率超过 240%，总武本线更高达 312%，即便是更换新型电车也无济于事，图 1.17 即是当时状况的一个缩影。针对这一状况，日本国有铁道[①]启动了“通勤五方面作战”，总结起来主要有以下几点：第一，增加投资以解决运输需求；第二，分离与主干线运输竞争的通勤运输线；第三，必要时开展贯通运营。“五方面作战”效果卓著，运输能力大幅提升，拥挤率也得到一定控制。山手线新宿站如图 1.18 所示。

除了 JR 东日本外，东京市域快速轨道交通由数十家私营运营商负责运营，因而被称为“私铁”。目前，在东京范围内运营的私铁公司有 30 家，其中服务于东京核心区的私铁公司有：京滨急行电铁（京急）、京王电铁、京成电铁、小田急电铁、西武铁道、东武铁道、东京急行电铁（东急）以及首都圈新都市铁道。由于运营商众多，故服务东京核心区以外的运营商本节不再一一列举，也不在此做介绍。总体而言，私铁公司发展时间较早，几乎与国铁同时发展，有些曾涉足其他行业，如小田急电铁前身是鬼怒川水利电气株式会社，成立之初是水力发电的供应商，此后才投身铁路事业。不同私铁公司的线路之间的技术参数不尽相同，仅轨距就有 1 435 mm、1 372 mm、1 067 mm 等多种尺寸，因此在后期的相互贯通运营上，大都经历了一段复杂的改造历程。私铁公司的发展也颇为复杂，经历了多次合并与分立。但无论其历程如何曲折，其投入的铁路建设无一不是瞄准旺盛的通勤、旅游需求，并在建设的初期即实现了线路的电气化，使得高速运输成为可能。在 1920 ~ 1935 年间的第一次城市化进程中，东京都市圈的轨道网络骨架已基本完成建设。在 1927 ~ 1940 年间开通的线路里程达到 468 km，截至 1940 年，线路总长已达到 994.7 km。第二次世界大战后，各家私铁公司继续开通新线路，并将原有的单线铁路复线化，同时提高线路的运输能力。而另一项普遍投入的重要举措，是开始与地铁的贯通运营（贯通运营概况参见表 1.5）。为

① 日本国有铁道后分解为 JR 东日本、JR 北海道、JR 西日本等多家公司。

此，多家私铁公司比照地铁进行供电、轨距、信号等方面的改造。此外，随着航空业的快速发展，空铁联运也逐渐受到重视，京成、京急两家公司分别进入成田、羽田两座机场，并开通了机场线路，既有机场快线，又有普通的市郊线路，与 JR 的机场线形成竞争态势。

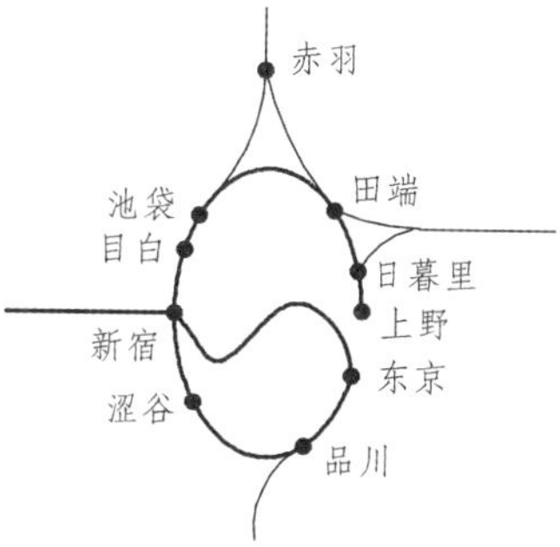

图 1.16　1919 年的山手线与中央线示意图（图中粗线）

图 1.17　1950 年代中期某天上下班高峰的东京列车

图 1.18　山手线新宿站

东京市域快速轨道交通网除了具备通勤功能，可以满足通勤需求外，另一个重要的功能在于引导东京都市圈的开发，通过线路建设来带动周边地区发展，即所谓 TOD（Transit Oriented Development）模式，其中最具有代表性的是多摩卫星城以及东急多摩田园都市，两者分别属于国有卫星城开发与民营卫星城开发。这两者均通过修建市域快轨来带动周边区域发展，但相比之下多摩卫星城铁路修建进度滞后。东急多摩田园都市的规模是日本第二次世界大战后私铁的城郊开发与轨道一体建设案例中最大的，东急从土地所有者手中收购了该区域 20% ~ 30%的土地，在成为土地所有者的同时，组织运作土地区划建设行会，推动了区域的计划性开发。

（三）中低运量系统

在东京都市圈范围内，中低运量系统包括单轨、自动导向交通以及有轨电车。服务于城市交通的单轨线路包括东京单轨羽田空港线、多摩都市单轨线、湘南单轨江之岛线以及千叶都市单轨 1、2 号线，其余单轨线并不为城市轨道交通服务，故在此不予列举。自动导向交通包括：东京临海新交通临海线、日暮里↔舍人新交通线、山万尤加利丘线、金泽海岸线、西武铁道山口线以及埼玉新都市交通伊奈线。有轨电车线目前只有都电荒川线以及东急世田谷线，其中都电荒川线也是东京中心区在二十世纪六十年代拆除有轨电车时仅存的一条线路。东京的首条单轨线实际上是商业动物园单轨线，而首条服务于城市轨道交通的单轨线则是 1964 年通车的东京单轨羽田空港线。羽田机场线从山手线上的滨松町出发，到达羽田机场 2 号客运大楼，线路全长 17.8 km，共设有 11 座车站，并开行快慢车。这一线路同时还是世界上首条投入商业运营的单轨线路。东京最早装备自动导向系统的线路是由地产商山万株式会社为开发尤加利丘而修建的山万尤加利丘线，由山万株式会社的铁道事业部直接负责运营，以方便居住在尤加利丘卫星城的居民出行。最新的一条自动导向交通线路是东京都交通局运营的日暮里↔舍人线，线路从日暮里出发，到达见沼代亲水公园，全长 9.7 km，设站 13 座，于 2008 年通车。而都电荒川线是东京仅存的一条有轨电车线。上文已提及有轨电车曾经在东京公共交通中的地位，但在 1961 年，随着《道路交通法》的修订，汽车被允许驶入路面的有轨电车轨道内，使有轨电车速度大为下降，加之东京奥运会召开在即，急需扩宽道路，因此逐渐废除东京市区内的有轨电车与无轨电车，只剩下无法用地铁或公交替代的荒川线，荒川线得以逃脱被拆除的命运。

总而言之，东京都市圈的轨道交通网络高度发达，其市域快速轨道交通的发展与运营模式尤其值得借鉴学习，日本东京单轨羽田空港线如图 1.19 所示，日本千叶都市单轨 2 号线如图 1.20 所示。日本东京有轨电车都电荒川线如图 1.21 所示，东京临海新交通临海线如图 1.22 所示。毫不夸张地说，东京是一座完全生活在轨道上的城市，其对东京城市结构影响之深远令人深思。虽然地铁网存在因缺乏规划所导致的一些问题，但东京轨道交通形式之多样、路网之密集、运营组织之灵活以及由于市场竞争所带来的活跃性仍使之在轨道交通史上占有重要的地位，其发展经验值得其他交通方式借鉴。

图 1.19　日本东京单轨羽田空港线

图 1.20　日本千叶都市单轨 2 号线

图 1.21　日本东京有轨电车都电荒川线

图 1.22　东京临海新交通临海线

四、纽约

纽约的轨道交通系统主要包括纽约市地铁（New York City Subway，NYC Subway）、港务局跨哈得孙河快线（Port Authority Trans Hudson，PATH）、连接纽约几座机场的机场铁路（AirTrain）以及通勤铁路（Commuter Rail）。在纽约（尤其是曼哈顿），轨道交通是最主要的出行方式，而纽约的轨道交通系统是整个北美洲规模最大、历史最悠久的交通系统。以下将选取纽约最具代表性与参考价值的两大系统——纽约地铁以及通勤铁路进行简要介绍。

准确来讲，纽约地铁应称作“纽约市地铁”。它属于纽约市交通局下辖的机构——大都会交通局（Metropolitan Transportation Authority，MTA）。纽约地铁是全球唯一一个 24 小时运营的地铁系统，首条线路建成于 1904 年。线路总长度接近 400 km，有多达 36 条的固定线路（Lines），25 条路线（Services）（注意这两个词语中英文表述上的区别，这一点将在下文详细叙述）。

一般认为，纽约首条地铁于 1904 年通车，这段线路如今是第九大道线的一部分，但最早尝试利用地下空间发展轨道交通可追溯到 1869 年由阿尔弗雷德·伊利·比奇（Alfred Ely Beach）开发的比奇气动交通（Beach Pneumatic Transit，BPT）（见图 1.23）。这种轨道交通方式极为罕见，它利用隧道内的压力差驱动车辆前进。但遗憾的是，由于公众失去兴趣等种种原因，该线路只运营了短短数年，便在 1873 年被迫关闭。1888 年袭击纽约的大风雪促使当局开始严肃讨论修建地铁的事宜。修建计划在 1894 年获得通过，并在 1900 年正式开工，线路于 1904 年 10 月开通运营，首日客流量即达到 15 万人次。该线路一开通即由两家私营的运营公司负责运作，分别是布鲁克林捷运公司（Brooklyn Rapid Transit Company，BRT），即现在的布鲁克林-曼哈顿运输公司（Brooklyn-Manhattan Transit Corporation，BMT）以及区域捷运（Interborough Rapid Transit，IRT）。纽约市地铁图如图 1.24 所示。

因为以上两家运营企业运营了绝大多数的地铁线路，因而在 1932 年，为与上述两家公司抗衡，纽约市设立独立地铁系统（Independent Subway System，IND）。但由于资金问题，该公司运营范围仅局限于城市核心区域。最终，纽约市在 1940 年收购了这两家私营的运营公司，结束了相互竞争的局面，同时原属不同公司的线路之间开始建设连接线，这也奠定了如今纽约地铁跨线运营的基础。但由于车辆选型、车站结构以及线路平面设计上的差异，原 IND 系统并不能与另外两个系统的线路相互连接，相互联通与跨线运营只能发生在另外两家公司的线路之间。

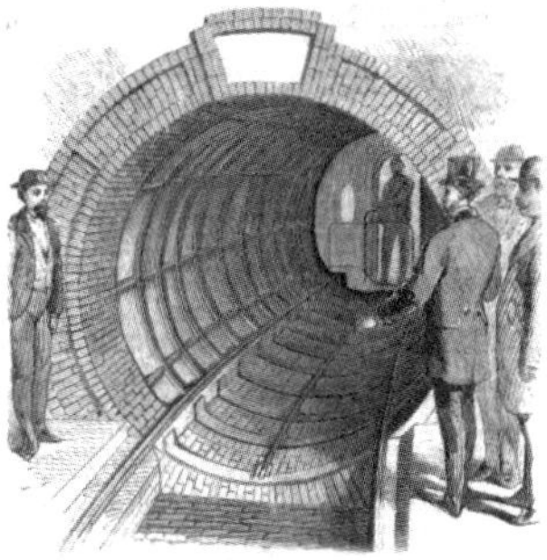

图 1.23　比奇气动交通的速写图

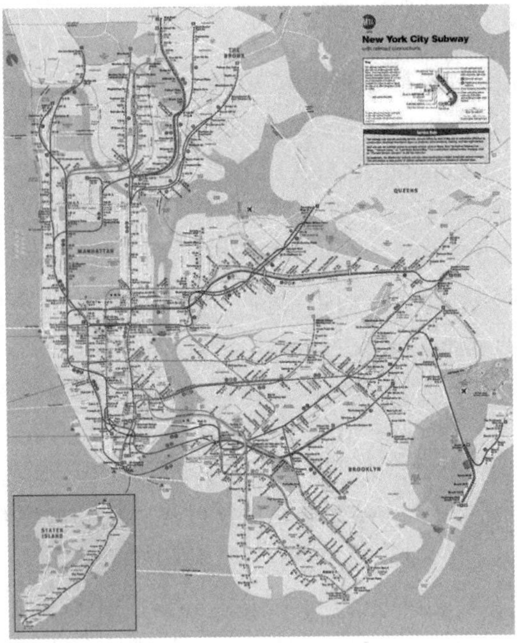

图 1.24　纽约市地铁图（含其他轨道交通线路，由大都会交通局制作）

与世界上绝大多数的地铁系统不同，纽约地铁列车常有跨线运营或越行的现象。上文已经提到，纽约地铁的线路（Lines）和路线（Services）是两个不同的概念。“线路”一词描述的是固定的线路设施，包括单条或多条轨道，而列车运行的“路线”往往会跨越多条线路。两者最明显的区分方法在于命名方式的差异，线路均采用特定的名称，如“牙买加线”（Jamaica Line）“拿苏街线”（Nassau Street Line）等，但路线则全部采取单个的字母或数字命名，如“D”“3”等，再以不同颜色加以区分，其中路线的代号还会标注在列车的醒目位置。路线还有快慢车之分，如 7 路地铁，圆形标记（⑦）表示站站停的慢车，菱形标记（◆）表示大站快车。另一个与世界上绝大多数地铁系统有区别的地方在于纽约地铁属于线路富余型，大部分线路是 3 ~ 4 线平行布置的，只有少数线路采用双线形式。另外，三座车站之间至少有一处设置配线（渡线、折返线或存车线），且绝大多数采用双向道岔。这样的线路设计为采取包括大站快车在内的多种多样的行车方式提供了保障，一定程度上缩短了旅客的旅行时间，同时也最大程度地减少由于某条线路故障所引起的综合网络效应。对此我国如今地铁线路普遍较长、深入郊区并且站站停车导致旅行时间过长的现状，这一点值得借鉴。

纽约所谓“通勤铁路”，实指市域快速轨道交通，是全美最大的通勤铁路系统，有 452 座车站、24 条线路，为纽约（州）、新泽西州（State of New Jersey）以及康涅狄格州（State of Connecticut）三州区域（Tri-state region）的通勤者提供通勤服务，部分线路更是全天 24 h 不间断服务。通勤铁路由大都会交通局与新泽西交通局（New Jersey Transit）运营，其中大都会交通局运营位于长岛（Long Island）上的长岛铁路（Long Island Rail Road）以及位于哈德孙河谷（Hudson Valley）与康涅狄格州的大都会北方铁路（Metro-North Railroad）。新泽西交通局运营位于哈德孙河对岸上属于新泽西州范围内的铁路网。整个市域快轨网络总长

2 159 km，工作日平均客流量约为 48 万人次。相比地铁而言，纽约通勤铁路线路较长，服务范围更广，如纽约长岛铁路主线长达 152 km，大都会北方铁路的线路长度也为 50 ~ 150 km，且车站的布设灵活，在郊区站间距较大（5 ~ 6 km），到市区后缩短至 1 ~ 3 km。此外，纽约通勤铁路与其他交通方式的衔接较好，在各大枢纽可换乘其他交通方式前往目的地。纽约将城市中心作为市域快轨与城际铁路的终点站，并将两者进行衔接。在纽约，有两座主要的火车站：大中央车站（Grand Central Terminal）以及宾夕法尼亚车站（Pennsylvania Station，简称 Penn Station）。这两座车站均位于纽约市中心闹市区，且全部为地下车站，大中央车站更是全球最大的火车站。每天在大中央车站与宾夕法尼亚车站乘降的通勤旅客超过二十万人次，且无需出站即可换乘多条地铁线乃至城际铁路线，实现了市域快轨与市区地铁线路的无缝衔接。通过在长岛铁路上的牙买加站（Jamaica Station），乘客还可以换乘前往肯尼迪机场的机场铁路。

五、莫斯科

莫斯科的轨道交通系统包括地铁、有轨电车以及单轨，而目前莫斯科唯一的一条单轨线路也已被划入地铁公司范围内。截至 2019 年，莫斯科地铁共有 15 条线路（包括实属市域快轨制式的中环线以及单轨线），共计 275 座车站，线路全长 393.5 km（不含单轨）。与如今常见的城市轨道交通普遍采用 1 435 mm 的标准轨距不同，莫斯科地铁采用轨距 1 520 mm 的宽轨，而有轨电车则采用轨距 1 524 mm 的宽轨。

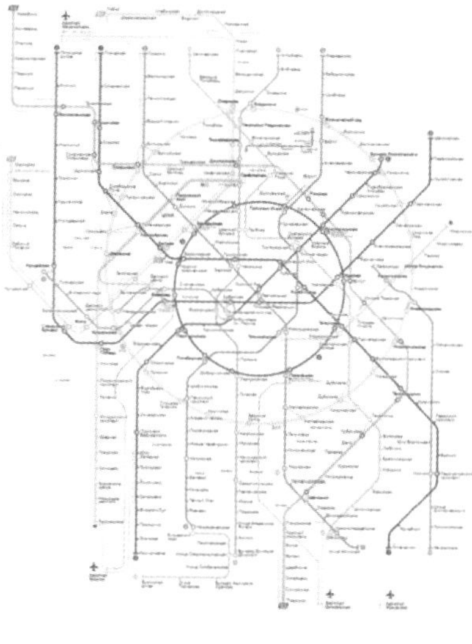

图 1.25　莫斯科地铁系统图（2019 年）

莫斯科地铁（Моско́вский метрополите́н），是服务于俄罗斯首都莫斯科及其邻近城市的一个快速轨道交通系统，是世界上规模最大的地铁系统之一，并且以规模宏大、富丽堂皇、宛如宫殿一般的车站而享誉全球。最早的一份和修建地铁相关的计划可追溯到沙俄时期，但由于第一次世界大战的爆发、十月革命以及俄国内战而胎死腹中。直到 1928 年，新组建的莫斯科城市铁路局才提出一份关于首条路线的修建计划，随后在苏共中央的授意下，苏联政府批准了一份多达十条线路、全长约 80 km 的方案。首条线路——索科利尼基线

（Сокóльническая лúния）建成于 1935 年，同时也是苏联首条地铁线路，该线路全长 11 km，共设有 13 座车站，当时是出于军事考虑决定修建的，并征用了大量青壮年，因此仅耗时三年即完工。当时这是世界上最快的地铁系统，最高时速可达 80 km/h，旅行速度也达到 47 km/h。相比之下，纽约地铁旅行速度仅为 40 km/h，比莫斯科地铁略逊一筹。紧接着，在苏德战争爆发前，莫斯科地铁完成了第二阶段的建设。如今人们看到的最华丽的一批车站建筑就修建于这一时期（见图 1.26 和 1.27）。尽管第二次世界大战导致第三阶段的建设被迫押后启动，但在这一困难时期，仍然有两座车站在 1943 ~ 1944 年间被投入使用。值得一提的是，在战争期间，地铁车站及隧道发挥了其作为防空洞的作用，一座车站被用作部长会议的召开地点，防空司令部被设在清塘站（Чúстые прудьí），斯大林更是时常在地铁车站内发表鼓舞士气的演说。战后，地铁建设随即步入正轨。冷战期间，核战争阴云笼罩，这一时期的车站为预防可能到来的核战争，埋深普遍较大，甚至设计了足以应对核战争的闸门以及生命维持设施。同时，秉承着“多快好省”的理念，车站装饰一改此前的富丽堂皇，采取了极其简单的装饰，虽然外观简单而不失明快，但材料选取与施工质量差强人意，以致部分车站出现了墙砖脱落或车站漏水的现象。

图 1.26　莫斯科地铁索科利尼基站（Сокóльники），建成于 1935 年

图 1.27　莫斯科地铁马雅科夫斯基站（Маяковская），建成于 1938 年

莫斯科地铁最新的一条线路是 14 号线，常被称为中环线（见图 1.28）。严格来说，这条线路并不属于地铁制式，而是一条市域快轨线路，其前身是莫斯科的小环线，全长 54 km，于 2016 年 9 月 10 日通车，用于缓解地铁 5 号线（环线）的拥挤状况。在时任总理的授意下，线路得以开工建设，其主要任务就是将原有的小环线改造为可供客运使用的电气化线路。截至 2016 年年底，线路日均客流量已达 40 万人次，并预计在 2025 年，这条线路的年客运量有望达到 3 亿人次。遗憾的是，由于线路早期未考虑换乘需要，14 号线与其他地铁线路的换乘情况并不令人满意。尽管每座车站都已设立换乘枢纽，但所有车站都需要离开 14 号线付费区才能与其他线路进行换乘。目前，线路在高峰期的行车间隔为 5 ~ 6 min，其余时段为 10 ~ 15 min。

另一条严格来说并不属于地铁，但仍属于莫斯科地铁系统的线路是 13 号线——莫斯科单轨（Московский монорельс）（见图 1.29）。这是一条跨座式单轨线，服务于莫斯科的东北行政区，全长仅 4.7 km，设置六座车站。20 世纪 90 年代，莫斯科单轨的建造初衷是为了缓解莫斯科市内严重的交通拥堵状况而又不过多侵占绿地、影响环境。莫斯科政府在咨询莫斯科热力技术研究所（该机构的研究人员曾与时任莫斯科市长的卢日科夫共同申请俄罗斯国内的单轨专利）后，决定修建跨座式单轨。由于此前在俄罗斯没有建设跨座式单轨的经验，遂于 2000 年在热力技术研究所大院内修建了一条试验线路。当这条线路的项目在 2001 年真正落地时，正值莫斯科准备申办 2010 年世博会，于是这也被视为是为世博会所做的准备。经过数年的建设，莫斯科单轨原本预计在 2004 年 2 月投入使用，但由于故障频发，开通时间一再推迟。同年 11 月，线路开通试运行，但屡次因故障导致线路停运。运营数年来，线路常因运量过低、成本高昂而饱受各界诟病，以致在 2012 年莫斯科政府即有意将其关闭。

图 1.28　莫斯科地铁 14 号线卢日尼基站（Лужники）

图 1.29　莫斯科单轨

在莫斯科，除了地铁的另一种重要的轨道交通方式是启用于 1872 年的有轨电车，起初是以马拉有轨车辆的形式出现的，后有部分改用蒸汽动力，于 1899 年才改用电力牵引。线路全长 181 km，位居世界第四位，供 50 条固定路线的电车行走，采用 DC 550V 供电。由于历史悠久，线路与车辆渐趋老化，因此运营方也在逐步更新车辆等设施。

第四节　我国城市轨道交通发展

相较于欧美发达国家以及邻国日本，我国的城市轨道交通发展虽起步较晚，但发展迅速。北京于 1969 年开始试运营第一条地铁，之后天津于 1980 年建成长 7.4 km 的地铁。20 世纪 80 年代以前，地铁在进行规划与建设时，除了考虑需具备实现城市客运的功能之外，更要考虑满足战备的要求。20 世纪 80 年代以后，以上海地铁 1 号线、北京地铁复八线、北京地铁 1 号线改造、广州地铁 1 号线建设为标志，我国真正以交通为目的的地铁项目开始建设。由于修建成本高昂、关键设备全靠进口而国产化率低等问题，1995 年国务院办公厅发布的第 60 号文《暂停审批快速轨道交通项目的通知》宣布除上海地铁 2 号线项目外，不再批准地铁项目立项，并要求做好发展规划和国产化工作。这期间近 3 年国家没有审批城市轨道交通项目。从 1997 年年底开始，国家计委研究城市轨道设备国产化实施方案，提出深圳地铁 1 号线、上海地铁 3 号线、广州地铁 2 号线作为国产化依托项目，并于 1998 年批复 3 个项目立项。2002 年 10 月中旬，国务院办公会议又决定，冻结各城市地铁立项。2005 年至今，随着国家积极财政政策的实施，国家从建设资金上给予有力支持，并通过技术引进和国际先进制造企业的同国内企业的合作，实现了城市轨道交通车辆、设备本地化，使城市轨道交通建设造价大大降低。此后，国家先后批准了深圳、上海、广州、重庆、武汉、南京、杭州、成都、哈尔滨等十多个城市轨道交通项目开工建设，并投入 40 亿元国债资金予以支持，我国轨道交通建设进入高速发展期。特别是从 2009 年开始，我国的轨道交通事业发展迅猛。截至 2019 年年底，我国已有 40 座城市的轨道交通系统投入运营（见表 1-6），运营线路 208 条，运营线路总长度 6 736.2 km。其中，地铁运营线路 5 180.6 km，占比 76.9%；其他制式城轨交通运营线路 1 555.6 km，占比 23.1%，当年新增运营线路长度 974.8 km，部分城市的地铁已成网络运营。尽管取得了骄人的成绩，但我国的轨道交通事业仍存在诸多问题亟待完善，如我国的城市轨道交通以地铁为主，少部分有轻轨、单轨以及磁悬浮等其他制式，制式与运营模式较单一，较难满足广大人民群众日益增长的出行需求，尤其与城市的发展不相匹配。本节将以北京、上海、广州、深圳、重庆及香港六座城市为例，简要介绍我国城市轨道交通的发展。

表 1-6　2019 中国各城市城轨交通运营线路规模统计汇总表[①]

序号	城市	线路长度/km	各系统制式线路长度/km							场站/座	
			地铁	轻轨	单轨	市域快轨	现代有轨电车	磁浮交通	APM	车站数	换乘站
1	北京	771.8	637.6	—	—	115.3	8.9	10	—	359	61
2	上海	809.9	669.5	—	—	56	49	29.1	6.3	411	59
3	天津	238.8	178.6	52.3	—	—	7.9	—	—	157	15
4	重庆	328.5	230	—	98.5	—	—	—	—	170	19
5	广州	501	489.4	—	—	—	7.7	—	3.9	242	28
6	深圳	316.1	304.4	—	—	—	11.7	—	—	201	31
7	武汉	387.5	338.4	—	—	—	49.1	—	—	254	29
8	南京	394.3	176.8	—	—	200.8	16.7	—	—	187	13
9	沈阳	184.6	87.2	—	—	—	97.4	—	—	140	9
10	长春	117.7	38.7	61.5	—	—	17.5	—	—	119	8
11	大连	181.3	54.1	103.8	—	—	23.4	—	—	106	3
12	成都	435.7	302.2	—	—	94.2	39.3	—	—	258	20
13	西安	158	158	—	—	—	—	—	—	103	6
14	哈尔滨	30.3	30.3	—	—	—	—	—	—	26	1
15	苏州	210.1	165.9	—	—	—	44.2	—	—	151	9
16	郑州	194.7	151.7	—	—	43	—	—	—	103	8
17	昆明	88.7	88.7	—	—	—	—	—	—	57	4
18	杭州	130.9	130.9	—	—	—	—	—	—	91	6
19	佛山	28	21.5	—	—	—	6.5	—	—	25	—
20	长沙	100.4	81.8	—	—	—	—	18.6	—	65	6
21	宁波	96.9	91.3	—	—	5.6	—	—	—	66	3
22	无锡	58.8	58.8	—	—	—	—	—	—	47	1
23	南昌	60.4	60.4	—	—	—	—	—	—	50	2
24	兰州	86.5	25.5	—	—	61	—	—	—	25	—
25	青岛	184	50	—	—	125.2	8.8	—	—	95	3
26	淮安	20.1	—	—	—	—	20.1	—	—	23	—

续表

序号	城市	线路长度/km	各系统制式线路长度/km							场站/座	
			地铁	轻轨	单轨	市域快轨	现代有轨电车	磁浮交通	APM	车站数	换乘站
27	福州	53.4	53.4	—	—	—	—	—	—	42	1
28	东莞	37.8	37.8	—	—	—	—	—	—	15	—
29	南宁	80.9	80.9	—	—	—	—	—	—	62	4
30	合肥	89.5	89.5	—	—	—	—	—	—	77	3
31	石家庄	38.4	38.4	—	—	—	—	—	—	31	1
32	贵阳	34.8	34.8	—	—	—	—	—	—	25	—
33	厦门	71.9	71.9	—	—	—	—	—	—	55	1
34	珠海	8.8	—	—	—	—	8.8	—	—	14	—
35	乌鲁木齐	26.8	26.8	—	—	—	—	—	—	21	—
36	温州	53.5	—	—	—	53.5	—	—	—	18	—
37	济南	47.7	47.7	—	—	—	—	—	—	24	—
38	常州	34.2	34.2	—	—	—	—	—	—	29	—
39	徐州	21.8	21.8	—	—	—	—	—	—	18	—
40	呼和浩特	21.7	21.7	—	—	—	—	—	—	20	—
合计		6 736.2	5 180.6	217.6	98.5	755	417	57.7	10.2	3982	354

注：① 数据来源：中国城市轨道交通协会，港澳台地区不在统计范围内。

② 广佛线线路按地理区域划分，佛山境内线路长度 21.5 km，车站 15 座。

一、北京

北京地铁是中国最早开始运营的地铁系统，其首条线路建成于 1969 年。截至 2019 年年底，北京市轨道交通路网运营线路达 23 条，总里程 699.3 km，车站共 405 座，由北京地铁运营有限公司、北京京港地铁有限公司、北京京城地铁有限公司和北京市轨道交通运营管理有限公司运营。机场线由北京京城地铁有限公司运营，燕房线由北京市轨道交通运营管理有限公司共同运营，4 号线、大兴线、14 号线、16 号线和 17 号线由京港地铁有限公司运营，其余线路均由北京地铁运营有限公司运营。4 号线也是第一条采用公私合营模式建设和运营的轨道交通线路。京港地铁公司，也是在北京市加大基础设施投资体制改革力度的历史条件下，由北京市基础设施投资有限公司、北京首都创业集团有限公司和香港铁路有限公司（MTR）共同出资组建。目前，北京地铁是全国最繁忙的地铁系统。

朝鲜战争结束后，我国决定全力开展国内的恢复与重建工作。参考莫斯科地铁在莫斯科保卫战中用作防空洞与军事指挥所的经验，中国共产党北京市委员会在 1953 年下半年制定了《关于改建与扩建北京市规划草案》，其中首次提出要把修建地下铁道，作为“平战结合”的防御手段。1965 年 2 月 4 日，毛泽东亲自在北京地下铁道建设方案的报告上作了批示：“精心设计，精心施工，在建设过程中一定会有不少错误、失败，随时注意改正。”并确定了北京地铁“适应军事上的需要、兼顾城市交通”的建设方针，成立了国务院北京地铁领导小组。1965 年 7 月 1 日北京地铁第一期工程开工。线路全部采用明挖回填法，并拆除部分北京城墙。经过 4 年的艰苦奋战，全长 23.6 km 的地铁一期工程于 1969 年 10 月 1 日建成通车，从此结束了中国没有地铁的历史。但线路通车后，一直没有对外开放，事故频发，只得将运营权交由军方。直到 1981 年，经验收合格，试运营长达十年之久的北京地铁一期工程才对外开放。

北京地铁 2 号线为环线，全长 16.1 km，于 1971 年 3 月开工，1984 年 9 月建成，但起初并未以两条线的形式投入运营，而仅视为一期和二期工程。到 1987 年，一期、二期工程才分成 1、2 号线运营。2 号线沿北京城墙而建，“复八线”实为 1 号线的延长线，全长 12.7 km，于 1989 年 7 月动工，1999 年 9 月 28 日通车运营。地铁 13 号线于 1999 年 12 月开工，全长 40.95 km，花费 3 年多时间实现了全线贯通试运营。连接通州和北京市区的八通线全长 18.95 km，于 2001 年 12 月开工，花费 2 年时间投入运营。线路全部为高架线，随着一条条新线的落成，地铁运营线路也在迅速延伸，从 1987 年的 40 km、1999 年的 54 km，迅速上升为 2003 年的 114 km。

2008 年 5 月，北京轨道交通日客流量达 340 万人次，2008 年 8 月奥运会期间，日均客运量达 400 万人次。8 月 22 日，地铁迎来了北京奥运会开幕以来的客流最高峰，地铁全路网当天客运量达到 492.2 万人次，达到历史最高值。2014 年，北京地铁工作日日均客运量达到 1 008.76 万人次。2017 年，北京地铁年乘客量达到 45.3 亿人次。2019 年 7 月 12 日，北京地铁创下单日客运量最高值，达到 1 375.38 万人次。如今，北京地铁已基本形成“三环、四横、五纵、七放射”线网格局，主要服务于市中心区的线路里程为 406 km，三环路以内平均步行 1 km 即可到达地铁站。根据 2015 年 9 月国家发改委批复的《北京市城市轨道交通第二期建设规划（2015～2021 年）》，北京将再建设 12 条地铁线路。到 2021 年，北京将建成 24 条线路、998 km 的轨道交通网络，届时北京市公共交通占机动化出行的比例将达到 60%，轨道交通占公共交通出行的比例将达到 62%，如图 1.30 所示。

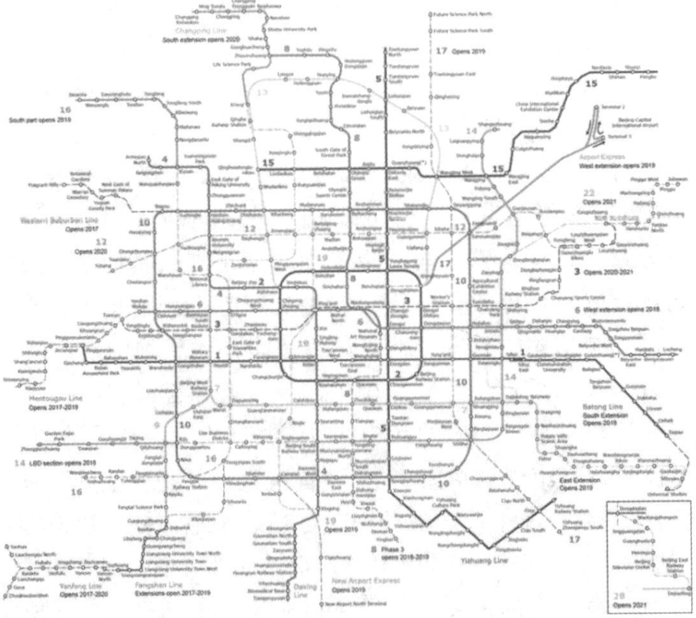

图 1.30　北京地铁系统图（含 2021 年规划开通的线路）

二、上海

目前，上海是我国乃至全世界地铁规模最大的城市。上海地铁运营线路共 16 条，共设车站 416 座（含磁浮线 2 座），运营里程共 705 km（含磁浮线 29 km），数量仅次于美国纽约。上海地铁日均客流量为 1 065 万人次，单日最高客流量达到 1 329 万人次，是全球仅次于北京的第二繁忙地铁系统。客流量最大的车站是位于市中心的人民广场站，它是全国最繁忙的地铁站，位于人民广场地下，毗邻南京路、西藏南路，是 1、2、8 号线三条线路的换乘站，每日客流量超过 70 万人次，拥有 18 个出入口，与地下商城等商业设施紧密相连。早高峰期间繁忙的人民广场站换乘大堂与站厅如图 1.31 所示。

（a）　　　　（b）

图 1.31　早高峰期间繁忙的人民广场站换乘大堂与站厅

上海的城市轨道交通规划始于 1956 年，到 1958 年完成了以人民广场为枢纽，由三条直径线以及一条环线构成的地铁规划方案并开始建设，但后来由于技术和资金问题项目一度中断。期间于 1964 年、1965 年、1973 年对地下铁路网进行局部调整。1986 年结合居民出行调查并结合在城市在发展中出现的问题与需要，编制了由四条直径线、一条半径线、一条环线、一条半环线以及一条浦东线共八条线路组成的地铁网络。1993 年，上海地铁首条线路——1 号线正式开通运营，目前线路全长 38.18 km，从闵行区的莘庄到宝山区的富锦路，途经人民广场与上海火车站，现在是上海地铁大动脉之一。

上海轨道交通用了不到 20 年的时间走过了西方发达国家 100 年的发展历程，世界地铁协会（CoMet）称其为“创造了世界地铁建设史上的奇迹”。西方发达国家平均每年开通 5 ~ 10 km，而上海 1995 年至 2004 年的 10 年间建成 4 条线路，里程达到 100 km，每年新增 40 km；2004 年至 2007 年线路达到 8 条，里程达 234 km，每年新增 40 km；为了保障世博会顺利召开，上海在 2008 年至 2010 年加快轨道交通建设速度，2008 年至 2010 年，线路达到 11 条线，里程达 424 km，每年新增 80 km。为缓解城市交通矛盾，上海轨道交通现在仍保持快速发展态势，远期上海将形成 970 km 的轨道线网。上海轨道交通网络图如图 1.32 所示。

上海地铁的运营方式相比于其他城市，呈现出多样化的特征，为适应不同客流需求，特别是对于长大线路，多条线路采取了大小交路结合的运营组织模式，16 号线在高峰时段开行大站车、直达车。此外，上海地铁也采用共线运营的方式，如 3、4 号线虹桥路—宝山路区间共轨运营的做法就属全国首例。采用共线运营，减少基础设施投资，但对单线运输能力来说有比较大的影响，因此也有许多呼吁要求将 3、4 号线分线运营。

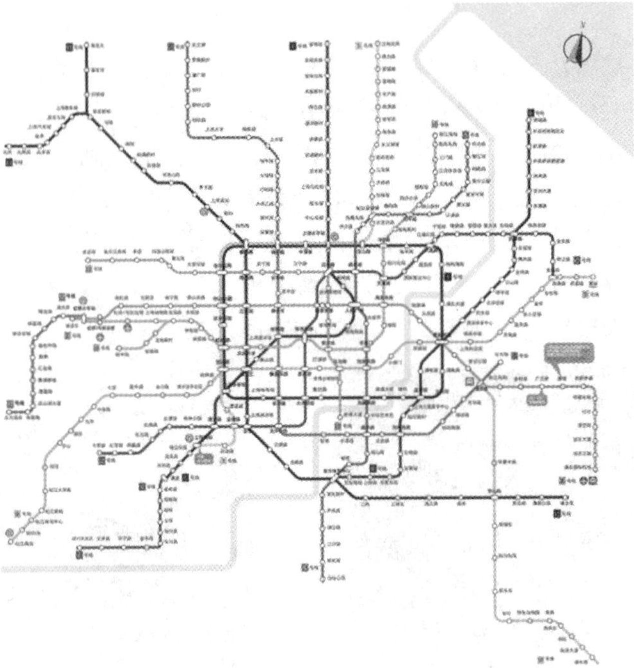

图 1.32 上海轨道交通网络图

图 1.33 上海地铁共线运营接轨站

图 1.34 上海地铁 3、4 号线共线运营

三、广州

广州地铁是我国内地继北京、天津、上海后运营的第四个地铁系统，也是目前全国线路长度排名第三的地铁系统。截至 2019 年年底，广州地铁共有 14 条线路（1 ~ 9 号线、13 号线、14 号线、21 号线、广佛线以及 APM 线），总长 489 km，共有 242 座车站，平均日客流量达到 906 万人次（2019 年统计数据），除了广佛地铁是由广东广佛轨道交通有限公司运营的外，其余车站与线路均由广州地铁公司负责运营。

事实上，早在 1960 年，时任广东省省长的陈郁就已提出要在广州兴建地铁，并在数年后提出修建地铁的“9 号计划”。但是由于遇上了资金问题和技术困难，以及建设的难度太大，再加上 1974 年陈郁省长的病逝，地铁工程屡屡受阻。到 20 世纪 80 年代，广州地铁的建设筹备工作才真正得以落实，并开启了中法联合设计地铁的项目。但首条线路的建设押后到 1993 年，即现在的 1 号线。这条线路在国内首次采用沉管式隧道以及大型盾构机，早期车辆全部采用由德国进口的西门子-阿特朗（Siemens-ADTranz）列车。由于绝大多数设备依赖进口，当时的建设预算高达 127.5 亿元人民币。1997 年，西朗—黄沙段首先投入试运营，紧接着剩余路段在 1998 年也投入运营，此时距离首次提出修建地铁的“9 号计划”，已经过去了 34 年。1 号线的建设大获成功，使全国上下掀起了建设地铁的浪潮，但高昂的建设成本也引起了国家的不安，尤其是大量依赖进口的设备这一点更是令人担忧，遂中止了审批地铁项目立项。为推进装备国产化，广州地铁 2 号线成为设备国产化的试验线，定下了线路设备国产化率 60%的目标。最终，2 号线如约完成目标。除第一、第二列车从德国的庞巴迪（Bombardier）工厂原装进口外，其他车辆系由庞巴迪与株洲电力机车联合生产。2 号线首段，从三元里到晓港，启用于 2002 年年底，半年后从晓港延伸至琶洲，并在 2005 年延伸至万胜围，此站后在 4 号线于同年通车后成为两线的换乘站。2 号线与早先建成的 1 号线在公园前站十字换乘，而公园前站也因此成为广州地铁的首座换乘站。该站 1、2 号线站台均采用一岛两侧式站台，又称为“西班牙站台”。而二号线昌岗—万胜围区间在 2010 年划为 8 号线的一部分，而 2 号线则在昌岗站向南一直延伸至新建成的广州南站，同时从三元里延伸至嘉禾望岗，并与通往机场的 3 号线相连，使得 2 号线成为南北的一条大动脉。广州地铁线路图如图 1.35 所示。

与其他城市的地铁只在某座城市行政区范围内运行不同，广州地铁广佛线是一条跨越广州和佛山两座城市的地铁线，在佛山被称为佛山地铁 1 号线，广州地铁 1 号线早期影像如图 1.36 所示。横跨广州的海珠区、荔湾区和佛山的禅城区、南海区、顺德区，呈东西走向。截至 2018 年年底，线路西起佛山市新城东，东达广州市沥滘站，全长 37.96 km，全线共设车站 25 座，其中佛山市境内 21.47 km，开通 15 座车站，广州市境内 17.03 km，开通 10 座车站。2010 年 11 月 3 日，广佛地铁一期工程首通段（魁奇路站—西朗站段）正式开通试运营，全长 20.47 km，共开通 14 座车站。其中佛山段长 14.8 km，开通魁奇路、季华园等共计 11 站，广州段长 5.67 km，开通龙溪、菊树、西朗 3 站。其中西朗站可换乘广州地铁 1 号线。此后在 2015 年和 2018 年，线路在两端均有延伸，并预留换乘条件，使得线路长度增加至 37.96 km。

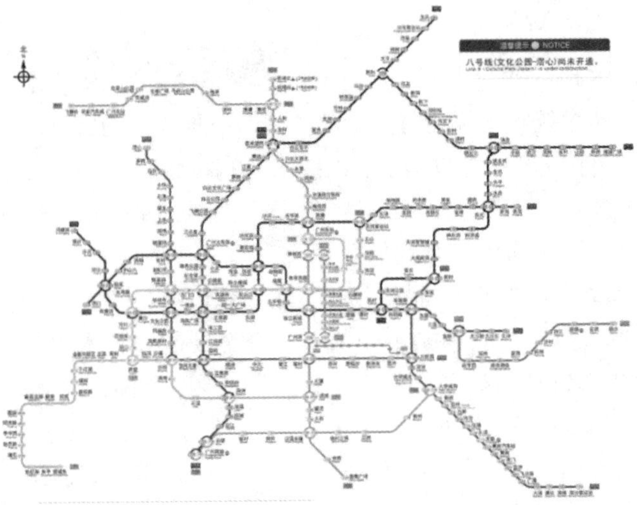

图 1.35　广州地铁线路图（含建设、规划中线路）

图 1.36　广州地铁 1 号线早期影像

广州地铁最新的一条线路是 2018 年年底开通运营首通段（镇龙西站至增城广场站）的 21 号线，广州地铁 21 号线黄村至水西段原本属于广州地铁 4 号线北延段，为了促进东部城郊与周边郊区发展，这一段被独立并向两端延长，成为广州地铁 21 号线，对广州实现“东进”具有重要意义。全长 61.6 km，共设 21 座车站，2019 年底后通段（员村站至镇龙西站）正式开通。

另外，广州地铁还有一条自动导向系统线路——珠江新城 APM 线（Automated People Mover），这是广州市首条自动导向系统线路，采用橡胶轮胎，为侧面导向型。广州 APM 线于 2006 年 6 月 30 日开始建设，至 2010 年 11 月 8 日开通并试运行。APM 线南起海珠区的广州塔，向北下穿珠江主航道到达海心沙，再经过珠江新城花城广场中轴线，经过天河体育中心到达林和西站。线路总长 3.94 km，全部采用地下线路，共设 9 座车站，最短站距为 315 m，平均站距 473 m。列车全部采用由庞巴迪在美国工厂制造的 Innovia APM 100 型列车，与新加坡的轻轨交通（LRT）武吉班让线（LRT Bukit Panjang Line）采用的是同款车辆。按每千米造价来计算，这条线路可算是全球最昂贵的自动导向系统线路。

四、深圳

深圳地铁是继广州之后中国内地地区第五个地铁系统，目前深圳共有 10 条线路投入运营，分属两家运营企业——深圳地铁集团以及港铁（深圳）公司。整座系统共有 267 座车站（换乘站未重复计算），覆盖全市六个市辖行政区，运营线路总长 382 km，线路长度位居全国第四，仅次于北京、上海和广州。深圳市轨道交通系统图（2020 版）如图 1.37 所示。

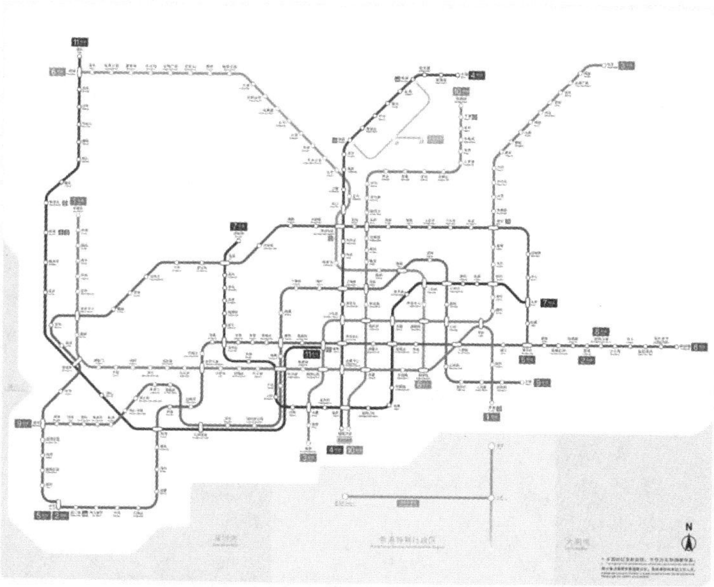

图 1.37　深圳市轨道交通系统图（2020 版）

早在 1983 年，深圳市委书记即率代表团考察新加坡地铁系统（MRT），并在翌年提出了一份《深圳经济特区总体规划（1985 ~ 2000）》，其中就提到修建一个重轨系统，即现在的地铁。其中一条线路将位于深南路地下，这便是 1 号线的前身。1992 年，国家发展改革委批复深圳市修建地铁的计划，深圳市也将最早草拟的修建轻型地铁的计划改为修建重型地铁。1994 年，深圳市再提出一份《深圳市总体规划（1996 ~ 2010）》，正式提出一个拥有 9 条线路的轨道交通网络，其中有两条将会以既有铁路为基础修建通勤铁路，所有线路总长将达到 270 km，这份计划也奠定了深圳轨道交通的基础。遗憾的是，1995 年国务院发改委叫停了全国除北上广三座城市以外的地铁计划，深圳地铁未能幸免，项目因此遭到暂停。深圳地铁也只得在 1997 年重新提交一份修建地铁的计划，最终以现在我们所看到的 1、4 号线的面貌呈现。当时正值香港将于 1997 年回归，当时的计划主要着眼于未来在罗湖、皇岗（落马洲）两座主要的客运口岸可能产生较大的跨境客流，并最终在 1998 年得到国务院的批复，此计划也被正式命名为深圳地铁一期工程，当年也同时成立了深圳地铁公司。工程在 1999 年正式动工，在 2004 年年底，计划中的 1 号线（旧称罗宝线）与 4 号线（旧称龙华线）同时开通运营，其中 1 号线当时仅从罗湖到达位于南山区的世界之窗，4 号线从福民出发到达少年宫，两段线路全长约 20 km。

此后数年，由于官方对建设新线路缺乏兴趣，深圳地铁并未再建成新线路，而仅在原有线路的基础上将线路作短暂延长，包括在 2007 和 2009 年将 4 号线及 1 号线分别向南和向西延伸至福田口岸（当时称为皇岗）以及深大，以致当时深圳地铁被调侃为“蚯蚓速度”。直至 2010 年，为迎接翌年即将举办的世界大学生运动会，2 号线、3 号线才相继通车。翌年，1 号线全线贯通，直抵机场东；2 号线也全线贯通至新秀；3 号线向南延伸至益田，4 号线则向北延伸至清湖，5 号线通车。至此初步形成深圳地铁的格局。2012 至 2016 年间，深圳地铁既没有新线路建成通车，又没有将既有线路进行延长，可算是一个空档期。但到了 2016 年，深圳地铁在一年间相继有三条新线路投入运营，分别是 7、9、11 号线，使得深圳地铁总里程跃居全国第四位。11 号线连接深圳市区的福田高铁站枢纽、宝安国际机场以及西部组团，是一条快速地铁线，兼具机场快线功能，列车最高时速可达 120 km/h。线路全长 51.7 km，是深圳地铁里程最长的线路，其平均站距达到 3.2 km，机场站以南的平均站距为 3.9 km，最小站距也接近 2 km，普遍大于常规的地铁线路。11 号线还是深圳市首条采用 8 节编组的地铁列车，也是全国首条设置商务车厢的地铁线路——尽管也常因上座率低而屡遭诟病。未来线路规划向东延伸至大剧院，与既有的 1、2 号线换乘。2020 年 8 月，深圳地铁 6、10 号线正式开通，新增线路 78.7 km 以及 50 个车站。根据《深圳市城市轨道交通第四期建设规划调整（2017—2022 年）》，未来深圳地铁的建设项目包括 3 号线四期、6 号线支线二期、7 号线二期、8 号线三期、11 号线二期、12 号线二期、13 号线二期（北延、南延）、16 号线二期和 20 号线一期工程，共计 9 个项目、10 段线路，线路总长度约 75.93 km，建设期为 2020 年—2025 年。至 2022 年，四期工程完成后深圳将形成 15 条线路、总长约 570 km 的轨道交通网络体系，至 2030 年，全市共规划城市轨道线路 32 条，总规模约 1 142 km。其中，市域快线 8 条，总规模约 412 km，普速线路 24 条，总规模约 730 km。

思考与讨论

20 世纪 60 年代，我国在专业人员和技术装备严重匮乏的情况下，历经千辛万苦在北京建成并开通大陆地区第一条地铁线路，到当前拥有全世界最大规模的地铁网络，在城市公共交通中发挥日益重要的作用，几十年轨道交通发展过程中克服各种施工难题，实现车辆、信号、综合监控等关键设备国产化，推动科技创新，也涌现出很多行业的榜样人物。

思考讨论：① 列举轨道交通领域你最尊敬的榜样人物，从他身上可以学到什么？② 作为未来轨道交通规划建设或运营管理方面的从业人员，你认为应具备怎样的素质和技能？如何提升专业的认同度和服务社会的成就感？

重庆轨道交通发展相关内容请扫二维码观看

香港轨道交通发展相关内容请扫二维码观看

课后思考题

1. 简述城市轨道交通的含义。

2. 分析城市轨道交通发展的必要性。

3. 分析不同城市轨道交通的特点，可以从线路规模、客流特点、系统类型、运营组织方式等各角度思考。

第二章　城市轨道交通的类型

第一节　概　述

轨道交通如何分类迄今仍是一个颇具争议的问题。世界各国根据相对位置、运营范围、系统容量、路权等不同标准提出不同分类，同时传统的分类方式也不再适合轨道交通发展的现状。尽管如此，轨道交通往往会从不同的角度进行分类，且这一分类并不绝对，将同一轨道划入不同的轨道交通类型即在一定程度上反映了这种现象。就最普遍的分类方法而言，在我国，城市轨道交通可分为地铁、轻轨、单轨、现代有轨电车、自动导向系统、磁浮交通系统以及市域快速轨道交通系统等类型。其中，地铁作为大运量的轨道交通系统，在我国以及世界其他地区已经得到广泛的应用，我国已通车及在建的城市轨道交通系统绝大多数都属于地铁系统。而随着城市轨道交通发展的逐步深入，制式的选择也将更趋多样化，以满足广大人民群众日益增长的多样化出行需求，并促进城市及其周边区域的合理可持续发展。各种常见的轨道交通制式如表 2-1 所示（由于磁浮系统商业化运营尚未广泛普及，暂未能获取更多数据，故不予列出）。

表 2-1　常见轨道交通制式

制式	地铁	轻轨	单轨	现代有轨电车	自动导向系统	市域快速轨道
支承导向	钢轮双轨	钢轮双轨	胶轮单轨	钢轮双轨或橡胶轮胎	胶轮单轨	钢轮双轨
运量等级	大运量	中运量	中运量	小运量	小运量	大运量
路权形式	专用	专用	专用	非专用	专用	专用
小时运能/（万人次/h）	3～7	1.5～4	0.5～2	0.8～1.5	0.5～2	4～8
最高速度/（m/h）	100	80	75/80	60	60	120
旅行速度/（m/h）	35～45	35～40	30/45	15～25	25～30	50～60
最小行车间隔/min	1.5	1.5	2.5	2	1	5
编组辆数/辆	4～8	3～6	2～6	单节或铰接	1～6	4～10
车辆定员/人	250～300	200～250	100～200	100～200	20～150	250～300
平均站距/km	0.8～1.5	0.8～1.5	0.8～1.5	0.5～1	0.5～1.5	2～5
站台高度	高站台	高站台		低站台	高站台	高站台
最小曲线半径/m	300	50	50	50	25	800
最大坡度/‰	35	60	100/60	60	60	12/15

第二节　地　铁

地铁，英文为“Metro”（源自法语“Métro”，在英美等国实际不常用）、“Underground”（英国）、“Subway”（美国），最初指修建在城市地下隧道中的铁路，但目前地铁早已突破原有的只在地下运行的限制，从早期单一地下隧道线路发展成地下隧道、地面与高架线路相结合的线路系统，在市区段采取地下线路，在郊区则出于对建设成本控制的考虑更多地采用地面或高架线路。因此，有必要对原有的定义进行修正。国际隧道协会将地铁定义为轴重相对较重，单方向输送能力在每小时三万人次以上的城市轨道交通系统。按照我国的建设标准，地铁系统采用钢轮钢轨导向，标准轨距为 1 435 mm，主要在大城市地下空间修筑的隧道中运行，当条件允许时，也可穿出地面，在地上或高架桥上运行。一般来说，地铁线路全部封闭，在市中心区全部或大部分位于地下隧道内，因此可实现信号控制的自动化。地铁具有容量大、速度快、安全、准时、舒适、运输成本低、不占城市用地等优点，但其一大劣势是建设成本较高。基于上述特点，地铁适用于出行距离较长、客运需求较大的城市中心区域。

地铁系统的基本车型为 A 型车、B 型车和直线电机 B 型车（Lb 型车）三种。A 型车车辆基本宽度为 3 000 mm；B 型车及直线电机 B 型车车辆基本宽度为 2 800 mm。每种车型有带驾驶室和不带驾驶室、动车和拖车的区别。在我国，地铁系统的列车编组通常由 4 ~ 8 辆组成，最常见的是 6 辆编组，列车长度为 70 ~ 190 m，最高车速不小于 80 km/h，主要标准及特征如表 2-2 所示。

表 2-2　地铁系统主要标准及特征表

项目名称	标准与特征		
车型	A 型车	B 型车	Lb 型车
轮轨特征	钢轮钢轨		
电机形式	旋转电机		直线电机
车轴数	四轴		四轴
轴重/kN	≤16	≤14	≤13
车辆基本宽度/m	3.00	2.8	2.8
车辆定员/人	310	230	230
列车最高速度/（km/h）	80 ~ 120	80 ~ 100	90
起动加速度/（m/s^2）	0.83 ~ 1.0		0.95 ~ 1.0
常用制动减速度/（m/s^2）	1		≥1.0
紧急制动减速度/（m/s^2）	1.2		≥1.0
电网电压/V	DC 1 500 V	DC 1 500/750 V	
供电方式	接触网供电	接触网或第三轨供电	

续表

项目名称	标准与特征		
车型	A 型车	B 型车	Lb 型车
正线最小曲线半径/m	300	250	80
最大爬坡能力/‰	35	35	60
客运能力/（万人次/h）	4.5 ~ 7.0	3.0 ~ 5.0	2.5 ~ 4.0
旅行速度/（km/h）	≥35		

第三节　轻　轨

所谓轻轨，最初指“轻型轨道交通系统”，国外将有轨电车也纳入“轻型轨道交通系统”的范畴。在我国，所谓“轻型轨道交通系统”的道床、轨道结构、运行车辆和运行管理系统与地铁相似，享有独立路权。与地铁相比，轻轨运量较小，因而编组车辆少、运营线路短、行驶速度慢、行车间隔略长，其运行管理模式有所不同。因此，其与地铁的最主要区别在于运量上的差别。根据我国规范，轴重较轻、每小时客运量在 1 ~ 3 万人次的轨道交通系统称为轻轨，其走行形式可以是钢轮钢轨的双轨，也可以是单轨。

关于轻轨与地铁，历来有多种错误认识。有的认为在地下的轨道交通线路称为地铁，在地面以上的称为轻轨；有的认为轴重较重者为地铁，较轻者为轻轨；更有甚者将城际铁路与轻轨混为一谈。根据我国标准，如前文所述，地铁与轻轨的最主要区别在于小时客运量的差别，而并不在于其线路的敷设方式。目前，我国已建成的具有代表性的轻轨系统包括上海轨道交通 5 号线（见图 2.1）、大连轻轨、天津滨海轻轨等。重庆轨道交通 2 号线运量虽与轻轨相当，但其实质上是跨座式单轨系统，严格来讲并不能划入轻轨的范畴。

图 2.1　上海轨道交通 5 号线列车

第四节　单轨交通

单轨交通是指车辆在一根轨道上运行的轨道交通系统，其线路通常为高架结构，路轨可以是钢梁、钢筋混凝土梁等形式，宽度一般为 0.85 m。橡胶轮胎车辆在单根轨道梁上部或下部运行，在轨道梁上部运行的称为跨座式单轨，在轨道梁下部运行的称为悬挂式单轨。除日本外，还在运营的单轨线分布在美国、德国、澳大利亚、英国、意大利等国家。世界上运营的 20 余条单轨铁路，7 条用于游乐场所[美国 3 条（如佛罗里达、洛杉矶的迪斯尼乐园）；日本 3 条；英国 1 条]，其余十余条用于城市交通，如由市区通往机场的日本东京羽田机场单轨线；由市中心通往新开发区或住宅区的澳大利亚悉尼单轨线、日本北九州小仓线等。

单轨交通历史悠久，早在 1821 年英国就开发了单轨铁路，并因此获得发明专利，比 1825 年开通的由蒸汽机车牵引的铁路还早。1888 年法国人在爱尔兰铺设了总长 15 km、由蒸汽机车牵引的跨座式单轨交通，开始了单轨交通实用化阶段。1893 年德国发明了悬挂式单轨交通（见图 2.2），1901 年在伍珀塔尔开始运营，长度为 13.3 km，保留至今仍在正常运用，且从未发生过事故。之后，美、英、德、法等国共建造了 18 条各种类型的单轨铁路，用作试验、展览会运输或一般客货运输，由于有轨电车限制了公共汽车和小汽车等交通工具的发展，再加上单轨交通技术不够成熟，运输能力低，所以一些线路寿命很短暂。第二次世界大战后，随着科学技术的进步，单轨交通的技术逐渐成熟，轨道、车辆和通信信号设备都有很大发展，再加上单轨交通可以利用公路和河流上方的空间，单轨交通技术因此受到各方重视。

尽管单轨交通已经经历了一个多世纪的发展历程，但因为单轨交通的导向、稳定及转辙装置等关键技术尚未完全成熟，而且单轨交通的运输能力又与轻轨不相上下，技术要求却高得多，因此在世界范围内并没有得到广泛的应用。我国仅在重庆城市轨道交通中采用跨座式单轨交通（见图 2.3），以高强度混凝土梁及少部分钢质箱体梁作为车辆运行的轨道，道岔采用关节型道岔或可挠型道岔，车辆采用跨座式单轨车，车辆的走行轮、导向轮和稳定轮均采用充气橡胶轮胎。对于地形条件复杂的地段，因为会面临高低相差悬殊而运量需求相对较小的情况，单轨交通是较理想的选择。但近几年，我国不断探索轨道交通领域新技术。目前，我国成为相继德国、日本之后的第三个掌握悬挂式单轨列车技术的国家。悬挂式单轨列车又被称为空轨或空中列车，是一种轻型、中速、中运量、低成本的新型公共交通方式。在 2020 年 11 月，我国中铁科工集团自主研发的悬挂式单轨列车在“空轨”试验线路（武汉市江夏区试验基地）成功完成无人驾驶试验（见图 2.4）。该“空轨”列车应用了部分高铁技术，可实现 3 ~ 5 列的灵活编组，载客量可达到 300 ~ 510 人。列车采用了两层减震，转向架采用橡胶轮，在轨道交界面上布设橡胶弹簧，振动轻，噪音低；车辆转向架采用高速动车组的空气弹簧悬挂结构，通过高铁技术平移，最大程度地过滤车辆在运行中产生的颠簸，提升旅客乘坐的舒适性。

单轨交通可以用作大中城市发展城市轨道交通过程中可供选用的一种模式，可用于连接车站、港口、机场、住宅区、商业区，特别是地形条件复杂、利用其他交通工具比较困难、运量处于中等的情况，建设和发展单轨交通将是适宜的，它对改善我国城市交通状况而言是一个有效途径。因此，各城市应结合自身实际，对地铁、轻轨、单轨交通进行充分细致的技术经济比较，最终选择经济、合理、高效的轨道交通方式。单轨交通的突出优点表现在以下几方面。

1. 占用土地少

高架单轨轨道结构窄，又可架设在道路上方，不需要很大空间，每根支柱直径仅为 1 ~ 1.5 m，双线轨道梁的线路断面总宽度约为 5 ~ 7 m，在高架轨道系统中是最窄的。

2. 运量较大

单轨列车一般是 4 ~ 6 辆编组，理论上列车运输能力每小时为 5 000 ~ 20 000 人次，其运量与轻轨系统接近。

3. 能适应复杂地形

爬坡能力强、转弯半径小，非常适合山高坡陡、弯多路窄的地形条件。由于使用橡胶轮胎，可以适应复杂地形，适宜在狭窄街道上空穿行，从而减少拆迁。

4. 建设工期短，造价低

高架单轨结构简单，易于建造，因此工期较短。造价较低，一般为地铁的 1/3。

5. 能确保安全、正点

由于车辆与轨道的特殊结构，在轨道梁两侧均有起稳定作用的导向轮，没有脱轨的危险。采用高架轨道，与其他交通各行其道，互不干扰，特别是不受公路拥挤的影响，不会发生撞车事故，能保证安全、正点运行。

6. 噪声与振动低，且无排气污染等公害

由于采用橡胶轮胎，取消了传统的钢轨和钢轮，所以振动和噪声大大降低，此外，因为是电力驱动，也不存在污染环境的问题。

7. 对日照和城市景观影响小

高架单轨占用空间少，沿线不会投下很大的遮光阴影，并且对城市景观还能起一定的点缀作用。

8. 乘坐舒适，可用于观光

由于采用了橡胶车轮和空气弹簧转向架，列车运行平稳，再加上空调等现代化设备的使用，乘客乘坐环境舒适，视野广阔，瞭望条件好，在城市中运行可兼有游览观光的作用。

单轨交通有以下几方面的缺点：第一，它的运量在实践中还没有达到计算运量，所以，对单轨交通车辆的最大运量问题尚需进一步论证；第二，单轨交通折返设备因其需承载线路、列车作转动或平移，故在建造与投资方面均有难点，这是单轨交通发展的一个限制因素；第三，单轨系统的转辙器构造复杂，且转辙时间比普通道岔长，这将加大单轨交通的行车间隔。

德国伍珀塔尔（Wuppertal）单轨（悬挂式单轨）如图 2.2 所示，我国重庆轨道交通 2

号线（跨座式单轨）如图 2.3 所示。

图 2.2　德国伍珀塔尔（Wuppertal）单轨（悬挂式单轨）

图 2.3　我国重庆轨道交通 2 号线（跨座式单轨）

图 2.4　悬挂式单轨

第五节　现代有轨电车

现代有轨电车与地铁相比，因其存在车辆容量小、最高运行速度较低（仅为 70 km/h）、存在平交道口、站间距短（约为 500 ~ 800 m）等不足，故现代有轨电车运量较低，约为 1 ~ 3 万人每小时。现代有轨电车的线路敷设往往因地制宜，既可修在市区街道上，又可修建在地下隧道或高架轨道上，但在大多数情况下有轨电车常敷设在地面上，与既有道路平行，并且存在平面交叉，通常采用缘石、栅栏或通过设置高差的形式将线路与其他交通分离。如图 2.5 所示。

图 2.5　法兰西岛大区有轨电车 1 号线

相比老式有轨电车，现代有轨电车有以下几个优点。

1. 客运能力大

传统有轨电车车厢长度一般不足 20 m，按定额标准 4 人/m^2 计算，列车载客量一般不到 100 人。现代有轨电车的主流产品，车厢长度一般为 20 ~ 40 m，列车载客量达 150 ~ 300 人，单向设计客运能力为 0.5 ~ 0.8 万人次/h；如果将两列列车串连起来，单向客运能力可达 1 ~ 1.2 万人次/h。

2. 速度高

传统有轨电车最高设计速度一般为 30 km/h，实际旅行速度为 10 km/h。而现代有轨电车的设计速度可达 70 ~ 80 km/h，在城市中心地区的旅行速度一般为 20 km/h，在郊区的旅行速度可达 30 km/h。如果在城际铁路上运行，旅行速度则可达到 70 km/h。

3. 弹性灵活

（1）车辆定制服务与模块化设计。现代有轨电车主流厂家都具有较强的设计能力，能够提供订单化服务，车头、车尾、车体尺寸及车体结构的定制灵活性较大，可以满足不同客户的需求。此外，由于现代有轨电车主流产品都采取模块化设计，不仅车辆维修养护容易，而且能够较快增加列车车厢数量，延长列车长度，客运能力具有较大弹性空间，考虑到运能的运用效率及国外实际运营客流情况，现代有轨电车单向可满足 0.3 ~ 1.2 万人次/h 的客流需求。

（2）多种供电制式。现代有轨电车除了采用传统架空线供电外，在部分景观、空间限制区段，可以采用蓄电池供电（仅限局部困难路段）或地面第三轨供电（目前仅限于钢轮钢轨），供电电压在 500 ~ 900 V 范围内波动。而近年来，超级电容储能式有轨电车也逐渐普及，如广州海珠有轨电车和深圳龙华有轨电车。这种有轨电车摒弃了传统的接触网，车辆利用储能装置实现无接触网运行，车站设有充电受流系统，当车辆进站时，通过车辆上的被动式受电器对储能系统进行快速充电。列车启动离站时，充电装置能够自动检测并迅速停止充电。由于不再使用接触网，对城市景观及道路交通不会产生影响。走行轨不再作为回流通路，对沿线城建设施无电腐蚀。相对于常规接触网受流系统，仅杂散电流一项，每千米便可以节省 30 万元 ~ 50 万元的整治费用。因其能实现无接触网运行，全线路无接触网，线路建设投入和维护成本低。

4. 舒适新颖

现代有轨电车多数采用流线型车身、大窗、对开门、低地板等新颖设计，旅客水平上下车非常便捷，在车厢内乘坐也较为舒适。由于采用了大量的隔音材料、消音器等设施，现代有轨电车行驶时噪音比道路上的机动车交通要低 5 ~ 10 dB。按照国际电工委员会（International Electrotechnical Commission，IEC）标准测试，以 40 km/h 行驶时，有轨电车车厢内噪音为 70 dB、车厢外 7.5 m 处噪音为 75 ~ 78 dB。

5. Translohr 导向轮与导向轨

根据运行系统的不同，现代有轨电车主要分为“钢轮钢轨”和“胶轮+导轨”两种制式，例如阿尔斯通公司的 Citadis 系列属于前者，而劳尔公司的 Translohr 系列为后者。钢轮钢轨式现代有轨电车在地面的两条 U 型钢轨既承担钢轮的重量，又对钢轮起导向限制作用。一般情况下钢轨顶面与城市道路路面平齐。胶轮+导轨式现代有轨电车轨道由类似道路的行车道和一条引导车辆运行的特殊导轨组成，车辆走行系统与汽车一样为橡胶轮胎，起承受车体重量的作用，导向轮在导轨的限制下引导车辆运行。图 2.6 为 Translohr 导向轮与导向轨示意图。Translohr 有轨电车系统的道岔由 1 根直轨、1 根曲轨、转辙机和连接装置等组装在道岔盒内，分右开式和左开式两种。图 2.7 为其转辙器示意图。

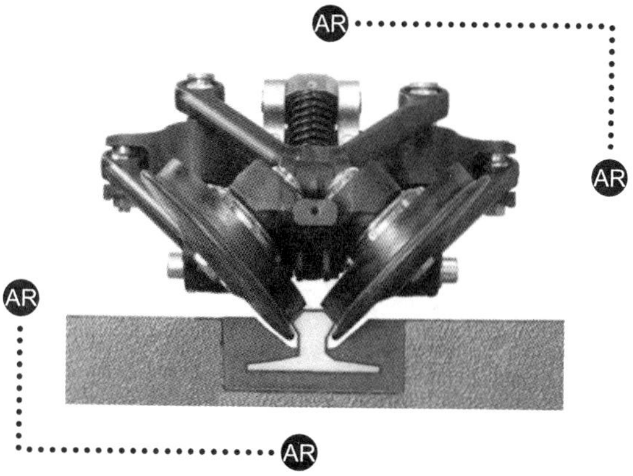

图 2.6 Translohr 导向轮与导向轨

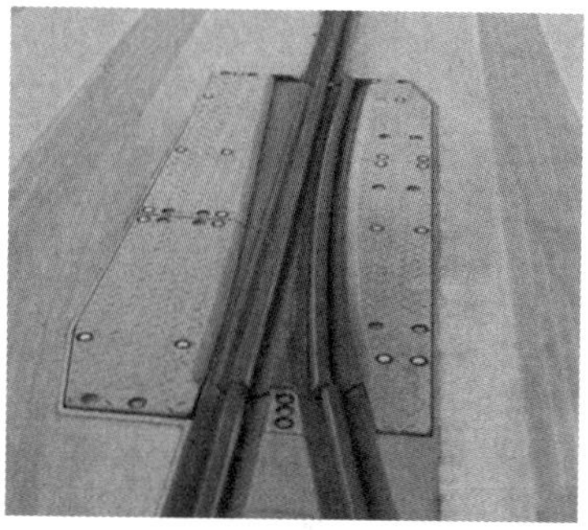
图 2.7 Translohr 转辙器

第六节 自动导向系统

自动导向系统（Automated Guideway Transit，AGT）是指新交通系统中利用导轨导向且自动控制运行的新型轨道交通系统。此类系统早期在美国被称为水平电梯、空中巴士等。

使用自动导向系统的新加坡武吉班让轻轨如图 2.8 所示。法国与日本让其进一步发展，并用于城市内的运输系统。在法国，此类交通系统被称为 VAL（Véhicule Automatique Léger），意为自动轻型交通。VAL 除了用于机场的内部交通外，还被用于里尔、图卢兹等多个城市的地铁系统（法国里尔地铁如图 2.9 所示），我国台北市的捷运（地铁）木栅线同样也使用了法国的 VAL 系统。在日本，自动导向系统被称为“新交通系统”，并已在东京、广岛、札幌等多个城市的城市轨道交通中得到使用。

AGT 系统无论是轮轨运行还是“水平电梯”运行，其共同的特点是始终沿着一条固定的轨道自动运行，运行的速度视运距的远近有快有慢。整个系统无人值守，完全由电脑自动控制运行。AGT 系统可依其服务容量与路径形式分成下列三种。

图 2.8　新加坡武吉班让（Bukit Panjang）轻轨

图 2.9　法国里尔地铁（Métro de Lille）

（1）穿梭/环路式快速运输系统（Shuttle/Loop Transit，SLT）。

穿梭/环路式快速运输系统是 AGT 系统中最简单的一种，分穿梭式与环路式两种。穿梭式使用较大型车厢（容量约 100 人），通常具有站位，沿着固定路线行驶，从甲地驶到乙地，再从乙地驶回甲地，如此来回输送，其作用如同高楼中的自动电梯，故又称为水平电梯。除可作两点间直接输运外，中途亦可设站。环路式则沿环状路径绕圈行驶，中途设站停留。

（2）群体快速运输系统（Group Rapid Transit，GRT）。

群体快速运输系统的主要服务对象为具有相同地点与目的地的群体乘客，通常使用载运量为 12 ~ 70 人的中型车厢，故可视为一种自动行驶的公共汽车。其与 SLT 不同之处在于：

因容量较小，除可有较密的班次外，还可设置分岔路线，以便选择性地绕行主线、支线收集乘客，运行班次间隔可小于 60 s，服务方式可分定时排班或中途不停留的区间快速运输。1974 年 1 月启用的得克萨斯州达拉斯机场的 AIRTRANS 及 1975 年通车的西弗吉尼亚大学摩根敦（Morgantown）运人系统均属于应用 GRT 的例子。

（3）个人快速运输系统（Personal Rapid Transit，PRT）。

从技术层次及载运型态而言，个人快速运输系统才是真正的运“人”快速运输系统（True Personal Rapid Transit）。其主要特色为使用具有 2 ~ 6 人容量的小型车厢，在精密电脑自动化控制系统管制下，在复杂的路网中运行，并经由岔道转出/进入主干线运载乘客。

从上述内容可看出，穿梭/环路式快速运输系统虽然在技术应用层面上较简单，但它既可提供机场或城市特定区内的环流交通功能，也可以在各种活动中心（如购物中心、运输中心、娱乐园区等）间作串联式的联络服务，因此，其运载容量不但高于群体快速运输系统与个人快速运输系统，而且可以形成“单节”或“连挂”成列车的方式，适应中运量系统范围内的客运需求，故在美国被称为“运人系统”。

自动导向交通线路为路权专用，采用计算机进行全自动控制，可以实现无人驾驶的高密度运营。车辆既可单车运营，又可编成列车运行。自动导向系统的线路通常都采用高架形式，也有因城市地形、地貌、已有建筑物等原因，部分走行于地面或地下隧道内，其支撑或维护结构，如高架桥、隧道等与常规的城市轨道交通采用的结构没有实质区别。

自动导向系统的轨道，一般采用两条平行的钢筋混凝土长条形板带，供车辆橡胶走行轮在下面行驶。导向轨则有两种布置形式，一种布置于轨道线路的两侧，车体侧向的水平轮沿导向轨铅垂面导向运行；另一种是导向轨设于两条轨道之间。有的采用在线路中心线处设工字形钢质导轨，两水平导向轮夹其腹板导向行驶；有的为两条行车轨道间的中央沟槽中，导向轮沿车轨道侧壁导向行驶。

自动导向系统改变行驶路线时采用的道岔，有水平移动式道岔和竖向沉浮式道岔两种，普遍采用的是水平移动式道岔。车辆走行轮和导向轮均采用橡胶车轮。车辆行驶通常采用直流 750 V 电源，自动控制、无人驾驶，也有的车辆在一名驾驶员监护下自动控制运行。

自动导向系统由于全自动化运作，车辆体型相对短小，又由于其重量轻和其构造具备的特点，使其具有许多一般中运量轨道交通难以企及的优点。计算机控制的自动导向系统，可以使行车间隔缩小至 1 min，实现高密度、小编组、安全快速运行，克服了常规地面交通运行密度高但速度不快、地铁等轨道交通速度快却难以达到高密度运行的缺点，可使乘客快速准点安全地抵达目的地，并且可以缩短乘客候车时间，舒适乘行，从而进一步提高了客运服务质量。从功能角度分析，自动导向系统还有以下优点。

（1）自动化驾驶可以准确地按运行指令运作，反应快速，准确度很高，可以避免人工驾驶过程中因长时间操作而引起的疲劳和思维迟钝，避免出现驾驶失准和失误；而且自动化控制有一系列安全保障措施，可以防超速、防追尾，安全性高。

（2）自动化运行可以使行车安排和调度具有很强的科学性和灵活性，能够恰当、经济地满足运营需求。特别是对于客流量变化幅度很大的线路（如沿线有突发性客流的场所），此系统可迅速补填车次或改变列车编组，以满足和适应及时运送旅客的需要。

（3）在行车指挥、车站管理、电力调度、防灾报警等方面广泛利用了计算机系统，不仅极大地提高了功效，而且由于列车无驾驶人员，车站及许多设备无人或只需要很少人员值守，大大节省了人力，这对于人力成本占总成本比例很高的经济发达国家来说具有重要意义。

（4）基于应用高水平自动化技术，列车可以采用高密度、小编组运行。由于列车节数少，所需站台长度短，因此可以减少车站建设费用，对于地下车站，还可减少通风、空调、照明等设备的数量及能源消耗。此外，自动导向系统不仅车辆体型小，而且车体材料采用轻质金属，因此重量也很轻，可采用较小的隧道断面和较窄的高架桥体。由于减轻了高架结构的负荷，因此可以较大幅度地降低土建工程造价，车体重量轻的特点还能节省牵引动力的能耗。

（5）列车采用电力牵引，不会产生废气污染。同时，又因采用橡胶车轮，对车内和周围环境产生的噪声和振动影响都非常小，噪声值一般不超过 75 dB，在线路附近往往感觉不到列车通过，采用这种交通方式有利于环境保护。从景观看，由于车辆体型不大，地面工程结构体量相对也较小，如外观造型设计得当，易融入周围环境，产生较好的景观效果。

（6）车辆采用橡胶车轮，车轮与轨面的黏着性能好，与钢轮钢轨相比能产生较大的摩擦力，可缩短加减速度的时间，增大爬坡的能力，使车辆的最大爬坡能力达到 7%，无乘客的情况下可达 10%。

（7）列车最小平面曲线半径仅为 30 m，又具有较大的爬坡能力，因此可以适应较为复杂的地形。在城市内易于避开现有的建筑物，减少拆迁工程量，可降低建设成本和有利于保护有价值的历史文化建筑。

（8）自动导向系统行车密度调节范围大，并能以极高的密度运行，车体大小和列车编组又可以在一定范围内改变和调整，所以使用范围较大。除可作为城市中运量轨道交通外，还可用于运行距离短、行车密度高、客运量较大的接驳运输，如用于机场、博览会和游乐园等场合的内部交通。

自动导向系统这种交通制式也存在一些缺点：由于采用橡胶车轮在表面粗糙的板式轨道上行驶，磨耗较大，不如一般轨道交通采用的钢轮钢轨那样经久耐用，车轮使用寿命相对较短，同时运行能耗也相应加大。此外，该系统采用充气橡胶车轮，还需要有预防爆裂和发生爆裂后应对的安全措施和装置。露天的线路，在雨雪天行车易打滑。自动导向系统采用的充气橡胶车轮，会导致其载客能力相对较低，使这种交通制式在扩大载运量时也受到一定限制。

第七节　磁浮交通系统

传统的铁路列车之所以能往前推进，主要是因为钢轨与列车之间具有黏着力或摩擦力，借由列车的机车或动车组内的动车加速产生的向前牵引力克服阻力而前进。随着列车速度的提高，黏着力减小，列车所能产生的牵引力会越来越小，同时，列车所受空气阻力会逐渐增大。当列车速度达到一定值时，牵引力等于阻力，若继续加速，车轮将出现空转现象，速度无法再提高。因此，欲使列车速度继续提高，不外乎减小列车阻力，或不采用黏着力推进列车前进，即列车不与轨道或地面接触即放弃使用车轮。

磁浮（Magnetic Levitation，Maglev）理论由德国人赫尔曼·肯佩尔（Hermann Kemper）提出，并在 1934 年获得“无轮磁浮列车”的专利。直到 1969 年，德国才开始研究试制磁浮列车，并研制了小型磁浮样车，同时在埃姆斯兰（Emsland）建造了 31.5 km 长的试验轨道。1992 年，政府同意在柏林与汉堡间以现有技术为基础建设一条磁浮线，但该项目最终由于沿线居民的反对以及高昂的建设成本而流产。日本也在 1972 年在日本国有铁道及日本航空的主导下成功进行了超导磁浮列车试验。试验车重 22 t，时速达到 50 km/h。1977 年 12 月，速度提升至 517 km/h。目前日本计划修建的东京至大阪的中央新干线将在原有的实验轨道基础上建设，并采用超导磁浮技术，最高时速可达 505 km/h。预计东京至名古屋段将在 2027 年通车运营，名古屋至大阪段将在 2045 年通车。我国在 1991 年启动对磁浮系统的研究，目标为中低速磁浮系统。2004 年，我国首条商业运营的磁浮线路——上海浦东磁浮线在上海开通运营，而这也是当时世界上仅有的投入商业运营的磁浮线。该线引进德国技术建造，使用德国的 Transrapid 车辆与技术。线路自浦东机场至龙阳路（浦东机场站见图 2.10），全长 31 km，运行时间 8 min，最高时速可达 436 km/h，而这也是目前世界上投入商业运营的磁浮线路中速度最快的。2016 年 5 月 6 日，我国首条中低速磁浮线——长沙磁浮快线也投入运营。线路全长 18.55 km，起于长沙南站，终于长沙黄花机场，设计速度为 100 km/h，长沙磁浮快线见图 2.11。

图 2.10　上海磁浮示范线列车浦东机场站

图 2.11　长沙磁浮快线

按速度来分，磁浮技术可分为高速磁浮和中低速磁浮，其中高速磁浮的时速可达到 500 km/h 及以上，中低速磁浮时速约为 100 km/h。按是否采用超导电磁铁来分，磁浮技术又可分为超导和常导两类。由于超导磁浮列车只有当时速超过 150 km/h 时列车才可浮起，因此超导磁浮均为高速磁浮。磁浮列车的基本原理是磁铁的同性相斥、异性相吸特性，列车磁浮方式主要分为排斥力悬浮与吸引力悬浮两种。

磁浮列车前进的动力也是电磁力，它由直线电机提供。直线电机的工作原理如同将旋转电动机的定子和转子剖开展平，即将转子和定子的半径视为无穷大，此时转子的转动就改变为向前推进的平动。电磁力不仅可支撑车体重量、推动列车前进，且可用于导向。当车体没有横向位移时，导向线圈内无电流流通，也没有消耗电能；若产生横向位移，在导向线圈内则有与左右位移成比例的电流通过，产生复原力，保证磁浮列车在前进过程中始终与导轨方向一致。

相对高速铁路而言，磁浮列车速度更快，能耗则并未有太大增加，适宜成为接近飞机速度的陆上交通工具。在不影响乘客舒适性的前提下，从静止加速至 300 km/h 只需要行驶 5 km。但磁浮技术的一大劣势在于高昂的建设与运营成本。日本中央新干线的建设总成本高达 9.9 兆日元，约合人民币 9 200 亿元，L0 型超导磁悬浮列车如图 2.12 所示。而上海磁浮示范线自开通以来连年产生巨额亏损，每年亏损高达 5 ~ 7 亿元。另外，交通工具的速度是乘客选择出行方式的一个重要因素，由于各种交通工具的速度排列往往并不连续，有时存在断档或重叠，在交叠部分即呈现竞争的态势。磁浮作为陆地上最高速的客运运输工具，其主要竞争对手是航空运输。在运营时间一定的情况下，若是磁浮交通运营距离与航空接近，则磁浮的竞争优势将比较明显。

图 2.12　日本 L0 型超导磁悬浮列车

第八节　市域快速轨道交通

市域快速轨道交通，简称市域快轨，是指运营速度为 120 ~ 160 km/h，服务于市域范围内中长距离客运（具有通勤服务功能）的一种城市轨道交通系统制式。在国外，市域快轨还有其他名称，如在美国被称为通勤铁路（Commuter Rail），在德国及奥地利被称为 S-Bahn，在法国、比利时一般被称作区域快线 RER，法国法兰西岛大区由法国国家铁路公司（SNCF）

运营的线路还被称作 Banlieue（旧称）或 Transilien。

一、市域快速轨道交通的概念及其形式

近年来各地对市域快速轨道交通的认识、名称和定义不甚统一，也没有统一的技术标准。对于区别于地铁和铁路的轨道交通制式，有多种叫法，如市域快轨、都市快轨、市域快线、城市铁路、市郊铁路、区域快线城际铁路等。

《城市公共交通分类标准》（CJJ/T 114—2007）中，对市域快速轨道交通进行了明确的定义：市域快速轨道系统是一种大运量的轨道运输系统，客运量可达 20 万 ~ 45 万人次/日（一般不采用高峰小时客运量的概念）。市域快速轨道系统（简称市域快轨）适用于城市区域、重大经济区之间中长距离的客运交通，其功能是满足城镇发展和人口分布相对均衡的组团式城市空间结构或者都市圈外围组团以及卫星城与城市核心区的交通出行需求。市域快轨既能为城市中心区和郊区之间的长距离出行提供服务，又能为城市中心区的密集出行提供服务，是城市轨道交通网络中的主要骨架线路，并将逐渐成为市区与郊区新城、新镇之间的快速联系通道。市域快轨是城市交通系统的重要组成部分，与地铁、轻轨一起构筑起城市交通的主骨架，一起引导城市发展，促使城市的布局更加合理化，对促进城市外围土地开发和城市总体规划的实现具有重要的作用。图 2.13 和图 2.14 为法国和德国的两个市域快速轨道交通的车站。

图 2.13　法兰西岛大区市郊铁路 Transilien U 线圣克卢站（Gare de Saint.Cloud）

图 2.14　德国柏林 S.Bahn 弗雷德里希大街站（Bahnhof Friedrichstraße）

通过对国内外城市轨道交通网络的分析可以发现，各国对市域快速轨道交通的定义不尽相同，表现形式各异。市域快速轨道交通主要是指可以在整个市域范围内提供快速到达城市各主要集散点服务的轨道交通线。该类服务配合城市朝多中心方向发展，并与城市的对外交通设施（空港、海港、铁路客站等）相衔接。该级网络将成为城市轨道网络的骨架，总结国内外现有的城市轨道网络，市域快速轨道交通的主要形式可以概括为如图 2.14 所示的 3 种形式。

（1）市域快速轨道交通线穿越城市中心。

这种形式的轨道交通线路两端连接了城市的主要卫星城、城市副中心和对外交通枢纽。线路穿越城市，一般在城市中心采用地下的形式，并与其他的地铁、轻轨线路间留有方便的换乘条件。在郊区采用地面线路，并且根据需要往往还延伸和连接部分支线，如图 2.15（a）所示。这样的线路能够实现旅客的直达运输，最大限度地满足旅客的出行需求。巴黎 RE 市域快速轨道交通是这种线路形式的主要代表，它以地下线的形式穿过城市中心区并与一般城市地铁网通过换乘站连接为一个整体。

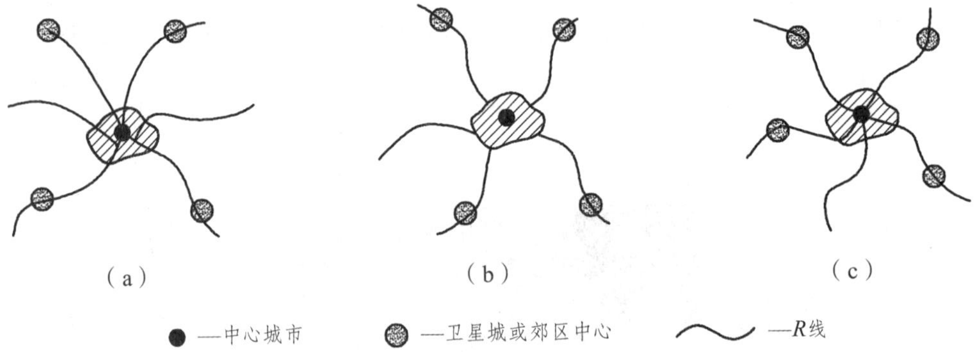

图 2.15　市域快速轨道交通形式图

（2）市域快速轨道交通线终止于中心城外围。

这种形式的轨道交通线路通常存在于具有城市轨道交通环线的网络中，其一端连接了城市的主要卫星城、城市副中心和对外交通枢纽，另一端则终止于城市轨道交通环线上，如图 2.15（b）所示。这样的线路形式可以充分发挥城市轨道交通的环线和市中心已有轨道交通线路的功能，但郊区乘客需要通过轨道交通之间的换乘进入市区。东京的轨道交通线路是这种形式的代表。东京轨道交通网络中有山手环线这样的城市环线，而在中心城区地铁网络十分发达，线路均从中心区向山手环线辐射，延伸到山手环线附近。东京私营铁路系统（类似于市域快速轨道交通）以山手环线为起终点站向外辐射，在山手环线上与城市地铁系统形成换乘。

（3）市域快速轨道交通线终止于城区中心。

这种形式的轨道交通线路一端连接了城市的主要卫星城、城市副中心和对外交通枢纽，另一端则终止于城区中心，如图 2.15（c）所示。这样的线路形式能够实现城市中心与主要卫星城、城市副中心和对外交通枢纽间的便捷联系，满足旅客的出行需求，郊区乘客不需换乘便可以直达市区。纽约的通勤铁路即采用了这种形式。纽约通勤铁路的长放射网络以中心区的 3 个车站为起点向长岛、纽约北部郊区和新泽西 3 个方向辐射，半径超过 100 km。

二、市域快速轨道交通的主要技术特点

（一）服务范围广，提供长距离的出行服务

市域快速轨道交通服务于都市圈范围，承担其通勤都市圈的客流，各城市具体范围不等，与中心城的连接强度也不相同，总的来看范围约在 50 ~ 100 km，但主要出行客流集中在 30 ~ 50 km 半径组团附近。从各城市的实践经验及有关统计数据来看，从城市周边到达市中心的出行时间宜控制在 30 ~ 60 min。市域快轨根据运营模式的不同，其平均旅行速度均超过了 40 km/h，个别开行大站快车线路的速度更达到了 80 km/h 甚至更高。较高的运营速度使得市域快轨的服务范围比其他交通方式更大，从而为乘客提供范围更广的服务。

市域快速轨道交通为了扩大其服务范围，通常在线路较远处和接近末端时通过少量分支线路来覆盖更大的服务范围。例如巴黎的 RE 市域快速轨道交通线路是呈放射状分布的，RER-A、RER-B 等几条线就是通过少量分支的形式将郊区新城、主要城镇和重要活动场所与市中心直接相连。

（二）层次清晰，融入一体化城市轨道交通网

除地铁外，都存在着一个服务于都市圈范围的快速轨道交通系统。且在人口规模大、相对比较密集型的城市（如东京、大阪），市域快轨是支撑整个都市圈发展的主体轨道交通系统，同时无论采取何种制式（既有国铁或新建类地铁线路）都应能提供早晚高峰通勤化的公交化服务。

除市域快速轨道交通外，市区内的常规地铁和连接市区与郊区的市郊铁路也是两种重要的城市交通工具。常规地铁一般与市域快速轨道交通互相补充来构成城市轨道交通网络的主骨架，而市郊铁路则一般与市域快速轨道交通组成一个功能完善的市郊铁路网，市郊铁路一般终止于城市外围。三者相互补充来运送市区、郊区以及市区与郊区之间的旅客。

（三）注重与其他轨道交通方式的衔接

为了方便旅客的换乘，在建设市域快速轨道交通时必须考虑与其他类型线路的连接（包括常规地铁、市郊铁路以及常规铁路等）。巴黎的地铁线路就是通过地下通道将几个相邻换乘站（包括铁路车站）连接起来从而构成大型换乘枢纽，这样乘客就可以直接进行地铁、RER 和国有铁路三者之间的换乘。

市域快轨与地铁系统存在着贯通运营以及接驳多点换乘两种模式，但无论采用何种模式，市域快轨都具有深入核心区、主要功能区的发展趋势，并尽可能与中心城区的地铁网络相融合。

（四）利用了既有线路建设，强调资源共享

从国外城市市域快速轨道交通的建设来看，多数市域快速轨道交通都合理利用了既有的轨道线路、大桥、隧道等，这样可极大地节省建设成本。如巴黎 RE 市域快速轨道交通就

充分利用了既有铁路线。

另外，市域轨道交通往往采用国铁或类地铁的系统制式。这样的制式选择使市域快轨内部乃至市域快轨与地铁之间可以实现互联互通，即实现共轨运营或贯通运营。在东京、大阪，市域快轨线路往往会与东京地铁部分线路实行贯通运营模式，即市域快轨车辆直接驶入与之相连的地铁线路中。我国城市在建设市域快轨进行系统制式选择时，应站在整个市域网的高度去统筹考虑，统一制式，以利于以后的互联互通、资源共享。

（五）站间距离大

市域快速轨道交通一般都是连接市中心和市郊的线路，覆盖的区域面积大，因此市域快速轨道交通的站间距离大于常规地铁的站间距离。

在站间距的分布上，亚洲城市与欧美城市有明显的不同，亚洲城市多在 2 km 左右，欧美城市在 3 ~ 5 km，这主要是因为亚洲城市人口密度大，主要新城与中心城市间都已形成带状连片发展，故站间距相对较密。但总体而言，市域快轨站间距普遍大于地铁站间距。例如，巴黎的 RATP 公司拥有的 RER-A 线平均站间距离为 2.2 km，D 线平均站间距离为 3.9 km，而地铁网平均站间距离仅为 0.579 km。

（六）运行速度快

由于市域快速轨道交通的站间距离明显比地铁的站间距离大，因此行车速度远比地铁快。如巴黎 RER 的平均时速为 50 km/h，而地铁列车的平均时速仅为 25 km/h。

从国外既有的市域快轨线路来看，其最高速度在 100 ~ 160 km/h，旅行速度普遍超过 40 km/h。相对于所选取的国外城市，国内大城市通勤交通圈范围更大，且由于市域快轨基本为新建线路，线路条件更好。由于速度目标值大小对土建工程不会造成较大影响（地下段限速），在具体进行线路规划设计时，建议尽可能地采用较大速度目标值。

（七）运营方式灵活多样

运营方式是指采用交路的形式，主要有站站停、快慢车、长短交路等方式（参阅第十章）。由于市域快速轨道交通的客流主要为通勤和休闲客流，因此沿线客流不均匀，一般采取灵活的运输组织方式，如采取“距离渐远，发车间隔渐长”的原则组织发车。市域快速轨道交通除采用常规的站站停外，还可采用快慢车混跑、长短交路运营、贯通运营等多种运营模式，以更好发挥市域快轨的速度优势，满足乘客的不同需求。

特别是共线运营，是大都市市域轨道交通运营的共同特征。通过共线运营，减少旅客换乘次数，方便旅客出行。柏林 S-Bahn 除了放射状主线与支线共线运营外，放射线与环线也共线运营；巴黎 RER 除了放射状主线与支线共线运营外，还在局部路段与市郊铁路及城际铁路列车共线运营；东京则在不同电压类型的线路间设法达到共线运营的目的。为了实现共线运营，需要在车站布局、站线配置、道岔、信号以及供电设施配备方面根据具体条件及目标进行细致的设计。

三、市域快速轨道交通的功能和作用

（一）配合和引导城市发展

市域快速轨道交通的形成和发展源于城市的布局和发展规划。巴黎的 RER 就是随着 20 世纪 50 年代末城市人口的集中化和郊区的城市化而建成的，其主要目的就是为了支持新城的建设。同时，市域快速轨道交通也会引导城市的发展，加强郊区与中心区的交通联系，对城乡一体化的发展起到积极的作用。以东京为例，日本东京的郊区居民区是沿着辐射状的城市轨道交通线发展起来的，并在城市轨道交通的终点站产生了城市次中心。

（二）满足和方便城市客运交通需求

1. 满足了郊区人口急速增长产生的客流需求

经济现代化带来城市人口的急剧增长，特别是郊区人口增长很快，市区与郊区之间大量的人流集散给城市交通造成了沉重的压力，为缓解这种紧张状况，许多大城市都相继规划建设市域快速轨道交通。以巴黎为例，巴黎的 RER 市域快速轨道交通与 28 条辐射式市郊铁路连成一个功能完善的市郊铁路网，运送大量而集中的上下班乘客。

2. 满足了通向机场、风景点等客流较为集中线路的旅行需求

从国内外市域快速轨道交通的情况看，几乎每个大城市都有通向机场和风景点的市域快速轨道交通，轨道交通系统加强了这些集散点与市中心的联系，极大地方便了旅客的换乘。

（三）优化城市轨道交通的整体网络

完善的城市轨道交通网络应具有较高的路网覆盖密度，且在同种类型的轨道交通线路组成的完整网络上，各条轨道交通线路间具有良好的衔接和方便的换乘条件，同时还须与其他的轨道交通系统（即铁路、高速铁路、城际铁路等）相互协调配合与衔接。市域快速轨道交通恰好能起到这样的作用，它将成为整个城市轨道交通网络中的骨架线路。

思考与讨论

城市轨道交通根据技术经济特征可以划分为地铁、轻轨、单轨、现代有轨电车、自动导向系统、磁浮交通、市域快轨等，不同类型轨道交通在运输能力、供电制式、速度等级、线路条件、运营组织模式、造价等方面都具有差异性。我国目前已经形成以地铁为主，各种轨道交通类型并存的发展局面。

思考讨论：① 比较分析各种轨道交通类型的适应性，如何推动不同类型轨道交通在不同规模城市的协调和可持续发展？② 近年来，我国涌现出了“云轨”“智轨”“空轨”“中低速磁浮”等多种新的城市轨道交通制式，如何看待新的轨道交通制式的发展及其商业前景？

课后思考题

1. 简述城市轨道交通的类型及其概念。
2. 分析不同轨道交通类型的重要指标差异。

第三章　城市轨道交通线网规划

第一节　城市总体规划与轨道交通线网规划

城市总体规划是指确定一个城市的性质、规模、发展方向以及制订城市中各类建设的总体布局的全面环境安排的城市规划，属于城市规划的宏观战略部分。城市规划是对一定时期内城市的经济和社会发展、土地利用、空间布局以及各项建设的综合部署、具体安排和实施管理。城市总体规划的主要任务是：综合研究和确定城市性质、规模和空间发展形态，统筹安排城市各项建设用地、合理配置各项基础设施，处理好远期发展与近期建设的关系，指导城市合理发展。

城市综合交通规划是将城市对外交通和城市内的各类交通与城市的发展和用地布局结合起来进行系统性综合研究的规划。通过城市综合交通规划，可以论证以下几个方面的内容，从而确定城市轨道交通分担率的合理目标值：① 不同规模的小汽车使用量对城市轨道交通分担率的影响；② 不同道路网规模对城市轨道交通分担率的影响；③ 能源价格变化对城市轨道交通分担率的影响；④ 交通环境容量限制和土地资源限制对城市轨道交通分担率的影响；⑤ 远期规划人口变化对城市轨道交通分担率、城市主要客流集散点以及城市主要客运交通走廊的影响。

城市轨道交通作为城市重大基础设施，其规划和建设要遵从城市总体规划。拟建设城市轨道交通项目的城市，应编制城市轨道交通线网规划，作为城市总体规划的支持文件。城市轨道交通线网规划的规划期限应分为两期，近期年限应与城市总体规划年限保持一致，远期年限应基于城市总体规划意图下城市的合理发展远景，保持适度超前的规划进度。城市轨道交通线网规划还与城市综合交通体系规划、城市公共交通专项规划相协调，与城市的经济发展、环境保护、防灾减灾和人民生活水平相协调，充分发挥城市轨道交通的骨干作用。

第二节　城市轨道交通基本建设程序

城市轨道交通项目建设必须严格执行国家基本建设程序，现行基本建设工作程序包括以下环节：

（1）线网规划。

（2）线网近期建设规划。

（3）项目可行性研究。

（4）工程勘察设计。

（5）工程施工。

（6）试运行。

（7）试运营。

（8）竣工验收。

（9）项目后评价。

其中线网规划、建设规划、可行性研究、工程勘察设计、试运营应依据国家有关法规取得相关政府授权部门的审批或许可。

建设规划编制的主要目的是在一轮的建设过程中，明确远期目标和近期建设任务，以及明确相应的资金筹措方案，控制好轨道交通建设的节奏，依据城市的发展和财力情况量力而行，有序发展。轨道交通建设规划编制的主要内容是确定近期建设的线路以及线路建设的时序，线路修建的必要性。做建设规划的同时还要做好用地控制性详细规划、沿线土地利用规划、交通一体化和交通衔接规划等下位规划工作。确保轨道交通沿线用地能够较好地进行控制。

城市轨道交通工程可行性研究阶段应编制客流预测专题报告，应依据项目具体情况和国家相关法规进行环境影响评价、地质灾害评估、地震安全性评估、土地预审、安全预评价、抗灾设防专项论证等专题研究报告，作为可行性研究报告的支持性文件。

城市轨道交通工程设计过程中应依次做好总体设计、初步设计和施工图设计工作。对工程复杂的项目，可做试验段工程，试验段工程应在总体设计指导下进行。

城市轨道交通试运行阶段是指项目初验合格并完成系统联调后的非载客运行，列车在轨道上空载试跑，不对外售票载客。在此期间，将对地铁各设备系统和整体系统进行可用性、安全性和可靠性测试及考核，对运营作业人员培训、故障模拟和应急演练等情况进行检验。

城市轨道交通试运营阶段是指试运行阶段合格后，经过政府相关验收及审批，在完成竣工初验之后、工程竣工验收之前进行的载客运营活动。在此期间，乘客可以购票乘坐地铁。

城市轨道交通项目竣工验收后，应依据国家政府投资建设项目监管有关规定由地方政府组织进行后评价。后评价应遵循“客观、独立、科学、实用”的原则。在城市轨道交通规划、设计、施工各个环节上必须严格执行国家颁布的强制性标准，保证安全设施的资金投入，确保安全设施的同步规划、设计和建设。

第三节　线网规划的基本原则与主要内容

城市轨道交通系统是一个庞大而复杂的系统，具有不可逆性。因此，线网的合理规划是十分重要的。线网的合理与否，将直接影响城市的综合交通结构、城市轨道交通系统的经济效益和社会效益。

一、线网规划的意义和作用

城市轨道交通线网规划是城市总体规划中的一项专项规划，是指在城市的总体规划和城市综合交通规划的基础上，确定城市轨道交通系统的整体合理性和科学性的系统体系。其性质与作用可以概括为以下几方面的内容：

（1）线网规划是城市总体规划的重要组成部分，是轨道交通工程项目建设报审、立项的必要条件，是线路设计的主要依据。

（2）线网规划是确定轨道交通建设规模、修建顺序以及编制轨道交通近期建设规划的依据。

（3）线网规划是确定线网结构、换乘车站和换乘形式的基本根据。

（4）线网规划是轨道交通工程建设用地规划控制的重要依据，利于控制和降低工程造价。

（5）线网规划是城市轨道交通系统分阶段建设的基础，利于使轨道交通建设与运营进入良性循环，保持可持续发展的态势。

（6）线网规划方案影响到城市结构和城市形态与功能，对城市土地的发展有强大的刺激作用，其内容将支持城市总体规划的实施和发展。

二、线网规划的主要原则

迅速有效地运送客流是轨道交通建设最直接的目的。作为城市公共交通骨干地位的轨道交通系统，要最大程度地满足居民的出行需求，改善城市交通拥堵的现状，提高轨道交通的分担率。因此，线网的规划要遵循一定的原则。

（一）线网布设要与城市主客流方向相一致

城市轨道交通首先要满足的是居民现在和未来的交通需求，解决城市交通拥堵、居民乘车难和出行时间长等问题。因此，线网规划应研究城市现状和未来土地发展方向、城市结构形态、人口分布特点、就业岗位分布特征、道路交通情况等内容，研究的目的是了解和预测城市现状和未来居民出行的主客流方向，使轨道交通能最大程度地承担交通需求大通道上的客流。真正实现轨道交通的骨干作用，提高轨道交通的经济效益和社会效益。

（二）规划线路要尽量沿道路主干道布设

城市道路主干道空间开阔，也是客流汇集的地方。轨道交通线路沿着道路主干道布设，不仅可以方便施工，大大减少工程量和拆迁量，对居民生活的干扰也相对较小，而且，轨道交通车站分布也往往在主干道附近，有利于地面公交和轨道交通之间的换乘，方便居民出行。例如，上海轨道交通 2 号线的建设就是沿着天山西路、南京西路、南京东路和世纪大道等道路主干道布设的。

（三）规划线路要尽量经过或靠近大型客流集散点

大型客流集散点主要有对外交通枢纽站（如火车站、飞机场、码头和长途汽车站等）、文化娱乐中心（如足球场、大剧院等）、商业中心、大型生活居住小区、大学城和大型生产厂区等，轨道交通线路要尽量经过或靠近这些客流集散点，一来可以增加轨道交通客流，二来方便居民直达目的地，减少换乘，提高可达性。

（四）线网规划要考虑资源共享

一个城市规划的轨道交通线路往往长达数百千米，规划的轨道交通线路也有十几条或数十条之多，考虑到城市用地的局限性，往往会将轨道交通各种资源共享，即两条或多条轨道交通线路合用同一资源，如车辆段和牵引变电站等。下面以车辆段为例说明资源共享问题。车辆段（场）是轨道交通车辆停放和检修的场所，占地面积大。在轨道交通建设初期，一条轨道交通线路通常配一个车辆段，但随着轨道交通建设线路条数的增加，受城市用地的限制，每新建一条轨道交通线路就增加一个车辆段是较难实现的。这就要求在线网规划阶段。统筹考虑车辆段在整个轨道交通线网中的位置和规模，以及车辆段与各条正线之间的联络线。

三、线网规划的范围和年限

一个城市按照区域位置来划分，通常可以分为中心城区和周边郊区。轨道交通线网规划的范围，应覆盖整个城市的区域范围。线网规划的范围，还应进一步明确重点研究范围，在重点研究范围内，轨道交通线路一般要加密。根据城市的具体特点，重点研究范围一般选择城市中心区域。

从规划年限来看，线网规划一般可以分为初期规划、近期规划和远期规划。初期规划主要研究规划年限内将修建线路的具体走向，其规划年限一般为 5～10 年；近期规划主要研究线网中线路的修建顺序以及轨道交通线路的建成对城市发展的影响，其规划年限一般为 20～25 年；远期规划是根据城市总体的远景发展规划、城区用地控制范围、预测的远景城市人口规模和就业分布等基础资料，预测所需的未来城市轨道交通规模，其规划年限一般为 50 年。

线网规划考虑的年限越长，研究涉及的范围越广，得到的结果也更为宏观，因而遵循“近期宜细，远期可粗”的规划原则。

四、线网规划的主要内容

城市轨道交通系统投资大、建设周期长，对社会影响深远。科学地、合理地制定线网规划是确保城市轨道交通顺利运营至关重要的一步。

线网规划涉及的专业面广，综合性强，技术含量高。从规划实践来看，其主要内容包括：城市背景的研究、线网构架的研究和实施规划的研究。在规划观念上突出宏观性和专业性的有机结合，在规划工作安排上则是研究过程和研究结果并重。

（一）背景资料的调查

线网规划的背景资料主要是指城市总体规划和城市综合交通规划情况。调查的城市总体规划背景资料具体包括城市的经济现状和经济增长能力、城市现状和未来土地的发展方向、城市结构形态、城市现有人口数量和分布特点、未来各年限预测的人口数量和分布情况、城市现有和未来的就业岗位分布等。调查的城市综合交通规划背景资料具体包括城市各项相关的交通政策、城市对外交通的现状和未来分布特征、城市现有的道路线网情况以及各种城市交通方式的现状及未来期望的出行分担率情况等。除此之外，还应调查的资料包括城市工程地质情况、城市文物古迹的分布情况等。

线网规划所需的背景资料涉及面广，包括各个领域的方方面面，其中还有一部分资料具有不确定性。因此，对于调查所得的资料，要进行反复分析和论证，最大程度地确保资料的可靠性和有效性，从中总结出指导线网规划的技术政策和规划原则。

（二）线网构架的研究

线网构架研究是线网规划的核心内容。这部分研究主要以理性分析为主，主要内容包括：线网合理规模的研究、线网方案的构思、线网方案的客流分析以及线网方案的综合评价。通过匡算线网的合理规模、分析线网的形态结构、测试线网的客流情况，来确定初步的线网方案。对确定的线网方案再进行反复评价和优化，最终确定较优的规划方案。线网构架研究涉及的知识面广，理论性强。

（三）实施规划的研究

线网构架研究所确定的较优的规划方案要想最终能得以实施，还需进一步研究实施规划。城市轨道系统专业性很强，线网是否可行受很多工程和经济条件的限制，往往一个条件不能满足，就会影响整个系统建设的可行性，因此，必须以方案规划的形式提出具体的安排。实施规划是城市轨道交通规划可操作性的关键，主要研究内容包括建设顺序、工程条件和附属设施的规划。具体内容包括各条轨道交通线路建设的先后顺序、线路的敷设方式、主要换乘节点的方案研究、附属设施（如车辆段）规模大小和具体选址研究、城市轨道交通线网的运营管理规划、联络线分布研究以及城市轨道交通与其他交通方式之间的衔接和换乘等。由于规划可实施性研究是保证线网可行性的重要因素，因此这部分研究与之前的方案构架研究是一个循环过程。

五、线网规划的技术路线

线网规划涉及的影响因素众多，而各因素之间又相互影响，仅仅靠专家经验和少数几次的定性定量分析是难以获得满意的线网方案的，必须在“方案设计—分析评价—比较筛选”的循环过程中，有效地将定性分析和定量分析有机结合起来，不断提高规划者自身的认识，最终得出更有价值的线网方案。技术路线是线网规划的基本程序和主要指导思想，它体现了线网规划各阶段的工序流程，反映各工序之间的逻辑关系、研究内容和阶段成果。要做好线网规划，必须首先确定正确的技术路线。线网规划工作的一般技术路线如图 3.1 所示。

第四节　城市轨道交通客流预测

一、城市轨道交通客流形成机理分析

城市客流主要取决于城市土地利用空间布局和交通组织，在供应满足的条件下，当城市的土地利用布局规划确定后，城市客流的产生和分布就客观存在了。一般而言，城市轨道交通客流包括以下三部分的内容。

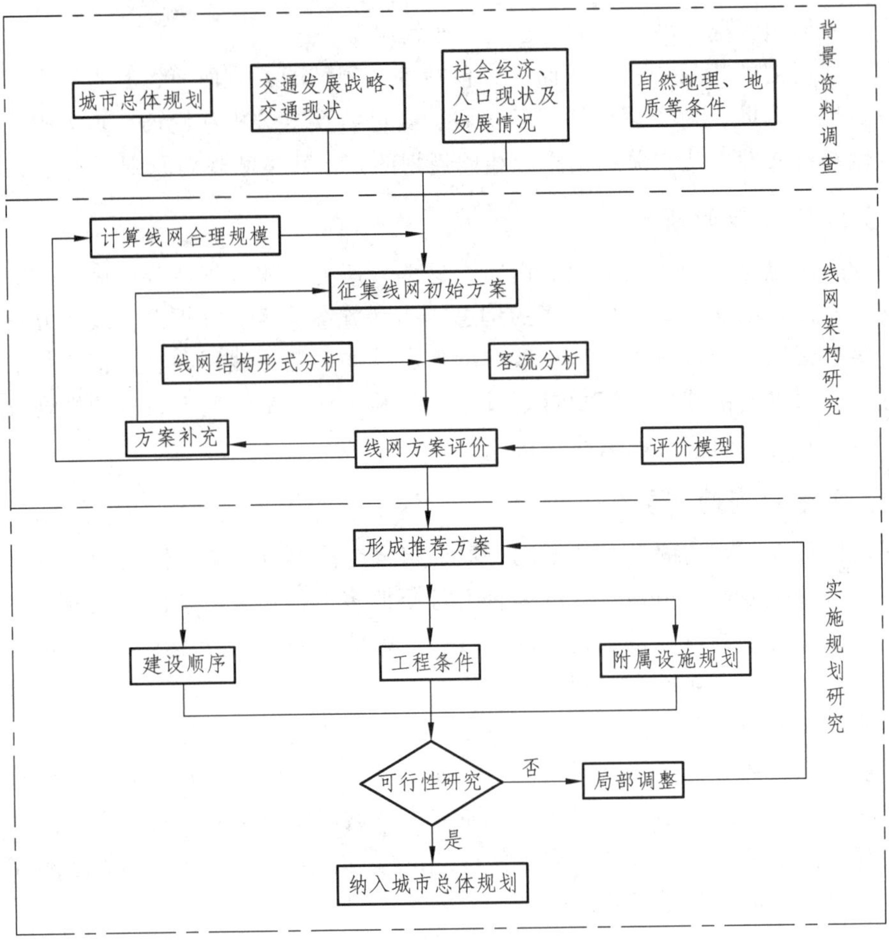

图 3.1　线网规划路线

（1）趋势客流量。

随着社会化程度和居民生活水平的提高，人们的社会活动也逐步增加。趋势客流量就是指随着社会的发展，轨道交通车站及沿线正常增长的客流量。

（2）转移客流量。

转移客流量是指由于城市轨道交通具有快速、准时、安全和方便等优点，而从其他交通方式转移过来的客流量。转移客流量最大的来源是部分原本选择常规公交以及自行车出行的出行者。而且，相对于小汽车的出行而言，轨道交通的出行成本较低，因此，还有部分客流量是从小汽车出行方式（主要以出租车为主）转移过来的。

（3）诱增客流量。

诱增客流量是指因轨道交通线路的建设促进了沿线土地的开发、人口的集聚，使区域之间的可达性提高、服务水平提高，居民的出行强度增加而诱增的客流量。最直接的体现是居民可能会选择“住在郊区、工作娱乐在市中心”的生活方式。

二、客流预测的意义和目的

目前，通过数学手段预测得到的未来设计年度的客流量，称为预测客流量，它具有阶段性、近似性和增长性等特点。城市轨道交通预测客流量是城市轨道交通投资决策的基础，决定一个城市是否有必要建设轨道交通及其建设规模和建设时期如何等问题的前提是客流需求的发展趋势如何，只有具备足够大的客流需求量，建设轨道交通才是合理的。具体来说，城市轨道交通客流需求预测结果将为以下几个方面的决策提供重要依据：

（1）轨道交通建设的必要性和迫切性。

（2）轨道交通制式和车辆选型。

（3）轨道交通系统设计能力、列车编组、行车密度和行车交路的确定。

（4）车站基本规模、站台长度和宽度、车站楼梯和出入口宽度的确定。

（5）机电设备系统的选定及其容量和用电负荷的确定。

（6）售检票系统制式和规模的选定，拟定票价政策。

（7）运营成本核算和经济效益评价。

轨道交通客流预测的目标是系统建成通车后可能吸引的客流规模和时空分布，具体指标包括轨道交通客运总量、客运周转量、各站上下车人数、各线路之间换乘人数、区间上下行客流量和高峰小时运量等。这些指标是轨道交通设备配备和车站设计的基本依据，也是评价轨道交通线网规划优劣的重要依据。

三、客流预测的难度

客流需求预测又是衡量建设项目经济成本、预测建设项目投入运营后经济效益的关键依据指标，有了科学合理的预测，才能对项目成本效益作出正确的评估，否则一旦经济评估失真，就会导致投资决策的失误。

但是，经过对近年来各城市轨道交通线路的客流预测结果与实际运营客流统计值的比较，发现两者结果相差较大，并非令人满意。其主要原因大致可归纳为以下几点。

（一）城市发展带来的不确定因素

客流预测必须以城市发展规划为依据。城市范围和结构形态、用地分布性质、人口分布数量、居民和流动人口的出行量。均为预测的基础数据。这些数据都是来自城市总体规划。而城市规划一般只做 10 ~ 20 年的近期和远期建设规划。虽然也会做远景规划，却是长远性和宏观性的规划。经验告诉我们，城市发展过程是难以控制的，规划不等于实施，往往是规划超前于实施；但也有规划落后于实施的情况。因此，城市规划总是要不断地进行调整修改，属于动态规划。由此可见，客流预测依靠城市发展过程中难以稳定的规划为工作背景，必将造成预测结果与将来的实际状况有一定差异，这种差异是难以估计的。

（二）预测技术尚需改进完善

城市轨道交通项目，从工程立项开始至建成通车，一般需要 5 年，然后再预测通车后 25 年的远期客流规模，总共要预测 30 年的客流。时间跨度大就代表着难以掌握城市发展中的政策、经济和人们活动的规律，不确定因素太多。同时，由于这项技术尚处于不断发展研究之中，积累资料不足，数学模型和预测技术尚未定型，还需不断改进完善，在对预测数据的把握以及评价标准上，都有很大的难度。

（三）票价的竞争性和敏感性对客流量的波动性

乘客的消费观念和对票价的承受能力是难以控制的活动因素。尤其在市场经济条件下，城市交通中各种交通方式的存在，必定会与轨道交通形成竞争局面。对于乘客来说，需要在时间与票价之间进行权衡和选择，目前的关键还是在于票价。但是，在客流预测时，可以对需求进行预测，但很难对票价进行准确的定位，也很难对客流量的竞争性和敏感性进行数量级的准确分析，这需要在运营中长期不断地积累和探索。国内外运营经验证明，票价对客流具有较大的敏感性，同时也说明票价对客流具有可调节性和可控性，这一点需要重视。

（四）线网规划不完整，线路总体规模不明

对城市轨道交通线网规划工作仅仅是在近几年才有了一个比较全面的认识。线网规划总是随城市总体规划而动态变化的，有时也会发生局部调整。一般来说，由于城市中心区建设的形态和规模应该是比较稳定的，对于城市远景发展规模也是相对稳定的，因此城市轨道交通线网规划提供了基本条件。事实上，有些城市对于线网规划还缺乏深层的研究，线网规划内容还不完整，对城市结构形态发展认识不足，造成各条线路建设的起终点和走向有很大的随意性，缺少严肃性。单条线路和整体线网关系模糊，往往会造成线网规划不稳定的问题。线网总体规模不明，造成各条线路之间关系变化不定，尤其对已建线路的客流影响很大，使原预测的客流量值在量级上发生“质”的变化。这种情况已在国内发生过多例，应引起重视。

综上所述，由于客流预测是一门新生的预测学，也由于它对城市规划有极大的依赖性，对乘客的思维和行为又只能规划导向而不可强制，对客流量也仅能预测其合理的需求，淡化未来的票价政策及其影响。因此，客流预测成果要做到绝对准确是不现实也是不可能的，只能做到预定的城市规划条件下，具有相对的可信性，因而存在较大的风险。因此，在实际工作中，对预测结果应采取十分谨慎的态度，并加强定性定量的综合分析论证，以提高客流预测结果的可信度和精确度。

四、轨道交通客流预测模式和方法简介

自从 20 世纪 70 年代传入我国以来，运用定量的方法进行科学的预测已成为规划的主要手段。城市规划发展至今，主要经历了 4 种模式阶段，即“虚拟现状轨道”模式、“远期轨道交通推算”模式、“四阶段预测”模式和“非集聚”模式。下面简单地介绍各预测模式。

（一）“虚拟现状轨道”模式

“虚拟现状轨道”模式的主要思路是将相关的公交线路的现状客流和自行车流量，向城市轨道交通线路转移，得到虚拟的现状轨道交通客流。然后按照相关公交线路的历史资料和增长规律，确定轨道交通客流的增长率，推算远期轨道交通需求客流量，或者由公交预测资料，直接转换为远期城市轨道交通客流量。

“虚拟现状轨道”模式属于早期的预测模式，受其原理的限制，以现状公交为预测基础，对现状交通特征的反映较为片面，无法考虑城市规模、交通设施和出行结构等因素的变化，

特别是我国大城市正处于交通快速发展期，未来的交通状况很可能与现状相比有较大的变化，因此精度较低，但由于操作简单，所以常用作其他模式预测后的比较验证或定性分析的辅助手段。

（二）“远期轨道交通推算”模式

“远期轨道交通推算”模式是基于现状客流分布（OD 分布）的预测模式，它的主要思路是通过居民出行调查，掌握现状全方式的出行分布，虚拟出“现状”轨道交通客流，并推算其站间客流，然后按照相关公交线路的历史资料和增长规律，确定轨道交通客流的增长率，推算“远期”轨道交通需求客流量。

“远期轨道交通推算”模式的预测基础为城市客流分布资料，对客流出行现状特征的反映比较全面，因此预测精度有所提高，适用于城市布局结构变化不大、客运交通发展相对稳定的城市。

（三）“四阶段预测”模式

“四阶段预测”模式也是基于现状客流分布（OD 分布）的预测模式，它的主要思路是通过居民出行调查，掌握现状全方式的出行分布，在此基础上预测未来年限的全方式出行分布，然后通过交通方式划分、交通分配得到未来的轨道交通客流量。

“四阶段预测”模式遵循交通需求预测的“四阶段”，即出行产生、出行分布、方式划分和交通分配，故称为“四阶段”模式。该模式结合土地利用规划分析城市轨道交通客流，能较好地反映城市远期客流的分布，且精度相对较高，但对数据要求高且操作复杂。近年来我国城市的轨道交通客流预测一般都属于这一模式，并已成为该领域的发展方向。

（四）“非集聚”模式

“非集聚”模式又称为“交通特征”模式，它以实际产生交通活动的个人为单位，对“个人是否进行出行”“去何处”“利用何种交通工具”以及“选择哪条路线”等活动分别进行预测，并按出行分布、交通方式和交通线路分别进行统计，得到交通需求总量的一类预测模式。

“非集聚”模式在理论上利用了现代心理学的成果，引入了随机效用的概念，其核心是效用最大化理论。它着眼于研究出行者个体的出行行为。“非集聚”模式相比传统模式的优势是有明确的行为假说、模式的一致性好、模式标定所需调查样本少、模式有较好的时间和地区可转移性等特点，但目前该预测模式在实际运用上还不够成熟。

五、“四阶段”交通需求预测模式简介

交通需求预测的技术领域很广，本书中仅介绍国内外比较常用的“四阶段”交通需求预测模式。

“四阶段”交通需求预测系统一般由 4 个子模式组成：出行生成、出行分布、方式划分和线网分配。出行生成预测是指对每一个小区产生的和吸引的出行数量的预测，亦即预测发生在每一个小区的出行总数量，换言之，出行生成预测是预测研究对象地区内，每一个小区的全部进出交通流，但并不预测这些交通流从何处来到何处去；出行分布预测是指从

起点小区到终点小区（OD）的交通量的预测；方式划分预测是指对每组起点、终点间各种可能的交通方式（如地铁、公共汽车和自行车等）所承担的比例的预测，即决定出行者采用何种交通方式出行；线网分配是指将每种交通方式的起点、终点（OD）之间的客流量，通过各自有关的模型网络分配在出行的特定线路上。4个子模式形成一序列，前一个子模式的输出结果为后一个子模式的输入数据，最后的子模式提供从起点到终点以及采用某种交通工具行走某条线路的交通预测结果。这个预测模式简明易懂，使用方便。

“四阶段”交通需求预测模式如图3.2所示，它对应于一个连续的决策过程图3.3则表现了人们决定进行一次出行（生成）、决定去何处（分布）、决定利用什么交通方式（方式划分）和决定选用哪条线路（分配）的一个过程。其预测过程的一个简单示意图如图3.4所示。

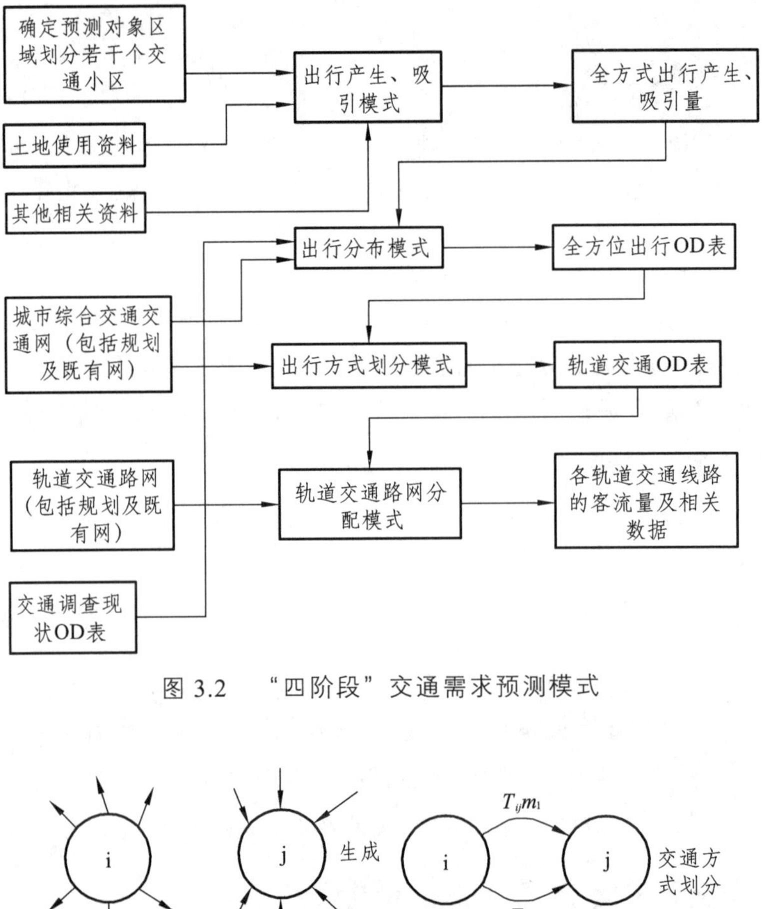

图3.2 “四阶段”交通需求预测模式

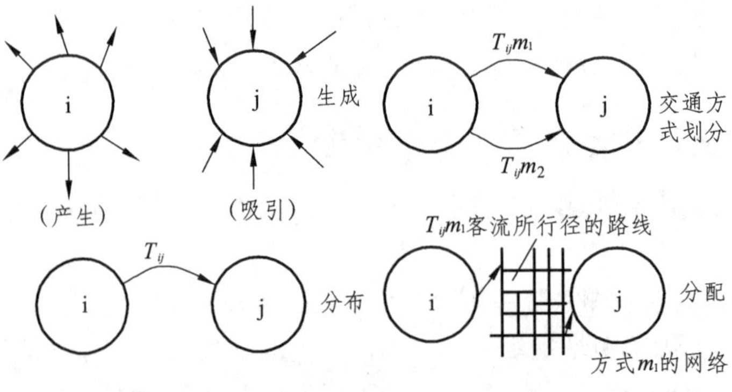

图3.3 交通需求预测的顺序建模步骤

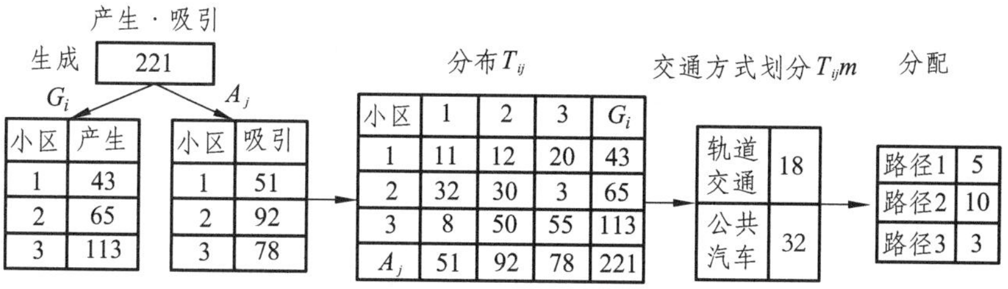

图 3.4 基于“四阶段”交通需求预测模式的轨道交通需求预测过程示意图

第五节 线网方案和规模研究

自 1863 年世界上第一条地铁问世以来，世界上已有 100 多个城市拥有城市轨道交通。由于不同的城市地理状况、社会经济条件以及建设城市轨道交通年代的不同，各城市轨道交通线网的形式也各不相同，各具特色。从直观上看，各城市的轨道交通线网千姿百态，曲直无序，几乎找不到两个一样的线网形态。但是，在形态各异的线网形态中，又总有一些近似或类似的结构形态。

一、线网方案的结构形态

通过比较、分析世界上各城市的轨道交通线网，参考城市道路网络的结构形态，运用几何学、图论和数学形态学的基础知识，可以归纳出一些组成线网的基本几何单元，而这些几何单元都是由轨道交通线路组成的。

（一）放射单元

放射单元是所有轨道线路经过城市中心区域或 CBD 区域，或由从这些区域放射出的一组轨道交通线路所组成的。根据轨道交通线路相交情况不同，可以细分为一点集中放射型、中心地区放射型和中心放射型，如图 3.5 所示。根据轨道交通线路放射均匀程度不同，又可细分为均匀放射型、扇形放射型、两侧放射型和多侧放射型，如图 3.6 所示。

放射单元是城市外围地区与城市中心区域或 CBD 区域之间最快捷的轨道交通线路形式，大大缩短了外围地区到市中心或 CBD 区域的时间，提高了市中心和 CBD 区域的可达性。这种形式的轨道交通线路往往作为城市的主要通勤线路，外围地区线路吸引范围内聚集了大量居民住宅，中心地区线路附近商业利用率很高，因此线路的通勤客流量很大，常有较好的运营效益。但放射单元的轨道交通线路集中于城市中心区，使得中心区域承担的交通压力较大，同时缺乏城市外围地区之间直接的线路联系。

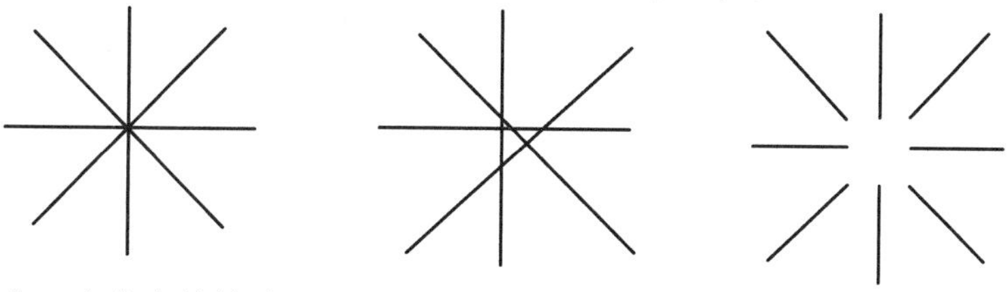
（a）一点集中放射型　（b）中心地区放射型　（c）中心放射型

图 3.5 按线路相交情况不同进行划分的轨道交通线路放射单元形式

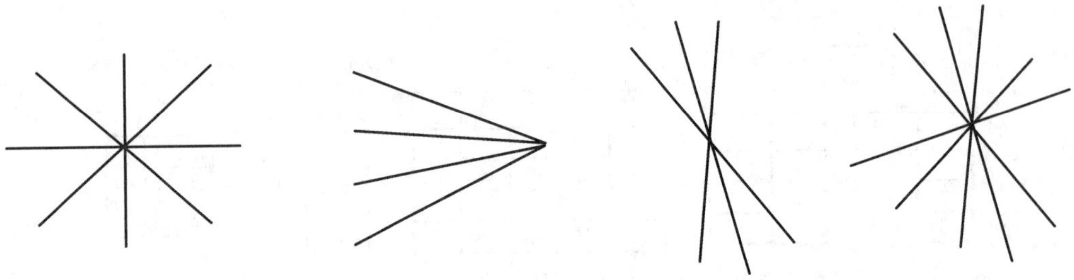

（a）均匀放射型　　（b）扇形放射型　　（c）两侧放射型　　（d）多侧放射型

图 3.6　按线路放射均匀程度不同进行划分的轨道交通线路放射单元形式

（二）网格单元

网格单元是由两组平行的轨道交通线路相互正交或接近正交形成的方格网状，如图 3.7 所示。这种线网单元线路布设均匀，平行线路多，线路顺直，线路交叉点多，适用于发展均匀、街道为棋盘式布局的城市。但网格单元布局的线网形态、平行线间的连通性较差，需要两次换乘才能实现，且整体的运输效率较低。

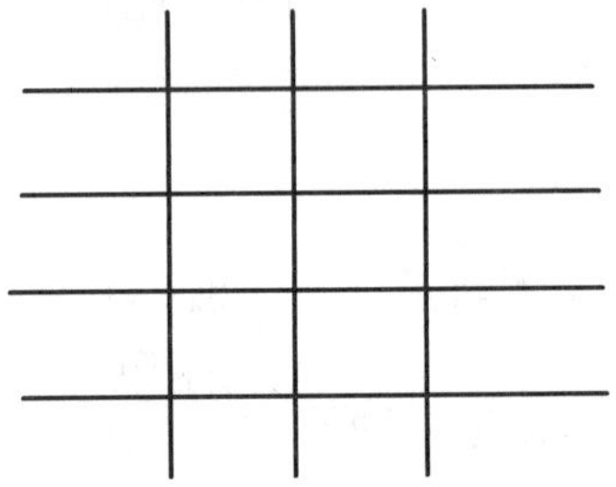

图 3.7　轨道交通线路网格单元形式

（三）环线单元

环线单元是由一条、两条或多条线路共同组成的闭合线路，其形态既可以为环状，也可以为矩形。一般情况下，环线单元是轨道交通线网高级发展的产物，主要设置在城市内外围地区交界处，其作用是通过建立与其相交线路之间的换乘联系来疏解市中心区域客流。

运用上述三种线路几何单元，或对其进行组合，即可得到城市中最常见的、最基本的轨道交通线网形态。下面对几种常见的线网特征进行简单的分析。

1. 无环放射结构形态

无环放射结构形态的轨道交通线网是由城市某一区域（如城市中心区域或 CBD 区域）为核心，在全方位或一个（或多个）扇形区域，对称或不对称的放射发展，所有轨道交通线路交汇于一点或中心的结构，其交汇点往往为大型换乘中心。采用该结构形式的城市，郊区乘客可直达市中心，而且由一条线到其他任意一条线，只需一次换乘即可到达目的地，换乘次数最少，乘客非常方便，但由于没有轨道交通环线，使得郊区之间的联系不便。

该结构形态是由轨道交通线路从城市中心区域向外放射而成，如果轨道交通线路都集中经过城市同一地方，容易造成该地方客流组织混乱，并增加施工难度和工程造价。因此，在实际轨道交通线网规则中，一般将多线线路的一点集中交汇改为在一定区域范围内的多点交汇，形成若干的“X”形、三角形线路关系，华盛顿就采用了这种结构形态，其在城市中心区域形成两两相交的形式如图 3.8 所示。有时为了方便乘客在多个车站之间的换乘，会在这特定区域范围内增设一条半径很小的环线，芝加哥就采用了这种结构形态，如图 3.9 所示。而这条小半径环线在性质上有别于上述提到的环线单元，其作用是方便小范围区域内乘客的换乘。

图 3.8　华盛顿轨道交通线网形式

采用无环放射结构形态的城市较多，比较有代表性的城市有波士顿，它以市政府和 CBD 为核心，轨道交通线路在南—北、西北—东南和西南—东北方向对称放射布设。但在实际中，有些城市由于自然、地理条件件的限制，如天然的湖泊、山脉的存在，阻断了城市向四周均匀发展，故轨道交通线路也不能均匀布设，即线路放射程度不均匀，如芝加哥便是扇形放射的，芝加哥由于密歇根湖的存在，轨道交通线网采用扇形放射，如图 3.9 所示；也有向两侧放射布设轨道交通线路的，如斯德哥尔摩，由于水域的分割，城市分为南北两部分，因此轨道交通网络也就采用以水为界向南北两侧放射的结构形态，如图 3.10 所示。

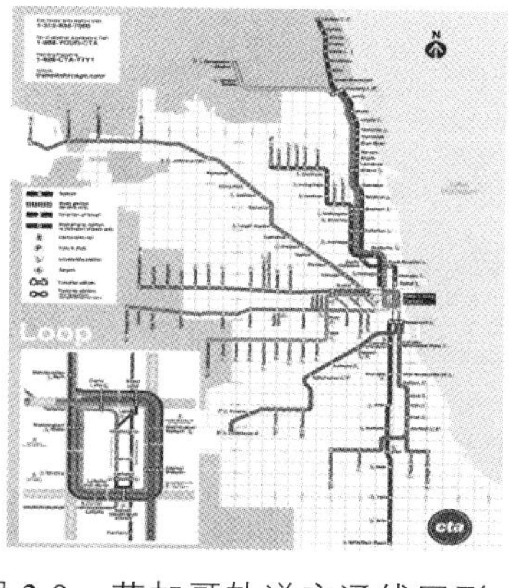

图 3.9　芝加哥轨道交通线网形式

图 3.10　斯德哥尔摩轨道交通线网形式

2. 网格结构形态

网格结构形态有时又称为“棋盘式”结构形态。这种形式的线网线路分布比较均匀，客流吸引范围比例较高；线路按纵横两个走向，多为相互平行或垂直的线路，乘客容易辨识方向；换乘站较多，纵横线路间的换乘方便，线网连通性好。但这种线网形态最大的缺点是没有通达市中心的径向放射线，郊区到市中心的出行常需换乘，且平行线路之间换乘比较麻烦，一般需要换乘两次或两次以上。在相同的线网规模下，网格式线网的吸引范围要比放射式线网的低。

这种线网形态适合于人口分布比较均匀，市区呈片状发展而街道呈棋盘式布局的城市。目前，世界上已建有轨道交通线路的城市中，采用这种线网结构的并不多见，其中比较有代表性的城市是墨西哥城。墨西哥城的轨道交通线网由 4 条南北向线路、4 条东西向线路和 1 条斜向线路组成，其间有两条线路为了增加与平行线路之间的交叉机会而呈 L 形，如图 3.11 所示。

3. 有环放射结构形态

有环放射结构是在无环放射结构的基础上增加环行线而成的，其环行线一般与所有放射线路交叉。有环放射结构是对无环放射结构的改进，因而该线网结构既具有无环放射式线网的优点，又克服了其周边方向交通联系不便的缺点，方便了环行线上的直达乘客和相邻区域间需要换乘的乘客，并且环行线能截流郊区之间的客流，疏解市中心区的交通压力。

这种形式的线网对城市居民的使用最为便利。城市的郊区发展成市区后，这种形式的线网也便于其有效地扩展。世界上许多城市的轨道交通线网都采用了有环放射结构，如莫斯科、伦敦等。莫斯科地铁布局与地面的布局一致，呈辐射及环行线路。地铁总共有 12 条线，包括 11 条辐射线和 1 条环行线，线路向各方向辐射，伸入城市各端的居民区和工业区，各线路在城市中心区交叉形成三角形，交叉点都为换乘中心，如图 3.12 所示，该线网缓解了莫斯科市中心区交通拥挤的压力，轨道交通部门也取得了良好的运营效率。伦敦也采用相似的线网形式，不同点在于其环行线是矩形的，如图 3.13 所示。

图 3.11 墨西哥城轨道交通线网形式

图 3.12 莫斯科轨道交通线网形式

值得一提的是，城市轨道交通环线截流城市外围之间客流的作用往往受换乘条件的限制，其作用不如道路交通网络中环行线那么明显。城市轨道交通环线的客流大小取决于环线自身串联的客流集散点的规模大小。例如，日本东京著名的山手环形线，全线串联了 20 多座城市轨道交通站点，包括池袋、新宿、涩谷、品川、东京和上野等重要铁路车站，所以它始终具备较高的客流，如图 3.14 的虚线所示。而广州在规划城市轨道交通线网时，曾根据城市特点，提出过几个在不同位置设置不同规模的环形线的比较方案，但这些环线方案在进行模式测试后，普遍存在客流不高，平均乘距明显低于其他线路的特点，环形线最终被否定。因此，城市轨道交通线网规则中设置环形线前必须进行充分研究，不能为了能具备环形线而去专门设置。

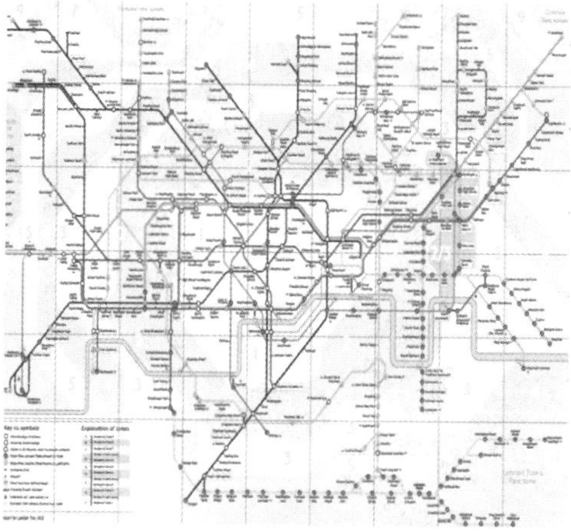

图 3.13 伦敦轨道交通线网形式

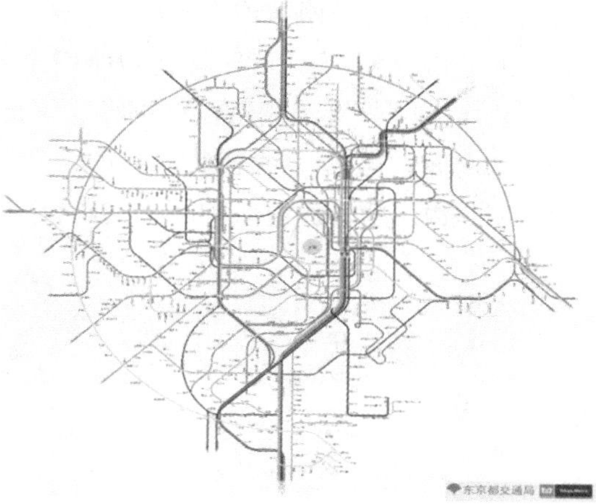

图 3.14 东京轨道交通线网形式（局部）

4. 有环网格结构形态

有环网格结构形态是网格结构与环形线路的组合形态。该结构形态的最大特点是减少了环线客流的换乘次数，提高了客流的直达性；环外平行线路客流可通过环线换乘来减少换乘次数，缩短出行时间；可通过环线换乘来减轻中心区的客流负荷，起到疏散客流的作用。采用该线网结构形态的城市并不多，北京是比较有代表性的城市之一。

北京地铁始建于 20 世纪 50 年代，自 20 世纪 60 年代起，做过多次轨道交通线网规划的方案调整，但北京其特有的棋盘式道路格局决定了其市中心区域轨道交通线网为“三纵三横加上一条环线”结构形态。为了加强城市东部发展中心与边缘集团、重要卫星城和机场的联系，在城市外围又规划有两条快速半环线，支持城市“分散集团”式布局、发展卫星城镇战略，在环外增加了周边线路和支线，将市域和市区线网叠加，形成整个轨道交通线网的构架。如图 3.15 所示。

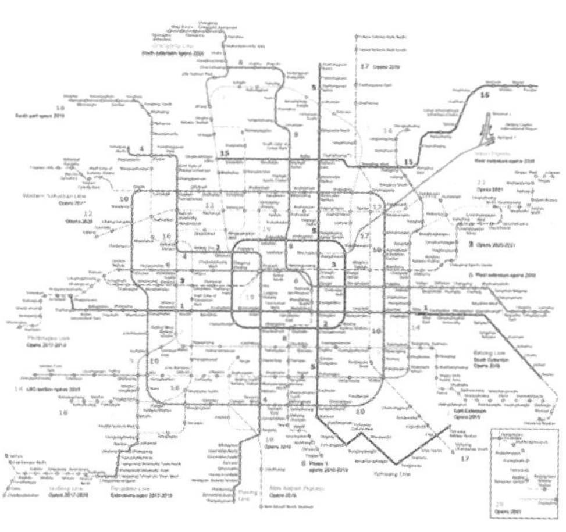

图 3.15 北京轨道交通线网形式

5. 组合结构形态

以上列出的是具有较明显特征的少数的城市轨道交通线网结构形态。实际上，大多城市的轨道交通线网因时就势，形态往往比较复杂，不是简单地呈现单一的特征结构。它们往往是由多种单一线网结构有机结合而成的20世纪一个完整的线网形式。具有组合线网结构形态的城市较多，下面以马德里为例来说明。从图3.16可以看出，马德里的轨道交通1、2、4、7、9、10号线等线路在市中心区构成明显的网状结构，6号线为环行线，1号线和9号线沿东南向，10号沿西南向，8号沿东北向均呈放射状形态。因此，马德里的城市轨道交通线网是由网状、放射状和环线共同组合而成的结构形态。

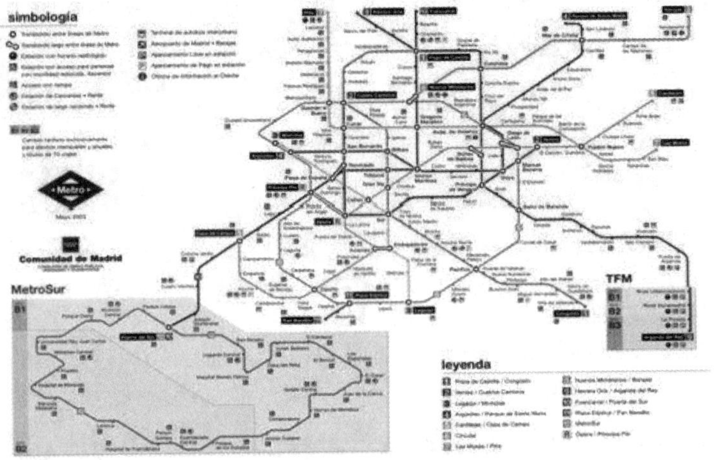

图3.16　马德里轨道交通线网形式

二、线网规模的研究

在进行城市轨道交通线网规划时，一个十分重要的问题就是如何根据城市的现状及其发展规划、城市的交通需求和城市经济的发展水平等，从宏观上合理地规划城市轨道交通线网的规模。所谓合理规模，实际上就是城市轨道交通方式合理的供给水平。由于交通需求和交通供给是动态的平衡过程，因此合理规模也是相对的。

城市轨道交通线网规模的合理确定，是城市规划部门、政府部门及轨道交通运营公司共同关心的问题。它为后续确定线路布局，网络结构及优化以及估算总投资量、总输送能力、总经营成本和总体效益等工作的开展奠定了基础。因此，合理的轨道交通规模不仅是线网规划的宏观控制量，还是一项至关重要的投资依据，为决策者提供决策的辅助依据。城市轨道交通线网规模，主要通过其线路数量和线路总长度等规模指标来反映的。

（一）城市轨道交通线网规模的影响因素

城市轨道交通网络与其外部环境发生着物质、能量和信息的交换，同时受各种复杂的外界环境因素制约，这决定了城市轨道交通线网规模影响因素的多元化。因此，为了对城市轨道交通线网规模做出合理预测，就应当对其影响因素进行综合分析，分清主次关系和各因素的联结关系等，为预测方法分析奠定基础，同时也使决策者对影响线网发展的各种因素有一个清晰的认识。

一方面，线网规模受城市形态及布局、城市人口、城市面积、城市交通需求、城市国民生产总值和城市基础设施投资比例等因素的直接影响。另一方面，这些影响因素也相互制约，如城市人口、城市面积、城市形态及布局对城市交通需求造成影响；国家交通政策、城市交通发展战略及政策、城市国民生产总值等又会对城市基础设施投资比例造成影响；城市交通发展战略及政策受国家交通政策大环境的影响。这种相互影响和关联的复杂关系构成了一个大系统，如图 3.17 所示。

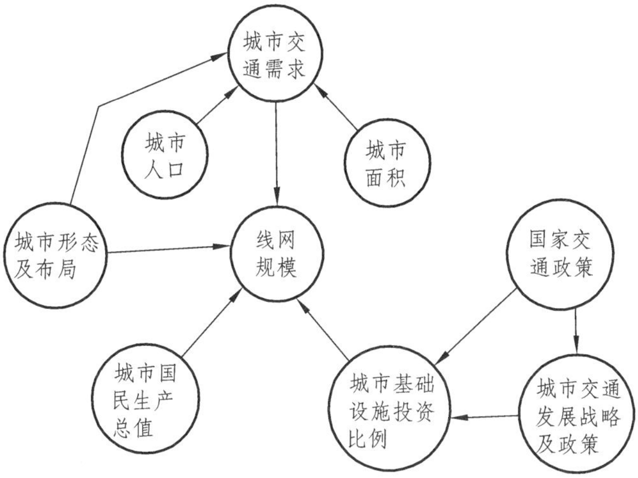

图 3.17　线网规模与其影响因素之间的相互关系

线网规模的影响因素众多，但每个因素对其的影响作用却不同。有资料表明，城市交通需求和城市基础设施投资比例是城市轨道交通线网规模最直接的影响因素，城市形态及布局、城市人口、城市面积通过城市交通需求对线网规模产生间接的控制作用，城市国民生产总值和城市交通发展战略及政策则决定了城市基础设施投资比例，体现了城市经济实力对线网规模的影响。各个因素对其的影响作用如图 3.18 所示。

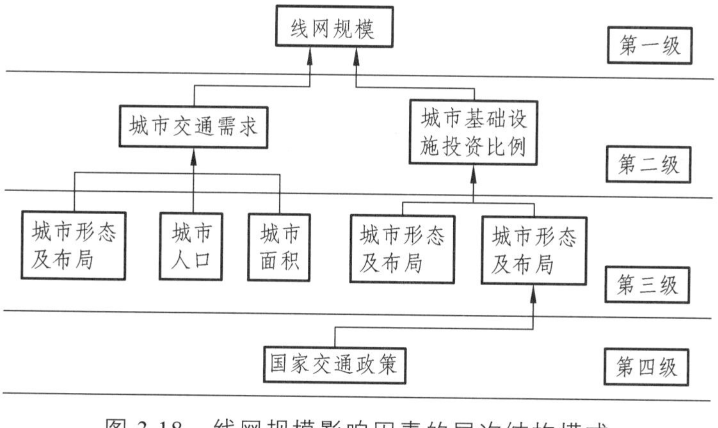

图 3.18　线网规模影响因素的层次结构模式

（二）线网规模的确定方法

线网合理规模主要从“需求”与“可能”两大方面进行分析。“需求”是以城市总体规划、人口分布、出行强度和出行总量分析为基础，根据城市交通方式构成及其比例，分析城市轨道交通规划需求的规模；同时，以城市结构形态为基础，分析线网合理密度和服务水平需求的规模。“可能”是从城市国民经济总产值中提取一定比例的数额来建立专项建设资金，分析城市财政经济的承受能力和工程的正常实施进度。

如上所述，我们可以用线网长度和线网密度来定量表示线网规模。目前，国内尚无这方面的具体规定，一般可以按照以下方法来计算。

1. 以城市公共交通客流总量来计算轨道交通线网线路总长度 L

$$L=\frac{\alpha\beta Q}{q}$$

式中：L——线网中规划线路总长度，km；

Q——远期城市出行预测总客流量，万人次；

α——远期公共交通在出行总客流量中分担客流的比重；

β——远期城市轨道交通在公共交通客流量中分担客流的比重；

q——线路负荷强度，万人次/（km·d）。

2. 通过轨道交通线网线路总长度 L 来计算线网密度 δ

$$\delta=\frac{L}{A}\text{或}\delta=\frac{L}{P}$$

式中：δ——城市总的轨道交通线网密度，km/km^{2}或 km/万人；

L——线网中规划线路总长度，km；

A——城市规划区用地面积，km^2；

P——城市规划区总人口数，万人。

城市轨道交通线网密度是指单位人口拥有的线路规模或单位面积上分布的线路规模，它是衡量城市轨道交通系统服务水平的一个主要因素。

例如，某市轨道线网的合理规模就是根据城市结构特点、市民出行特征与市区人口交通需求，以及以城市总体规划和其远期控制规模为基础，结合上述基本方法确定的。表 3-1 列出了某市轨道交通线网合理规模的研究结果。

表 3-1 某市轨道交通线网合理规模的研究结果

规划年度指标	2020 年	2030 年	远景年
总客流量/（万人次/d）	750	1200	1 500 ~ 1 800
公交出行比例/%	25	30	70
公交出行量/（万人次/d）	187	360	1 050 ~ 1 260
换乘系数	1.3	1.35	1.40
公交客运量/（万人次/d）	244	486	1 470 ~ 1 764
轨道交通占公交比例/%	20	40	55
轨道交通客运量/（万人次/d）	48	194	809 ~ 971
轨道交通负荷强度/[万人次/（km·d）]	3	3.5	4
轨道交通线网长度/km	16	55	202 ~ 242

由表 3-1 可见，该城市 2020 年规划线网规模应为 16 km 为宜，2030 年规模线网规模应为 55 km 为宜，远景规划的线网规模应控制在 202 ~ 242 km，从而形成了三种阶段层次的线网规划。

第六节　线网规划方案评价

城市轨道交通的建设和规划与城市建设和发展紧密相关，城市轨道交通线网规划与建设已经成为大城市规划和建设的立足点。城市轨道交通线网发展方案已经成为影响特大城市的结构与功能发展的重要因素，具体体现在：

（1）城市轨道交通线网的形成已成为整个城市客运交通系统的效率基础和能力骨架。

（2）城市轨道交通线路的布局问题已成为城市土地利用规划和交通规划的双重核心。

（3）城市轨道交通车站分布实际上已经成为吸引大量居民的中心、社会活动的中心以及文化和商业聚集的中心，在城市规划中占有重要地位。

城市轨道交通线网规划评价是城市轨道交通线网规划的重要环节。在线网方案构架研究中，线网评价需确定每一个备选方案价值并进行优劣排序。在最终的评优决策中，评价则对备选方案进行全面而系统的定性定量分析，从而选择出技术先进、经济合理、实施可行的最优或满意的方案。就线网评价本身而言，其主要任务包括以下几个方面的内容：

（1）明确评价对象。

（2）确定评价目的及准则。

（3）建立评价指标或指标体系。

（4）各评价指标的分析与计算。

（5）选择合适的评价方法，综合各评价指标的分析及计算结果，对备选方案进行比选。

（6）最终确定最优或满意方案。

一、评价过程及评价指标

轨道交通线网的评价是优化选择方案的环节之一，但不能将优化方案的选取依托在一次性的方案比选上。优选方案应通过下面 3 个过程来获得。

（1）在轨道交通的以上层次的规划，即在城市规划或城市综合交通规则中，应确定一些宏观的、战略性的问题或指标，如公交出行的比例应达到多少，这些是在规划方案时必须要达到的目标；反之，不符合这些目标的方案必须淘汰。

（2）通过方案设计的过程进行方案初步筛选。规划者应明确轨道交通线网规划的设计准则或原则，通过这些定性的准则或原则淘汰一些方案。将一些定性的指标，如近期线网实施性、线网发展适应性和线网结构的合理性等，在方案设计过程中通过设计者个人或集体广泛的经验及综合判断能力进行筛选，保留下来的方案应是总体比较优秀、各有优缺点且难分高下的备选方案。

（3）通过一些定量评价指标体系对上述备选方案进行定量分析和比较。定量评价指标体系应反映线网对城市发展、运营效果和经济性三方面的影响，尽量采用相互独立的、比较客观性的定量指标。

二、评价指标体系的结构

城市轨道交通系统的各项影响因素较多，一般采用塔式结构的层次指标体系。过于复杂和多变的结构关系不利于决策分析，故树状的关系结构为佳，如图 3.19 所示。

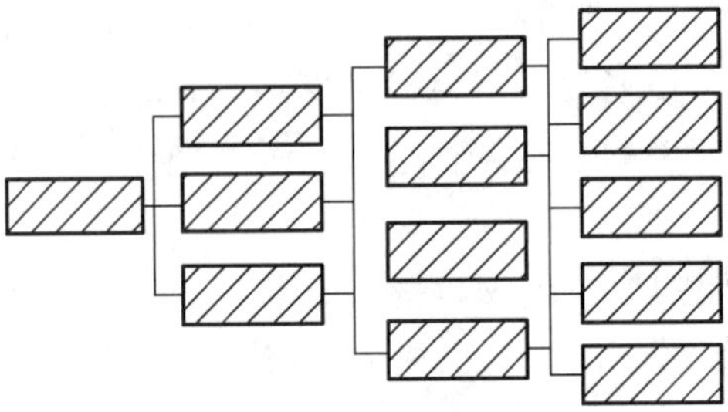

图 3.19　塔式结构的评价体系

目前我国上海、广州和南京等城市在进行城市轨道交通线网规划工作的过程中，根据城市自身的特点，进行了相应的研究，积累了一定的经验。一般情况下，城市轨道交通线网规划方案评价的总目标又可进一步细分为技术评价、经济评价和社会环境影响评价 3 个子目标。建立合理的衡量指标层有助于指标项层的明确分类。例如，对技术评价子目标进行分析，同时与线网方案构架过程的主导因素相对应，确立的衡量指标层包括以下 3 个要素。

（1）B1 对居民出行条件的改善作用——体现不同方案对居民出行条件的改善程度。

（2）B2 运营效果——体现线网运营特征。

（3）B3 建设实施性——从工程施工角度考察规划方案实施的难易程度，并对方案分期建设的合理性进行考察。

对于衡量指标层，又可通过进一步细分，来确定各具体的指标项层。图 3.20 给出了一个经过调整优化的城市轨道交通线网综合评价指标体系。

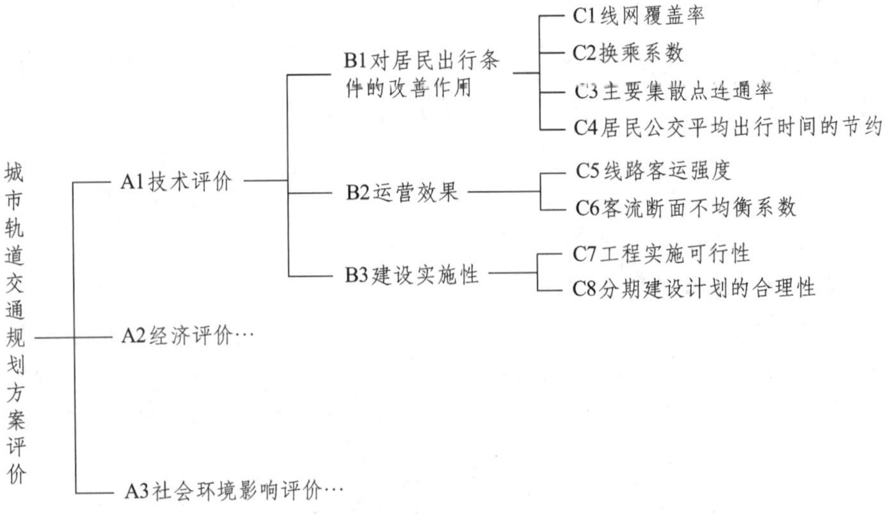

图 3.20　城市轨道交通线网综合评价指标体系

思考与讨论

交通被认为是“中国现代化的开路先锋”。党的十八大以来，我国交通运输事业发展取得了举世瞩目的成就，基础设施网络基本形成，综合交通运输体系不断完善；运输服务能力和水平大幅提升，人民群众获得感明显增强。党的二十大报告再次提出，加快建设交通强国。城市轨道交通近年来也取得跨越式发展，截至 2021 年年底，我国内地累计有 50 个城市开通城市轨道交通，运营线路长度合计 9192.62 km，较 2011 年年底的年均复合增长率达 18.30%，数十个城市基本形成轨道交通网络化运营的格局。

思考讨论：① 结合实际情况，讨论我国城市轨道交通取得的伟大成就，以及在规划发展中存在的问题。② 讨论城市轨道交通的线网规划中需要依据的基本原则，以及如何坚定实现交通强国战略的信心。③ 结合我国城市轨道交通发展的历史、现状及未来，谈谈从交通大国迈向交通强国的历史责任感。

课后思考题

1. 线网规划有哪些基本原则以及内容。
2. 结合线网基本结构知识分析，选择一个城市的轨道交通线网进行分析。
3. 分析不同客流预测方法的适用性。

第四章　城市轨道交通线路工程

城市轨道交通线路是城市轨道列车运行的道路设施，是城市轨道交通工程的重要组成部分。城市轨道交通线路设计的任务是在线网规划和预可行性研究的基础上对拟建的城市轨道交通线路走向及其平面和纵断面位置，通过不同的设计阶段，逐步由浅入深地进行研究与设计，最终确定城市轨道交通线路在城市三维空间的准确位置。因此，线路的设计必须满足行车安全、线路平顺、养护方便及保证一定的舒适度等要求，并且应使整个工程在技术上可行，经济上合理。

城市轨道交通线路设计一般分为4个阶段进行。

（1）可行性研究阶段。

该阶段主要通过线路方案比选，完善线路走向、路由、敷设方式，基本确定车站、辅助线等的分布，提出设计指导思想、主要技术标准、线路平面、纵断面及车站的大致位置等。

（2）总体设计阶段。

即根据可行性研究报告及审批意见，通过方案比选，初步确定线路平面位置、车站的大体位置、辅助线的基本形式、不同敷设方式的过渡段位置，提出线路纵断面的初步标高位置等。

（3）初步设计阶段。

即根据总体设计文件及审查意见，完成对线路设计原则、技术标准等的确定，基本上确定线路平面位置、车站位置及进行右线纵断面设计。

（4）施工图设计阶段。

即根据有关设计规范、具体工程的设计原则、技术标准等设计文件完成工程施工图设计。

由于城市轨道交通的载重量小、车速不高、列车短、行车密度大且停站频繁，而且其设计标准与城市间大铁路的设计标准有所不同，其差异程度还与城市轨道交通类型及形式有关，因此，城市轨道交通线路有如下五个特点。

（1）城市轨道交通线路一经建成运营，无论其是在地下、地面还是地面以上，线路位置的改变都十分困难，建成后的改建会引起周围建筑、道路等很大的拆迁工程，并破坏多年来逐渐形成的环境协调。因此进行线路的设计时要作长期的考虑。

（2）线路主要用于客运，列车质量较小，不受机车牵引力的限制，因此没有限制坡度的概念，线路允许的设计坡度较大。

（3）城市轨道交通线路一般为双线，通常每条线路各设有一个车辆段和一个停车场。线路车站没有经常性的调车作业，为节省用地，一般车站不设到发线，车辆集中停放在车辆段或停车场。

（4）城市内客运的运输距离较短，且全面地分布在整个城市区域内，为保证线路的客流吸引能力，通常要求车站站距较短，一般每隔 1～2 km 设置一个车站。因此，站点设置密，停车频繁。

（5）由于线路各站点的吸引范围小，城市客流可容忍的等待时间较短，这就要求发车间隔时间不能太长，一般不长于 10 min，而在这段时间里聚集的客流量又有限，因此列车编组长度通常为 4 ~ 8 节车厢，较城际列车编组短。这样，供乘客上下车的站台长度也就短了，通常为 100 ~ 200 m。

城市轨道交通线路按其在运营中的作用，分为正线、辅助线和车场线。

正线指连接车站并贯穿于运营线路始点、终点的线路，绝大多数设计为双线，分为上行线和下行线。正线行车速度高、密度大，且要保证行车的安全和舒适，因此线路设计标准较高。在正线除始点、终点车站设计折返设施外，必须选择几个重要车站，用于列车折返，在折返站应设置道岔渡线，铺有折返线、联络线和存车线，专门用来于特殊情况下紧急使用，不属于正线的范畴，一般称其为正线辅助线。辅助线是为了保证正线运营而配置的线路，一般不行驶载客车辆，速度要求较低，故线路标准也较低。辅助线包括折返线、渡线、联络线、停车线、出入线等。车场线指车辆检修综合基地用于停车、调车、修车、试车、装卸货物及指定用途的其他各种线路的总称。一般包括牵出线、停车线、检修线及综合基地内各种作业线和试车线。

第一节　线路选线

一、线路走向

线路选线就是选择城市轨道交通的行走路线，一般先从经济的角度选线，然后再从技术的角度选线。经济选线就是选择行车路线的起讫点和控制点。线路起讫点通常选择在客流量大的地方，如火车站、码头、机场、城郊接合部等，并适当考虑机车车辆的停车场及维修基地。由于轨道交通的开通将改善相应地段的交通条件，形成新的投资热点，进而引起客流的新变化，这些变化不可避免地会对已经规划的线路走向产生影响。因此，在进行轨道交通线路建设前，仍需要对此加以研究。由于轨道交通线路建成之后改建十分困难，且费用昂贵，所以在线路的走向和路由选择上应该慎重考虑。具体可遵从以下原则。

（1）应符合城市轨道交通线网规划和城市发展的总体规划要求，沿主客流方向选择并通过大客流集散点（如工业区、大型住宅区、商业文化中心、公交枢纽、火车站、码头、长途汽车站等），以便于乘客直达目的地，减少换乘。如上海轨道交通 1 号线一期工程将铁路上海南站、徐家汇、人民广场、铁路上海站等大客流集散点作为其必经的控制点，为解决铁路上海南站地区、徐家汇、人民广场及铁路上海站地区之间的南北客流交通问题发挥了重要的作用。

（2）应符合城市改造及发展规划，通过形成以轨道交通换乘站为核心的城市综合交通枢纽来引导或维持沿线区域中心或城市副中心的发展。如上海轨道交通 11 号线和 14 号线线路走向规划方案的调整，就是为了形成以铜川路换乘站为核心的城市大型综合交通换乘枢纽，以支撑其城市副中心的建设和发展。

（3）尽量避开地质条件差、历史文物保护、地面建筑物和地下建筑物等地域，在老城区规划的线路宜选择地下线路。

（4）应结合地形、地质及道路宽窄等条件，尽量将线路位置选择在施工条件好的城市主干道上。同时进行施工方法的比选，合理选择线路基本位置、埋置方式及深度，减少城市轨道交通地下线施工过程中对现有房屋等建筑物的拆迁及城市交通的干扰。在郊区及次中心区有条件地段，可以选择地面线或高架线，以节省建设投资，降低运营费用。

（5）尽可能地减少线路通过建筑群区域的范围。线路在道路的十字路口拐弯时，通过十字路口拐角处往往会侵入现存的建筑用地。此时若以大半径曲线通过，虽然对运行速度、电能消耗、轨道养护、乘客舒适性等方面都有利，但会造成通过的建筑群地带占用地面以下的区间增长，用地费用增加，征地困难。同时，还会出现基础托底加固等困难工程。

（6）车站应设置在客流量大的集散点和各类交通枢纽上，并与城市综合交通规划网相协调。这样有利于最大限度地吸引客流，方便乘客，使轨道交通成为城市公共交通骨干，也使轨道交通车站成为城市交通换乘中心。车站间的距离应根据需要确定，一般为 1 ~ 2 km，市郊区域可长些，市中心区域可以短些。

（7）对于浅埋隧道线路、地面线路或高架线路，其位置通常是沿着较宽的城市干道布设或是通过建筑物稀少的地区，这样可以减少因避让线路穿越建筑群区域桩基或拆迁房屋而增加的麻烦及费用，也为线路施工创造了良好的明挖条件，并增加了车站位置选择的自由度。对于深埋隧道，其线路位置由车站位置决定，一般在其间取短直方向。

（8）线路走向要考虑车辆段、停车场的位置及联络线。

二、线路敷设形式

城市轨道交通的线路敷设形式按其与地面的位置关系可分为地下线、高架线、地面线和敞开式线路。

（一）地下线

地下线是线路在交通繁忙路段和市区内繁华地段主要采用的线路敷设形式，其线路置于地下隧道中，其优点是与地面交通完全分离，且不占城市地面与空间，不受气候影响。其缺点是需要较大的一次性投资，较高的施工技术，较先进的管理，而且建设完善的环控、防灾措施与设备的过程中会影响地面交通，运营成本较高，改造调整与线路维护均较为困难。

在某些条件下，轨道交通地下线路置于道路范围之外，以达到缩短线路长度、减少拆迁、降低工程造价的目的。

地下线的施工方法主要有明挖法、暗挖法等。暗挖法分为盾构法和矿山法。盾构法又分为单圆盾构、双圆（双线）盾构，其断面形式如图 4.1 所示。

（二）高架线

高架线是城市轨道交通中一种重要的线路敷设方式，一般在市区外建筑稀少及空间开阔的地段采用。其线位一般沿道路的一侧或路中布置，具体是设在路侧还是路中要根据规划和设站情况来决定，并要结合具体情况作深入研究和经济比较，其断面形式如图 4.2 所示。

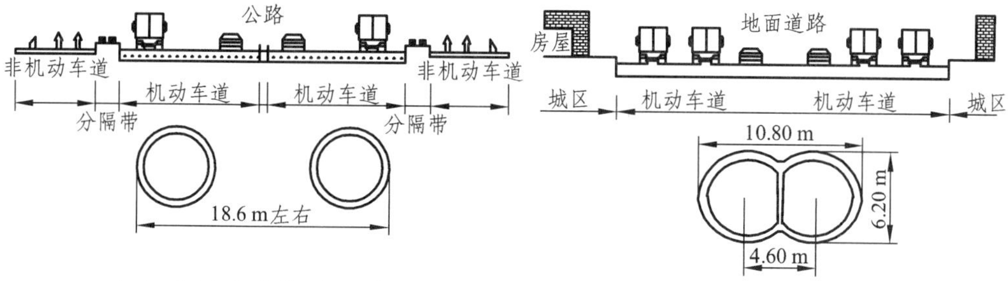

（a）单圆隧道横剖面形式　　（b）双圆隧道横剖面形式

图 4.1　地下线横断面形式示意图

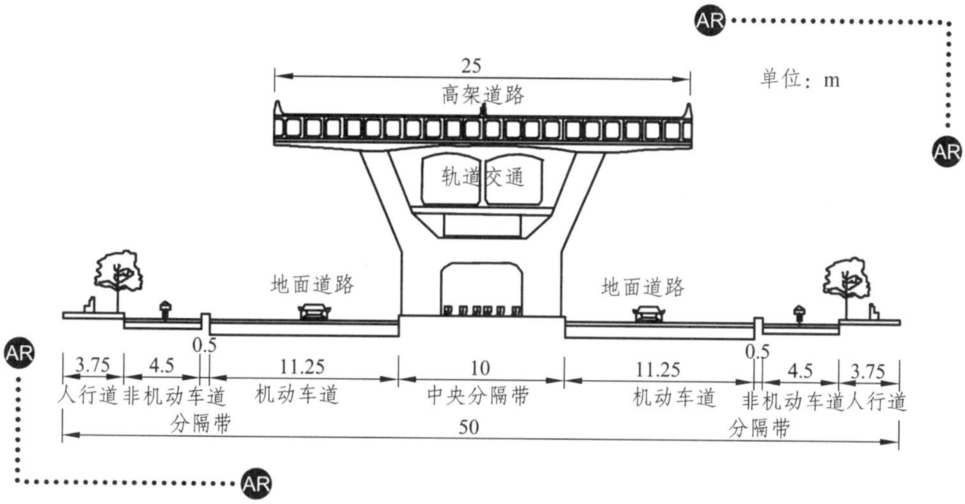

图 4.2　高架线横断面形式示意图

高架区段中的高架桥是永久性的城市建筑，结构寿命要求为 100 年。线路设在高架工程结构物上，与地面交通无干扰，造价则介于地下线路与地面线路之间，在施工、维护、管理、环控、防灾诸方面都较地下线路方便。但是，高架线的突出缺点是运营噪声大，对城市景观影响也较大，市区一般不采用。

（三）地面线

地面线是指在较空旷的地带，道路和建筑稀少，采用类似普通铁路的路基作为轨道基础的线路形式，如图 4.3 所示。地面线的路基高度一般要高出通过地段的最高地下水位和当地 50 年一遇的暴雨积水水位，以免路基出现淹没、翻浆冒泥从而影响运营。

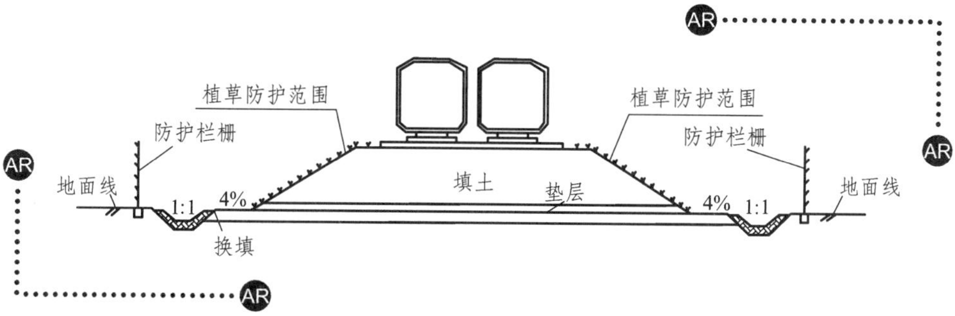

图 4.3　地面线横断面形式示意图

地面线一般采用独立路基的方式，减少与地面道路交通的互相干扰。其优点是造价最低，施工简便，运营成本低，线路改造调整与维护容易，其缺点是占地面积大，容易受气候影响（如雨、雪、风等），乘车环境难改善，有一定的环境污染负效应（如噪声等），主要适用于城市边缘区或郊区。

（四）敞开式线路

敞开式线路是线位由地下线过渡为地面线或高架线时（或相反时）的一种过渡形式，如图 4.4 所示。

当这种线路敷设距离较长时，为防止雨水的大量汇入，应在上部加篷顶（最好为透明材质，以利于自然采光）。这种线路埋深浅、施工难度小、造价低，还可节省环控及照明设备，很适合于南方城市特定地段采用。但是对于其位置的确定要慎重考虑，因为敞开形式对线位两侧环境影响较严重，不但产生噪声和振动，而且会隔断线路两侧的沟通，对城市景观也不利。

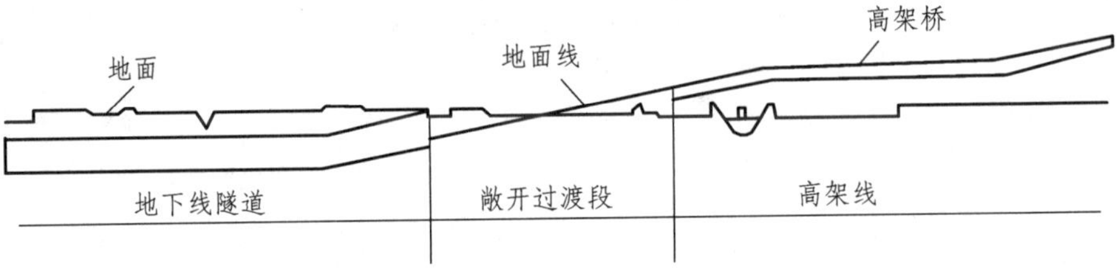

图 4.4　敞开式线路示意图

三、车站站距

我国轨道交通在吸收世界轨道交通建设经验的基础上，在《地铁设计规范》（GB 50157—2013）中规定："车站间的距离应根据现状及规划的城市道路布局和客流实际需要确定，一般在城市中心区宜为 1 公里左右，在城市外围区应根据具体情况适当加大车站间的距离。"

对于平均站间距离，世界上有两种趋向：一种是小站间距，平均为 1 km 左右；一种是大站间距，平均 1.6 km 左右。香港地铁平均站间距为 1 050 m，其中港岛线仅 947 m；莫斯科地铁平均站间距为 1.7 km 左右。我国部分已建轨道交通线路的平均站间距如表 4-1 所示。

表 4-1　我国部分已建轨道交通线路平均站间距

城市名	线路	线路运行长度/km	车站数/个	平均站间距/m
北京市	1 号线	31.04	23	1 534
	环线	23.1	18	1 354
天津市	1 期工程	7.4	8	1 057
上海市	1 号线	36.89	28	1 366
	2 号线	64	30	2 207
	3 号线	40.3	29	1 439
广州市	1 号线	18.48	16	1 232

车站分布应通过科学的综合分析、详细的方案比选后确定。尤其是轨道交通车站分布数目对建设费用、运营成本、施工等都有很大影响。但是对于客流吸引量及乘客出行时间需要进行具体分析计算，在市场经济条件下，车站分布一定要进行经济效益的比较。

车站是一种昂贵的建筑物，其建筑费及设备费在初始投资中占整个项目投资的比重很大。根据上海地铁 2 号线的概算资料，一般车站长度为 284 m，其土建工程造价约为 6 000 ~ 7 000 万元，拆迁工程和车站设备则是车站土建造价的 2.1 ~ 2.2 倍；而区间每千米土建工程造价 9 000 ~ 10 000 万元。仅从土建工程造价方面比较，车站每延米的造价约是区间的 2.4 倍。

由此可见，站间距越小，车站数量越多，轨道交通的造价就越高。

随着站间距的增大，车站数量会减少，车站造价会节省，但是乘客步行距离及时间会加长，轨道交通在综合交通中的客流吸引能力会降低，同时单个车站的负荷有所增加，车站设计规模会相应加大。

在站距缩短、车站数量增加的同时，列车运营费用也会上升。根据当时的苏联地铁运营统计资料，地铁运营速度约与站间距离的平方根成正比。站间距离缩短会降低运营速度，进而增加线路上运营的列车对数，还会因频繁地起停车而增加电能消耗、轮轨磨耗等，从而增加运营费用。

站在车站在城市中的作用这一角度看，如果车站之间的间距足够大，则各车站会发展成为综合性的公共活动中心及交通枢纽，并逐渐集中社会、生产、行政、商业及文化生活职能于一体，发展成为吸引居民居住和工作的核心。

综上所述，车站的间距大小会对乘客出行时间、运营费、工程费以及车站在城市中的作用等多方面产生错综复杂的影响，应综合考虑、合理确定。

四、辅助线的分布

辅助线是为保证正常运营，合理调度列车而设置的线路，最高运行速度限制在 35 km/h。辅助线路按其使用性质可以分为折返线、存车线、渡线、联络线和（车场）出入线等。辅助线是城市轨道交通系统的重要组成部分，直接关系到系统运营组织的效率。例如，列车在正线上运行时，倘若突然出现故障，而上下行线路没有岔道时，列车既不能改变方向，也不能超越，便有可能造成全线瘫痪。为了运营时段意外事故发生后能迅速进行抢修，应每相隔 2 ~ 3 个车站选择一处设置渡线和临时停车线等辅助线，保证在特殊情况下的应急使用。

（一）折返线、存车线、渡线

折返线是在线路两端终点站，或者准备开行折返列车的区间站，供运营列车往返运行时调头而设置的线路。它的基本要求是满足列车折返运行能力的需要。存车线是供故障列车停放及夜间存车用的。折返线和存车线布置形式一般相同，功能也可互换。折返线形式很多，常见的形式如图 4.5 所示。

渡线是指用道岔将线路上行线、下行线及折返线连接起来的线路，其作用在于使两条平行线路上的车辆能够从一条线路转到另一条线路。在城市轨道交通线路上多用于中间站的列车折返作业。渡线按其铺设情况不同可分为单渡线和双渡线，如图 4.6 所示。

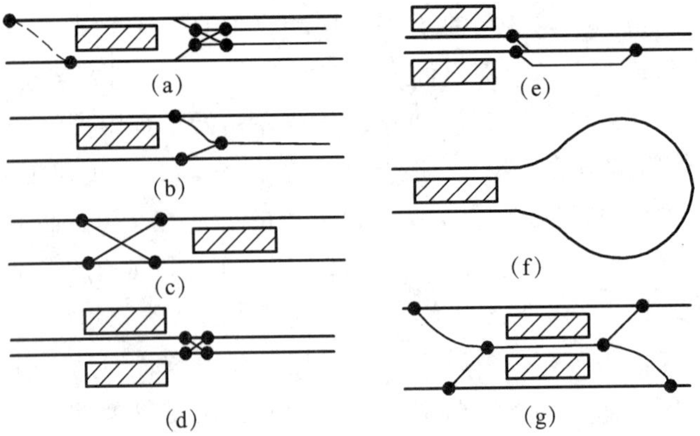

图 4.5　常见折返线形式示意图

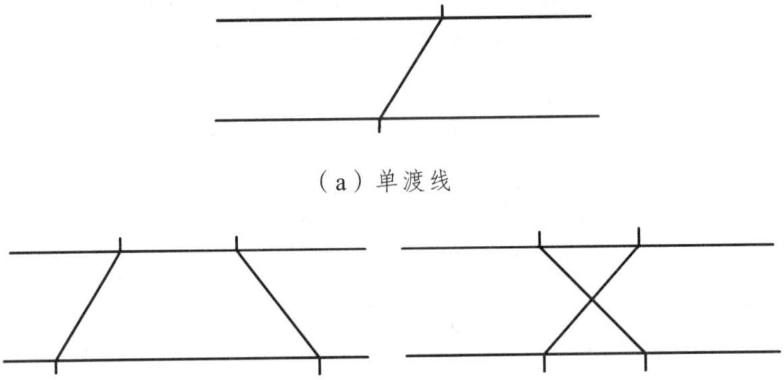

（a）单渡线

（b）双渡线

图 4.6　渡线

（二）联络线

联络线是轨道交通线路之间为调动列车等作业方便而设置的连接线路。联络线因连接的轨道交通线路往往不在一个平面上，因此有较大的坡道与较小的曲线半径，列车运行速度不可能很高。如果联络线设置为地下线路，施工难度较大，投资也较大。联络线按其布置形式不同可分为单线联络线、双线联络线和联络渡线。联络线的形式如图 4.7 所示。

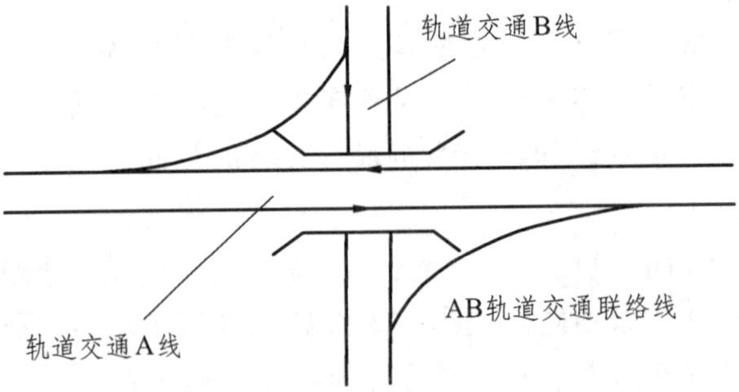

图 4.7　联络线形式

联络线一般采用单线，位置应在路网规划中确定，先期修建的线路应该根据规划要求，为后建线路预留联络线的设置条件。合理确定联络线，能够保证在路网建成后机动灵活地调用路网中各线的车辆，使路网形成有机的整体。

（三）出入线

为保证运行列车的停放和检修，在城市轨道交通沿线适当的位置应设置车辆段。（车辆段）出入线是正线与车辆段间的连接线，是车辆段与正线之间的联络通道。《地铁设计规范》（GB 50157—2013）中规定："车辆段出入线应连通上下行正线。当出入线与正线发生交叉时，宜采用立体交叉方式。车辆段和停车场设置双线或单线出入线，应根据远期线路的通过能力与运营要求计算确定。尽端式车辆段出入线宜采用双线，贯通式车辆段可在车辆段两端各设一条单线。停车场规模较小时，出入线可采用单线。"常见的三种出入线形式如图 4.8 所示。

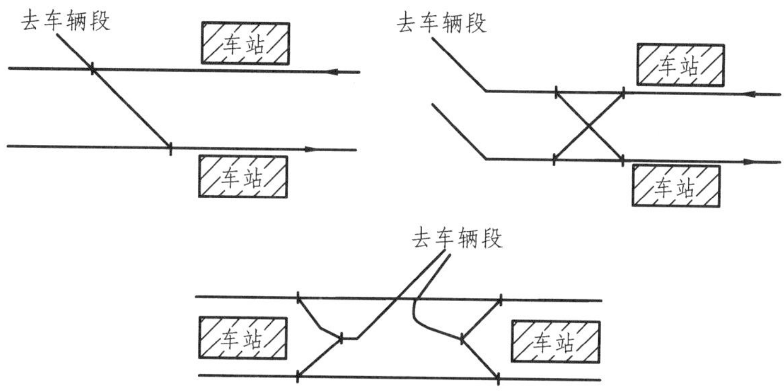

图 4.8　出入线形式示意图

第二节　线路平面

轨道交通线路平面设计一般是在确定线路走向和路由的情况下，对线路的平面位置及各技术要素进行计算，最终确定线路的准确位置。它包括以下几方面的具体内容。

城市轨道交通的线路平面是由直线、圆曲线和缓和曲线组成的。线路平面设计的主要技术要素有最小圆曲线半径、夹直线最小长度、最小圆曲线长度、缓和曲线线型和长度。

一、线路平面位置选择

（一）地下线平面位置选择

根据线路与城市道路的关系，城市轨道交通地下线路的平面位置主要分为两种情况：线路位于道路规划红线范围内和线路位于道路规划红线范围外。道路红线是指道路用地的边界线。图 4.9 中 A、B、C 分别代表城市轨道交通地下线路的几种位置。

A 位：城市轨道交通线路位于道路中心，对两侧建筑物影响较小，地下管网拆迁较少，有利于减少曲线数量，使线路裁弯取直，并能适应较窄的道路红线宽度。但若采用明挖法施工，则破坏了现有道路路面，对城市交通干扰大，不如 B 位。

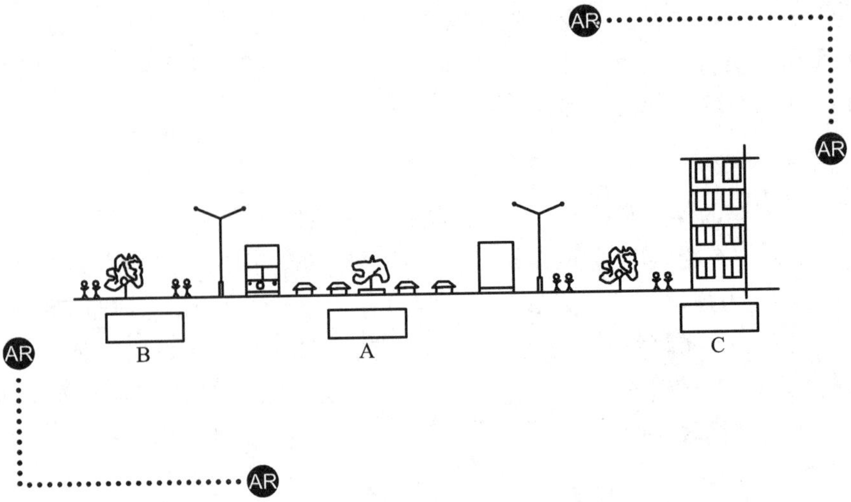

图 4.9　地下线设置位置示意图

B 位：线路位于规划的慢车道和人行道下方，施工时能减少对城市交通的干扰和对机动车道路面的破坏。但它靠建筑物较近，市政管线较多且线路不易顺直，需结合站位的设置统一考虑。

C 位：线路位于道路规划红线以外，是在特殊情况下采用的一种线路位置，如果线路从既有多层、高层房屋建筑下面通过，不但施工复杂、难度大，并且造价高昂，选线时要尽量避免。如果线路位于待拆的已有建筑物下方，对现有道路及交通基本上无破坏和干扰，地下管网也极少。

在某些条件下，轨道交通地下线路置于道路范围之外，可以达到缩短线路长度、减少拆迁、降低工程造价的目的。

（二）高架线平面位置选择

高架线路平面位置选择，较地下线路严格，自由度更少，一般要沿着城市主干道平行设置，道路红线宽度宜大于 40 m。在道路横断面上，轨道交通高架桥墩柱位置要与主干道行车分隔带配合，一般宜将桥柱置于分隔带上。如图 4.10 所示。

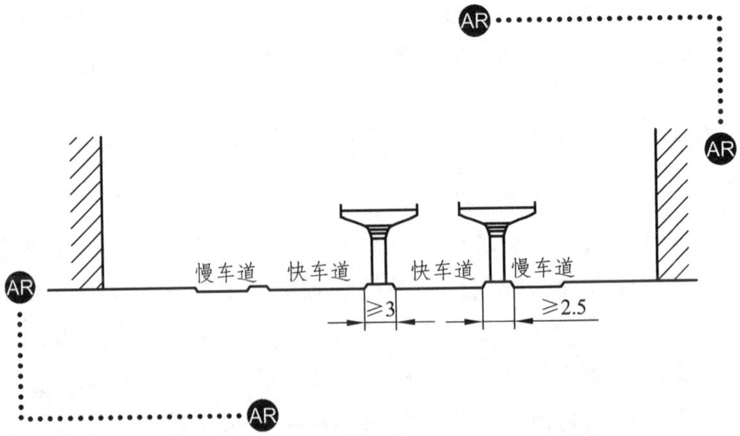

图 4.10　高架线设置位置示意图

（三）地面线平面位置选择

轨道交通地面线位于道路中心带上，带宽一般为 20 m 左右。当城市快速路或主干道的中间有分隔带时，地面线设于该分隔带上，不对两侧建筑物内的车辆按右行方向出入产生阻隔，同时，不需设置辅路，这有利于保持城市景观及减少轨道交通噪声的干扰，其不足之处就是乘客乘坐时均需通过天桥或地道进出车站。如图 4.11 所示。

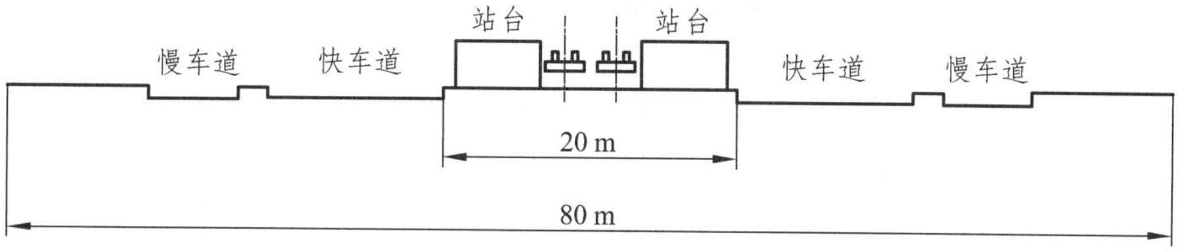

图 4.11　地面线设置位置（一）

轨道交通地面线位于快车道一侧，带宽一般为 20 m 左右，如图 4.12 所示。当城市道路无中间分隔带时，该位置可以减少道路改移量，其缺点是在快车道另一侧需要修建辅路，增加了道路交通管理的复杂性。

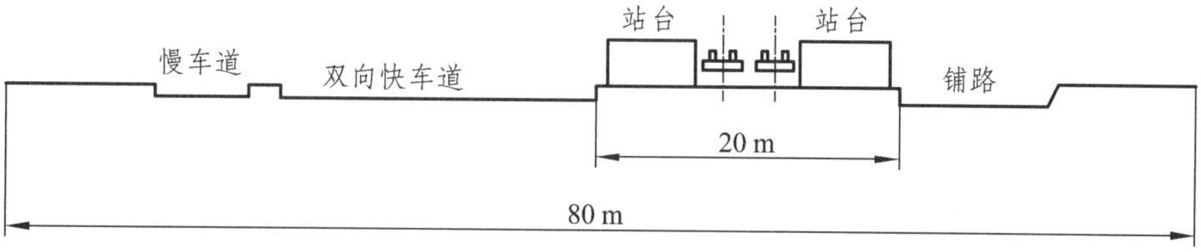

图 4.12　地面线设置位置（二）

二、线路平面位置方案比选

在同一条轨道交通线路上，可采用上述三种不同的空间布置方式，较为理想的是在市中心人口和建筑密集、土地价值较高的地段，采用地下线（也可适当布置为高架线）；而在城市边缘区或郊区，则宜采用地面独立路基或一般路面路基。

《城市轨道交通工程项目建设标准》（建标 104—2008）第二十四条规定：线路的敷设方式应根据城市总体规划和地理环境，因地制宜地选择。

（1）当采用全封闭方式时，在城市中心区宜采用地下线，但应注意对地面建筑、地下资源和文物的保护；在城市中心区外围且街道宽阔地段，宜首选高架，有条件地段也可采用地面线，但应处理好与城市道路的关系。

（2）高架线地段，应注重结构造型，控制建筑体重，注意高度、跨度、宽度的和谐比例，既要维护地面道路的交通功能，又要注意环境保护和景观效果，做好环境设计。

（3）当采用部分封闭方式时，在平交道口必须设置“列车优先通行”信号，同时兼顾道路的通行能力。

三、车辆段及配线

车辆段是车辆停放、检查、整备、运用和修理的管理中心所在地。若运行线路较长（超过 20 km 时），为了有利于运营和分担车辆的检查清洗工作量，可在线路的另一端设停车场，负责部分车辆的停放、运用、检查和整备工作。当技术经济合理时，也可以两条或两条以上线路共设一个车辆段。城市轨道交通除车辆保养基地外，尚有综合维修中心、材料总库和职工技术培训中心等基地，有条件时，尽量将它们与车辆段规划在一起。

车辆段的主要生产设施有大修与架修库、定修库、月修库、列检库、停车库、洗刷库、吹扫库、不落轮镟库、内燃机车库与试车线等，并配备相应的检修设施。线路除设有上述各种用途的库线外，还有列车出入段线、牵出线、车底（空车列）停留线、检修线及综合基地内各种作业线、材料线及地面铁路专用线等。

根据车辆段内所需要的各种线路的使用功能和有效长度，并结合地形的具体情况，站场可布置成尽端式（见图 4.13）和贯通式（见图 4.14）两种基本形式。一般贯通式站场列车可向两个车站同时收发车，列车出入车辆段比较灵活、方便、迅速，但场地占有面积较大。

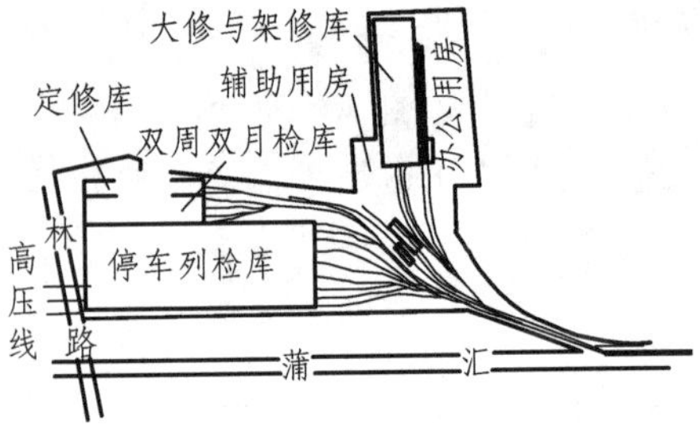

图 4.13　尽端式车辆段形式示意图

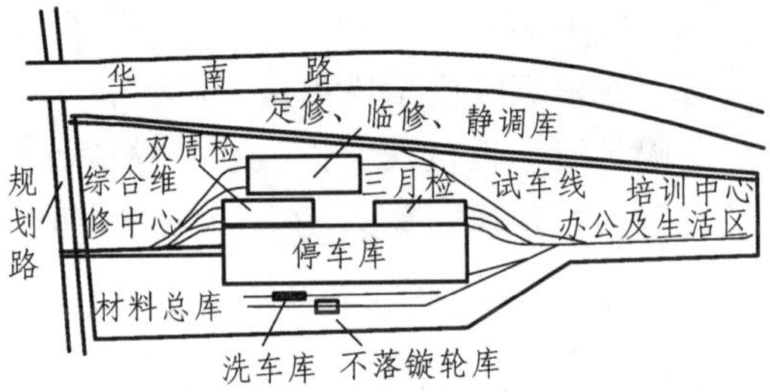

图 4.14　贯通式车辆段形式示意图

四、线路平面主要技术要素的选择

在城市中，轨道交通线路不可能都以直线连接，有时为了避让障碍物，需用曲线连接线路。理想的城市轨道交通线路在平面上应该是由直线和很少量的圆曲线组成，而且每条圆曲线采用尽可能大的半径，在圆曲线和直线之间设置起缓和作用的过渡曲线。因此，城市轨道交通的线路平面是由直线和曲线组成的。曲线可分为圆曲线和缓和曲线两种。

线路平面设计的主要技术要素有圆曲线半径、圆曲线长度、缓和曲线线型和长度、夹直线长度等。

（一）圆曲线

1. 圆曲线半径

小半径曲线具有车速被限制、养护比较困难和钢轨侧面磨耗严重等缺点，特别是在行车密度高、运量大的情况下，这些缺点变得更加突出，因此，线路的最小曲线半径应有一定限制。正线允许的最小曲线半径为 300 m，相应的最大允许速度为 74 km/h，比国产地铁车辆（长春客车厂生产）的构造速度 80 km/h 要低，因此实际设计时，曲线半径可适当大些。

世界各个城市地铁的曲线半径标准也不一样，早期修建的地铁的曲线半径要小得多，比如纽约地铁的最小曲线半径为 107 m，芝加哥和波士顿地铁的最小曲线半径为 100 m，而巴黎地铁的最小曲线半径为 75 m。

由于轻轨交通运量小，最小曲线半径可视车型情况而采用比地铁曲线半径更小一些的数值。车站站台段线路应尽量设在直线上，因为站台上有大量旅客活动，直线站台通视条件好，有利于行车安全；而且地铁或轻轨的站台多为高站台，曲线站台与车辆间的踏步距离不均匀，不利于保证乘客上下车和乘车的安全。在困难地段，不得已的情况下站台也可设在曲线上，但为保证行车安全和合理的踏步距离，其曲线半径不应小于 800 m。

2. 圆曲线长度

当曲线偏角较小时，可能会出现圆曲线长度较小的情况。一般客车车辆全轴距为 20 m，如果曲线长度小于 20 m，就会出现一节车厢同时跨在两缓和曲线上的情况，对行车稳定性和乘客舒适度产生不利影响。另外，在线路维修工作中，一般采用绳正法，每 10 m 可量出一个正矢，这就要求圆曲线上至少要设两个正矢。地下铁道设计规范规定：正线和辅助线的最小曲线长度不宜小于 20 m，在困难情况下，不得小于一个车辆的全轴距。

（二）缓和曲线

由于直线与圆曲线间存在曲率半径的突变，圆曲线半径越大，这种突变程度就越小。当圆曲线半径超过 2 000 m 时，这种突变对轨道交通行车影响很小。而当正线上曲线半径不大于 2 000 m 时，则要在圆曲线与直线间加设缓和曲线，实现曲率半径的逐渐过渡，减少列车在突变点处的轮轨冲击。因此，《地铁设计规范》（GB 50157—2013）规定：“线路平面圆曲线与直线之间应根据曲线半径、超高设置及设计速度等因素设置缓和曲线，其长度可按表 4-2 的规定采用。”

表 4-2　地铁缓和曲线长度

V/（km/h） *L*/m *R*/mV	100	95	90	85	80	75	70	65	60	55	50	45	40	35	30
3000	30	25	20	20	20	20	20								
2500	35	30	25	20	20	20	20	20							
2000	45	40	35	30	25	20	20	20	20	20					
1500	55	50	45	35	30	25	20	20	20	20	20				
1200	70	60	50	40	40	30	25	20	20	20	20	20			
1000	85	70	60	50	45	35	30	25	25	20	20	20	20		
800	85	80	75	65	55	45	35	30	25	20	20	20	20	20	
700	85	80	75	75	65	50	45	35	25	20	20	20	20	20	20
600		80	75	75	70	60	50	40	30	25	20	20	20	20	20
550			75	75	70	65	55	40	35	25	20	20	20	20	20
500				75	70	65	60	45	35	30	25	20	20	20	20
450					70	65	60	50	40	30	25	20	20	20	20
400						65	60	55	45	35	30	20	20	20	20
350							60	55	50	35	30	25	20	20	20
300								55	50	50	35	30	25	20	20
250									50	50	45	35	25	20	20
200										50	45	40	35	25	20

注：*R* 为曲率半径（m）；*V* 为设计速度（km/h）；*L* 为缓和曲线长度（m）。

缓和曲线线型主要有放射螺旋型和三次抛物线型，常用的是三次抛物线型。其方程式为

$$y=\frac{x^3}{6Rl_0}$$

式中 R——曲线半径，m；

l_0——缓和曲线全长，m。

三次抛物线型缓和曲线的优点是铺设和养护维修比较容易，缓和曲线长度比较短；其缺点是始、终点存在折角，会影响行车的平稳性。

（三）夹直线

当相邻曲线距离较近时，可能会出现两曲线（有缓和曲线时，指缓和曲线；无缓和曲线时，指圆曲线）相邻两端点间的夹直线过短的情况。夹直线长度小于 20 m 时，就会出现同一车辆同时跨在两条曲线上，引起车辆左右摇摆，影响车辆行车平稳性；夹直线太短，也不易保持直线方向，给地铁养护增加了困难。因此《地下铁道设计规范》规定：正线及辅助线上的两相邻曲线间的夹直线长度不应小于 20 m，车场线上的夹直线长度不得小于 3 m。

（四）曲线轨距加宽

为使具有固定轴距的轨道交通车辆能顺利通过曲线，在半径很小的曲线上，轨距要适当地扩大，这种扩大称为轨距加宽，如图 4.15 所示。轨距加宽标准如表 4-3 所示。

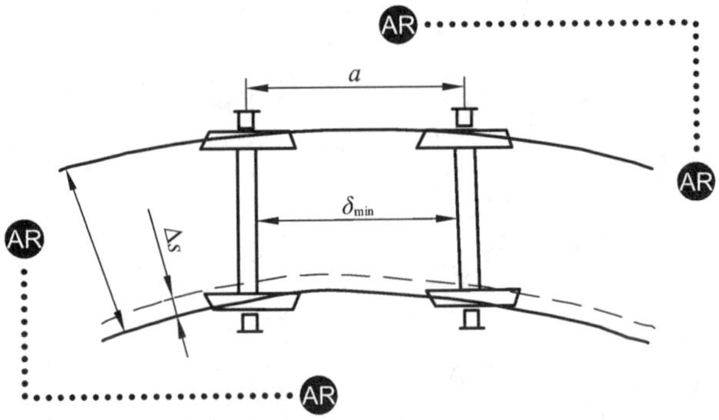

图 4.15　轨距加宽示意图

表 4-3　曲线轨距加宽标准

曲线半径/m	轨距加宽/mm
R>350	0
300≤R≤350	5
R<300	15

加宽轨距是指将曲线轨道的内轨向曲线中心方向移动，并在缓和曲线长度范围内完成，曲线外轨位置保持不变。

（五）曲线超高设计

轨道交通车辆通过曲线部分时，由于离心力的出现，有向外侧抛出的趋势，为了防止这种趋势的出现，平衡这个离心力，需使外侧钢轨比内侧钢轨高，这种设置称为超高。超

高即把曲线外轨适当抬高，借助车辆的重力的水平分力以平衡离心力，如图 4.16 所示，从而达到内外两股钢轨受力均匀、垂直磨耗均等目的，使旅客不因离心加速度的存在而感到不舒适，以及提高线路横向稳定性，保证行车安全。在地下线路中，有时为了满足限界要求，可通过使外轨抬高一半，内轨降低一半来设置超高。

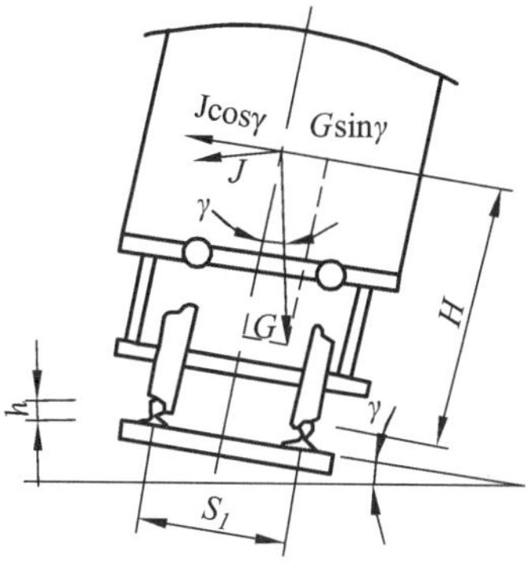

G—车辆重力，N；h—外轨超高，mm；γ—轨顶线与水平线夹角，(°)；S_1—钢轨中心线间距离，mm；
H—车辆中心距轨顶线的高度，mm；J—离心力，N。

图 4.16　外轨超高示意图

线路的曲线超高值的计算公式为：

$$h = 11.8\frac{V_c^2}{R}$$

式中　h——超高值，mm；

V_c——列车通过速度，km/h；

R——曲线半径，m。

（六）道岔设计及其他规定

道岔应设在直线地段，道岔端部至曲线端部的距离不应小于 5 m，车场线长度可减少到 3 m。道岔宜在靠近车站位置设置，但道岔基本轨端部至车站站台端部的距离不应小于 5 m。不同号数的道岔，其导曲线半径和长度也不同，会影响线路线间距和线路长度。正线和辅助线上为保证必要的侧向过岔速度，宜采用 9 号道岔；车场线因过岔速度要求低，应采用不大于 7 号的道岔，以缩短线路长度，节省造价。

另外地下铁道设计规范还规定：设置交叉渡线两平行线的线间距宜符合下列规定：9 号道岔采用 4.6 m 或 5.0 m；6、7 号道岔采用 4.5 m 或 5.0 m。

折返线的有效长度，应为远期列车计算长度加 24 m（不包括车挡长度）。

五、线路直线段的基本要求

（一）轨距

两股钢轨内侧轨顶面向下 16 mm 范围内两作用边之间的最小距离就叫作轨距。由于钢轨在铺设时要求向内倾斜，因此车轮轮缘与钢轨侧面的接触点在钢轨顶面向下 10 ~ 16 mm，所以轨距的测量部位应在轨顶面向下 16 mm 处。轨距有直线段轨距和曲线段轨距之分，另外根据轨距大小的不同还有标准轨距、宽轨距和窄轨距之分。

在世界上大多国家的铁路及城市轨道交通所采用的线路轨距为标准轨距，其具体尺寸为 1 435 mm；在俄罗斯及东欧一些国家的铁路及城轨所采用的轨距为宽轨距，其尺寸为 1 520 mm；在非洲及南亚一些国家的铁路及城轨所采用的轨距多为窄轨距，具体尺寸有 1 067 mm 和 1 000 mm 两种。我国已建的城市轨道交通线路的轨距都是采用 1 435 mm。在运量较小的轻轨和新型有轨电车线路中，也有采用 1 067 mm、1 000 mm 和 762 mm 轨距。

为使轨道交通车辆能顺利通过轨道，轨道的轨距必须略大于轮对宽度，有一定的游间。当轮对的一个车轮轮缘与钢轨贴紧时，另一车轮轮缘与钢轨之间的游间 δ（见图 4.17）为：

$$\delta = S - q$$

式中　S——轨距，mm；

　　　q——轮对宽度，mm。

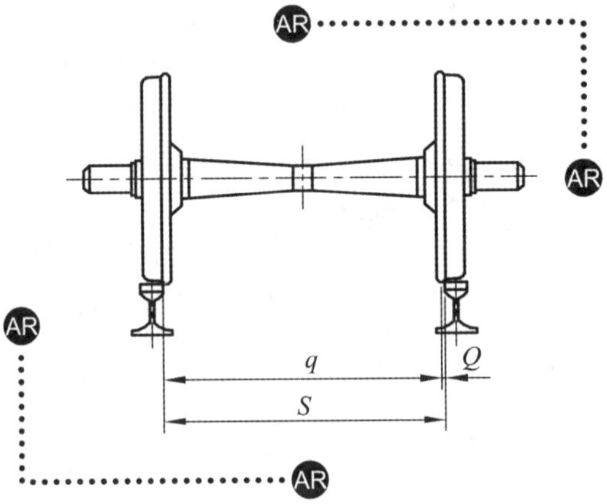

图 4.17　轮对宽度、轨距和游间

计算 δ 值时，没有把轮对宽度由于车轴挠曲而产生的变化量及轨距在列车通过时可能发生的弹性扩大（一般可取 2 mm）考虑在内。

游间不能过大，否则会使车辆行驶时的蛇形运动幅度得到增加，横向加速度、轮缘对钢轨的冲击及作用于钢轨上横向力也随之而增加。行车速度愈高，这种影响愈严重。所以，为了提高行车得到平稳性和减少轮对之间的动力作用，应加以限制。目前，英国已把原来的标准轨距从 1 435 mm 减少为 1 433 mm，而德国减少为 1 432 mm。

（二）水平

水平时至两股钢轨的顶面，在直线地段应保持在同一水平面上，简单地说就是轨道上左右钢轨的水平。保持水平的目的是使两股钢轨受力均匀，并保证车辆平稳行驶。

水平情况也可用道尺或轨检车进行测量。其误差的规定如表 4-4 所示。

表 4-4　轨道几何尺寸容许误差　　单位：mm

项目	作业验收			经常保养			临时补修			说明
	V≥90	V<9	其他	V≥90	V<9	其他	V≥90	V<9	其他	
	正线	正线及发线	站线	正线	正线及发线	站线	正线	正线及发线	站线	
轨距	±4	±4	±4	+7、.4	+7、.4	+7、.4	+10、.4	+10、.4	+10、.4	最大轨距误差不得大于1 460 mm
水平	4	5	6	7	8	9	10	11	12	
三角坑	4	5	6	7	8	9	10	11	12	
轨向	4	5	6	7	8	9	10	11	12	用 10 m 弦量得的最大矢度
高低	4	5	6	7	8	9	10	11	12	

表 4-4 规定了在延长 6.25 m 范围内水平误差变化量。在超高顺坡地段的水平变化率（含超高）最大值不得大于 3‰。

实践中，有两种性质不同的钢轨水平误差，对行车的危害程度也不一样。一种水平误差是在一段相当长的距离内，一股钢轨的轨顶较另一股高，只是水平误差保持容许范围值内；另一种称为三角坑或轨道竖向扭曲，它是指在一段不太长的距离内，先是左股钢轨高，后是右股钢轨高，或者与此相反，如图 4.18 所示。轨道上存在三角坑会出现车轮不能全部正常压紧钢轨的现象，在最不利的情况下甚至可以爬上钢轨，引起脱轨事故。

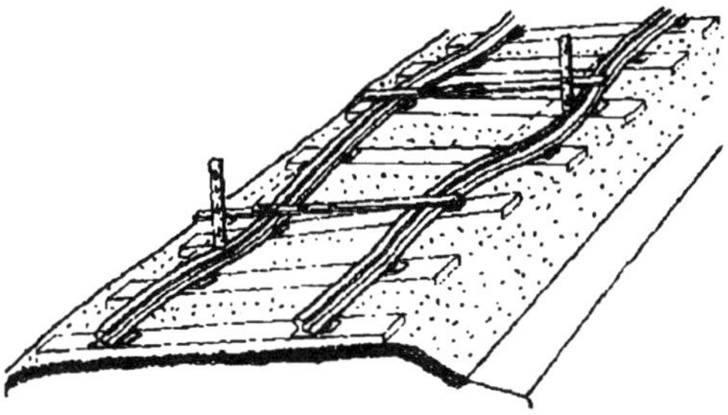

图 4.18　线路上三角坑的夸大示意图

（三）前后高低

轨道的纵向平顺情况称为前后高低。产生前后高低的原因主要有以下两种：一种是经过一段时间的列车运行后，因道床的累积变形、路基下沉不均、三角坑和弹性不均匀等原因，使轨面出现高低不平，这种不平顺的长度较长，车轮沿不平顺的全长滚动；另一种是因钢轨的波形磨耗、接头焊缝、打塌及轨面擦伤等原因形成的轨面不平顺，当车轮通过这种不平顺时，车轮不触及不平顺的底部。

控制纵向不平顺的大小，对降低轮轨间的动力作用、减小对轨道的破坏是十分重要的。

（四）方向

方向又称为轨向，指的是轨道中线位置应与它的设计位置一致。但在轨道交通车辆运行过程中，往往可使直线轨道不直，曲线轨道不圆顺。直线轨道由长度为 10 ~ 20 m 的波浪形“曲线”组成。曲线轨道不圆顺则表现在缓和曲线和圆曲线上的曲率发生变化，成为有很多不同曲率半径圆弧组成的复曲线，形成严重的方向不平顺。

轨道方向不良，对行车的安全和平稳具有特别重要的意义。在无缝线路地段，若轨道方向不良，则到了高温季节，在一定条件下，还会引起胀轨跑道，严重威胁行车。

直线轨道上的误差是用 10 m 弦量得的偏离直线方向最大矢度，曲线轨道上的误差是用 20 m 弦量得的圆曲线或缓和曲线上的正矢与计算正矢之差。

（五）轨底坡

因车轮踏面的主要部分为 1∶20 的锥面，所以在直线上，钢轨不应竖直铺设，而要适当地向内倾斜，因此我们定义轨底坡为钢轨底面对轨枕顶面的倾斜度（也称为内倾度），轨底坡的调整范围如表 4-5 所示。

表 4-5　内股钢轨轨底坡调整范围

外轨超高/mm	轨枕最大斜度	当铁垫板或承台的倾斜度		
		0	1/20	1/40
0 ~ 75	1∶20	1∶20	0	1∶40
80 ~ 125	1∶12	1∶12	1∶30	1∶17

设置轨底坡的目的是使车轮压力集中于钢轨的中轴线上，减小荷载偏心矩，降低轨腰应力，避免轨头与轨腰连接处发生纵裂。此外，车轮踏面 1∶20 的部分能与轨顶面的中部接触，增加了轮轨间的接触面积，减小了接触应力和由此产生的塑性变形。

在任何情况下，轨底坡不应大于 1∶12 或小于 1∶60。

第三节　线路纵断面

线路纵断面设计在平面设计的基础上进行，同时又可对平面设计进行检验和调整，最终确定线路在三维空间的位置。轨道交通线路的纵断面是由坡段和连接相邻坡段的竖曲线组成的。坡段的特征用坡段长度和坡度来表示。

在轨道交通线路纵断面设计中，凡有条件的地点，线路尽量设计成符合列车运行规律的节能型坡道，即车站设在线路纵断面的高处，两端设为下坡道。列车从车站起动后，借助下坡的势能增加列车加速度，缩短列车牵引时间，从而达到节能的目的。在列车进站停车时，可以借助坡度的阻力来降低列车速度，缩短制动时间，减少制动发热，节约环控能量消耗。

一、线路纵断面设计的主要技术要素

城市轨道交通的线路纵断面是由坡段和连接相邻坡段的竖曲线组成的。坡段的特征用坡度和坡段长度来表示。坡段长度是该坡段前后两个变坡点之间的水平距离，而坡度则为坡段两端变坡点的高程与坡段长度的比。如图 4.19 所示。

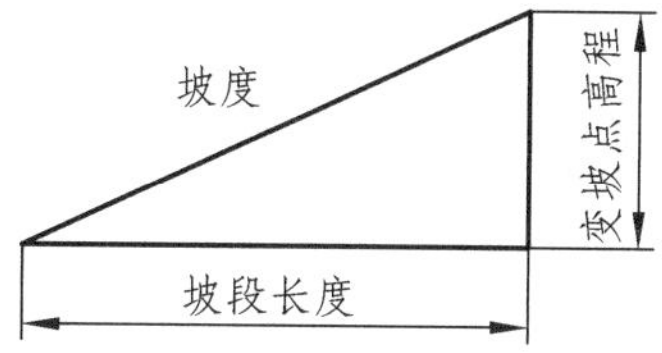

图 4.19　坡段长度与坡度示意图

轨道交通线路纵断面设计的主要技术要素包括坡度、坡段长度和坡段连接。

（一）坡度

由于城市轨道交通坡度已不是限制列车牵引质量的主要因素，所以就把线路允许设计的最大坡度值称为最大坡度，而不称为限制坡度，也不存在加力坡度。

1. 最大纵坡

城市轨道交通列车为了适应小站距的频繁起动、制动，应具有良好的动力性能，一般采用全动轴或 2/3 动轴列车，起动加速度要求达到 1 m/s^2 及以上，这就意味着列车可以爬 100‰及以上的当量坡度。轨道交通由于高密度行车和大运量的特点，为保证行车安全与准时，设计原则要求列车在失去部分（最大可达到一半）牵引动力的条件下，仍能用另一部分牵引动力，将列车在最大坡度路段上起动，因此最大坡度阻力及各种附加阻力之和，不宜大于列车牵引动力的一半，因此，《地铁设计规范》（GB 50157—2013）规定："正线的最大坡度不宜大于 30‰，困难地段可采用 35‰，联络线、出入线的最大坡度不宜大于 40‰（均不考虑各种坡度折减值）。"

在实际设计纵断面时，线路坡度在满足标高控制要求的前提下应尽可能平缓，一般宜在 25‰以下。但随着各种城市轨道交通车辆的改进，允许的最大坡度值也正在增大。例如，日本东京都营地铁 12 号线路的正线设计最大坡度已经达到 50‰。

按我国轻轨样车的技术条件规定，轻轨正线的限制坡度为 60‰。

2. 最小纵坡

地铁隧道内和路堑地段的正线最小坡度主要为了满足纵向排水需要，一般情况下线路的坡度与排水沟坡度相一致；有些地段会处于地下水位线以下，为保证排水，隧道内线路最小坡度一般宜采用 3‰，困难情况下，可采用 2‰。地面和高架桥区间正线处在凸形断面时，在具有有效排水措施时，可采用平坡。

铁路限制坡度最小值，其在《线规》中未作规定，但通常取 4‰。这是因为限制坡度若小于 4‰，虽然按限制坡度算得的牵引质量很大，但受起动条件和到发线有效长度（一般最长取 1 050 m）的限制而不能实现，而工程投资却可能有所增加。所以一般不采用小于 4‰ 的限制坡度。

3. 车站纵坡

地下车站站台段线路应设单一坡度，最好为平坡。考虑到纵向排水的需要，坡度值宜采用 2‰，困难时可设在不大于 3‰的坡道上。坡度太大不利于列车起停，坡度太小不利于隧道排水。

地面和高架桥上的车站站台宜设在平坡道上，在困难地段可设在不大于3‰的坡道上。轨道交通车站站台线路应设在一个坡道上，有条件时车站宜布置在纵断面的凸型部位上，并设置合理的进、出站坡度。

（二）坡段长度

从工程数量上看，采用较短的坡段长度可更好地适应地形起伏，减少路基、桥隧等工程的数量。但最短坡段长度应保证坡段两端所设的竖曲线不在坡段中间重叠。从运营角度看，因为列车通过变坡点时，变坡点前后的列车运行阻力不同，车钩间存在游间，将使部分车辆产生局部加速度，从而影响行车平稳；同时也会使车辆间产生冲击作用，增大列车纵向力，坡段长度的设计要保证不致产生断钩事故。

城市轨道交通线路坡段长度不宜小于远期列车长度，并应满足相邻竖曲线间的夹直线长度的要求，其夹直线长度不宜小于 50 m。如果坡段长度小于列车长度，那么列车就会同时跨越两个或两个以上的变坡点，各个变坡点所产生的附加应力和局部加速度会因叠加而加剧，影响列车的平稳运行、旅客的舒适性及线路维修养护。因此，线路坡段长度不宜小于远期列车计算长度。按每节车厢 19.1 m 计算，当列车编组为 8 节车厢时，约为 150 m；当列车编组为 6 节车厢时，约为 115 m；当列车编组为 4 节车厢时，约为 75 m。与大铁路不同，城市轨道交通线路不要求坡段长度取整为 50 m 的整倍数。

（三）坡度连接

在纵断面上，若各坡段直接相连，则形成一条折线。列车运行至坡度代数差较大的变坡点处，容易造成车轮脱轨、车钩脱钩等问题。为避免这类情况发生，当坡度代数差不小于 2‰时，应在变坡点处设置竖曲线，把折线断面平顺地连接起来，以保证行车的安全和平稳。竖曲线有抛物线型和圆曲线型两种。抛物线型曲率是渐变的，更适宜列车的运行，但由于铺设和养护工作较复杂，当要求速度不高时，基本上不采用；圆曲线型竖曲线具有便于铺设和养护的优点，当竖曲线半径较大时，近似于抛物线型。因此，我国城市轨道交通线路采用圆形竖曲线，如图 4.20 所示。圆形竖曲半径应符合表 4-6 的规定。

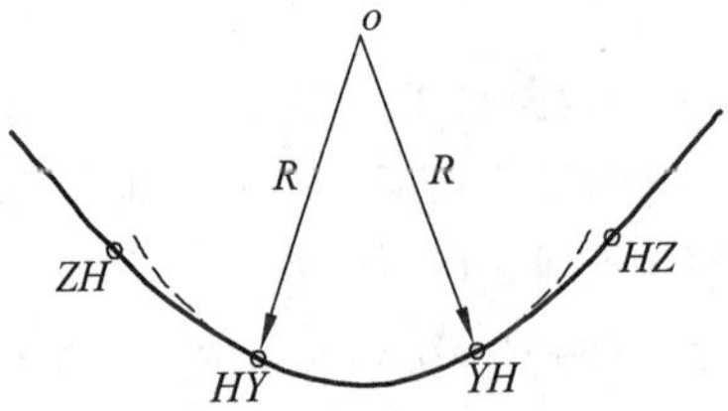

图 4.20　圆形竖曲线示意图

表 4-6　圆形竖曲半径　　单位：m

线别		一般情况	困难情况
正线	区间	5 000	3 000
	车站端部	3 000	2 000
联络线、出入线		2 000	
车场线		2 000	

二、纵断面设计还应考虑的问题

地下区间线路的纵断面设计，除了满足相应的坡度、坡段长度和坡段连接要求外，还应综合考虑隧道类型、拟采用的施工方法及运营特点等因素。

对于浅埋隧道，一般采用明挖法施工，宜靠近地面，以减少土方工程量，简化施工条件。同时，又要考虑在隧道上面预留足够的空间来设置城市地下管道，有足够厚度的土层来隔热，使隧道内不受地面温度变化的影响。通常浅埋区间隧道衬砌顶部至地面距离不小于 2 m。由于车站本身要求的净空高度大于区间,因而浅埋车站一般位于凹型纵断面的底部。这种纵断面形式是进站下坡，出站上坡，导致列车进站制动和出站加速都需要耗费更多的能量，增加运营费用，影响运行条件。

第四节　限　界

限界（Gauge）是指限定车辆运行及轨道区周围构筑物超越的轮廓线，分车辆限界、设备限界和建筑限界。城市轨道交通车辆在隧道内运行，一方面，隧道结构内部要有足够的空间，以供车辆通行和布置线路结构、通信、信号、供电、给排水等设备；另一方面，为了确保列车安全运行，凡接近城市轨道交通线路的各种建筑物（如隧道衬砌、站台等）及设备，必须与线路保持一定的距离。因此城市轨道交通规定有车辆限界、接触轨限界、设备限界、建筑接近限界等限界。城市轨道交通工程区间隧道的断面尺寸，就是根据这些限界确定的。限界越大，安全度越高，但工程量和工程投资也随之增加。因此，合理限界的确定，既要考虑保证列车运行的安全，又要考虑系统建设成本。

为了确保机车车辆在轨道交通线路上运行的安全，防止机车车辆撞击邻近线路的建筑物和设备，而对机车车辆和接近线路的建筑物、设备所规定的不允许超越的轮廓尺寸线，称为限界。

限界是确定行车轨道周围构筑物净空大小的依据，是管线和设备安装位置的依据，是各专业间共同遵守的技术规定，它应经济、合理、安全可靠。

限界一般是按平直线路的条件，根据车辆的轮廓尺寸和技术参数、轨道特性、受电方式、施工方法、设备安装等综合因素进行分析计算确定的。隧道的大小和桥梁的宽窄，都是根据限界来确定的。限界越大，行车安全度越高，但工程量和工程投资也随之增加。所以，要确定一个既能保证列车运行安全，又不增大桥、隧道空间的经济、合理的断面是制定限界的任务和目的，因此限界在城市轨道交通系统设计施工中占有很重要的地位。

城市轨道交通限界可以分为车辆限界、设备限界和建筑限界三种。

一、车辆限界

车辆限界（Vehicle Gauge）指车辆在平直线上正常运行状态下所形成的最大动态包络线，用以控制车辆制造，以及制定站台和站台门的定位尺寸。车辆限界应根据车辆的轮廓尺寸和技术参数，并考虑其静态和动态情况下所能达到的横向和竖向偏移量，按可能产生的最不利情况进行组合计算后确定。

（1）限界的坐标是二维直角坐标，车辆横断面的垂直中心线与平直轨道横断面的垂直中心线相重合，即为纵坐标轴 Y，平直轨道轨顶连线为横坐标轴 X，两轴相垂的交点作为坐标的原点。

（2）车辆轮廓的限界应根据车辆横断面车体和下部设备外轮廓出现的各点，经研究分析确定各点的 X、Y 值。图 4.21 是我国地铁限界图。

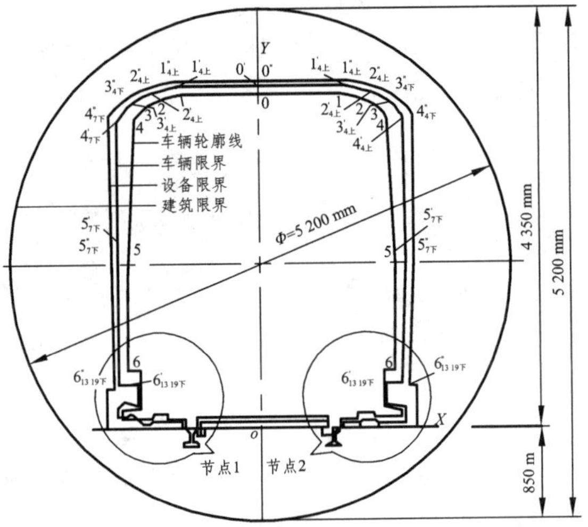

图 4.21　地铁限界图

二、设备限界

设备限界（Equipment Gauge）是指车辆在故障运行状态下所形成的最大动态包络线，用以限制行车区的设备安装。设备限界是车辆限界外保持一定的安全量的界线，即所有设备和管线的安装，在任何情况下均不得侵入的限界。设备限界是用以限制设备安装的一条控制线。接触轨限界属于设备限界的辅助限界。

曲线地段车辆限界或设备限界应在直线地段车辆限界或设备限界基础上加宽和加高。曲线地段车辆限界或设备限界应按平面曲线几何偏移量、过超高或欠超高引起的限界加宽和加高量、曲线轨道参数及车辆参数变化引起的限界加宽量计算确定。区间应急疏散平台严禁侵入设备限界。

三、建筑限界

建筑限界是指在行车隧道和高架桥等结构物的最小横断面所形成的有效内轮廓线，是在设备限界基础上，考虑了设备和管线安装尺寸后的最小有效断面，所有构筑物的任何突出部分均不得侵入。在宽度方向上，轨道区内安装的设备和管线（含支架）与设备限界应保持不小于 50 mm 的安全间隙（架空接触网和接触轨除外）。

建筑限界不包括各种施工误差、测量误差和结构变形等因素。根据埋设方式不同、隧道横断面形态不同，建筑限界也有所不同。部分建筑限界如图 4.22 ~ 图 4.25 所示。

在建筑限界以内、设备限界以外的空间，应能满足固定设备和管线安装的需要。在设计隧道及高架桥等结构物断面时，必须分别考虑其施工误差、测量误差、结构变形等因素，才能保证竣工后的隧道及高架桥等结构物的有效净空满足建筑限界的要求，以保证列车安全快速地运行。

相邻区间线路，当两线间无墙、柱或设备时，两设备限界之间的安全间隙不应小于 100 mm；当两线间有墙或柱时，应按建筑限界加上墙或柱的宽度及其施工误差确定。

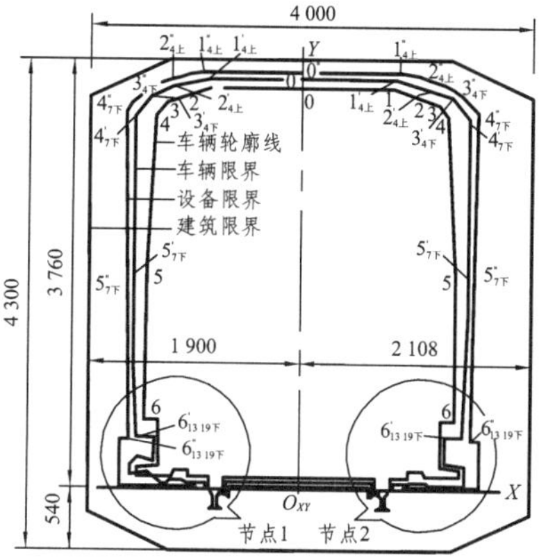

图 4.22　区间直线段矩形隧道限界

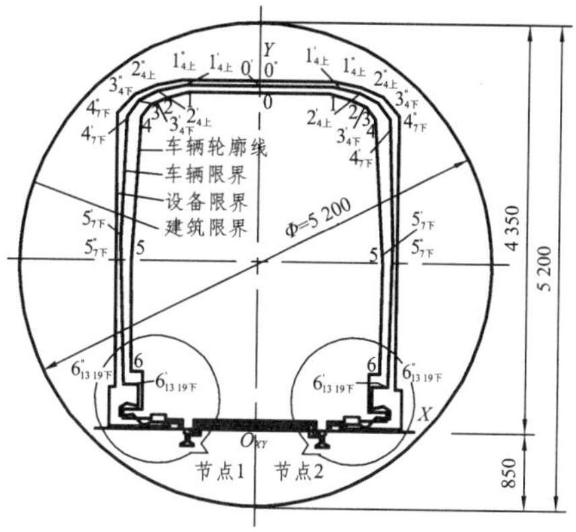

图 4.23　区间直线段圆形隧道限界

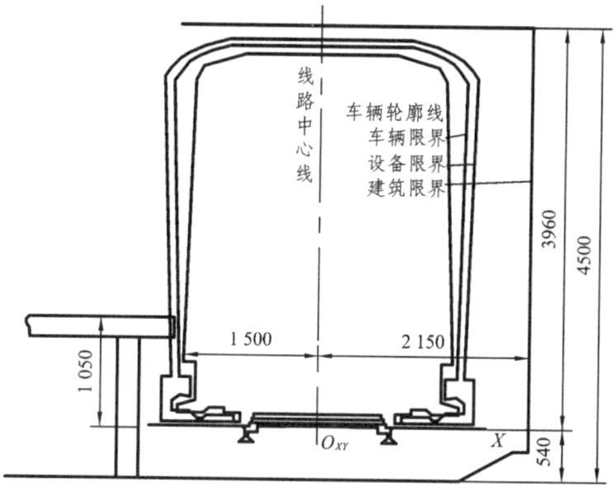

图 4.24　地下直线车站建筑限界

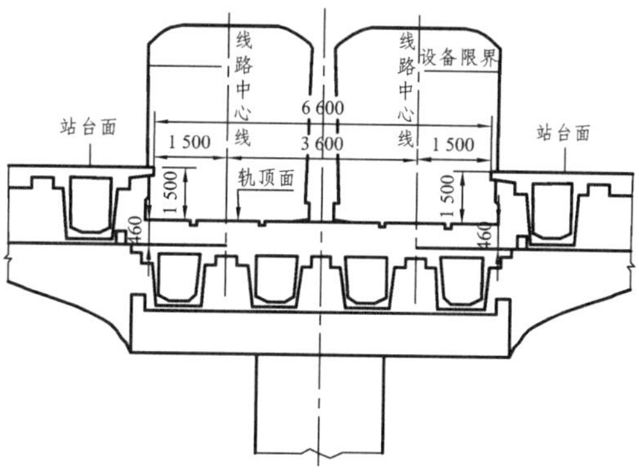

图 4.25　高架侧式车站直线建筑限界

思考与讨论

线路设计是城市轨道交通整个工程设计的“龙头”，是一项“牵扯面广、考虑因素多、劳动强度大、责任重大”的系统工程，很大程度决定着项目的总体布局、线路走向与空间位置选择合理与否，将直接影响到工程投资、运营期客流量、运营成本、实施难易、与周边环境和景观的协调等，应遵循“符合规划、兼顾工程、节能环保、有利运营”的原则。

思考讨论：① 结合课本中提到的城市轨道交通线路选线的原则，进一步讨论在线路设计中如何体现“以人为本”的发展理念。② 从绿色环保、经济实用等角度出发，谈谈对轨道交通线路工程的平纵断面确定的原则和依据。③ 思考 BIM、GIS 等新技术在线路设计中如何应用。

课后思考题

1. 简述线路敷设形式的分类及特点。
2. 分析车站站间距的设置的影响因素。
3. 简述城市轨道交通中辅助线的类型及作用。
4. 简述城市轨道交通限界类型及相互关系。
5. 什么是限界？轨道交通限界的分类有哪些？

第五章　城市轨道交通的轨道结构

第一节　概　述

轨道结构作为主要的线路设备，是城市轨道交通系统的重要组成部分。轨道结构是列车行驶的基础，列车必须沿着轨道行驶，轨道给行驶的列车提供了导向作用和承载作用。目前城市轨道交通使用较多的轨道结构有传统的有砟道床和无砟的新型轨道。各种轨道在使用性能（包括减震降噪特性）、适用环境、养护维修、造价和运行费用等方面，各有不同的特点和优势。

城市轨道交通可采取地面、地下和高架等不同的线路形式。因此，轨道结构也必然采取与之相适应的形式。此外，随着列车牵引形式和轮轨形式的变化，还出现了一些特殊的、新型的轨道结构，如磁浮结构、橡胶轮轨结构和单轨结构等。

轨道结构部件的受力条件差异极大，因而各种部件的材质要求也差异极大。应通过科学而可靠的方式把它们制造出来，组合成完整的结构体系，用以驱动、导向列车的运行，承受高速行驶轨道交通车辆的荷载，并把荷载传递给支撑轨道结构的基础。为保证列车运行的安全，轨道结构应具有足够的强度和稳定性、耐久性、绝缘性和弹性，且便于养护维修，以确保列车安全运行和乘客乘坐舒适。地铁轨道作为车辆的走行路轨，是以安全和平稳地输送旅客为其主要目的的。轨道支承并引导车辆运行，直接承受由车轮传来的荷载，并把它传给路基。轨道结构必须要兼顾稳定，并具有正确的几何形态，以确保机车车辆的安全、平稳、不间断地运行。

轨道主要由钢轨、连接零件、道床、道岔等组成。

第二节　钢轮钢轨轨道结构

一、钢轨与连接零件

钢轨是轨道的重要组成部分，主要由轨头、轨腰和轨底组成。它与车轮直接接触，并提供运行阻力最小的接触面，引导列车按规定的方向运行。钢轨的工况十分复杂。它承受来自车轮的垂直、横向水平和纵向水平等力系的作用，此外还要受到温度变化及其他因素的影响。因此，当车辆在钢轨上运行时，在钢轨中产生了拉应力、压应力、扭应力、冲击应力和局部应力等复杂的应力状况，并产生相应的压缩、伸长、弯曲、扭转、压溃、磨耗等变形。为保证列车的安全运行，钢轨需要有足够的强度和韧性来承受复杂的应力作用；

要有足够的刚度来抵御弯曲和扭转等变形；要有足够的硬度来抵抗磨耗。此外，为了减轻车辆对钢轨的动力冲击作用，防止轨道交通车辆走行部分及钢轨的折损，还要求钢轨具有必要的弹性。尽管硬度与韧性、刚度与弹性是相矛盾的力学性能，但在轨道交通的运行工况下，必须辩证地处理好这些钢轨的力学特性。钢轨还必须为车轮提供连续、平顺和阻力最小的滚动表面，以引导轨道交通车辆前进。对车辆来说，要求钢轨有一个光滑的滚动表面，以获得较小的滚动阻力，但对动车来说，又要求钢轨顶面适当粗糙，使车轮与钢轨之间产生足够的摩擦力来牵引列车前进。

在电气化的线路上，钢轨还要兼作供电接触网的回流线路及运行管理信号的轨道电路载体。因此，必须保证整个轨道的钢轨具有良好的导电性，成为供电回路和通信线路的良好导体。

钢轨根据条件的不同有很多种分类方法，我国主要分为以下几种：按每米大致的质量有 75 kg/m、60 kg/m、50 kg/m 及 43 kg/m 几种。我国的钢轨断面如图 5.1 所示。钢轨断面的形状符合钢轨受力的力学要求；轨头表面要对应车轮踏面形状，以改善轮轨的接触条件；还要考虑连接两根钢轨时安装接头。

在地铁车辆段线路除了试车线是 60 kg/m 外，其余都是 50 kg/m，正线都是 60 kg/m。地铁直线轨距标准规定为 1 435 mm，并焊成无缝线路。无缝钢轨运行阻力小，噪音低，可显著提高列车运行的平稳性和舒适性，并降低轨道维修工程量。

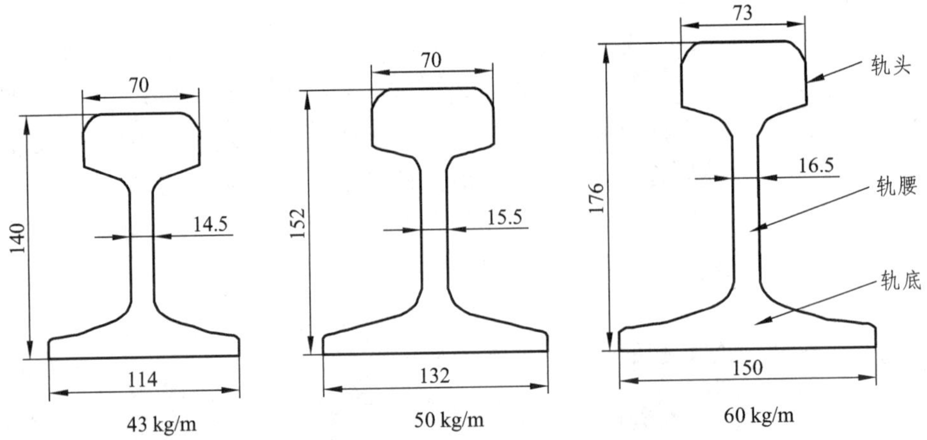

图 5.1　钢轨断面图

我国生产的钢轨长度有 12.5 m 和 25 m 两种标准轨长。规范规定左右两股钢轨的接缝应尽量在一个断面上。为了校正曲线地带内、外轨的接头位置，在曲线轨道中，曲线内股使用一定缩短量的缩短轨，相应标准缩短量为 40 mm、80 mm、120 mm（12.5 m 和 25 m 两种规格的曲线内轨缩短量相等）。具体尺寸如表 5-1 所示。

表 5-1　钢轨断面尺寸及特性

项目	类型/（kg/m）			
	75	60	50	43
每米质量 m/kg	74.414	60.64	51.514	44.653
断面面积 F/cm^2	95.037	7 745	65.8	57

续表

项目	类型/（kg/m）			
	75	60	50	43
重心距轨底面的距离 y_1/mm	88	81	71	69
对水平轴的惯性矩 J_x/cm^4	4 490	3 217	2 037	1 489
对竖直轴的惯性矩 J_y/cm^4	665	524	377	260
底部断面系数 W_1/cm^3	509	396	287	217
头部断面系数 W_2/cm^3	432	339	251	208
轨底横向挠曲断面系数 W_y/cm^3	89	70	57	46
轨头所占面积 A_h/%	37.42	37.47	38.68	42.83
轨腰所占面积 A_w/%	36.54	25.29	23.77	21.31
轨底所占面积 A_b/%	36.54	37.24	37.55	35.86
钢轨高度 H/mm	192	176	152	140
轨底宽 B/mm	150	150	132	111
轨头高度 h/mm	55.3	48.5	42	42
轨头宽度 b/mm	75	73	70	70
轨腰厚度 t/mm	20	16.5	15.5	14.5

（一）钢轨接头类型

钢轨接头是线路三大薄弱环节之一。接头处轨面不连续，增加车行阻力达 25%之多，造成多种接头病害，加大了线路维修费用的投资。

在城市轨道交通的轨道结构中，已大量采用无缝线路结构，将多根标准轨依次焊接在一起，钢轨接头数量大大减少，但是在无缝线路的缓冲区、轨道电路的绝缘区、有道岔的线路区段中，钢轨接头还是不能少的。

钢轨接头的分类有以下几种：

（1）按接头连接形式相对于轨枕的位置划分，可分为悬空式和承垫式两种。线路上采用的大部分是悬空式的接头，承垫式只在绝缘接头处使用。

（2）按两股钢轨接头相互位置来分，可分为相对式和相错式两种。我国一般采用相对悬空式，即两股钢轨接头左右对齐，同时位于两接头轨枕间，如图 5.2 所示。

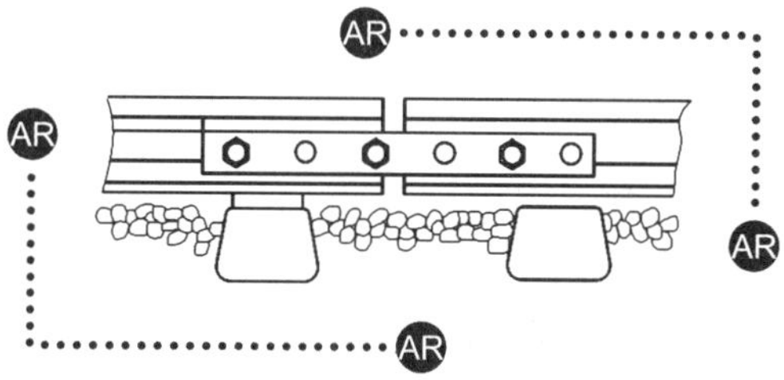

图 5.2 悬空式接头

（3）按接头连接的用途及工作性能划分可分为普通接头、异形接头、导电接头、绝缘接头、冻结接头和尖轨接头等。

普通接头用于前后同类型钢轨的正常连接，是线路上用得最多的接头，断面如图 5.3 所示。

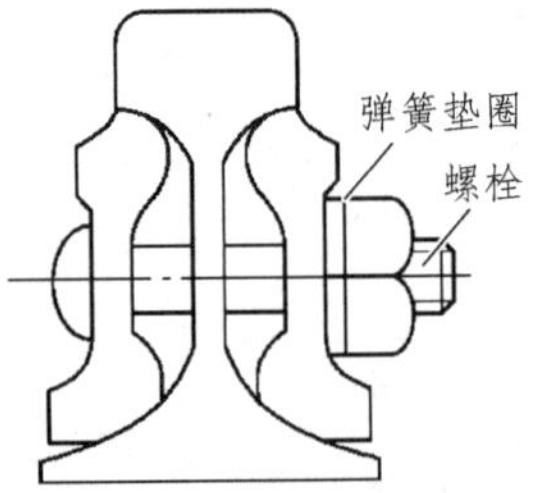

图 5.3　斜坡支承型双头对称式夹板截面

异形接头，用于不同类型钢轨的连接。在异形钢轨的接头处，应使用异形夹板，它的一半应与一端同型钢轨断面相吻合，另一半则与另一端钢轨断面相吻合。连接时应使两轨工作面轨距线与轨顶最高点水平线相吻合。如图 5.4 所示。

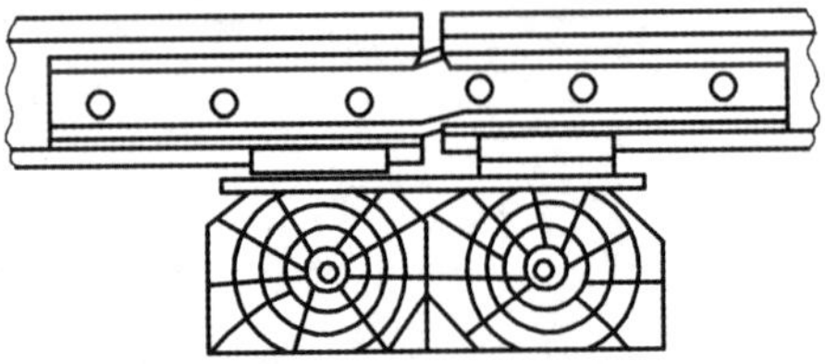

图 5.4　异形接头

导电接头，用于自动闭塞区段及电力牵引地段的钢轨接头处，用来传导信号电流或作为牵引电流回路。两根钢轨间传导连接装置由左右两根 5 mm 的镀锌铁丝组成。铁丝两端插入接头锥形的镀铅插销锥中，插销则插入轨腰上的圆孔中，如图 5.5 所示。

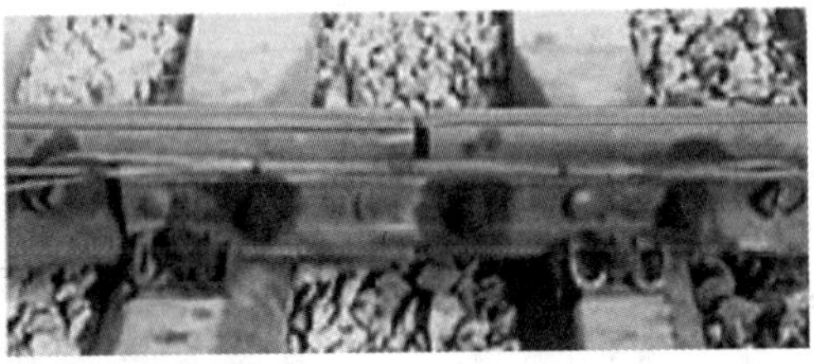

图 5.5　导电接头

绝缘接头，设置于自动闭塞区段闭塞分区两端的钢轨接头处，用来保证轨道电流不能从这一闭塞分区传到另一分区。在夹板与螺栓间、钢轨螺栓孔四周及两轨缝处，均用绝缘材料来阻隔电流。图 5.6、图 5.7 为高强尼龙绝缘接头的示意图。

尖轨接头，又称为温度调节器，是用于连接轨端伸缩量很大的普通轨道或温度跨度大于 100 m 的明桥面活动端轨道的钢轨接头。尖轨接头按构造平面形式的不同，可分为斜线型、折线型及曲线型三种。目前使用的主要为曲线型温度调节器，设计的最大伸缩量为 1 000 mm。

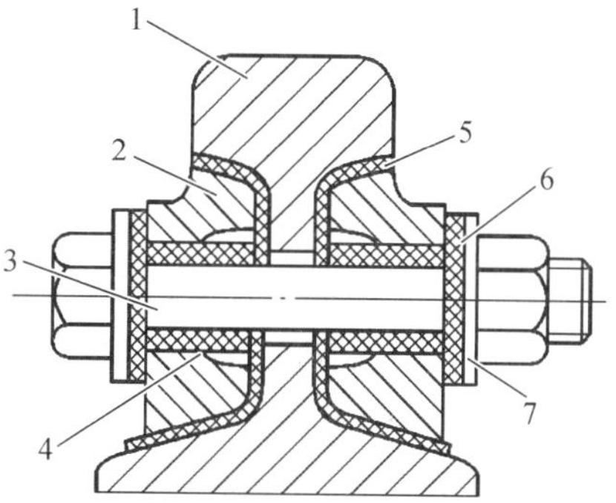

图 5.6 高强尼龙绝缘接头断面

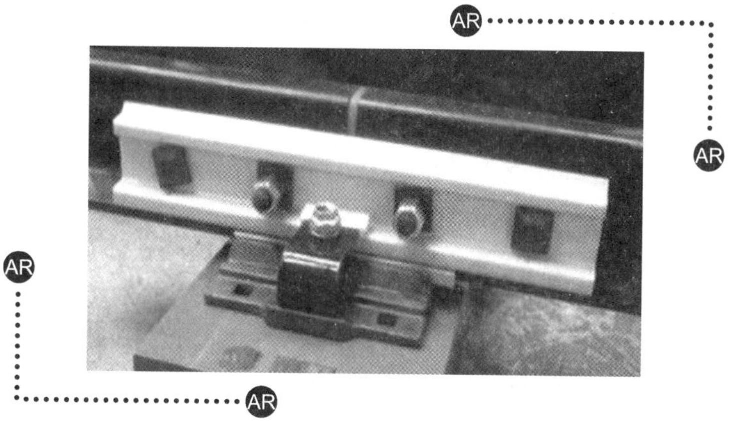

图 5.7 绝缘接头侧面

冻结接头，这种接头是利用提高摩擦阻力的方法实现的冻结钢轨接头。其特点是：它不改变现行接头的结构，不使用胶粘剂，也不使用附加机械零件，接头阻力高，足以在大多数地区的铁路轨道上冻结钢轨接头。普通冷冻接头如图 5.8 所示。

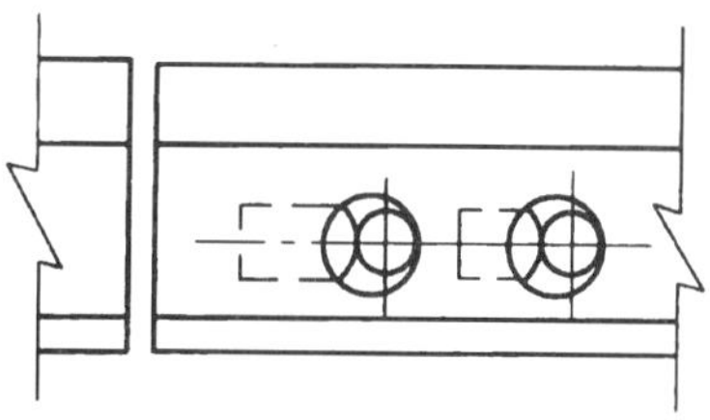

图 5.8 普通冷冻接头

焊接接头是指用电阻焊、小型气压焊或铝热焊的方法将钢轨焊接形成的接头，多用于无缝线路。

为适应钢轨热胀冷缩的需要，在钢轨接头处要预留轨缝。预留轨缝应满足以下条件：

（1）当轨温达到当地最高轨温时，轨缝应不小于零，使轨端不受挤压力，以防温度压力太大而胀轨跑道。

（2）当轨温达到当地最低轨温时，轨缝应不大于构造轨缝，使接头螺栓不受剪力，以防止接头螺栓拉弯或拉断。构造轨缝是指受钢轨、接头夹板及螺栓尺寸限制，在构造上能实现的轨端最大缝隙值。

（二）钢轨接头的位置要求

1. 钢轨接头相错

线路两股钢轨接头，一般应采用相对式。曲线地段外股应使用标准长度钢轨，内股应使用厂制缩短轨调整钢轨接头位置。剩余少量相错量，应利用钢轨长度误差量在曲线内（有困难时可在直线上）调整。直线地段应按钢轨误差量配对使用。在每节轨上相差量一般应不大于 3 mm，并应前后、左右抵消。在两股钢轨上，累计相差量最大不得大于 15 mm。

铺设非标准长度钢轨或再用轨、无厂制缩短轨时，钢轨接头可采用相错式，其相错量不得小于 3 m。采用相错式接头的两曲线之间的直线长度短于 300 m 时，该直线段亦可采用相错式。采用相错式时个别插入的短轨，宜铺设在曲线两端的直线上，在困难条件下可铺设在曲线内股。

2. 线路上插入个别短轨规定

线路上插入个别短轨，在正线上不得短于 6 m，在站线上不得短于 4.5 m，并不得连续插入两根及以上。个别插入短轨线路的允许速度不得大于 160 km/h。

以下地方不得有钢轨接头的位置：明桥面小桥的全桥范围内；钢梁端部，拱桥温度伸缩缝和拱顶等处前后各 2 m 范围内；设有温度调节器的钢梁的温度跨度范围内；钢梁的横梁顶上；平交道口铺面范围内。

钢轨接头若恰在上列位置并铺设 25 m 长度标准轨时，可插入一根 12.5 m 长度的标准轨，以调整接头位置；铺设 12.5 m 长度的标准轨时，可更换成一根 25 m 长度的标准轨，以调整接头位置，也可挤严轨缝后将接头用高强螺栓拧紧冻结或焊接。困难时，才准予插入个别短轨来调整接头位置。

（三）钢轨接头的连接零件

接头联结零件包括夹板、螺栓、螺母、垫圈等。它的主要作用是保持两根钢轨的连续性，使钢轨接头前后与完整的钢轨一样，并传递和承受钢轨的挠曲力、横向力，同时满足钢轨热胀冷缩的要求。

1. 夹板

夹板的作用是夹紧钢轨，使钢轨轨端不能横向及上下单独移动。每个钢轨接头有左、右两块夹板，通过拧紧螺栓夹紧两端钢轨，因此要求它有足够的强度和抗冲击能力，并便于拆装和维修。

夹板的形式很多，我国主要采用斜坡支承双头对称型夹板（简称双头式夹板），如图 5.9 所示。表 5-2 为常用夹板及其尺寸。

除双头夹板以外，还有平形夹板、角形夹板、鱼尾形夹板、裙边式夹板及异形夹板等。

2. 螺栓

夹板与钢轨用螺栓来夹紧。遵照国际标准按抗拉强度划分为 10.9 级和 8.8 级两种。10.9 级有纹部分直径为 24 mm，8.8 级有纹部分直径为 24 mm 和 22 mm 两种。螺母采用 10 级高强度螺母。

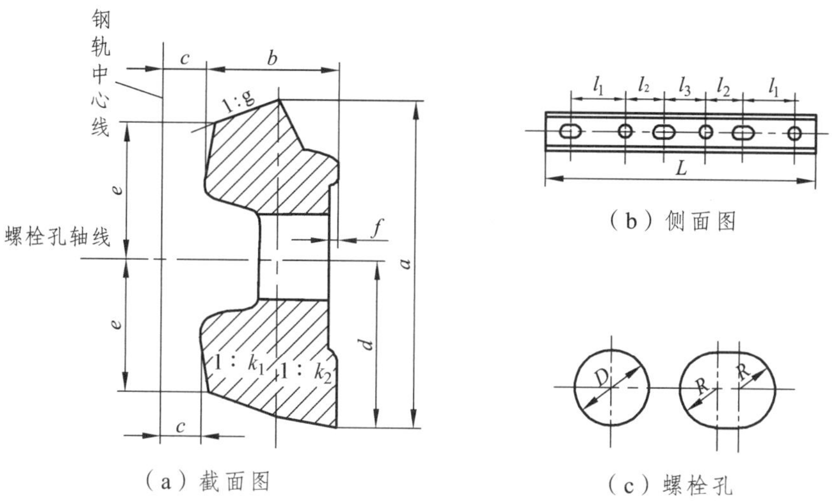

图 5.9　钢轨夹板的形状

表 5-2　夹板尺寸

钢轨类型/(kg/m)	全长/mm	两中间空距离/mm	第一孔至第二孔距离/mm	第二孔至第三孔距离/mm	第三孔至端部距离/mm	圆孔直径/mm
75	1 000	220	220	130	40	26
60	820	160	140	140	50	26
50	820	140	150	140	50	26
43	790	120	110	160	65	24

钢轨接头阻止钢轨端部自由伸缩的阻力称为接头阻力。接头阻力是由钢轨与夹板之间的摩擦力产生的。摩擦力越大，接头阻力越大。摩擦力取决于夹板的螺栓孔数、螺栓直径、强度及拧紧程度。一副六孔夹板，使用普通螺栓的接头阻力可达 235 ~ 265 kN，使用高强度螺栓时可达 292 ~ 588 kN。钢轨夹板实物如图 5.10 所示。

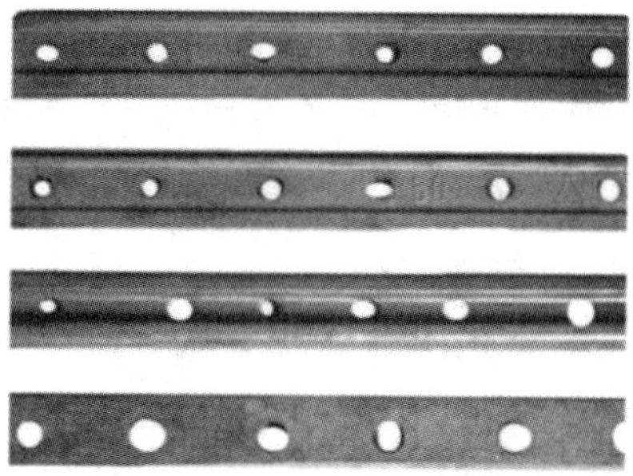

图 5.10　钢轨夹板实照

3. 垫圈

为防止螺栓松动，需要安装垫圈。垫圈类型应根据所确定的轨道类型按表 5-3 进行选用。

表 5-3　垫圈类型选用表

轨道类型	特重型、重型		次重型		中型、轻型
	无缝线路	25 m 轨	无缝线路	25 m 轨	
接头螺栓等级	10.9 级	10.9 级	10.9 级	10.9 级/8.8 级	8.8 级
垫圈类型	高强度平垫圈	高强度平垫圈	高强度平垫圈	高强度平垫圈/单层弹簧垫圈	单层弹簧垫圈

（四）钢轨的伤损

钢轨在使用过程中常常因发生裂纹、折断和磨耗等伤损而不到其使用期限就需更换，因此，钢轨的伤损是轨道交通线路上的一个突出问题，严重影响行车的安全。

1. 接头磨耗低塌

钢轨在运营中要被磨损、辗宽，磨耗最大的部位通常在接头处。

普通线路的两根钢轨轨端连接处，因存在接头轨缝间隙，车轮通过时发生撞击，增加了轮轨间的磨耗，当轨端淬火层的硬度不够高时，容易形成低接头。同时轮轨间的撞击也易造成轨端踏面的变形塌陷，久而久之就形成了低塌接头。

无缝线路的焊接接头虽消除了轨缝间隙，但焊接时的热作用和填充的焊缝金属与钢轨的成分不同，使焊缝和接头热影响区的硬度低于钢轨基体，因此在车轮的辗压下，焊接接头的踏面也易被磨耗而形成低塌接头。目前我国焊接长钢轨所用方法有接触焊、气压焊和铝热焊三种，采用焊接方法不同，焊接接头磨耗形成的低塌形状也稍有不同。

2. 擦伤

擦伤是机车在起动或制动时，机车动轮空转打滑或沿轨面滑行所造成的钢轨踏面损伤。擦伤大都发生在进站信号机前、出站信号机内及区间长坡道处经常停车和起动的地段。钢轨一经擦伤，常是左、右股钢轨对称出现一连几个伤疤。由于这些地段停车、起动非常频繁，因此钢轨踏面上常是伤痕累累，使线路质量大大下降。

擦伤的实质是机车起动时，动轮打滑造成的在原地空转，轮、轨间发生剧烈的摩擦，伴随大量的摩擦热产生，这一热量的大小与机车的轴重、轮轨间的相对运动速度及作用时间有关。摩擦热将使与车轮接触的轨面局部金属迅速加热到很高的温度，超过钢轨金属的相变温度，个别严重擦伤的轨面甚至被加热到近于熔融状态。随后这部分受热金属又向周围冷的钢轨基体金属和车轮传导热而迅速冷却。由于钢轨材质有很大的淬硬性，使轨面这一局部小块金属如同经受了一次加热后迅速冷却的淬火热处理，在轨面形成一薄层的小块高碳淬火组织。因此在列车车轮的碾压和撞击下迅速开裂，首先垂直透过淬硬薄层，随后裂纹逐渐向钢轨基体深入。另一方面，淬硬薄层在出现大量裂纹后也因碎裂成小块而逐渐剥落掉，形成擦伤剥落凹坑。深入钢轨基体的裂纹，随钢轨上通过运量的增加继续向纵深发展，一般深入到轨面下 4 ~ 6 mm。一些擦伤较久未修的伤疤中，裂纹有的深至十多毫米，以致最终发展形成横向裂纹而使钢轨折断。

3. 轨端淬火层的剥落

列车通过钢轨联结处，轨端踏面就要受到车轮的多次撞击，当接头缝隙过大或钢轨接头不平时撞击力将会增大，在无数次的强烈撞击下，轨端淬火层与钢轨基体的过渡交界处等性能差别较大的地方会出现疲劳裂纹，随后不断扩展，会造成轨端淬火层的破碎和局部剥落掉块。

二、轨枕

轨枕承受来自钢轨的各向压力，并弹性地传布于道床，同时能有效地保持钢轨方向、轨距和位置等。轨枕应具有必要的坚固性、弹性和耐久性，并能便于固定钢轨，有抵抗纵向和横向位移的能力。

轨枕依其构造及铺设方法不同可分为横向轨枕、纵向轨枕及短枕等。横向轨枕是一种最常用的轨枕。纵向轨枕一般仅用于特殊需要的地段。分开铺设的轨枕，常用于混凝土整体道床。

轨枕按其使用目的的不同分为用于一般区间的普通轨枕、用于道岔上的岔枕、用于无砟桥梁上的桥枕。

轨枕按其材质不同，主要分为木枕、混凝土枕和钢枕等。

（一）木枕

1. 木枕

木枕是指由木材制成的轨枕，又称枕木。木枕是铁路最早采用而且到目前为止依然被采用的一种轨枕。

木枕的主要优点是弹性好，可缓和列车的动力冲击作用，易加工、运输、铺设，养护维修方便；与钢轨联结比较简单；木枕与碎石道砟之间有较大的摩擦系数，能保证轨道的稳定；有较好的绝缘性能等。但木枕要消耗大量优质木材，由于资源有限，无论是数量还是质量都不能满足使用要求。木枕的主要缺点是易腐朽、磨损，使用寿命短。这不仅有来自生产工艺水平的原因；还由于木材种类和部位的不同，其强度、弹性不完全一致，在机车车辆作用下会形成轨道不平顺，增大轮轨动力作用。各种木枕的截面如图 5.11 所示。

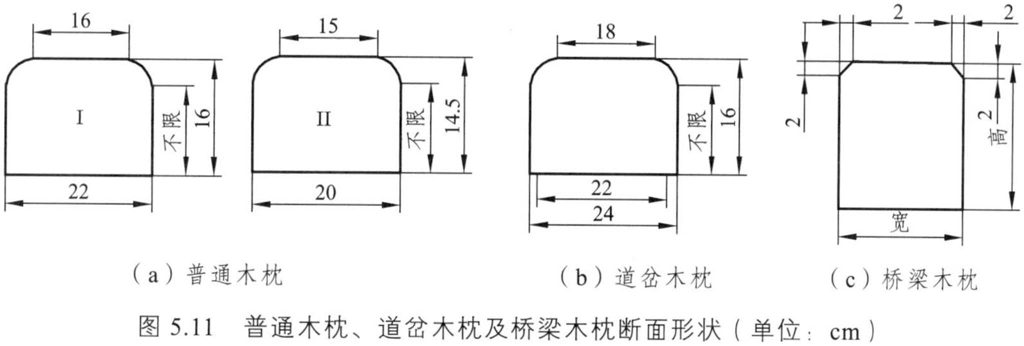

（a）普通木枕　（b）道岔木枕　（c）桥梁木枕

图 5.11　普通木枕、道岔木枕及桥梁木枕断面形状（单位：cm）

延长木枕使用寿命的最有效措施是对木枕进行防腐处理。木枕常用的防腐剂有水溶性防腐剂和油类防腐剂两类，其中以油类防腐剂为主要类型。木枕防腐处理按规定的工艺流程，在一个密封蒸制罐中进行。

木枕除进行防腐处理外，还应采取措施，防止机械磨损及开裂的出现。为防止木枕开裂，必须严格控制木枕的含水量，并改善其干燥工艺。一旦出现裂缝，应根据裂缝大小，分别采取补救措施，或用防腐浆膏掺以麻筋填塞，或加钉 c 形钉、s 形钉、组钉板及用铁丝捆扎，使裂缝愈合。为了减少机械磨损，木枕上必须铺设垫板，并预钻道钉孔。

2. 混凝土轨枕

混凝土枕的主要优点是纵、横向阻力较大，线路稳定性好，适合铁路的高速大运量要求；铺设高弹性垫层可以保证轨道弹性均匀；使用寿命长，可以降低轨道的养修费用；特别是铺设混凝土枕可以节约大量优质木材，对铁路运输事业的发展具有重要意义，用混凝土枕代替木枕已成为轨枕发展的主要方向。

混凝土枕的特点是自重大、刚度大，与木枕线路相比其轨底挠度较平顺，故轨道动力坡度小。与木枕相比，混凝土枕的弹性差，在同样荷载作用下所受到的冲击力大。同时也存在列车通过不平顺的混凝土枕线路时，轨道附加动力会增大的问题，故对轨下部件的弹性提出了更高的要求，以提高线路减震性能。

混凝土轨枕按配筋方式不同分为普通钢筋混凝土枕和预应力钢筋混凝土枕两大类。按照施工方法不同，分为先张法预应力钢筋混凝土枕和后张法预应力钢筋混凝土枕两类，配筋材料为钢丝或钢筋。

混凝土轨枕按结构形式不同，可分为整体式、组合式和短枕式，如图 5.12 所示。整体式轨枕整体性强，稳定性好，制作简便，是目前广泛使用的一种类型。组合式轨枕由两个钢筋混凝土块使用一根钢杆连接而成，其整体性不如前者，但钢杆承受正负弯矩的能力比较强，我国没有使用这种轨枕，但在欧洲使用得很广泛。我国铁路普遍采用的混凝土轨枕形式如图 5.13 ~ 图 5.15 所示。

（a）整体式　　（b）组合

图 5.12　混凝土轨枕

图 5.13　道岔地段铺设的系列岔枕

图 5.14　Ⅱ ZQ-C 型桥枕

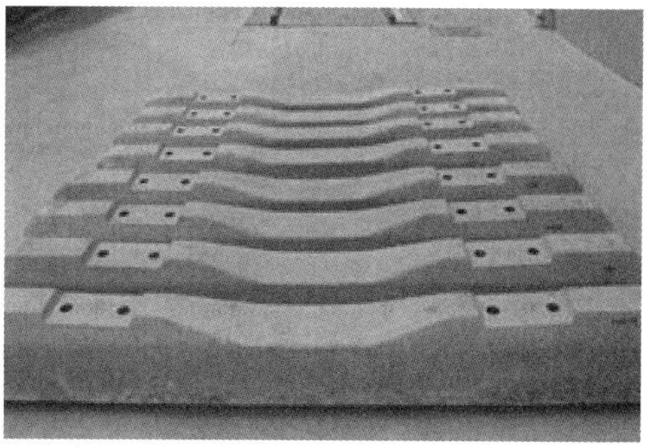

图 5.15　新Ⅱ型轨枕

我国铁路使用的混凝土枕，随着轨道设计荷载（轴重、速度、通过总重）的增加，轨枕截面的设计承载弯矩也会有所加强。在设计中，主要采用提高混凝土等级，增加预应力和截面高度等措施。我国混凝土轨枕主要尺寸见表 5-4。

表 5-4　我国混凝土轨枕主要尺寸表

轨枕类型	配筋	混凝土等级	截面高度/mm		顶面宽度/mm		地面宽度/mm		底面积/cm^2	质量/kg	长度/cm
			轨下	中间	轨下	轨中	轨下	轨中			
Ⅱ（TKG-Ⅱ）	8Φ7	C58	202	165	165.5	161	275	250	6 575	251	250
新Ⅱ	8Φ7	C60	205	175	169	190	280	250	6 700	273	250
Ⅲ	10Φ7	C60	230	185	170	220	304	280	7 720	360	260

三、扣件

钢轨与轨枕的连接是通过中间连接零件实现的。中间连接零件又称为扣件，其作用是将钢轨固定在轨枕上，即具有一定的扣压力，以保持轨距和阻止钢轨相对于轨枕的纵、横向移动。在钢筋混凝土轨枕轨道和混凝土整体道床中，弹性远小于木枕轨道，扣件还必须提供足够的弹性。为此，扣件必须具有足够的强度、耐久性和良好的弹性，有效地保持钢轨与轨枕之间的可靠连接；结构力求简单，便于安装及拆卸；应具有良好的绝缘性能，以减少迷流。

（一）木枕扣件

木枕扣件主要有分开式和混合式两种，如图 5.16 和图 5.17 所示。

分开式扣件是将钢轨和垫板、垫板和木枕分别连结起来。分开式扣件扣压力大，可有效防止钢轨爬行。其缺点是零件多、用钢量大、更换钢轨程序繁琐，分开式扣件多用在桥上线路。

混合式扣件的零件有道钉和五孔双肩铁垫板。混合式扣件是我国铁路木枕轨道上使用最广泛的一种扣紧方式。它除了用道钉将钢轨、垫板和木枕一起扣紧外，还另用道钉将垫板与木枕单独扣紧。利用这种扣紧方式可减轻垫板的振动，且零件少、安装方便；其缺点是钢轨受荷载后向上挠曲时，易将道钉拔起，降低扣着力。

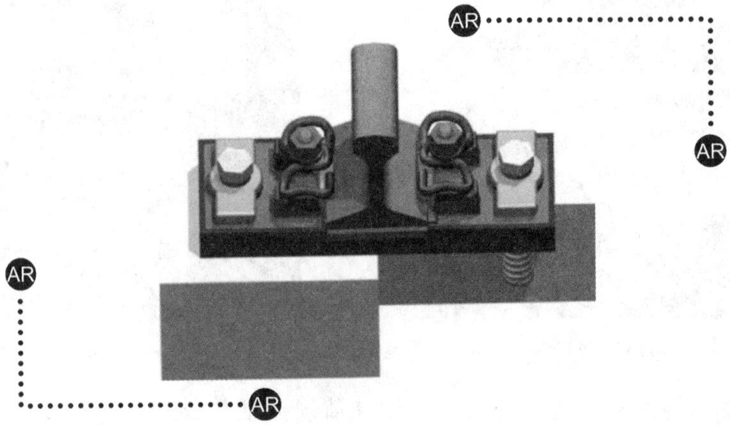

图 5.16　分开式弹条Ⅱ型扣件

图 5.17　混合式扣件

（二）混凝土枕扣件

我国混凝土枕扣件，在初期主要使用扣板式和拱形弹片式两种。拱形弹片式扣件由于拱形弹片强度低，扣压力小，易引起变形甚至折断，在主要干线上已被淘汰。因此，我国混凝土枕主要采用不分开式弹性扣件。现场的多年使用实践也证明，采用弹性扣件可提高轨道强度，并显著减少现场的养护维修工作量。

下面介绍我国常用的几种混凝土枕扣件类型。

1. 弹条Ⅰ型扣件

弹条Ⅰ型扣件主要由 M 形弹条、螺纹道钉、轨距挡板、挡板座及弹性橡胶垫板等组成。图 5.18 为 60 kg/m 钢轨弹条Ⅰ型扣件。

图 5.18 中弹条用于弹性扣压钢轨，要求保持一定的扣压力及拥有足够的强度。弹条由直径为 13 mm 的 $60Si_2Mn$ 或 $55Si_2Mn$ 热轧弹簧钢制成。弹条有 A、B 两种型号。其中 A 型弹条较长。对于 50 kg/m 钢轨除 14 号接头轨距挡板安装 B 型弹条外，其余均安装 A 型弹条。60 kg/m 钢轨则一律安装 B 型弹条。

弹条Ⅰ型扣件弹性好、扣压力损失较小，能较好地保持轨道几何形位，使用效果好，主要技术性能均优于扣板式扣件。目前已成为我国混凝土枕线路的主型扣件。适用于标准轨距铁路直线及半径 R≥300 m 的曲线地段，与 50 kg/m、60 kg/m 钢轨相连结。

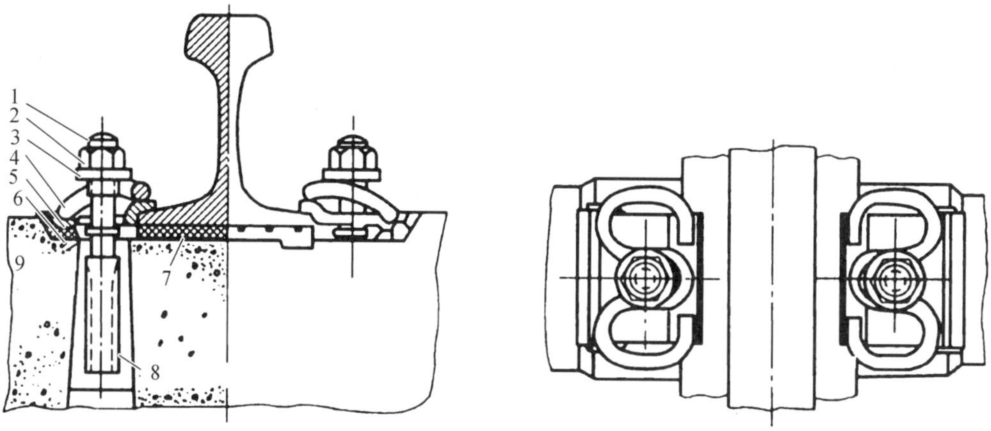

1—螺纹道钉；2—螺母；3—平垫圈；4—弹条；5—轨距挡板；6—挡板座；
7—橡胶垫板；8—硫磺锚固剂；9—绝缘防锈涂料。

图 5.18　弹条 I 型扣件

随着高速、重载铁路运输的发展，对于重型和特重型轨道，弹条 I 型扣件已显能力不足，因此，规定在最高行车速度≤120 km/h 的重型及以下轨道使用弹条 I 型扣件。

2. 弹条Ⅱ型扣件

弹条Ⅱ型扣件是在弹条Ⅰ型扣件的基础上开发的，除弹条外，其余部件与弹条Ⅰ型扣件相同，仍为带挡肩、有螺栓扣件。在原来使用弹条Ⅰ型扣件地段，可用弹条Ⅱ型扣件弹条更换原Ⅰ型扣件弹条。

设计参数：单个弹条扣压力不小于 10 kN，弹程（即弹性变形量）不小于 10 mm，数值分别比Ⅰ型扣件提高了约 30%；组装扣件承受横向疲劳荷载 7 t，在荷载循环 200 万次后，各部件不得损坏。

弹条Ⅱ型扣件具有扣压力大、强度安全储备大、残余变形小等优点。适用于Ⅱ或Ⅲ型混凝土枕的 60 kg/m 钢轨线路。

轨距的调整仍用轨距挡板和挡板座的不同号码相互调配。

3. 弹条Ⅲ型扣件

弹条Ⅲ型扣件是无螺栓无挡肩扣件。无螺栓无挡肩扣件是世界各国轨枕扣件发展的趋势，特别适用于重载大运量、高密度的运输条件。

弹条Ⅲ型扣件是由弹条、预埋铁座、绝缘轨距块和橡胶垫板组成的。弹条Ⅲ型扣件适用于标准轨距铁路直线或半径 R>350 m 的曲线上，铺设 60 kg/m 钢轨和Ⅲ型无挡肩混凝土枕的无缝线路轨道。

弹条Ⅲ型扣件具有扣压力大、弹性好等优点，特别是取消了混凝土枕挡肩，从而消除了轨底在横向力作用下发生横移导致轨距扩大的可能性，因此保持轨距的能力很强，又由于取消了螺栓连结的方式，大大减小了扣件养护工作量。

（三）DT 系列扣件

DT 为地铁的意思。该系列的扣件有 DT-Ⅰ、DT-Ⅱ、DT-Ⅲ、DT-Ⅲ-2 和 DT-Ⅶ等形式。

这些扣件都在北京、上海、广州、深圳、南京、武汉等地的轨道交通设计中得到采用，并一直受到专业人员的广泛关注。DT-Ⅰ扣件是我国最早出现的城轨线路扣件，该扣件为全弹性分开式，性能较好，扣压件为弹性扣件；DT-Ⅲ适用于 60 kg/m 钢轨，为有挡肩弹性分开式扣件，该扣件在上海地铁 1、2 号线上得到使用。下面主要介绍 DT-Ⅲ-2 型扣件。

DT-Ⅲ-2 型扣件是无挡肩弹性分开式，适用于 60 kg/m 钢轨地铁内一般减振地段的枕式点支撑混凝土整体道床，如图 5.19 所示。其主要技术参数如下：扣压件采用国铁适用件 ω 型弹条（B 型）、轨距调整量+8 mm、+12 mm、扣件水平调整 30 mm、抗横向力 40 kN、防爬力大于 11 kN、绝缘电阻均大于 100 MΩ、扣件节点垂直静刚度为 21 ~ 25 kN，横向静刚度为 25 ~ 30 kN/mm。

图 5.19　DT-Ⅲ-2 型扣件图

图 5.20 为 DT-Ⅲ-2 型扣件的截面图。橡胶垫板是缓冲轮轨间的振动冲击作用和提供垂直弹性的主要零件。用于 60 kg/m 钢轨的橡胶垫板其宽度、长度和高度分别为 148 mm、185 mm、10 mm，用于 50 kg/m 钢轨的橡胶垫板则为 130 mm、185 mm、10 mm。垫板的弹性靠压缩变形而获得。为了增加压缩变形量，通常在垫板的正反面开设凹槽。橡胶的材质可为丁苯、顺丁或天然橡胶。该扣件采用了轨下 10 mm 胶垫和铁垫板下 16 mm 胶垫的二阶减振，其减振效果与原 DT-Ⅲ型扣件相当，优于 WJ-2 型扣件。

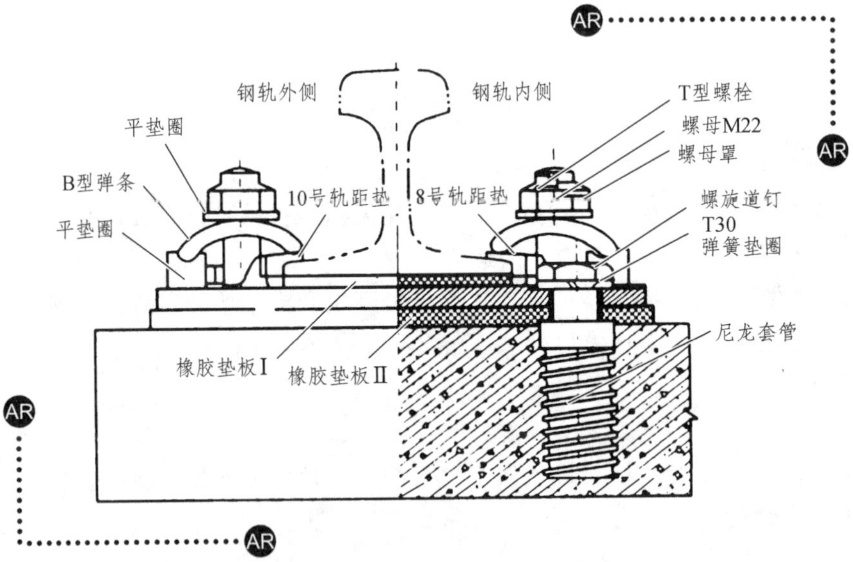

图 5.20　DTⅢ2 型扣件截面尺寸

DT-Ⅲ-2 型扣件由弹条、轨距挡板、挡板座、螺纹道钉及弹性橡胶垫板等组成。弹条是用来弹性地扣压钢轨，应具有足够的扣压力。弹条由直径为 13 mm 的 $60Si_2Mn$ 或 $55Si_2Mn$ 热轧弹簧圆钢制成。

轨距挡板用来调整轨距和传递钢轨承受的横向水平力。挡板座用来支撑轨距挡板，保持和调整轨距并传递轨距挡板的横向水平力至轨枕的挡肩上。它应具有足够的强度。此外，还应具有一定的绝缘性能以防止漏电。将左右两股钢轨内外两侧不同编号的挡板和挡板座相互配合，可以调整一定量的轨距，对于 60 kg/m 钢轨，可调整轨距−12 ~ +8 mm。

（四）弹簧扣件

弹簧扣件包括单趾弹簧扣件和双趾弹簧扣件。单趾弹簧扣件不设置 T 型螺栓，而设计特殊的弹条，通过敲击法直接将弹条打入，值得推广。由于人们拧紧螺栓时仅凭感觉操作，扭力矩是不可能完全相同的，尽管规范对扭力矩有严格的要求，也通过扭矩计进行抽查检测。但是，行为上的差距还是客观存在的。这样，螺栓对弹条的压力不等，同时，钢轨各处所受到弹条的压力也不均衡，一方面钢轨内应力的均匀受到影响，另一方面弹条的疲劳程度不一。单趾弹簧式扣件，将弹条直接打入，通过构件几何尺寸的控制，使所有弹条均发生相等的压缩变形。可以认为，所有弹条的受力基本一致，从而对钢轨的反作用力也达到一致。

双趾弹簧扣件和单趾弹簧扣件构造相似。弹条设计为对称结构形式，在外力作用下，弹条两趾各承担一半的作用力。

（五）扣件受力分析

轨枕扣件的工作特性可用扣压力、扣件的竖向弹性和横向弹性来说明。而目前我国设计的扣件中主要考虑扣件扣压力和竖向弹性。

1. 扣压力

扣件的扣压力是由扣件的弹性扣压件提供的。扣压力的大小必须使钢轨经常处于被压紧在轨枕上的状态，使钢轨不会在轨枕上产生纵向爬行，而且要求由扣件所提供的爬行阻力必须大于轨枕底面与道床之间的道床阻力。

在目前的运营条件下，用于无缝线路的每组钢轨扣件的扣压力应为 P_c=8.8 ~ 9.8 kN。这个数值约为半根轨枕道床纵向阻力 8.7 kN/m 的 1.59 ~ 1.78 倍，因而是足够的。

2. 竖向弹性

扣件的竖向弹性是由扣压件和弹性垫层（橡胶垫板）共同提供的。扣件在车轮作用下的受力状态如图 5.21 所示。P_c 为一组扣压件作用在钢轨上的扣压力，P_w 为在车轮下作用在每组扣件上的钢轨压力，P_p 为弹性垫层对轨底的反力。K_c 为一组扣压件的垂直刚度，K_p 为弹性垫层的垂直刚度，由于扣压件和弹性垫层在荷载作用下的变形量相等，因而可以把两者视为两个并联弹簧，由此得扣件的总刚度 K 为

$$K=K_c+K_p$$

扣件的总刚度必须满足垂直弹性的要求。除此以外，还必须考虑 K_p 与 K_c 的对应关系，

即两者的比值。一般来说，扣压件的刚度小，弹性垫层刚度大。两者的比值应有一个合理的范围，以免出现荷载作用下钢轨、扣件与垫层不密贴的现象或扣压力变化太大的情况，影响扣件工作可靠性，从而加速各部分的损坏。研究结果表明，K_p/K_c 的比值应不小于 2 或 2.75，并应尽可能接近于 11 或 7，相应的初始扣压力的损失值 ΔP_c 为 4.9 kN 或 7.35 kN。

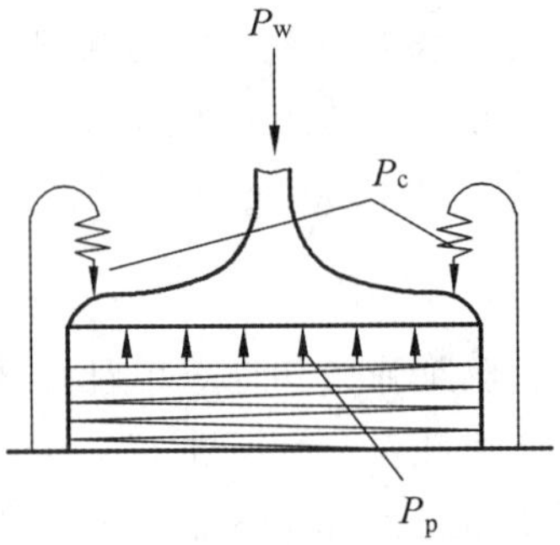

图 5.21　扣件在车轮作用下的受力状态

四、道砟道床

在轨道交通发展的初期即采用了石砟铺筑而成的道床作为轨排的基础，巴黎、纽约等城市早期修建的地铁，无论在隧道中还是在高架上均采用了这种道砟道床轨道。从造价、轨道弹性、阻尼、易于维修恢复轨道线形等方面比较，有砟轨道均优于无砟轨道形式。但有砟轨道存在自重大、不易保持轨道几何形态、维修工作量大、易脏污等缺陷，在新建的高架、地下轨道交通线路中已不采用，目前只在轨道交通的地面线、站场线中使用。

用作道床的材料，应满足质地坚韧，吸水度低，排水性能好，耐冻性强，不易风化，不易压碎、捣碎和磨碎，不易被风吹动和被水冲走的要求。

可以用作道床材料的有碎石、熔炉矿渣，筛选卵石，有 50%以上卵石含量的天然砂卵石以及粗砂和中砂等。一般来说，应以就地取材为原则。在我国首选的道床材料是碎石道砟。我国的道床多采用双层道床，上面是面砟层，下面是底砟。道床断面如图 5.22 所示。

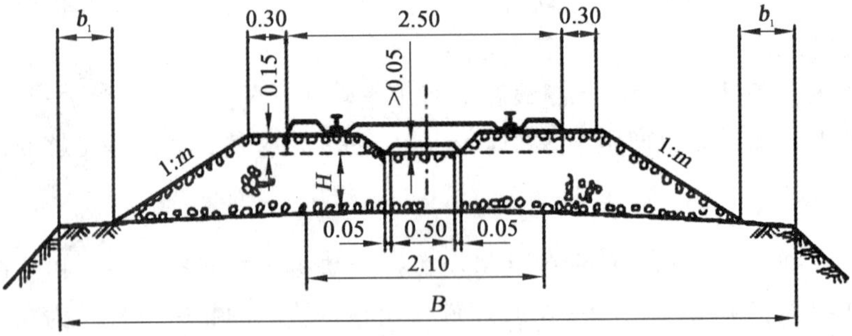

图 5.22　道砟道床的断面（单位：m）

我国道床厚度（枕底以下算起）为 25 ~ 50cm，此值指的是双层道床厚度。

五、无砟轨道

自从地下铁道问世 100 多年以来，它的构造形式就是有砟轨道的轨道结构。如巴黎、伦敦等城市的轨道交通。但在应用中，人们逐渐发现了有砟轨道并无法满足城市轨道交通的特点与要求。一般新建轨道交通的地下及高架线路、车站部分均采用了无砟轨道结构形式。

采用最普遍的无砟轨道是整体道床。整体道床是无砟轨道的一种结构形式，它没有传统的道砟层，是用混凝土或钢筋混凝土浇灌于坚实的基础之上形成整体的道床。日本铁路称之为“直接连接轨道”，英国铁路称之为“连续灌筑钢筋混凝土轨道”。也有将无道砟的预制钢筋混凝土板式道床列为整体道床的。

（一）整体道床的主要优缺点

整体道床的主要优缺点如下：

（1）轨道稳定性好，养护维修工作量极少。

（2）构造简单。整体道床用 C30 混凝土或钢筋混凝土就地灌筑而成，每延米混凝土用量为 1 m^3 左右、钢筋约 40 kg（单线铁路），不需要厂制混凝土构件（支承块可在工地预制），不需要起重设备和其他大型机械，在一般线路上都可进行施工，也不需要其他特殊材料。与其他类型的轨下基础相比，结构比较简单，造价也相应较低廉，只比碎石道床约高 30%。施工进度一般 8 h 可达数十米，如采用大型连续铺筑机，每小时可铺筑整体道床 40 ~ 50 m。轨道的方向和水平是在道床的施工过程中调整固定下来的。根据大量的施工和运营经验，整体道床的施工精度是能够满足铺轨要求的。

（3）外表整洁美观。

（4）由于整体道床厚度比碎石道床厚度要小，因此隧道净空的高度可以相应减小。

（5）整体道床混凝土为现场灌筑，避免了厂制构件的运输。

（6）整体道床发生病害时，修复较为困难，因此要求设计考虑周全，施工要重视质量。

（7）施工精度要求较高。整体道床混凝土一经灌筑硬结后，轨道几何尺寸的变动完全取决于钢轨连接扣件的调整能力，而扣件的可调量总是有限的，因此要求整体道床竣工后的轨道质量（工后轨道质量）应符合有关规定，这个要求在一般的施工中是可以达到的。

（8）道床弹性较差，扣件的形式较复杂。为了使整体道床轨道具有与碎石道床轨道相接近的轨道弹性，确保轨道各组成部件处于正常的受力状态，整体道床应采用弹性扣件；同时，为了满足整体道床轨道几何尺寸和曲线轨道超高变化的调整，要求扣件还应具有一定的调高和调轨距的能力。

（二）无砟轨道的结构形式

无砟轨道与基床的连接形式主要有轨枕式、支承块式和整体灌筑式 3 种，支承块式又分为支承块中心水沟式、支承块侧沟式和支承块中心暗沟式三种，具体如图 5.23 所示。

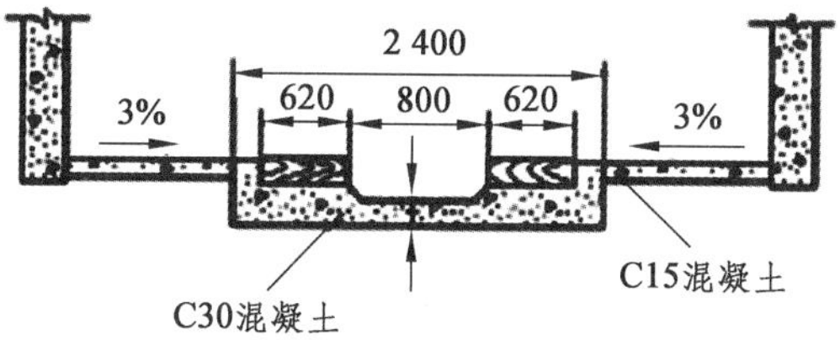

（a）轨枕式

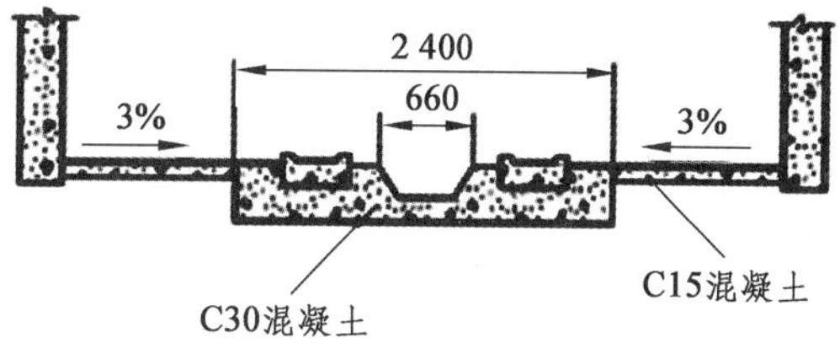

（b）支承块中心水沟式

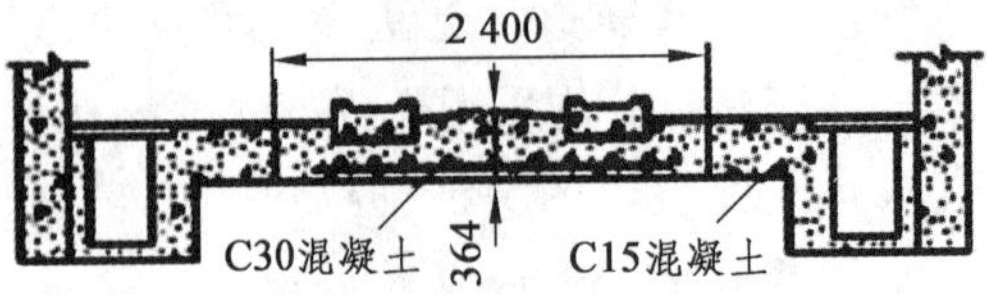

（c）支承块侧沟式

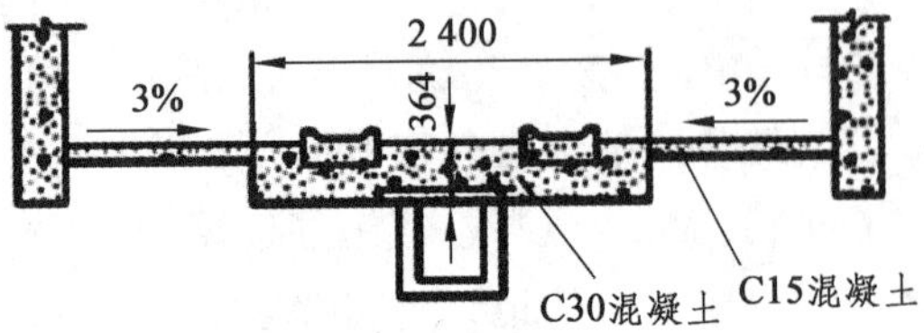

（d）支承块中心暗沟式

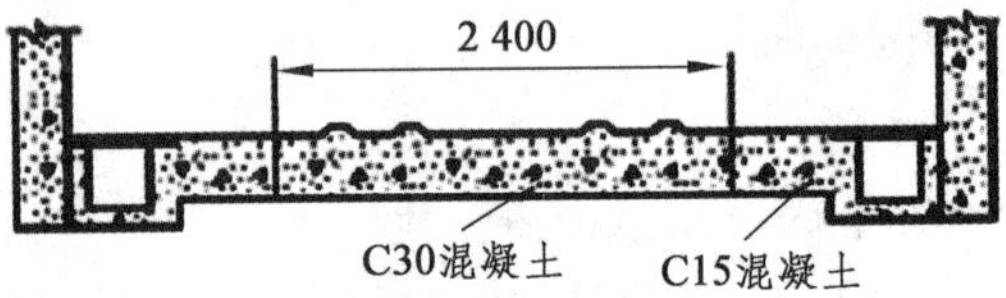

（e）整体灌筑式

图 5.23　整体道床轨道结构的类型（单位：mm）

1. 轨枕式

轨枕式是把预制好的混凝土枕或短木枕与混凝土道床浇筑成一整体。早在 20 世纪 50 年代，苏联铁路隧道整体道床就采用了这种形式，新加坡的轻轨交通和上海地铁也采用的这种形式。其最大优点是可采用轨排施工，施工进度快，施工精度也容易保证。如图 5.23（a）、图 5.24 所示。

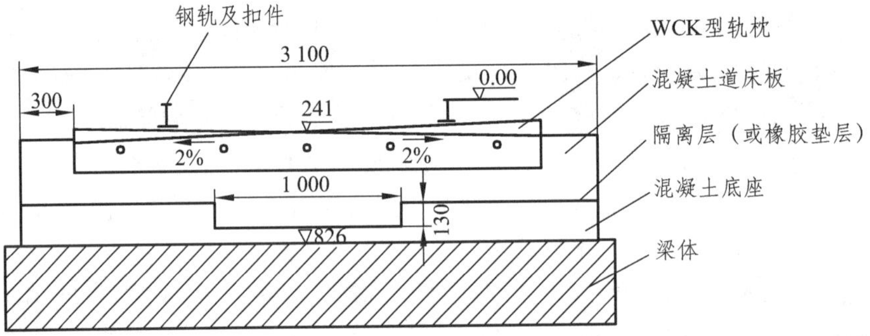

图 5.24　轨枕式无砟轨道横断面

2. 支承块式

支承块式是把定制的钢筋混凝土支承块或短木枕与混凝土道床浇筑成一体。这是世界上许多国家铁路整体道床大量采用的形式。莫斯科地铁曾使用短木枕作为支承块，我国北京和天津地铁也均采用混凝土支承块。这种形式整体性及减振性能较差，施工较整体灌筑式简单而比轨枕式复杂，成本较低，施工精度较整体浇灌式易保证。如图 5.23（b）~（d）、图 5.25 所示。

3. 整体灌筑式

整体灌筑式（或称为无枕式）是就地连续灌筑混凝土基床或纵向承轨台。国外一些国家修建铁路隧道时常采用这种形式，香港的地铁和新建的轻轨（有轨电车）也采用了这种形式，简称为 PACT 型轨道。这种形式结构简单，建筑高度较小，但施工时需采用刚度较大的模架，施工较为复杂。如图 5.23（e）、图 5.26 所示。

图 5.25　弹性支承块式无砟轨道

图 5.26　整体灌筑式无砟轨道

弹性支承块式整体轨道结构是一种低振动（Low Vibration Track，LVT）轨道结构，可用于有一般减振要求的 I 类地区，如居民区、商业区域。该轨道结构使轮轨动力在钢轨上经过分配后传到轨下胶垫得到第一次减振，再经过支承块传到块下胶垫进行第二次减振，这样，振动的高频成分及其幅值在得到了相当的衰减后传递给基础。

（三）板式轨道

板式轨道的构造如图 5.27 所示。这种轨道结构是在类似混凝土高架桥、岩石隧道等坚硬基础上，铺设工厂预制的钢筋混凝土或预应力钢筋混凝土板，因而得名。板与混凝土基床之间填充沥青水泥浆。板式轨道主要在日本铁路和轨道交通线路中使用，我国铁路也引进了这项技术。

板式轨道的整体性肯定优于有砟轨道，轨道结构的强度也能得到保证。由于采用工厂预制，构件的精度可以得到保证，施工的进度也能加快，但需要较大型的施工机械和起重设备。

当下部结构沉降或变形过大，超出扣件可调范围时，由于轨枕板与结构或基床混凝土之间填充沥青水泥砂浆，可在此处进行调节，从这个意义上说它也优于整体道床的轨道结构。

日本的板式轨道在板和基础结构间填充水泥沥青材料，如果换成弹性材料则可演化成减震降噪的浮置板结构轨道形式。

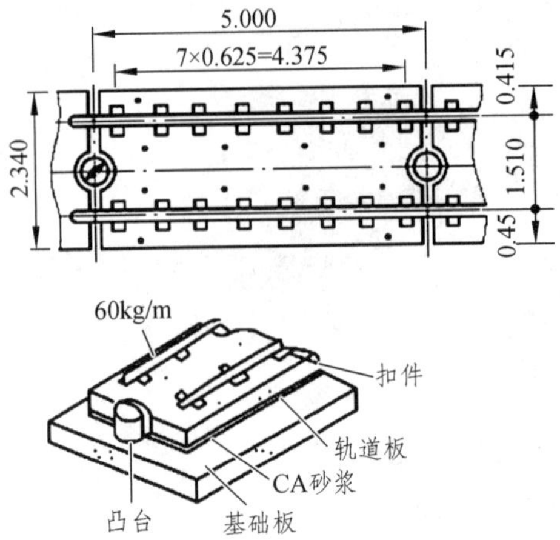

（a）高架结构上板式轨道

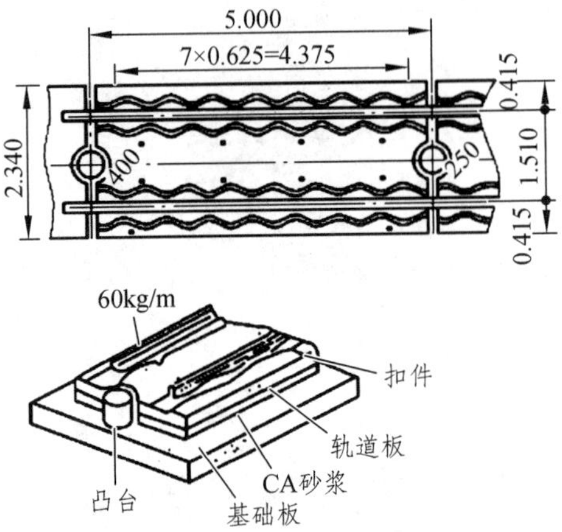

（b）隧道内板式轨道

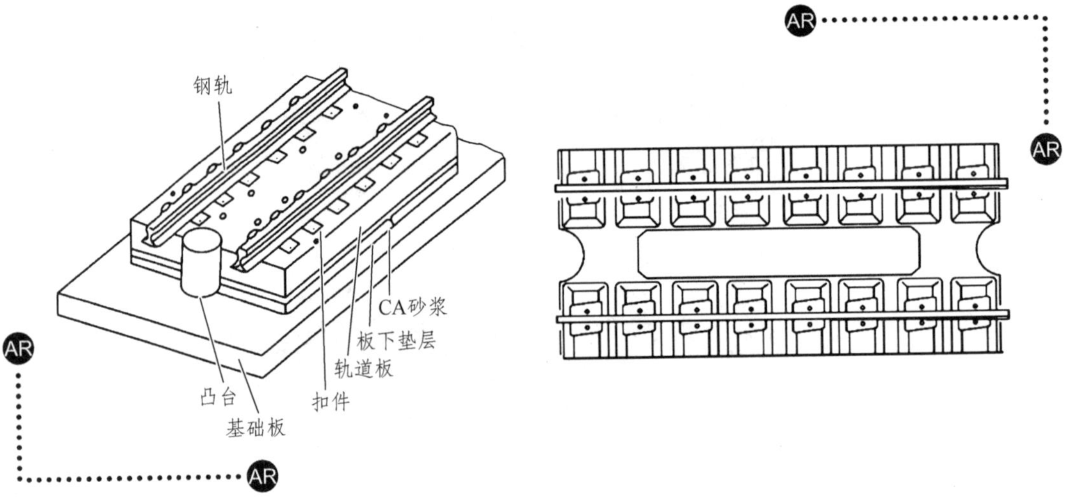

（c）框架型板式轨道

图 5.27　日本普通型（a）、防振型（b）和框架型（c）板式轨道（单位：m）

（四）浮置板轨道

城市轨道交通快速发展在解决人口密集城区交通拥挤问题的同时，也对轨道周边环境造成了振动影响。国内外的一系列研究表明，浮置板式轨道结构是一种降低城市轨道传振和传声非常有效的方法。自 1965 年科隆地铁首次采用浮置板式轨道结构以来，德国、英国、美国、日本、韩国和新加坡等国家的大多数城市轨道都采用了这一轨道结构，其减振、降噪的效果得到普遍的认同。

在华盛顿地铁轨道的重整过程中，即采用了两种预制的浮置板。一种是具有特殊宽度以支撑特殊形式的轨道；另一种是常规宽度的浮置板用于支撑标准轨道，而对浮置板进行支撑的是聚亚安酯隔声垫。在浮置板结构改进方面，日本浮置板应用螺旋弹簧降低了轨道的基础以及结构产生的噪声和振动。在这一系统中，混凝土板由弹簧支撑。测试试验表明，这种浮置板相对于道砟层降振的导轨，能够将振动降低 7 dB。有限元模型和动力车轮荷载模拟分析进一步证明这种浮置板对于轨道运营是安全的。

浮置板式轨道结构是降低传振和传声的有效方法，在共振频率下的放大倍数很低，减振降噪效果非常显著。如下图 5.28 就是上海轨道交通 8 号线上采用的浮置板轨道断面图。

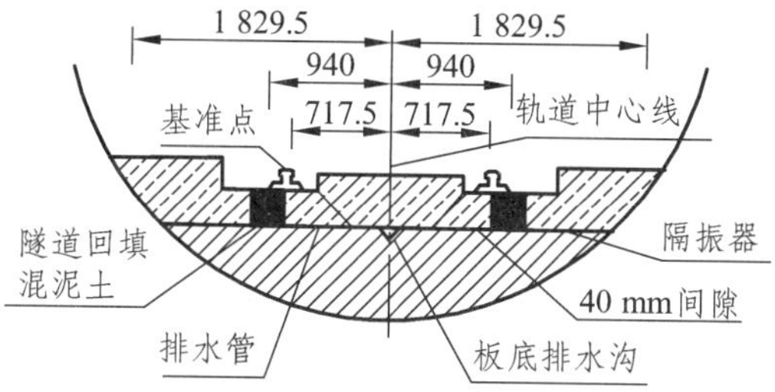

图 5.28　上海地铁 8 号线浮置板轨道结构

在我国，随着城市轨道交通的发展，浮置板式轨道结构也在北京、上海、广州、香港等地得以推广应用。广州地铁 1 号、2 号线都采用浮置板轨道结构，这是弹性支承轨道首次在国内城市轨道采用，其减振性能比轨道减振器扣件强，室内试验可达 9 ~ 14 dB，运营测试平均值为 10 dB 左右；北京市轨道交通中，地铁 5 号线首次使用浮置板道床技术；上海轨道交通 9 号线是上海首次在全线“敏感地段”采取了“橡胶弹簧浮置板”，6 号线采用“钢弹簧浮置板”减少列车运行时的振动和噪声。

第三节　道　岔

在轨道结构中，使机车车辆由一条线路转向另一条线路的轨道连接设备称为道岔，是轨道的一个重要组成部分。它由引导机车车辆的轮对沿原线行进或转入另一条线路运行的转辙部分、使轮对能顺利地通过两条线路钢轨的连接点而形成的辙叉部分、转辙和辙叉的连接部分以及岔枕和连接零件等组成。由于线路上的道岔具有数量多、构造复杂、寿命短、限制列车速度、行车安全性低、养护维修投入大等特点，与曲线、接头并称为轨道的三大薄弱环节。道岔的构造和平顺连续的轨道不同，在轨道工程中，如何使道岔具有良好形状，确保列车能在规定的速度下安全、可靠地通过道岔和延长道岔的使用寿命，是一个历来广受关注的课题，在列车实行提速和高速运行之后，尤其如此。

道岔有多种类型，通常使用的标准形式道岔有：普通单开道岔、单式对称道岔、三开道岔、交叉渡线（由四组单开道岔和一个菱形交叉组成）和交分道岔如图 5.29 所示

使用最多的道岔形式是“普通单开道岔”，简称单开道岔，如图 5.30 所示。它的数量占各类道岔总数的 90%以上。这种道岔的主线为直线方向，侧线由主线向左（称左开道岔）或右（称右开道岔）侧分支。对称道岔较少在两股都是正线轨道上使用，但站场使用较多小号码的对称道岔。

单开道岔常以它的钢轨每米质量及辙叉号数来分类。目前我国的钢轨有 75 kg/m，60 kg/m，50 kg/m 和 43 kg/m 等类型，标准道岔号数（用辙叉号数来表示）有 6、7、9、12、18、24 和 38 等。新建和改建线路的正线道岔，其轨型应与正线轨型一致。列车以高速通过的正线单开道岔号数不得小于 12 号，在侧线通过高速列车的地段，则须铺设大号码道岔。

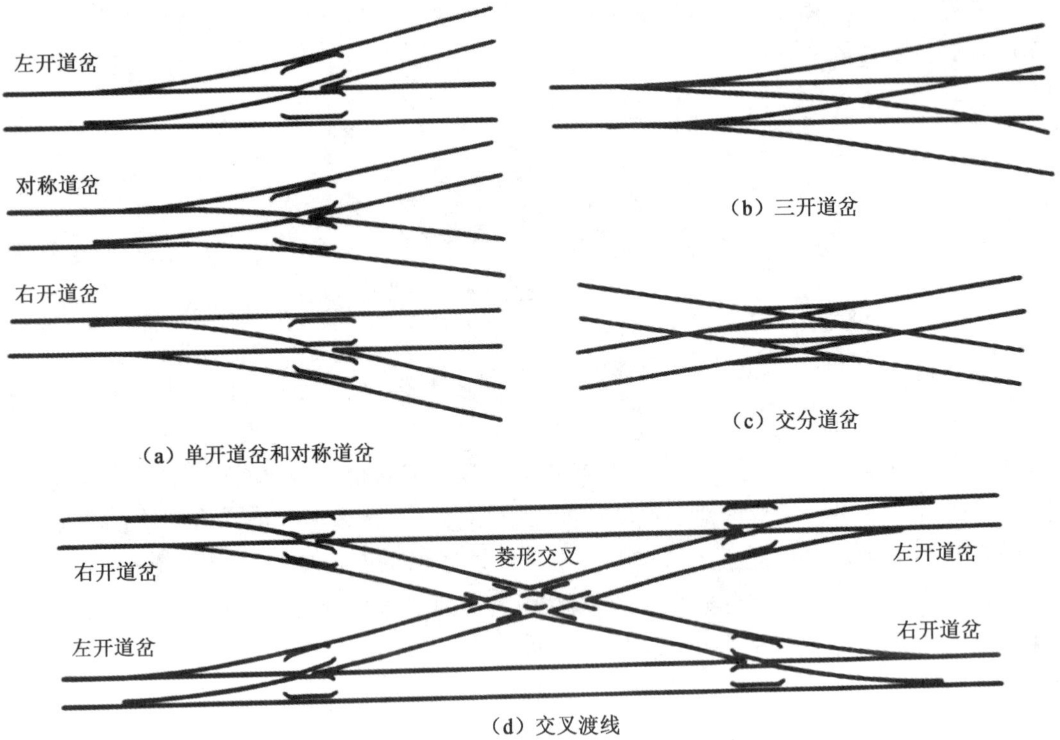

(a) 单开道岔和对称道岔

(b) 三开道岔

(c) 交分道岔

(d) 交叉渡线

图 5.29　道岔的主要类型

图 5.30　普通单开道岔

（一）转辙部分

单开道岔的转辙器由两根基本轨、两根尖轨、各种连接零件和道岔转辙机构组成（见图 5.31）。

最常用的道岔转换设备的种类包括机械式和电动式两种。道岔转换设备必须具备转换（改变道岔开向）、锁闭（锁闭道岔，在转辙杆中心处尖轨与基本轨之间，不允许有 4 mm 以上的间隙）和显示（显示道岔的正位或反位）等三种功能。

（二）辙叉及护轨

辙叉是使车轮从一股钢轨越过另一股钢轨的设备，它设置于道岔侧线钢轨与道岔主线钢轨相交处。辙叉由心轨、翼轨、护轨和连接零件组成。按平面形式划分，辙叉有直线辙叉和曲线辙叉两类；按构造划分，辙叉又有固定式辙叉和可动式辙叉两类。在单开道岔上以直线式固定辙叉最为常用。

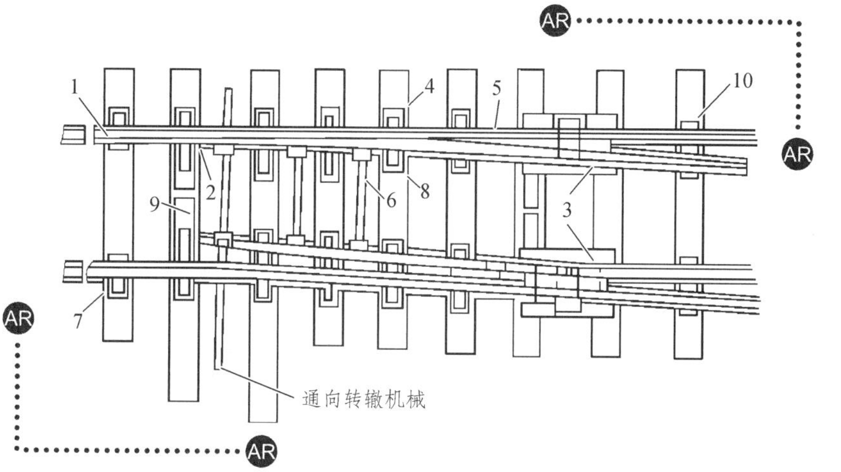

1—基本轨；2—尖轨；3—尖轨跟部；4—轨撑；5—顶铁；6—连接杆；7—撇前垫板；8—滑床板；9—通常垫板；10—撇后顺坡垫坡。

图 5.31 道岔的转辙部分

整铸辙叉是用高锰钢浇铸的整体辙叉（见图 5.32），具有较高的强度和良好的冲击韧性，经热处理后，在冲击荷载作用下，会很快产生硬化，使表面具有良好的耐磨性。这种辙叉还具有使用寿命长，养护维修方便的优点。

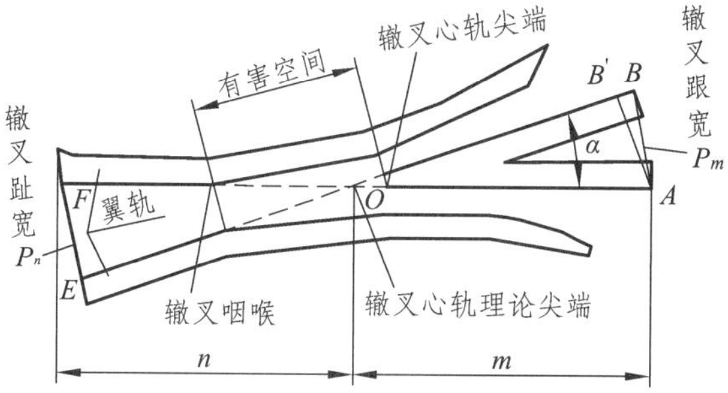

图 5.32 辙叉部分结构

叉心两侧作用边之间的夹角为辙叉角 α 。道岔号数和辙叉角的关系如下式所示：

$$N = \cot\alpha$$

城市轨道交通常用的道岔号数和辙叉角如表 5-5 所示。正线以 9 号道岔为主，后方基地的次要线路以 7 号道岔为主，少数城市也使用 6 号道岔。

表 5-5 道岔号与辙叉角的关系

道岔号数	6	7	9
辙叉角	9°27′44″	8°07′48″	6°20′25″

辙叉心轨两个工作边的延长线的交点称为辙叉理论中心（理论尖端）。由于制造工艺的

原因，实际上的叉心尖端有 6 ~ 10 mm 的宽度，此处称为心轨的实际尖端。

翼轨与心轨形成必要的轮缘槽，使车轮轮缘能顺利通过。两翼轨工作边相距最近处称为辙叉咽喉，从辙叉咽喉至心轨实际尖端之间的轨线中断的距离称为有害空间（见图 5.32）。道岔号数越大，辙叉角越小，这个有害空间就越大。车轮通过有害空间时，叉心容易受到撞击，为保证车轮安全通过有害空间，在辙叉两侧相对位置的基本轨内侧设置了护轨，借以引导车轮的行驶方向。

（三）连接部分

与下一段重复连接转辙器和辙叉的轨道为道岔的连接部分，它包括直股连接线和曲股连接线。直股连接线与区间直线线路的构造基本相同，曲股连接线又称为导曲线，目前线路上铺设的道岔导曲线均为圆曲线，当尖轨为曲线型时，尖轨本身就是导曲线的一部分。导曲线由于长度及界限的限制，一般不设超高和轨底坡。为防止导曲线钢轨在动荷载作用下的外倾和轨距扩张，可设置一定数量的轨撑或轨距拉杆，也可以在导曲线范围内设置一定数量的防爬器及防爬木撑，以减小钢轨的爬行。

连接部分一般配置 8 根钢轨，直股连接线 4 根，曲股连接线 4 根。配轨时要考虑轨道电路绝缘接头的位置和满足接头相对的要求，并尽量采用 12.5 m 或 25 m 长的标准钢轨。连接部分使用的短轨，一般不短于 6.25 m，在困难的情况下，不短于 4.5 m。

第四节 无缝线路的相关内容请扫码观看

第五节　单轨系统轨道结构

单轨交通按结构形式一般分为悬挂式和跨座式两种，如图 5.33 和图 5.34 所示。相对来讲，采用跨座式较多，轨道梁、转辙机和转向架是单轨系统的关键技术。

图 5.33　跨座式单轨轨道交通系统

图 5.34　悬挂式单轨轨道交通系统

由于单轨系统的走行轮、定向轮都采用橡胶轮胎，因此车体结构必须轻量化，轨道梁和支座材料的耐温、耐潮湿和耐酸性要求也较高。我国重庆市轨道交通采用的就是这种制式。重庆市单轨轨道梁为宽 0.85 m、高 1.5 m 的工字形结构，中间为供电轨，梁跨 20 ~ 24 m，车辆骑跨于梁上行驶。

单轨系统的轨道不同于一般轨道交通方式中的钢轨，一般多采用标准断面的预应力混凝土简支梁（简称 PC 轨道梁），如图 5.35 所示是跨座式轨道梁构造图。图 5.36 所示是跨座式单轨轨道梁支座构造图。由于 PC 轨道梁既要承受车辆载荷，又是列车的运行轨道，被称为单轨交通的生命线。PC 轨道梁建造技术是单轨交通系统的三大关键技术之一。

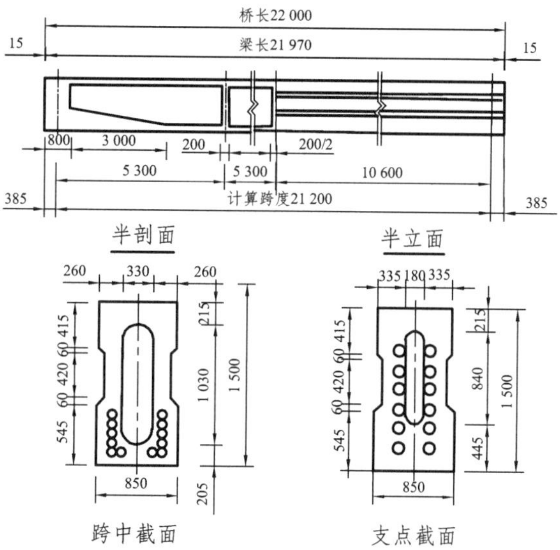

图 5.35　跨座式单轨轨道梁构造图（单位：mm）

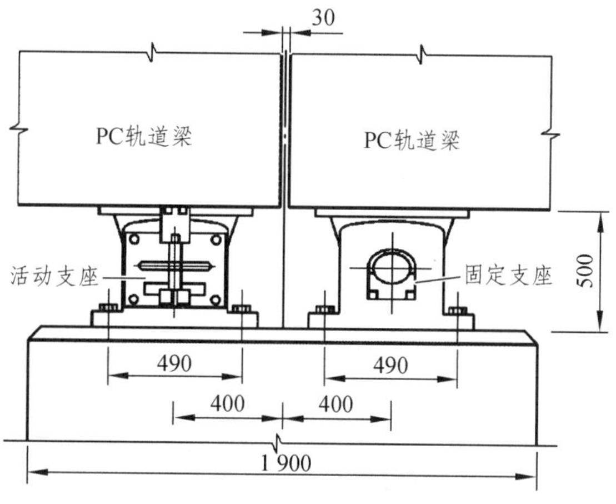

图 5.36　跨座式单轨轨道梁支座构造图（单位：mm）

单轨道岔的结构部分由道岔梁、指形接手组、十字形铰、尾轴装置等部件组成。道岔梁是耐候钢焊接而成的箱型梁，梁顶面为车辆运行的走行面，梁侧面布设有车辆运行的导向面和稳定面。关节型道岔的导向面、稳定面固定在梁上，道岔移动后形成折线，结构较为简单；关节可挠型道岔的导向面、稳定面与箱梁之间为可动连接，道岔移动时，通过箱内的鼓形凸轮机构产生弯曲形成圆滑曲线。

第六节　磁浮交通系统轨道结构

磁悬浮交通是一种新型的交通运输系统，是交通运输方式中的一种革命性质变。它不同于传统铁路，后者是在车轮与钢轨接触的情况下。依靠轮轨之间的粘着关系实现支承、导向、牵引和制动三大功能。而磁悬浮（如图 5.37 所示）列车是在车辆与导轨无接触的情况下。利用电磁系统产生的吸引力或排斥力使牛辆悬浮。利用电磁力进行导向，使车辆不偏离运行轨迹。同时依靠直线电动机驱动，推动列车前进。

图 5.37　磁悬浮列车

世界上首次运营的磁浮系统是英国伯明翰低速磁浮列车（1984—1995 年）。英国伯明翰磁浮系统建于英国国铁车站与新建完成的伯明翰国际机场航站大厦之间，全长 620 m。该系统的轨道是采用预制混凝土结构，距地面约 5 m 高，柱距 5 m。轨道梁断面采用 T 字形式。线路中有两个曲线地段，曲线半径约 50 m，线路纵坡度约 15‰。磁浮系统的两股轨道间配置有安全走道，供紧急状况疏散乘客用。

轨道是中低速磁浮列车的关键技术之一。中低速磁浮列车的轨道与普通铁轨不一样，它采用 F 型导轨，其轨排加工、安装精度和轨道线型直接影响列车运行平稳性。由于轨道是由一段段轨排连接起来的，轨排太短，安装时难以达到轨道设计要求；太长，则加工需要大型的数控机床，加工难度大。如图 5.38 所示。

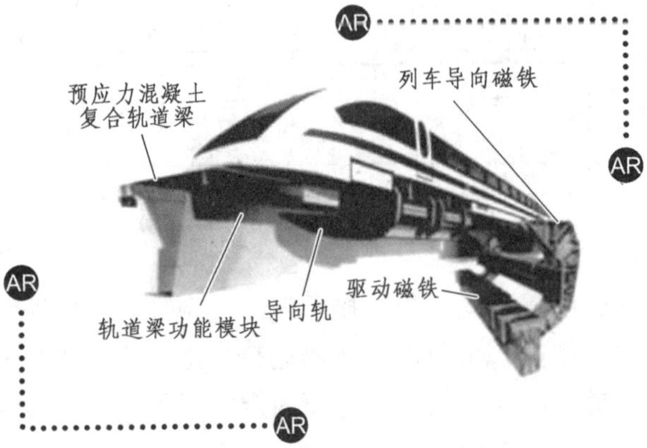

图 5.38　上海磁浮轨道系统

高速磁浮轨道线路系统采用上部结构为精密焊接的钢结构或钢筋混凝土结构的轨道梁，下部结构为钢筋混凝土支墩和基础。上海磁浮轨道系统就采用此轨道结构，如图 5.39 所示。

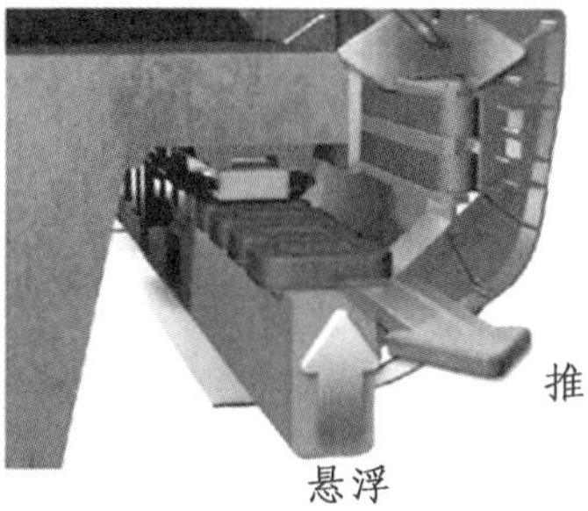

图 5.39　磁浮轨道结构

上海磁浮线路道岔一共有 8 处，设置在国际机场站、龙阳路车站、出入库线、维修基地等处。除维修基地处为三开道岔外，其余均为二开道岔，如图 5.40 所示。

(a) 二开道岔

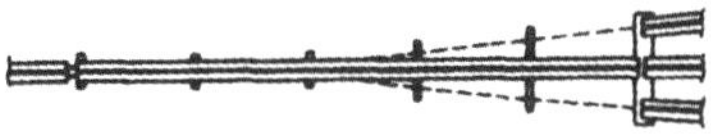

(b) 三开道岔

图 5.40　上海磁浮线路道岔示意图

磁浮线路道岔结构庞大而复杂，轮轨铁路通过钢轨道岔实现列车的转辙。磁浮列车的轨道由钢梁或混凝土梁构成，道岔只能移动整梁，实践中采用钢结构多跨连续梁，用 8 台液压千斤顶，以约 50 t 的转辙力使数百吨重的梁移动数米行程，转辙后锁定困难，可靠性不易保证。钢弯曲道岔结构如图 5.41 所示。

图 5.41　德国磁浮试验线轨道道岔图

磁浮列车运行原理决定了磁浮线路在线路出岔时，采用整根道岔钢梁强制弹性变形的方法换线。道岔钢梁首先要满足轨道梁的基本要求。道岔钢梁采用箱形断面，总长约 150 m；钢箱梁两侧设置平行于底板的翼缘，用来安装功能件，功能件与箱梁整体加工。

道岔弯曲时是由安装在下部结构顶端的顶推装置完成，道岔的弯曲线形受速度控制。

从车辆和设备本身考虑，在道岔偏转时，必须保证必要的平整度，从受力性能和耐久性的角度考虑，钢梁应尽量减少扭转的产生。上述原因限制了车辆的最大侧向过岔速度，目前采用的最大侧向过岔速度仅为 196 km/h，但直线过岔速度不受此限制，最大可达 500 km/h。

思考与讨论

为了确保城市轨道交通的运行安全性和平稳性，作为行车基础的轨道结构必须具有足够的强度和平顺性。因此，轨道结构从施工到运营全周期的质量把控均需要做到一丝不苟。随着我国各大城市轨道交通运营里程的快速增长，大量的施工和运维人员夜以继日地奋战在新建或已开通的地铁线路中，工作条件艰苦且工作难度较大。可以说，我国城市轨道交通事业的快速发展离不开众多平凡地铁人在不同岗位的不懈奋斗。

思考讨论：① 结合地铁建设技术的发展和建设过程中的工作人员的工匠精神，谈谈我国是如何实现地铁里程的快速增长的？② 结合轨道工务维保工作的性质，讨论安全管理、安全生产意识对于保障地铁运行安全的意义。③ 在地铁轨道建设和运营过程中，哪些方面体现了工作人员创新和合作精神？

课后思考题

1. 简述城市轨道交通轨道结构组成部分。
2. 分析轨道结构的主要病害。
3. 总结城市轨道交通的主要减震降噪方法。

第六章　城市轨道交通车站

第一节　概　述

车站是乘坐轨道交通乘客上下、候车和换乘的场所，从这个意义上来说它和公共汽车站、铁路客运站的功能是一样的。除此以外，轨道交通车站还具有列车到发、通过、折返与临时停车等功能，在运营组织中发挥重要作用。

轨道交通车站站台长度按远期规划采用列车编组和采用的车辆长度来确定，8 节 A 型车辆编组的地铁车站长度要求大于 180 m，4 节编组的轻轨车站长度也要求 80 m 以上。轨道交通车辆一般采用高地板设计，相应要求车站也采用高站台的形式，保证乘客水平进出车厢。这些都有别于公共汽车站可“任意”设置在人行道上，而需将车站设置在地铁、轻轨线路的一定位置，并需进行专门的设计。

不同于用在城际交通上的铁路，城市轨道交通是服务于城市的，列车停靠时间短、进出站频率高，乘客候车、滞留车站内的时间也较短，乘坐地铁、轻轨的乘客都希望进入车站就能很快上车。有别于火车站，城市轨道交通的车站不专设候车区，巴黎、纽约很多地铁站站台直接通过楼梯或自动扶梯连通人行道。

根据城市轨道交通线路铺设于地面、高架或地下，车站也分为地面车站、高架车站和地下车站（见图 6.1 ~ 6.3）。作为建筑物设计，除了交通功能需要外，高架车站、地面车站设计考虑的问题和普通地面建筑物相仿。高架车站和地面车站的建筑融合于城市建筑群中，其建筑品味会直接影响城市美观，而作为车站建筑自身的特点，长宽高的比例往往很难设计出优秀的作品，这就要求设计师充分发挥想象力将成特殊比例的建筑物设计得美观一些。

AR

AR

AR

AR

图 6.1　地面车站

图 6.2　高架车站

图 6.3　地下车站

地下车站设置于城市地面以下，空气湿度相对较大，特别像上海、广州等城市地下水位较高，车站结构可能就浸泡在饱和水的土体内；地下建筑空间封闭、车站建筑固有的狭长和结构雷同，往往给乘客带来压抑、单调的感觉。因此，地下车站需要考虑设有良好的通风、照明、卫生、防灾设备等，给乘客提供舒适、清洁的环境，适当地做一些建筑小品、艺术装修往往能使乘车人感到亲切和温馨。

城市轨道交通快捷、大运量的特点，在城市轨道交通车站内短时间（特别是交通高峰时刻）会聚集大量人流（见图 6.4），出于对安全的考虑，特别是发生突发事件的情况下，如何最快地将乘客疏散到安全的地方，在车站设计中是必须考虑的。

图 6.4　轨道交通车站客流

城市轨道交通车站除了供乘客上下车的基本功能外，还应容纳主要的技术设备和运营管理系统，从而保证城市轨道交通的安全运行。设备用房一般布置在车站的两端，其中面积最大的是环控机房。其他的主要设备用房还有信号设备用房、通信设备用房、防灾报警（FAS）设备用房和设备监控（BAS）设备用房等。管理用房中主要解决站控室及站长室观察站厅层的运行管理情况，一般设于站厅公共区的尽端或中间，室内地坪要高于站厅公共区地坪。站长室紧连车控室，便于快速处理应变情况。消防疏散兼工作楼梯位于管理用房的中部，考虑其在站台层的位置，避免与其他楼梯发生冲突。

城市轨道交通直接面向公众的就是车站，一个轨道交通线网的社会效益、经济效益的高低，在很大程度上取决于车站位置的选择、规划设计得合理与否，以及轨道交通线路之间的换乘、轨道交通线路与其他城市交通方式接驳的方便与否。轨道交通车站设计时，首先是确定车站在现有城市轨道交通路网中的确切位置，这涉及城市规划和线路总体方案设计；车站位置确定后，根据客流量及其站位特点对车站规模、平面布置、合理的站内客流流线、地面客流吸引以及交通方式的转换便捷等进行综合考虑。

轨道交通标志是一个城市的轨道交通系统的标示符号，每个城市的轨道交通标志都是不一样的，图 6.5 为我国部分城市轨道交通标志。这是一种符号也是一种文化，表示了这个城市人们对于地铁的理解，一些新建地铁的城市轨道交通标志来源于公众参与。在一个陌生的城市、陌生的地区，一些地铁车站出入口相对比较隐蔽，寻找建于地下的车站是很困难的，城市轨道交通标志就可起到导向作用，或将轨道交通标记做成建筑小品，可以很好地提醒乘客轨道交通的确切位置，如果设计得好，也不乏成为很好的景观，起到美化城市的作用。早期建设的上海地铁标志仅仅用于车站进口处，而新建的地铁线路则已经开始注意使用地铁标记来吸引客流（见图 6.6 ~ 图 6.9）。

北京　上海　TIANJIN RAIL TRANSIT 天津轨道交通　天津　香港　青岛

广州　南京　重庆　深圳　武汉

图 6.5　我国各城市轨道交通标志

图 6.6　北京地铁标志

图 6.7　深圳地铁标志

图 6.8　西班牙马德里地铁标志

图 6.9　伦敦地铁标志

第二节　城市轨道交通车站分类

城市轨道交通车站根据不同的需要有各种分类方法，可以按其运营性质、站台形式和换乘方式等进行分类。

一、按车站运营性质分类

城市轨道交通车站按车站运营性质分类主要有以下 6 种，如图 6.10 所示。

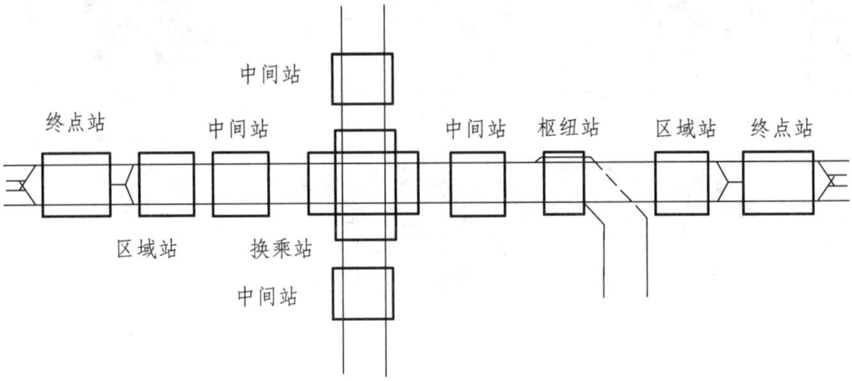

图 6.10　轨道交通车站分类

（一）中间站

中间站（即一般站）仅供乘客上、下车之用，功能单一，是地铁线网中数量最多的车站，如深圳地铁 1 号线桃园站、香蜜湖站等。

（二）区域站

区域站（即中间折返站）是设在两种不同行车密度交界处的车站，设有折返线路和折返设备，区域站兼有中间站的功能。例如深圳地铁 1 号线的西乡站，平日西乡站使用 1、4 站台，在工作日早晚高峰开行区段列车时，则启用 2、3 站台，该车站设有折返线路和折返设备。

（三）换乘站

换乘站是位于两条及两条以上线路交叉点上的车站。它除了具有中间站的功能外，更主要的是它还可以从一条线路上的车站通过换乘设施转换到另一条线路上的车站。例如，深圳地铁大剧院站是深圳地铁 1 号线和 2 号线的换乘站，车公庙站是深圳地铁 1 号线、7 号线、9 号线和 11 号线的换乘站。

（四）联络站

联络站是由此站分出另一条线路的车站，该站可接、发两条线路上的列车。

（五）联运站

联运站是指车站内设有两种不同性质的列车线路（如地铁、高铁、城际铁路）进行联运及客流换乘。联运站具有中间站及不同类型轨道交通换乘站的双重功能，例如深圳北站。

（六）终点站

终点站是设在线路两端的车站，就列车上、下行而言，终点站也是起点站（或称为始发站），终点站设有可供列车折返的折返线和设备，也可供列车临时停留检修。如线路远期延长后，则此终点站即变为中间站。如深圳地铁一期工程时，世界之窗站原本是地铁 1 号线的终点站，在地铁 1 号线西延伸段建成通车后不再作为终点站。

二、按车站站台形式分类

城市轨道交通车站按站台形式分类主要有以下 3 种，如图 6.11 所示。

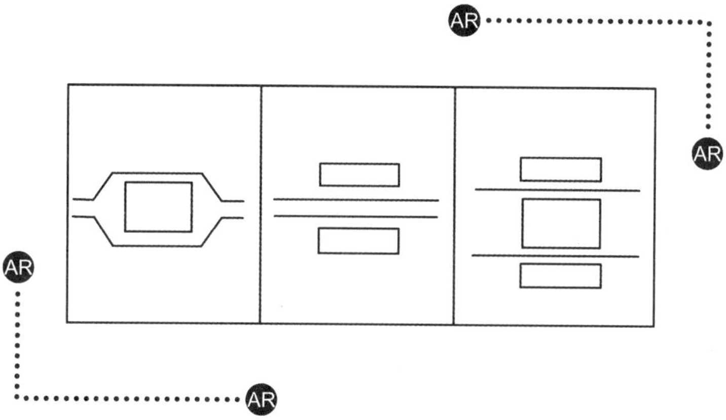

图 6.11　站台布置形式

（一）岛式站台

岛式站台位于上、下行行车线路之间，这种站台布置形式称为岛式站台。具有岛式站台的车站称为岛式站台车站（简称为岛式车站）。岛式车站是常用的一种车站形式。例如，我国深圳地铁黄贝岭车站和北京地铁百子湾站均为岛式站台，广州地铁体育西路站为地下双岛式站台等。岛式车站具有站台面积利用率高、能灵活调剂客流、乘客中途改变乘车方向方便、不用通过楼梯或地道换边到另一侧站台（见图 6.12）、车站管理集中、站台空间宽阔等优点，因此一般常用于客流量较大的车站。从图 6.11（a）中可以看到线路在站台两段形成了喇叭口状，列车进出站有一个 S 弯的两个反向曲线，同样列车编组的站台长度，岛式站台车站长度要比侧式站台车站长，一旦车站建造完成，要扩建延长站台长度则是很困难的。

图 6.12　深圳地铁黄贝岭站岛式站台

（二）侧式站台

侧式站台位于上、下行行车线路的两侧，这种站台布置形式称为侧式站台。具有侧式站台的车站称为侧式站台车站[简称为侧式车站，见图 6.11（b）]。侧式车站也是常用的一种车站形式（见图 6.13）。侧式车站站台上下行乘客可避免相互干扰，正线和站线间不设喇叭口，造价低，改建容易，但是站台面积利用率低，不可调剂客流，乘客中途改变乘车方向必须经地道、天桥、站厅或者更简易地使用进口楼梯平台作为换边通道。侧式车站管理分散，站台空间不及岛式宽阔（见图 6.14 ~ 图 6.17），因此，侧式站台多用于两个方向客流量较均匀（或流量不大）的车站。例如，我国苏州地铁广济南路站为地下两层侧式车站，北京地铁惠新西街北口站为地下侧式站台。

图 6.13　高雄某地铁站侧式站台

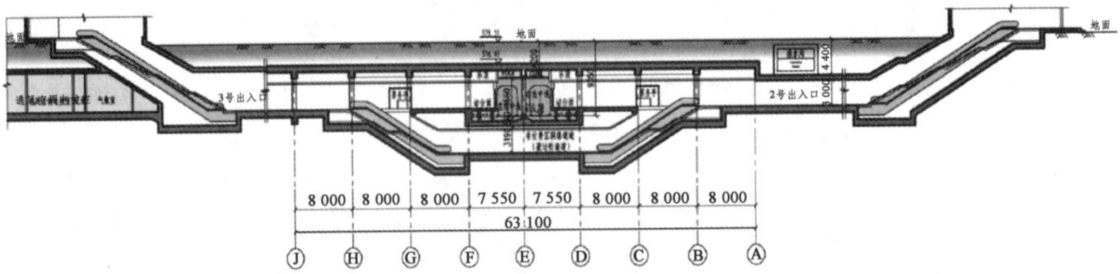

图 6.14　某地铁地下侧式车站平面图

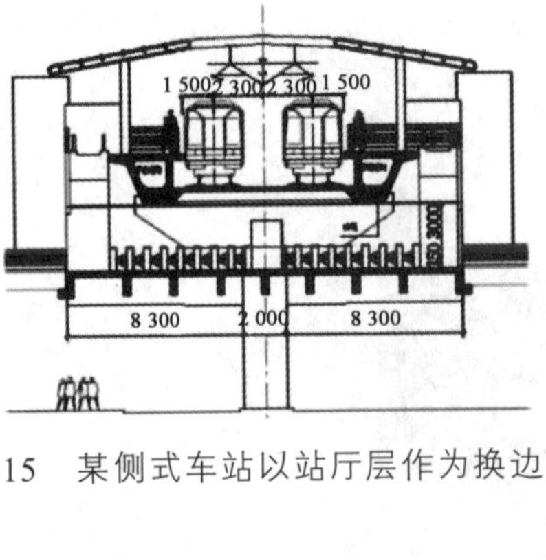

图 6.15　某侧式车站以站厅层作为换边设计

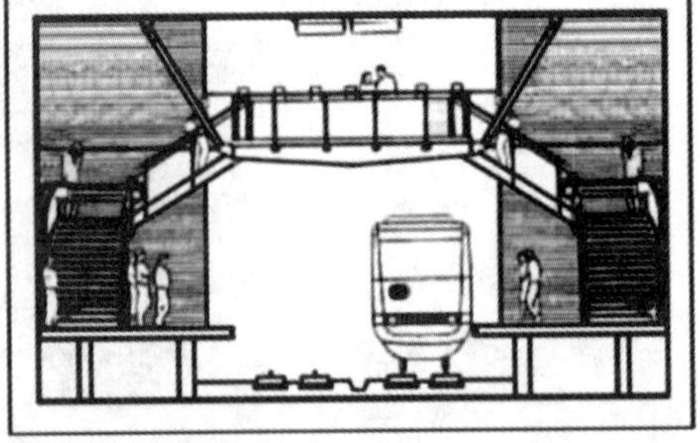

图 6.16　某侧式车站天桥设计

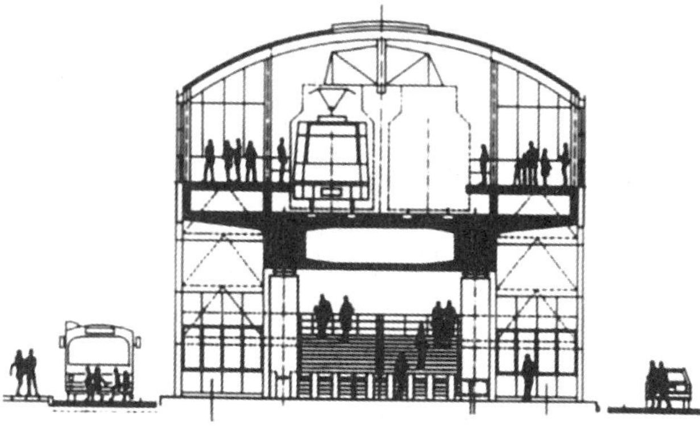

图 6.17　某地铁车站利用楼梯平台做换边平台

在侧式站台车站中很重要的问题是安全问题，改变乘车方向必须到另一侧站台，乘客为了图方便可能会横穿轨道，特别是在郊区的地面、高架车站，在这些站设置站台安全门是需要的（见图 6.18）。这种安全门高约 1.5 m，由固定墙、平移门和自动控制系统组成。它与地下车站的屏蔽门有很大的区别：屏蔽门有节能和安全双重功效，开关都自动控制；而安全门则用于对环境、温度要求不太高的地面高架车站，由人工控制，主要起到保障乘客安全的作用，造价也只有屏蔽门的 1/3。

（三）岛、侧混合式站台

岛、侧混合式站台是将岛式站台及侧式站台同设在一个车站内（见图 6.19），具有这种站台形式的车站称为岛、侧混合式站台车站（简称为岛、侧混合式车站）。岛、侧混合式车站主要用于两侧站台换乘或列车折返。岛、侧混合式站台可布置成一岛一侧式或一岛两侧式[见图 6.11（c）]。例如，我国北京地铁西直门站为高架一岛二侧式站台，上海地铁广兰路站为地下一岛一侧式站台，广州地铁西朗站为地面二岛一侧式站台。

图 6.18　地面和高架车站用安全门

图 6.19　岛、侧混合式站台

第三节　城市轨道交通车站平面布置与结构

一、车站的组成

轨道交通车站由车站主体（站台、站厅、设备用房和管理用房等）、出入口及通道、通风道及地面通风亭（仅地下车站）等 3 大部分组成。

车站主体是列车在线路上的停车点，其作用是供乘客集散、换乘，同时它又是轨道交通运营设备设置的中心和办理运营业务的地方。

出入口及通道是供乘客进、出车站的建筑设施。

地下车站需要考虑通风道及地面通风亭，其作用是保证轨道交通车站具有一个舒适的地下环境。

二、车站主体建筑的布置和功能

车站主体建筑根据使用功能的不同，可分为乘客使用空间和车站用房两大部分。

（一）乘客使用空间

乘客使用空间又可分为非付费区和付费区（见图 6.20）。非付费区是乘客未正式进入车站前的流动区域。它一般应有一定的空间，设置售、检票设施，根据需要还可设银行、公用电话和小卖部等。设置在道路上的高架车站如果采用人行天桥与人行道连接则非付费区常被用作人行过街通道的一部分（见图 6.21），同样设置在道路下的地下车站采用通道与人行道连接、其非付费区也被用作人行过街通道的一部分。非付费区的最小面积一般可以参照能容纳高峰小时 5 min 内可能聚集的客流量的水平来推算。

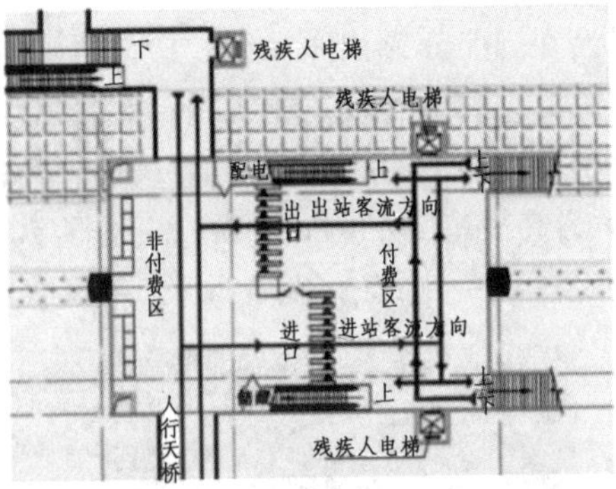

图 6.20　某高架车站部分站厅层进出站客流

图 6.21　深圳地铁红山站

付费区包括部分站厅、站台及楼梯和自动扶梯等。付费区部分的站厅实际上是一个乘客进出站闸机和站台间的缓冲区域，一票通轨道交通线路间换乘也在此区域内完成。乘客进出站快慢取决于进出闸机的数量，国内使用普遍的三杆式自动检票机每小时通过人数 1 500 ~ 1 800 人次。

车站“核心”是站台，站台结构柱、楼梯栏杆等至站台边缘的距离要保证 2.5 m，这里是乘客上下列车的区域（见图 6.22），距站台边缘 400 mm 应设不小于 80 mm 的纵向醒目安全线，使用 ATO 车辆的站台还要设置醒目的停车位、乘客上车候车位。

站台的其余部位设置有进出站台的通道、楼梯和自动扶梯，是进出站台、上下车客流缓冲和乘客休息候车场所。通道、楼梯和自动扶梯宽度根据客流密度计算得到。1 m 宽上行楼梯每小时通过人数 3 700 人次，下行可达 4 200 人次，单向通道可达 5 000 人次，自动扶梯根据输送速度不同，1 m 宽每小时通过人数为 8 100 ~ 9 600 人次。很明显，自动扶梯的输送能力远大于楼梯的能力，新建的车站大量采用了自动扶梯。在发生紧急情况需要把乘客从站台（地下或高架）疏散到地面，我国规定疏散时间为不超过 6 min，自动扶梯计事故疏散之用，其供电等级应由二级升至一级负荷供电。

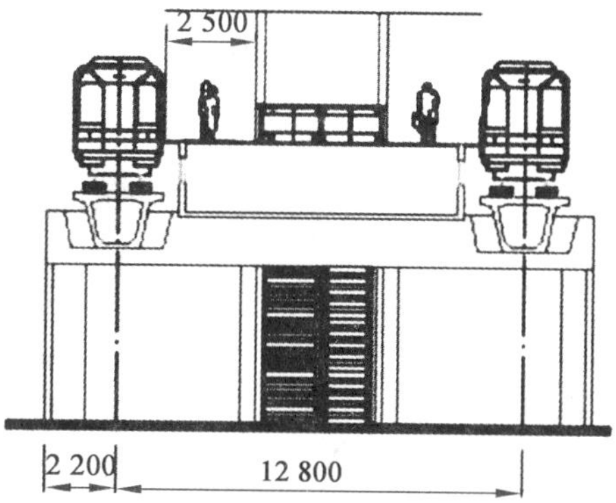

图 6.22　站台上下车区域

车站装修应采用防火、防潮、防腐、耐久、易清洁的环保材料，应便于施工与维修，可能条件下应兼顾吸声。地面材料应防滑、耐磨。照明灯具要节能、耐久，尽可能采用深罩明露式。高架站的灯具还应考虑防水、防尘。

乘客使用空间是轨道交通车站的重点，它对车站类型、总平面布局、车站平面、结构横断面形式、功能是否合理、面积利用率、人流路线组织等都有较大的影响，客流流线的合理性，保证乘客方便、快捷地出入车站。

由于我国已建的地下车站较多地采用矩形断面的混凝土框架结构，站厅、站台上下两层，装修后层高一般仅 3.0 m，结构上的先天不足，会在建筑上给人以压抑感，这和华盛顿地铁等采用拱顶的车站不一样（见图 6.23）。这个问题已经引起注意，在一些后建的轨道交通车站中的建筑布局上也做了一些尝试。

图 6.23　华盛顿地铁车站

图 6.24　某地铁车站出口标志

为了让乘客快捷方便地进出车站、乘降列车，在车站的乘客使用区域内设置有各种诱导标志，指导乘客购票、进出站（见图 6.24）、换乘、紧急疏散等。各运营公司的诱导标志组成各自的诱导系统，这些标志对方便乘客使用车站设备、提高车站使用效率很重要。诱导系统的设置要贴近人的生活，给人以亲切感，要简洁、明确、一目了然。

随着 IT 行业的飞速发展，液晶电视、显示列车到站信息的液晶指示牌也进入了轨道交通车站，让乘客在出行的过程中可以看新闻、听音乐，也可以及时了解列车运行情况。

为防止乘客由于不同原因由站台进入轨道，造成安全事故，新建的轨道交通车站都装置了站台门（见图 6.25），地下车站的屏蔽门系统隔断了车站区域与隧道区域，起到了节能、优化车站环控和防噪声的作用。屏蔽门应该满足负载强度、气密性等功能要求和经济适用原则，并应做到安全、可靠、检修方便、造型美观。

图 6.25　深圳地铁站台门

（二）车站用房

轨道交通车站用房包括运营管理用房、设备用房和辅助用房 3 部分。表 6-1 为车站管理用房、辅助用房面积参考表，图 6.26 为某地下车站的车站用房在站台区的平面布置。

表 6-1　车站管理、辅助用房面积参考表

房间名称	参考面积	位置
站长室	15 ~ 18 m^2	站厅层，靠近控制室
车站控制室（含防灾控制）	35 ~ 50 m^2	站厅层客流大的一端
警务室	12 ~ 15 m^2 2	一条线上另加设 1 ~ 2 间警署室，每间 12 m^2
交接班室（兼会议、餐室）	1.2 ~ 1.5 m^2/人	按一班定员计
更衣室（分男、女）	0.6 ~ 0.7 m^2/人	按车站全部定员计
茶水室	8 ~ 10 m^2	附洗涤池
卫生间	女 2 ~ 3 个坑位，男 1 个坑位、2 个小便斗	管理人员用
清扫室（站厅、站台各设一间）	10 ~ 20 m^2	附洗涤池、2 个站厅、侧式站台另增
站务员室	15 m^2×2	侧式车站站台设 2 间（面积可适当减小）
收款室（即票务室）	15 m^2×2	
库房	8 m^2	
供电值班室（每座降压变电所配一间）	6 m^2×2	如 SCADA 同步实施，可不设
列检室	10 ~ 15 m^2	交路折返站
司机休息室	8 m^2×2	交路折返站
维修巡检室	6 m^2×2	宜每站 1 间，至少 3 ~ 5 站 1 间

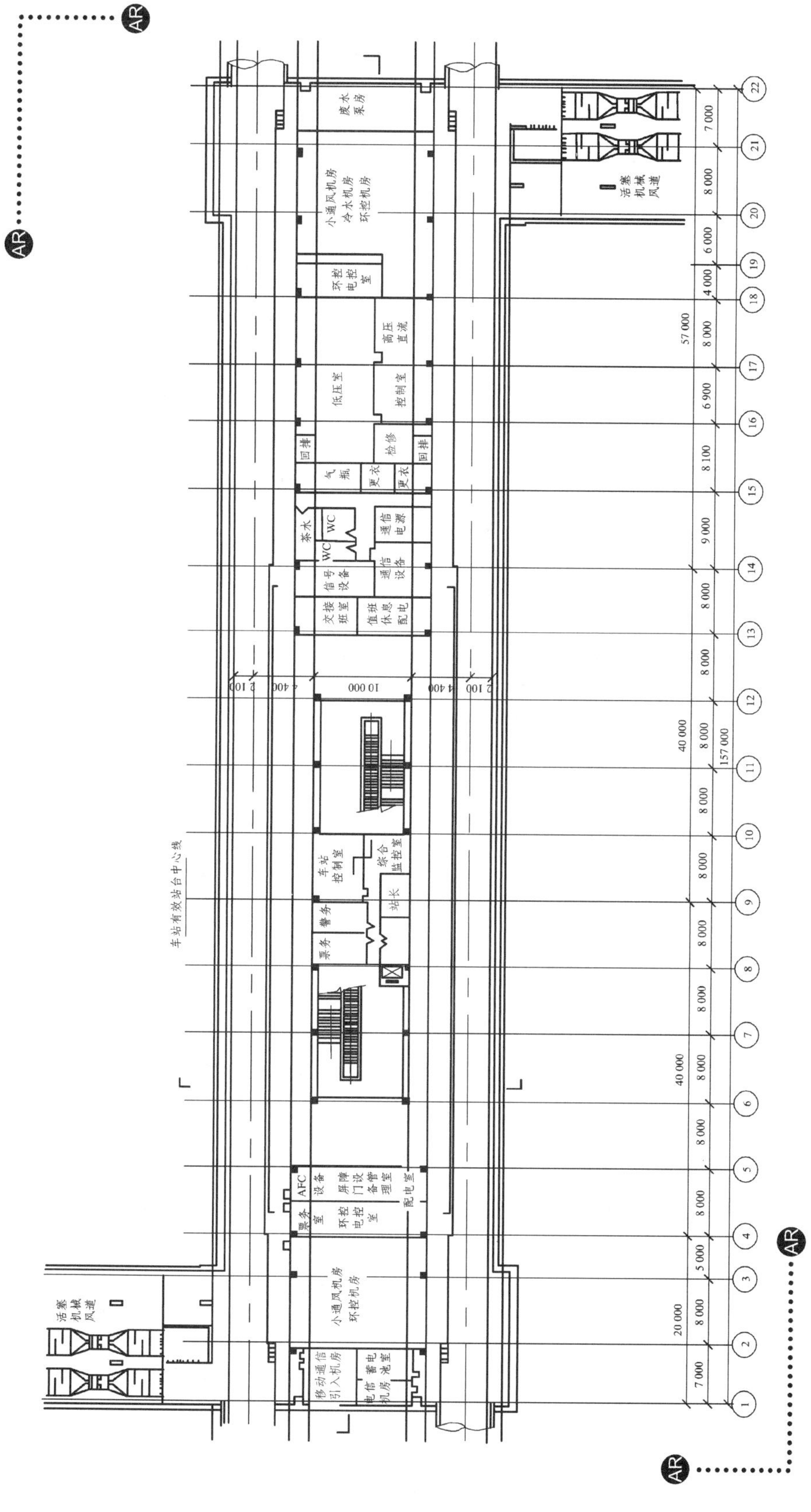

图 6.26　某地下车站设备层布置

运营管理用房是为保证车站具有正常运营条件和营业秩序而设置的办公管理用房，供日常工作的部门及人员使用。主要包括站长室、行车值班室、业务室、广播室、会议室、公安保卫室和清扫员室等。

设备用房是各类设施设备的安放场所，是保证列车正常运行、车站内具有良好环境条件及应急处置不可缺少的，主要包括环控机室、变电所、控制室、通信机械室、信号机械室、泵房、票务室、工区用房、附属用房及设施等。设备用房是整个车站的心脏所在地。由于这些用房与乘客没有直接联系，因此，一般设在离乘客较远的地方。

辅助用房是为保证车站内部工作人员正常工作生活所设置的用房，是直接供站内工作人员使用的，主要包括厕所、盥洗室、更衣室、休息室、茶水间和储藏室等。这些用房均设在站内工作人员使用的区域内。

车站用房中和乘客、运营有关的用房一定要布置在站厅、站台内，如售票房、车控室、站务员室等，其余的可以设置在此范围外，根据防火分区的要求，这些房间尽可能地被安排在车站的一边布置；如果没有空间，也可以设置在地面，单独建设，这种布置有利于减小车站建筑的体量并由此带来一系列优点，但在城市旧区内建设车站很难采用该方案。单独建设的车站用房应考虑与周围建筑的协调性。

三、车站的规模

车站规模主要根据车站远期预测高峰客流量、所处位置的重要性、站内设备和管理用房面积及车站所在地区远期发展规划等因素综合考虑确定，其中的客流量大小是一个重要因素。

车站规模一般分为 3 个等级。在大城市中，车站规模按 3 个等级设置；在中等城市中，其规模可设 2 个等级。车站规模等级的适用范围如表 6-2 所示，以深圳地铁为例，深圳北站属于大型站，世界之窗站属于中型站，水湾站属于小型站。

表 6-2　车站规模等级适用范围

车站规模	适用范围
大型站（甲级站）	适用于客流量大，地处市中心区的大型商贸中心、大型交通枢纽中心、大型集会广场、大型工业区及位置重要的政治中心地区
中型站（乙级站）	适用于客流量较大，地处较繁华的商业区、中型交通枢纽中心、大中型文体中心、大型公园及游乐场、较大的居住区及工业区
小型站（丙级站）	适用于客流量不大的地区

注：客流量特别大、有特殊要求的车站，其规模等级可列为特级站。

车站规模的大小，直接影响到工程造价的高低。规模过大，投资太高；规模不足，满足运营的需要期限短，影响运营功能且日后改建困难。因此，在确定车站规模时，应慎重进行技术经济比较。

四、车站出入口和风亭

（一）车站出入口

“有出入口才有车站”在某种意义上反映了出入口的重要性。

车站出入口的主要作用在于吸引和疏散客流，车站出入口位置都在轨道交通沿线主要街道的交叉路口或广场附近，尽量扩大服务半径，方便乘客。

车站出入口布置应与主客流的方向相一致，宜与过街天桥、过街地道、地下街、邻近公共建筑物相结合或连通，统一规划、同步或分期实施。例如，兼作过街地道或天桥时，其通道宽度及其站厅相应部位应计入过街客流量，同时考虑轨道交通夜间停运时的隔离措施。

车站出入口的数量，不得少于 2 个。每个出入口宽度应按远期或客流控制期分项设计客流量乘以 1.1 ~ 1.25 不均匀系数后计算确定。

地下车站出入口通道力求短、直，通道的弯折不宜超过 3 处，弯折角度宜大于 90°，地下车站出入口通道长度不宜超过 100 m，超过时应采取满足消防疏散要求的措施，有条件时宜设自动人行道。

车站地面出入口的建筑形式，应根据车站所处的具体位置和周围建筑规划要求确定。地面出入口可做成合建式（见图 6.27）或独立式（见图 6.28），但应该优先采用与地面建筑或风亭合建式。

图 6.27　合建式出入口

图 6.28　独建式出入口

设于道路两侧的出入口宜平行或垂直于道路红线，距道路红线的距离，一般情况，应按当地规划部门要求确定，当出入口开向城市主干道时，应有一定面积的集散场地。

车站出入口通道是乘客进出车站的咽喉，其位置的选择、规模的大小，应满足城市规划和交通的要求，并应便利于乘客进出站，下面介绍一下出入口平面类型和出入口通道设计。

地铁车站出入口平面一般有一字形、L 形、T 形 3 种基本形式和由基本形式变化的其他形式，如图 6.29 所示。

1. 一字形出入口

一字形出入口指出入口、通道呈一字形布置。这种出入口占地面积少，人员出入方便。由于端口部宽度要求，不宜修建在路面狭窄地区。如图 6.29（a）所示。

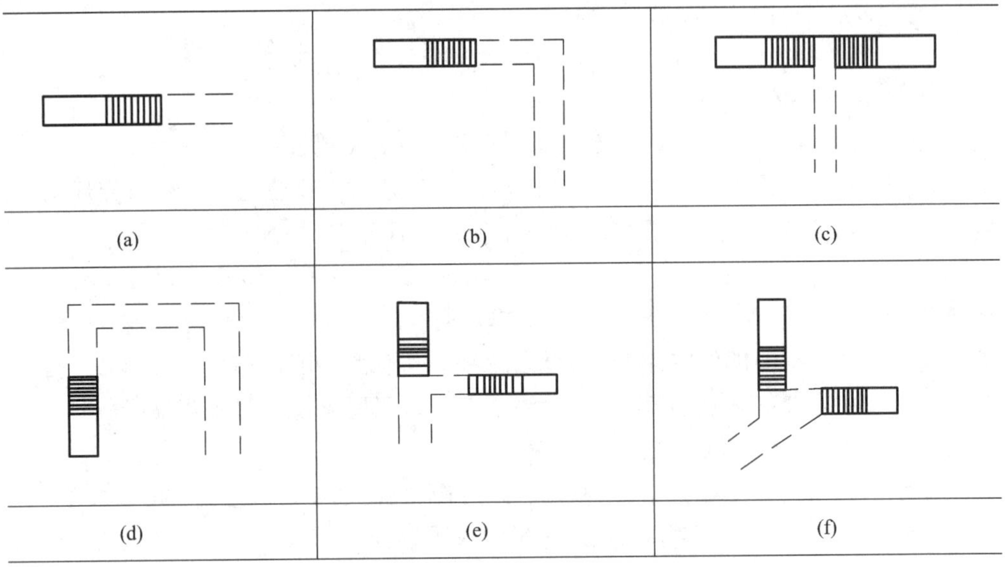

图 6.29　出入口平面类型

2. L 形出入口

L 形出入口指出入口与通道呈一次转折布置，由于端口部较宽，不宜修建在路面狭窄地区。如图 6.29（b）所示。

3. T 形出入口

T 形出入口是指出入口与通道呈 T 形布置。这种形式下人员出入方便，由于端口部比较窄，适用于路面狭窄地区。如图 6.29（c）所示。

4. 其他形式

其他形式一般由出入口位置要求、地面交通换乘要求具体确定，常用的有 n 形和 Y 形出入口。n 形出入口指出入口与通道呈两次转折布置，由于环境条件的限制，出入口长度按一般情况设置有困难时，可采用这种布置形式的出入口，这种形式的出入口会导致人员走回头路，如图 6.29（d）所示。Y 形出入口布置常用于一个主出入口通道有两个及两个以上出入口的情况，这种形式布置比较灵活，适应性强，如图 6.29（e）、图 6.29（f）所示。

（二）地下车站风亭

埋设于地下的车站四周封闭，空气不流通，由于客流量大，机电设备多，站内湿度较大，空气较污浊，为了及时排除车站内的污浊空气，给乘客创造一个舒适的环境，需在轨道交通车站内设置环控系统，即通风与空调系统。

地下车站按通风、空调工艺要求设置活塞风井、进风井和排风井。活塞风井是为了站间隧道的通风而设置的。在车站一端需设置一个进新风井和一个排风井，以及两个进出隧道的活塞风井。风井可以集中布置也可分散布置，这取决于地面建筑的现状或规划要求。

地面风亭的设置应尽量与地面建筑相结合（见图 6.30）。对于独建的风亭。可采用敞口低风井（见图 6.31、图 6.32），风井底部应设置排水设施，风口最低高度应满足防淹要求，开口处应设有安全装置。

独建或与其他建筑物合建的风亭，其开口部和其他建筑物的距离应不小于 5 m。当风亭设于路边，风亭开口底部据地面的高度应不小于 2 m。

图 6.30　合建式风亭

图 6.31　低风井

图 6.32　独建式风亭

地面风亭的位置、数量与采取的通风和空调方式有关，一般按周围地区环境及环控要求确定。车站出入口数量可根据进出站客流的数量以及方向确定，首先要满足进出站客流的通过能力的客流，其次，应尽可能兼顾各个方向的客流，以方便乘客进出站。

第四节　车站机电设备与管理

本节主要介绍车站内的机电设备，包括：低压配电与照明设施、火灾报警系统相关设施、车站监控设备、环境控制设备、给排水设施、自动扶梯与电梯设备、站台门系统、门禁系统和自动售检票系统。

一、低压配电与照明系统

（一）低压配电系统的组成

低压动照专业设备主要有低压配电柜、环控电控柜 MCC、事故照明装置 EPS、配电箱、灯具、广告灯箱等设备。标准站配置为：2 个低压配电室，4 列低压柜，2 个 MCC 室，4 列低压柜，4 个照明配电室。

（二）低压配电系统的进出线方式

1. 集中式供电方式

集中式供电方式是直接由地铁主变电站提供的超高压电降压至 400 V，然后再由低压配电柜通过出线电缆将电能分配到各个用电设备端。集中式供电方式能提高检修作业的独立性，虽然投资比分散式供电方式要大些，但可提高地铁自身供电的可靠性和灵活性，故在客流量大的情况下采用集中式供电方式较为合适，也有利于进行地铁供电的管理。

2. 分散式供电方式

分散式供电方式是地铁降压变电站直接将城市电网提供的交流电进行降压至 400 V，然后再由低压配电柜通过出线电缆将电能分配到各个用电设备端。这种供电采用就近取电方式，可以减少建造主变电站的投资和减少电缆敷设。

3. 地铁低压配电柜通用分类

一类负荷为双电源供电，供电对象为信号、通信、消防、售检票、区间排水、车站环控等。

二类负荷为单电源供电，当变电站侧发生该路电源上级停电时，由相邻供电电源通过联络方式进行供电，供电对象为车站照明、车站部分排水系统、车站电源插座、真空厕所。

三类负荷为单电源供电，在供电线路采用应急供电方式时，可对此供电电源进行停供，供电对象为冷水机组、冷冻泵、冷却泵、冷却塔、沸水箱等。

（三）照明系统的组成

照明系统由供电部分、控制部分和负载部分组成。如图 6.33 所示。

图 6.33　照明系统的组成

供电部分包括有进线柜、进线电缆；控制部分有电气柜、开关柜、BAS 控制界面；负载部分由各种灯组成。

电气柜内有接触器、断路器、隔离开关、导线等。

开关控制设备是指控制照明电路的通断，亦即控制灯具的点燃和熄灭的各种开关设备，包括刀开关、接触器和空气开关等。

智能照明控制系统包括：分组控制的多组灯单元，它们都具有各自的控制装置。采用总线形式实现计算机与灯单元之间的通信联络、协调控制系统与灯单元之间的信息交流。智能照明控制主系统应是一个由集中管理器、主干线和信息接口等元件构成，对各区域分别实施不同的具体控制的网络。

二、火灾报警系统

在城市轨道交通众多技术领域中所涉及的防灾报警系统简称 FAS（Fire Alarm System）系统，已成为城市轨道交通系统中重要的一部分，与其相关的消防设备有固定灭火系统、防排烟系统等。消防是防火和灭火的总称。防，可以减少火灾的发生；消，可以减少损失和伤亡，两者相辅相成，融为一体。

（一）FAS 的组成

火灾探测报警系统由火灾报警控制器、图形监控工作站（GCC）、烟感探测器、温感探测器、吸气式烟雾探测器、手动报警按钮、消火栓按钮、消防电话主机、事件打印机、消防电话挂机、插孔电话及其他附属设备组成。火灾报警控制器、消防电话主机、时间打印机及图形监控工作站设置于车站控制室内，车站公共区及设备区上设置点式探测器（三期工程公共区采用吸气式探测器）及手动报警按钮、消火栓按钮。重要设备区域设置消防电话挂机，其余区域设置插孔电话，消防电话及插孔电话均直通车站控制室内消防电话主机。

（二）FAS 的作用

中央级火灾自动报警系统的作用有：实现全线消防集中监控管理；接受由车站火灾监控报警系统所发送的火灾报警信息，实现声光报警，进行火灾信息数据存储和管理；接收、显示并存储全线火灾报警设备、消防设备运行状态信息；存储事件记录和人员的各项操作记录，具备历史档案管理功能；实时打印火灾报警发生的时间、地点等事件记录。

车站级火灾自动报警系统的作用有：接收、存储、打印监控区域火灾报警信息，显示具体的报警部位；向中央级火灾自动报警系统发送车站级火灾报警信息，接收中央级火灾自动报警系统发布的消防控制指令等。

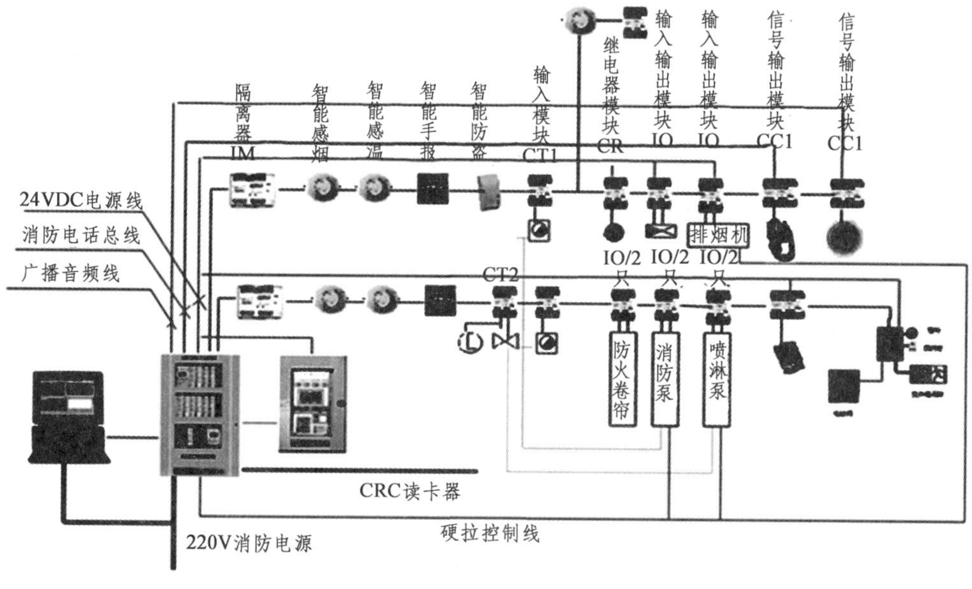

图 6.34 FAS 系统结构图

（三）FAS 的原理

火灾自动报警系统的工作原理：通过火灾燃烧物初期燃烧所产生的烟气、热量，被烟感、温感等探测器收集并变为电流信号传递给火灾报警主机，火灾报警器立即以声、光、图、电流信号发出报警，按事先设置的报警程序向相关系统提供信息和火灾应急操作。地铁火灾自动报警系统包含地铁火灾探测报警系统、消防联动控制等，是地铁防火救灾工作进行自动化管理的系统之一；地铁火灾自动报警系统设置为中央级和车站级两级控制。中央级火灾自动报警系统应设置在控制中心。车站级火灾自动报警系统应设置在车站控制室。

火灾探测器通过对火灾发出燃烧气体、烟雾粒子、温升和火焰的探测，将探测到的火情信号转化为火警电信号。若现场的人员发现火情，也应立即直接按动手动报警按钮，发出火警电信号。火灾报警控制器接收到火警电信号，经确认后，一方面发出预警、火警声光报警信号，同时显示并记录火警地址和时间，告诉消防控制室（中心）的值班人员；另一方面将火警信号传送至火灾显示盘，火灾显示盘经信号处理，发出预警和火警声光报警信号，并显示火警发生的地址，通知值班人员立即察看火情并采取相应的扑灭措施。在车站消防控制室还可以通过火灾报警控制器的通信接口，将火警信号在 CRT（图形工作站）显示屏上更直观地显示出来。

联动控制器则从火灾报警控制器读取火警数据，经预先编程设置好的控制逻辑（“或”“与”“片”“总报”等控制逻辑）处理后，向相应的控制点发出联动控制信号，并发出提示声光信号，经过执行器去控制相应的外控消防设备，如：排烟阀、排烟风机等防烟排烟设备；防火阀、防火卷帘门等防火设备；警铃、警笛和声光报警器等警报设备；关闭空调、电梯迫降和打开人员疏散指示灯等；启动消防泵、喷淋泵等消防灭火设备；切断非消防电源、启动消防广播、释放门禁，AFC 闸机落杆等。外控消防设备的启、停状态应反馈给联动控制器主机并以光信号的形式显示出来，使车站消防控制室（中心）值班人员了解外控设备的实际运行情况，消防内部电话、消防内部广播起到通信联络和对人员疏散、防火灭火的调度指挥作用。

三、车站机电设备监控系统

（一）BAS（EMCS）简介

在轨道交通中，机电设备监控系统（Equipment Monitoring Control System，EMCS）或 BAS（Building Automation System）是对各车站、区间隧道、控制中心等建筑的通风空调设备、给排水设备、照明设备以及站内其他机电设备进行全面有效的集中监控和管理的综合自动化系统。它为轨道交通各条线路创造舒适、安全可靠的乘车环境，同时做到环保、节能、高效、可靠；并能在火灾状态下，配合相关系统的运行，协调设备控制，降低设备故障率，减少维护及营运成本，保障人员和设备安全。

（二）BAS 系统的架构

环境与设备监控系统（BAS）是车站级综合监控系统的主要集成子系统。BAS 系统在车站控制室一端设置一套冗余的 PLC 主控制器，作为整个车站的主控制器并负责该端的设备监控；在车站另一端设置一套冗余的 PLC 从控制器，负责另一端的设备监控。主控制器通过两个 10 M/100 M 以太网模块，分别接入车站综合监控系统局域网 BAS 交换机。车站两端的主、从控制器之间，控制器与各远程 I/O 通过冗余的现场总线相连；在车控室 IBP 盘设置远程 I/O，用于 IBP 盘监控并配置串行网关实现与 FAS 的接口。在车站的环控机房、蓄电池室、照明配电室、冷水机房等地方设置 I/O 模块，监控现场设备。在设备房、公共区、风管、水管等地方设置不同的温湿度、温度、压力、压差、流量等传感器，在空调器冷冻水出水管设置二通调节阀和执行器等设备，通过传感器和执行器实现采集环境等参数以及控制阀门开度、调节环境温度等功能。

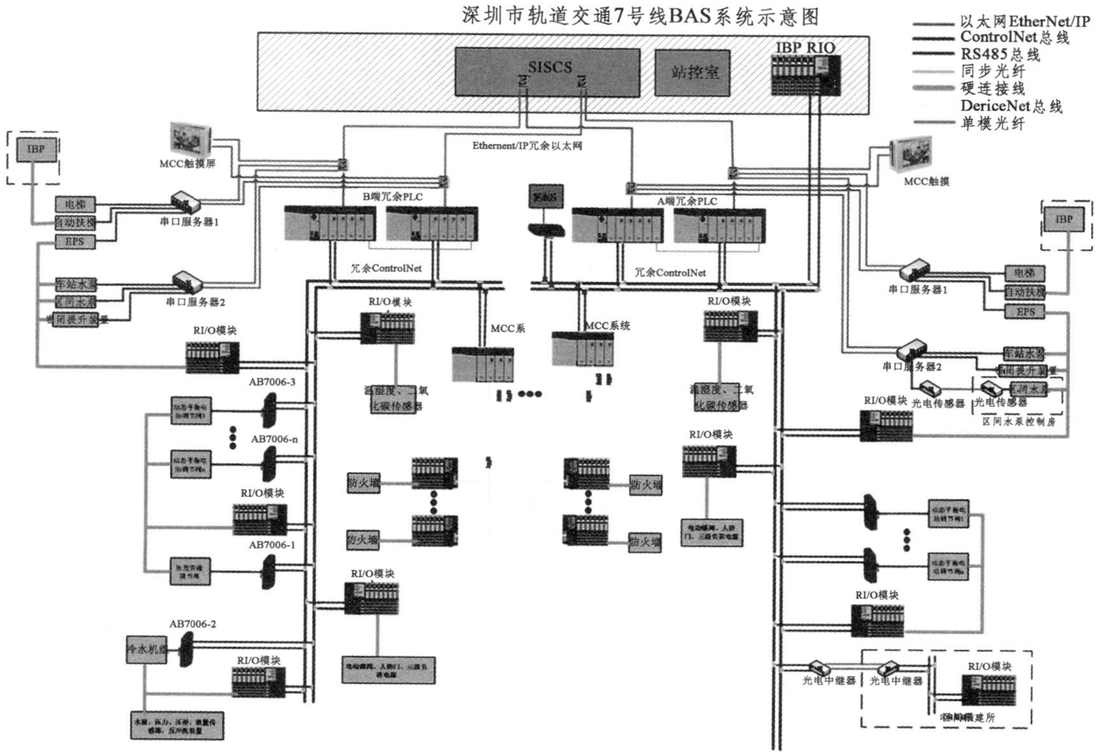

图 6.35　BAS 系统结构图

车站两端的控制器通过现场总线与环控电控室智能配电系统（MCC）网关连接，实现对相关环控设备（包括变频器等）的监控。配合传感器、执行器等设备，实现空调通风系统和冷水系统的 PID 调节、与照明系统联动节能等功能。

（三）BAS 系统的功能

BAS 系统通过对地铁建筑物内的环境与空气调节、通风、给排水、照明、乘客导向、自动扶梯及电梯、屏蔽门、防淹门等建筑设备和系统进行集中监视、控制和管理，从而达到控制环控机电设备运转，监视设备状态，提高操作、管理及维护的自动化水平；冷水系统实现 PID 调节，不仅为乘客提供舒适的乘车环境，更能优化能源使用，节能减排；同时在列车发生阻塞时通风，车站和隧道发生火灾时防排烟，为运营提供安全保障。

（四）BAS 系统监控对象

BAS 系统监控的对象主要包括隧道通风系统、车站通风空调系统、车站冷水系统、给排水系统、自动扶梯、电梯、照明系统、人防门等机电系统设备。

1. 隧道通风系统

主要包括 TVF 风机（见图 6.36），U/O 风机、射流风机（见图 6.37）和组合风阀等，监控风机的运行或停止状态，组合风阀的关闭或打开状态以及轴温报警情况。

图 6.36　TVF 风机

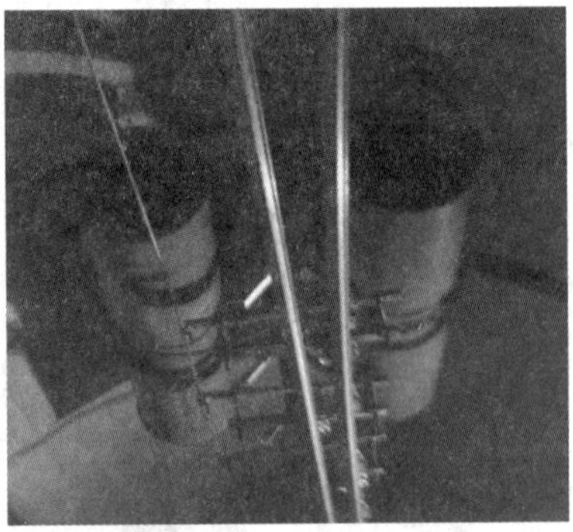

图 6.37　射流风机

图 6.38　电动风阀

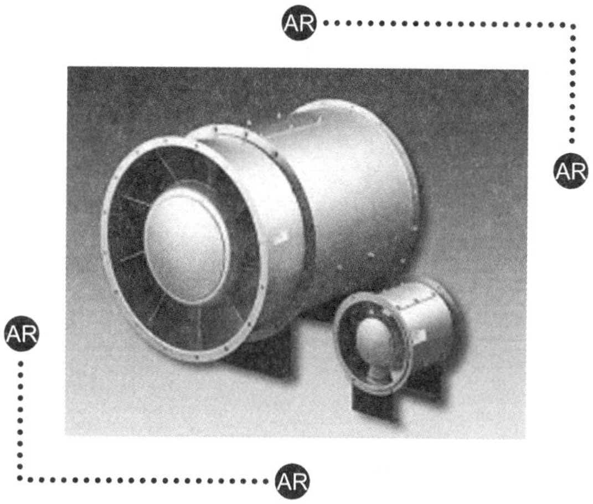

图 6.39　U/O 风机

2. 车站通风空调系统

主要包括新风机、组合空调、回排风机、防烟阀、排烟阀等设备，监控风机的运行或停止状态，风阀的关闭或打开状态，空调机组如图 6.40 所示，送风机、排风机如图 6.41 所示。

图 6.40　空调机组

图 6.41　送风机、排风机

3. 传感器、执行器及二通阀

传感器如图 6.42 所示，二通阀如图 6.43 所示，执行器如图 6.44 所示。

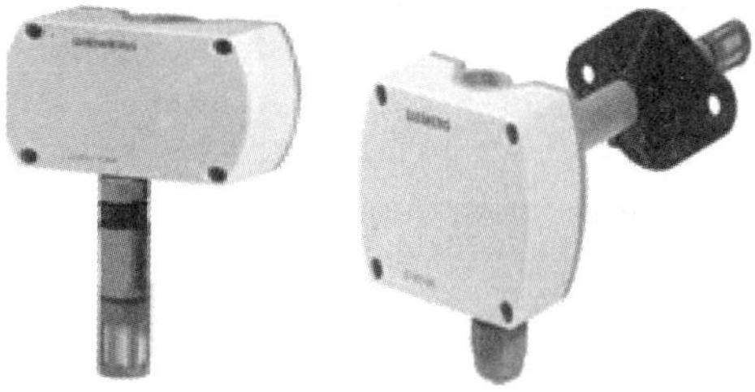

图 6.42　传感器

图 6.43　二通阀

图 6.44　执行器

4. 冷水系统

冷水机组如图 6.45 所示，冷冻、冷却泵如图 6.46 所示。

图 6.45　冷水机组

图 6.46　冷冻、冷却泵

5. 给排水系统

电动蝶阀如图 6.47 所示，水泵如图 6.48 所示。

图 6.47　电动蝶阀

图 6.48　水泵

6. 电扶梯系统

自动扶梯如图 6.49 所示，垂直电梯如图 6.50 所示。

图 6.49　自动扶梯

图 6.50　垂直电梯

7. 照明系统

车站照明如图 6.51 所示，区间照明如图 6.52 所示。

图 6.51　车站照明

图 6.52　区间照明

四、给排水系统

（一）给排水系统构成

给排水系统由给水系统和排水系统构成。给水系统包括消防给水系统和生产、生活给水系统；排水系统包括污水系统、废水系统、局部及临时排水系统。给排水系统设备、设施主要包括水源井、水池、水泵、给排水管道、阀门、消火栓、水泵结合器及电保温等。

1. 消防给水系统构成

（1）消防给水水源。

车站由市政管网引入消防水水源，对于没有市政管网的车站，由自备水源井、消防水池提供消防水源。

（2）地下车站及地下区间隧道消防给水系统。

地下车站及地下区间隧道消防给水系统采用与生产、生活分开的独立的给水系统。车站由市政管网或由自备水源井、消防水池通过一根 DN150 消防水管，引入车站消防泵房，经消防加压泵加压后，供车站、区间消防用水。

车站、区间设 DN150 的消防给水干管，在进入地下区间的消防管道前安装电动蝶阀及手动闸阀，平时处于常开状态。地下区间隧道两根 DN150 的消防给水管在区间联络通道处连通，连通管两侧设 4 个电动阀门，形成独立的消防给水环状管网。

（3）地面及高架车站消防给水系统。

地面及高架车站采用独立的消防给水系统。车站由市政管网引入水源或由自备水源井提供水源。在车站内设消防水池，通过一根 DN150 消防水管，引入车站消防泵房，消防泵从消防水池抽水加压后，形成独立的消防给水环状管网。

2. 生产、生活给水系统构成

每座车站采用独立的生产、生活给水系统。车站生产、生活给水管从市政管网引入 DN80 或 DN100 生产、生活水管，或由车站自备水源井进入车站，形成给水管网。

3. 排水系统构成

地下站排水系统主要包括污水系统、废水系统、局部及临时排水系统。

地上车站排水系统主要包括污水系统、废水系统及雨水系统。

地下区间排水系统主要包括废水系统和雨水系统。

（二）排水系统功能

（1）给水系统为地铁提供水源，满足地铁生产、生活及消防用的水量、水质、水压要求。正常运营时，为乘客和城市轨道交通工作人员提供城市自来水，满足饮水要求，同时提供空调冷冻、冷却系统循环水等生产用水，满足用水要求。发生火灾时，为消防救灾提供消防用水，其用水量、水压满足规范要求。

（2）排水系统将城市轨道交通车站区间生活污水、生产废水、消防废水、雨水分类集中，就近排入城市雨水、污水排水系统，满足城市轨道交通要求。

（三）给排水系统特点

在系统的具体设置及维护管理等方面，给排水系统有其鲜明的自身特点。

1. 地铁车站给排水系统繁多

地铁车站由于其运营及管理的需要，因此包含了给排水专业所涉及的绝大多数系统，繁多的系统为设计、管理带来一定的困难。

2. 地铁车站给排水设备设计标准高、管理要求高

地铁车站属于重要的公共设施，且大部分车站位于地下，施工难度大、后期维修困难，因此设备的设计标准、管理要求等大大高于普通的公共建筑，选用的系统形式必须成熟，选用的设备必须安全可靠、易于维护管理。

3. 地铁车站内部空间紧张，给排水管线路由复杂

地铁车站通常位于地下，土建空间十分紧张，同时给排水专业管线较多，故此通常给排水专业的管线路由十分复杂，导致管道的敷设、检修都比较困难。

因此在地铁车站中，给排水系统是较为复杂的一个。其主要特点就是：系统多、设备分散、管理复杂。

五、自动扶梯及电梯

自动扶梯和电梯作为一种便捷的运输工具，已经越来越多地出现在地铁车站的建设中，它的使用呈现明显的上升趋势。为方便乘客，提高车站工作效率和乘坐舒适度，车站主体和出入口设置自动扶梯及电梯设备的标准不断提高。

（一）自动扶梯

1. 概述

自动扶梯是一种以运输带方式运送行人的运输工具。电动扶梯一般是斜置，行人在扶梯的一端站上自动行走的梯级，便会自动被带到扶梯的另一端，途中梯级会一路保持水平。扶梯在两旁设有跟梯级同步移动的扶手，供使用者扶握。

2. 结构

自动扶梯结构图如图 6.53 所示。

（二）电梯

1. 概述

电梯是用电力拖动，具有载客或载货轿厢，运行于铅锤的或与铅锤方向倾斜不大于 15°角的两列刚性导轨之间，运送乘客和（或）货物的固定设备。

自 1854 年美国人伊莱沙·格雷夫斯·奥的斯发明了历史上第一部电梯以来，升降电梯在世界范围内得到了广泛应用。

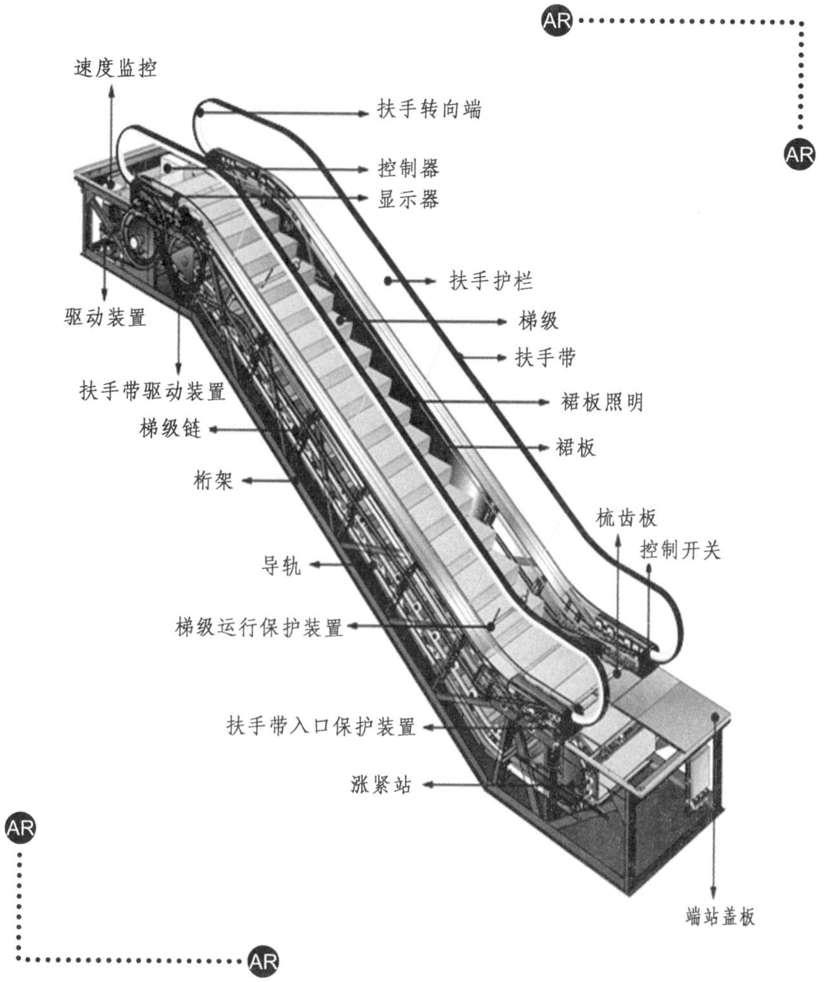

图 6.53　自动扶梯结构图

随着科技的发展，电梯在操纵控制方面更是步步出新，从最早的手柄开关操纵，发展到现在常见的微电脑控制，也不断地提升其使用的便捷性和运载能力。截至 2019 年年底，我国电梯保有量达到 709.75 万台，电梯产量增长至 117.3 万台。目前国内电梯技术水平已与世界同步。广泛应用于公共运输交通行业和其他各行各业。

2. 结构

电梯的基本结构由电力拖动系统、曳引系统、导向系统、轿厢系统、门系统、对重平衡系统、电气控制系统、安全保护系统等八大部分组成。

（1）曳引系统。

曳引机是由电动机、制动器、减速器和曳引轮组成。是电梯的动力设备，它是靠曳引绳与曳引轮的摩擦来实现轿厢运行的驱动装置。

曳引机是电梯的核心部件，性能满足《电梯曳引机》（GB/T 24478—2009）中的相关要求。功率配置按照国家标准《电梯安装验收规范》（GB/T 10060—2011）中的相关规定进行试验和超载试验，保证曳引机能正常工作。曳引机配有电动机空转保护功能和过热保护功能。

（2）轿厢系统。

轿厢是用以运送乘客和货物的电梯组件。轿厢包括：轿厢体、安全窗、风扇和轿厢架。同时轿厢上应设有检修箱，供电梯检修使用。

（3）门系统。

门系统用来封住层站入口和轿厢入口。门系统包括轿厢门、层站门、门机系统、门锁装置和光幕系统。

① 轿厢门是用于封闭轿厢与井道的装置，日常使用中轿厢门与层站门对齐后才会打开。门按其运动方式分为：中分门、旁开式门、闸开式门。

② 层站门是将井道和候梯厅相互隔离的装置。层站门与轿厢门机械联锁，即使这种机械联锁失效，门也不可能被打开。层站门装有电子接触验证装置，以确保它处于安全关闭位置。每套电梯层站门都装有紧急解锁装置。电梯解锁钥匙锁孔通常置于厅门上方门套处。

③ 门机系统：每套层站门、每套轿厢门都安装一个门锁装置。门锁装置应能防止电梯轿厢在运行过程中或不在开锁区停止时，操作开门。门锁装置通过门刀使轿厢门和层站门相契合。

电梯门机主流是采用变频马达驱动，更精确地保证了门速度的同步性，使门开关速度可调平稳，并且运行安静节能。

④ 光幕装置：电梯设置有红外线光幕门保护装置，可有效地实现免接触式门保护功能。多重红外线在电梯门口形成一个覆盖整个门高度的安全光屏，对进入探测区的任何物体进行探测，以防止有人穿过门口被撞击，从而保证乘客的安全。

（三）设备系统运营及管理模式

设备工作周期为每天连续运行 20 h，每年运行 365（366）d。而自动扶梯每隔 3 h 能以 100%的制动载荷（120 kg/梯级）连续运行 1 h，其他 2 h 按 60%的制动荷载考虑。

1. 正常情况

正常情况下，在每天运营开始前和结束后，由车站工作人员启动或关停自动扶梯、垂直电梯。

设备均采用就地控制方式，即设备的启动、停止、运行（上行/下行）需由车站值班人员在现场操作完成。

垂直电梯接受轿厢指令和层站召唤信号控制。

车站环境与设备监控系统（BAS）监视各设备的运行状态，但不对其进行控制。

2. 灾害情况

在火灾、水灾及地震等灾害情况下，车站工作人员可通过站内广播、现场指挥等多种形式引导乘客疏散，同时通过车站控制室内综合后备盘（IBP）上的紧急停止按钮使站内所有自动扶梯（用作紧急疏散的自动扶梯除外）停止运行，作为固定楼梯疏散乘客。

垂直电梯不具备消防功能。当灾害发生时，垂直电梯应能在接收到 BAS 系统发送的火灾报警信号后自动停靠基站，开门并疏散乘客后，将不再响应轿箱指令和层站召唤信号。

六、站台门系统

地铁站台门系统主要是为站台与轨道提供一个隔断的屏蔽，以保证旅客乘车的安全，是现代化轨道交通工程的必备设施。地铁站台门的安装能为乘客营造一个安全、舒适的候车环境。

站台门设置于轨道交通站台边缘，主要是出于安全方面的考虑，将轨道区与站台候车区隔离开来，在列车到达和出发时可自动开启和关闭，可以防止乘客跌落轨道而发生危险，确保乘客安全。地下车站安装的全高封闭式站台门，不仅能够减少人为引起的停车延误，提高列车准点率，而且将轨道侧和站台层隔离开来，减少了两侧气流的交换，从而降低环控系统的运营能耗，节约运营成本。

站台门作为一种新事物出现，由于其优点，在我国城市轨道交通系统行业内推广应用。我国北京、上海、广州、深圳等城市的轨道交通系统先后对既有线路进行站台门系统的安装，新建地铁线路基本将站台门系统列为必选设备。

（一）站台门系统的分类

从目前各国设置的站台门系统来看，主要有两种类型。第一类站台门是一道自上而下的玻璃隔墙和活动门，沿着车站站台边缘和两端头设置，把站台乘客候车区与列车进站停靠区域分隔开，称为全高封闭式站台门（见图 6.54），即通常所说的“屏蔽门”。这种站台门系统将站台区与轨行区完全隔开，主要功能是增加安全性、节约能耗以及加强环境保护。

图 6.54　全高封闭式屏蔽门

第二类站台门系统是未将站台区与轨行区完全隔离的站台门，该类站台门有两种形式，一种是全高非封闭站台门（见图 6.55），即通常所说的全高安全门；另一种是半高站台门（见图 6.56），即通常所说的半高安全门。安装位置与第一种方式基本相同，造价比第一种要低。这种类型的站台门系统比第一种类型站台门相对简单，高度比第一种站台门低矮，空气可以通过站台门上部流通。新技术的应用使它相对第一种站台门来说主要起了一种隔离的作用，提高了站台候车乘客的安全，从此意义上说可以称其为“安全门”。

图 6.55　全高非封闭站台门（全高安全门）

图 6.56　半高站台门（半高安全门）

（二）站台门系统的组成

站台门系统由机械和电气两部分构成：机械部分包括门体结构和门机系统，电气部分包括电源系统和控制系统。

1. 门体结构

全高站台门的门体结构主要由承重结构、固定门（FIX）、滑动门（ASD）、应急门（EED）和端门（MSD）、门槛、顶箱等部件组成，而半高安全门的门体结构与全高站台门不同之处是固定侧盒（FDP）取代了顶箱。其中，滑动门、应急门、端门均应有锁紧装置，在门关闭后可防止从站台侧在外力作用下将门打开，由工作人员用钥匙在站台侧将门开启，在轨道侧由乘客手动开启，一般轨道侧把手距站台面 900 mm，以便满足疏散要求。

2. 门机系统

门机系统包括电机、传动装置、减速器和锁紧装置等，设在站台侧，拆卸方便，便于维护。该系统一般运行平顺、易于调换、无窜动等现象，能够保证两扇滑动门同步、稳定运行，并且门在关闭的状态下具有自锁功能，防止站台侧在外力的作用下打开滑动门。

在全高站台门中，门机系统中的电机、减速器和传动装置安装在滑动门上方的顶箱内；而半高安全门设备的门机系统安装在左右固定侧盒内。

3. 电源系统

站台门系统的电源是由车站低压配电系统通过电源自动切换箱提供，供电电源为 类负荷，输入电源一般为两路独立的三相 AC 380 V，50 Hz。为站台门系统供电的电源自动切换箱应设置在各站站台门设备室内。

站台门系统电源包括门机驱动电源和控制电源两种，两种电源宜分开配备。驱动电源为滑动门的驱动提供电源；控制电源为站台门的控制系统提供电源。

驱动电源可采用交流分散供电方式，也可采用直流集中供电方式，具体由中标产品特点确定。对应每节车厢的四道滑动门至少分四路进行交叉配电，以保证其中一路电源故障时，其他三道滑动门能可靠供电。

站台门系统应配有供电箱。UPS 和蓄电池组作为备用电源。正常情况下，由交流配电箱供电。当事故停电时，由 UPS 和蓄电池组对站台门系统供电。备用电源的容量暂定应保证在事故停电时，能使站台门控制系统在 30 min 内对每侧滑动门开关操作至少 3 次。

4. 控制系统

控制系统的主要作用是与信号系统进行信息交换，对站台门系统的开门、关门进行控制，保证站台门系统的开门、关门与列车车门动作同步。关门过程具备障碍物探测功能。

控制系统包括中央控制盘（PSC）、就地控制盘（PSL）、门控单元（DCU）和就地控制盒（LCB）以及控制局域网、软件、监视报警装置和网间通信协议转换器、安全继电器回路设备、通信介质及通信接口模块等。

（三）站台门系统的功能

站台门系统是安装于地铁车站站台边缘，用以提高运营安全系数、改善乘客候车环境、节约运营成本的一套机电一体化的机电设备系统。

站台门系统作为站台公共区域与轨道列车之间的可控通道，其功能是：列车进站时配合列车车门动作打开或关闭活动门，为乘客提供上下列车的通道。站台门系统的使用，隔断了站台侧公共区域与轨道侧空间，避免了人员跌落轨道的安全隐患以及列车司机驾车进站时的心理恐慌问题；隔离了列车运行时所产生的噪声、活塞风以及粉尘，保证了站内乘客良好的候车环境，并避免了活塞风所造成的站内空调冷量的损失，节省了运营成本；同时还可减少设备容量及数量、减少土建工程量等投资建设成本，产生了良好的社会、经济效益。

站台门系统的控制模式：一般设置有系统级、站台级、人工操作（或称手动操作）3种正常控制模式。系统级控制即是执行信号系统命令的控制模式；站台级控制即是执行站台 PSL 操作盘发出的命令模式；手动操作即是站台工作人员在站台侧用专用钥匙解锁或由乘客在轨道侧使用解锁装置打开活动门。此外，站台门系统还设置有火灾控制模式，即在相应的火灾模式下，车站值班人员在车站控制室操作消防联动盘上的站台门紧急控制开关，配合打开活动门，疏散乘客和配合环控系统排烟。上述模式的控制优先级从高到低依次是人工操作（或称手动操作）火灾控制模式、站台级控制模式、系统级控制模式。

站台门同时还具有障碍物检测功能，即活动门关闭时检测到障碍物，会后退作短暂停止以释放夹到的障碍物，然后再关闭，以免夹伤乘客。如果第 2 次关门时依然检测到障碍物存在，站台门会重复上次操作（会后退作短暂停止以释放夹到的障碍物，然后再关闭），一般重复 3 次，若 3 次关门障碍物依然存在，则该站台门全开并报警。此时须由站台工作人员作应急处理，解决问题。

站台门系统与车站机电设备监控系统（EMCS）之间或主控系统（MCS）之间设有通信接口，用于传送站台门系统运行状态、故障诊断信息，便于车站控制室人员、维修人员监视站台门状态。

站台门系统在站台设有应急门、端头门。应急门一般当作固定门使用，在列车进站无法停靠在允许的误差范围位置时，必有一道车门对准应急门，此时若需要由应急门进行紧急疏散时，可由乘客在轨道侧列车上打开相对应的列车门后推动应急门的解锁装置或由站台工作人员在站台侧用专用钥匙打开应急门进行紧急疏散。应急门使用后必须确保关闭与锁紧。端头门是车站工作人员通道，可在轨道侧推动端头门的推杆锁的解锁装置或由站台工作人员在站台侧用专用钥匙打开。

七、门禁系统

门禁系统是新型现代化公共安全管理系统，它集计算机技术、通信技术、自动识别技术、机械工程和安全管理为一体，涉及电子、机械、光学、计算机技术、通信技术等诸多新技术，是使重要部门出入口实现安全防范管理的有效措施。随着网络技术的发展和广泛的应用，门禁系统的发展也由传统的主从式智能门禁系统模式转换为基于 Internet 的远程、网络控制模式的大型门禁综合管理系统。

（一）门禁系统的组成

1. 门禁系统结构

（1）门禁系统采用集中管理分散控制模式，设中央管理级、车站管理级和现场设备级。

（2）门禁系统由门禁服务器、发卡工作站、车站管理工作站（综合监控系统除外）、控制器、门禁终端设备等组成。门禁终端设备包括感应读卡器、磁力锁、门磁、出门按钮、紧急破玻按钮等。

2. 中央管理级系统构成

中央级门禁管理系统是一个计算机网络系统，采用 C/S 结构。中央级门禁管理系统设在控制中心，对各区域门禁系统进行管理，实现门禁系统全线设备的控制和所有区域的数据采集、统计功能以及中央级管理、授权等功能。

3. 车站管理级系统构成

车站级门禁系统设在各车站、控制中心大楼和主变电所，进行本地区域内的门禁设备的数据对比、运算处理、采集保存，完成车站级门禁系统控制等功能。车站门禁系统包括监控管理工作站、门禁主控制器、现场（就地）控制器、读卡器、门禁锁具、出门按钮、紧急破玻按钮、可视对讲装置、电源及网络等设备。

（二）门禁系统的作用

门禁系统是对地铁车站设备管理区通道门、办公室和设备管理用房进行统一监控和管理，同时可用于地铁人员的考勤自动化管理，提高运营管理水平。

1. 门禁系统运行模式

门禁系统运行模式分为：在线、离线、故障和灾害 4 种运行模式。

（1）在线模式。

在线模式为系统的常规运行模式。参数和指令按照管理工作站、服务器、控制器、前端设备（读卡器、输入点、输出点）的顺序传递。前端采集信息（读卡器、输入点）、执行结果信息（控制器）、设备、网络状态信息等，则按照前端设备、控制器、服务器、工作站的顺序传递。系统在线情况下，所有的进出记录和报警事件记录全部由门禁控制器和工作站、中央级管理数据库记录。

（2）离线模式。

离线运行模式是指门禁网络控制器、门禁控制器、车站管理工作站、网络设备、中央服务器发生通信中断时，各控制器、工作站、服务器进入预先设定的模式工作，最大限度地发挥系统的作用。

系统采用分布式处理方式，大部分工作都将在控制器自动完成。在离线模式下，控制器能够按照事先下载的参数自动运行，并存储相关信息，在控制器与服务器取得通信后，将信息自动上传到服务器。控制器具有联网运行能力，在该模式下仍然可以实现车站内所有设备的联动。系统离线情况下，所有的进出记录由门禁控制器负责记录，待通信正常后，将自动上传给工作站和中央级管理数据库。

（3）故障模式。

当门禁控制器出现故障时，用户可通过破玻按钮切断电磁锁电源，手动开门。

（4）灾害模式。

当发生火灾时，由防灾报警系统通过硬接点方式将区域火灾报警信息传递给门禁控制器，门禁控制器接收信息，执行相应的区域开门打开；现场门禁也留有紧急玻破按钮，控制每一门锁电源的通断，紧急时打碎玻璃，使门锁失电后手动开启；IBP 盘上设置有切断门禁电磁锁总电源的按钮，紧急情况下，可手动切断电控锁总电源，打开所有门，便于紧急疏散；系统将自动存储事件至现场控制器和中央级管理数据库中，以备日后查询。

2. 门禁系统正常运行状态

（1）系统的控制器、监控工作站等 24 h 不间断工作。

（2）系统对非法进入或强制进入的情况报警。

（3）系统运作界面为全中文。

（4）门禁系统电源由消防报警系统电源和 UPS 提供。

（5）所有设备状态：工作站、门禁控制器、联动接口、终端设备等正常工作。

（6）对进出门及人员有历史记录，对非法进入及强制进入等报警有历史记录。

（三）门禁系统的原理

门禁系统根据集中管理、分散控制的原理，遵循人性化的工作模式，采用管理、控制及操作 3 个层面的拓扑结构，克服了大规模系统的通信瓶颈，提高了响应速度和产品的稳定性。系统从管理功能上分为 3 层结构：中央级门禁管理层、车站级门禁管理层及现场设备管理层。

（1）中央级门禁管理层设置在轨道交通控制中心，由门禁中央服务器、门禁授权工作站、通信设备等组成，负责地铁全线门禁系统设备的管理、维护和监控。

（2）车站级门禁管理层设置在车站、停车场、车辆段等门禁系统管理区，由车站门禁管理工作站、通信设备等组成，负责各管理区域门禁现场设备管理、维护和监控；车站级门禁管理工作站设有车站级门禁数据库，保证各车站级不依赖于外部通信环境和服务环境，可脱离中央服务器网络，自成一体，安全可靠地独立运行。

（3）现场设备管理层设置在各车站、车辆段、停车场等门禁点现场，主要由门禁主控制器、就地控制器、读卡器、电控锁具（包括磁力锁、开门按钮、紧急开门按钮、门磁）等组成。

（4）中央级门禁管理层与车站级门禁管理层通过通信传输专业提供的网络（支持 TCP/IP 协议）互相联网，建立基于 IP 网络的双向数据通道。中央服务器将分散的各车站级的门禁数据库整合在一起，形成一个完整的门禁系统数据库。这个数据库涵盖各站点的门禁管理数据与事件数据，并可完成数据查看、修改、报表制作，在中央级的授权和管理工作站可以查看和控制各站点的门禁系统。

（5）车站级门禁管理工作站与门禁主控制器通过与通信专业系统提供的网络（支持 TCP/IP 协议）互相联网，门禁主控制器与现场门禁就地控制器间通过 RS.485 总线方式互相联网。门禁主控制器和门禁就地控制器均具备脱机工作能力，能独立运行并存储相关资料。

八、自动售检票系统

（一）AFC 系统的概念与功能特点

AFC 系统即自动售检票（Automatic Fare Collection，简称 AFC）系统，它是一个封闭式的计程计时的自动收费系统，它广泛利用了现代计算机技术和通信技术，是个设备自动化水平很高的集成项目，成为城市轨道交通系统乃至整个城市现代化水平的一个重要标志。这样的系统可以为城市轨道交通系统运营单位带来以下优点。

1. 方便乘客

长期乘车的乘客可以通过使用多程票或智能卡来避免每次购票的麻烦，尤其是在一个城市的所有公共交通中实行“一卡通”，更为乘客提供了出行的便利。

2. 有效地减少乃至消除员工舞弊、欺诈行为

AFC 系统能提供准确的票务审计功能，可以随时进行细到对某一台设备或某一个操作员的查账。AFC 系统使用最新的可靠的安全密码技术，可以防止任何欺诈行为的发生。

3. 提供灵活的票价政策

AFC 系统可以按照乘车里程及时间实行多级票价政策，以参数表的形式下载至每台设备执行，若要实施不同的票价方案，只需修改相应的参数表即可。

4. 为城市各个公交运营单位之间的票务清算提供准确依据

系统记录了每笔交易的明细，依据这些信息可以对每笔交易进行详细分账，从而能自动地快速完成各个运营单位之间的精确票务收入分配。

5. 为城市公共交通规划提供准确的、客观的客流和票务统计依据

公共交通规划建立在客流调查的基础上，每次客流调查都要花费大量的人力、物力，收集到的人工统计资料往往还不正确。AFC 系统可以依赖每条交易的明细记录，算出乘客出行的 OD 表、运营线上的断面客流，从而为客流统计、预测提供客观依据。

（二）AFC 系统的组成及其各部分的功能

AFC 系统包括票卡媒介、车站 AFC 设备、车站计算机系统以及中央计算机系统四个层次的设备。

1. 票卡媒介

票卡媒介是指乘客用作乘车凭证和付费手段的介质，一般有纸基磁卡、塑性磁卡、CSC卡等多种不同形式，存储有不同的车票编码信息。

2. 车站 AFC 设备

车站 AFC 设备是系统直接面向乘客、提供服务功能的前端设备，包括检票闸机（进站、出站）、半自动售票机、自动售票机、验票机、手持式验票机等。

在车站设备层，一方面，AFC 系统通过车站设备引导、约束乘客的售票、检票行为，体现运营管理者制定的业务规则；另一方面，AFC 系统通过车站设备获取各种票务、客流、交易等运营数据和设备运行状态。

3. 车站计算机系统

车站计算机系统由车站网络服务器、车站工作站、网络设备、紧急报警系统及 UPS 不间断电源等组成。车站计算机系统是车站级的管理核心，它能够接收来自中央计算机或车站管理人员的控制命令或运行参数，并将该命令或参数下达给车站设备执行，以达到控制、管理车站设备的目的。此外，车站计算机还能够收集并向中央计算机上传车站设备的信息，包括票务、客流、交易和状态等，产生车站级的报告，以达到正确进行账务结算、统计分析等目的。

4. 中央计算机系统

中央计算机系统由中央主机、各操作工作站、报表工作站、远程维修工作站、计算机网络设备及 UPS 不间断电源等组成。中央计算机系统是 AFC 系统的核心，它实现对 AFC 系统内的所有设备的监视、控制，实现系统运作、收益及设备维护集中管理功能，实现对系统数据的集中采集、统计及管理功能，提供系统主时钟，并且提供与外部系统的数据交互接口。

系统为适应于运营需要，设有多种不同的运营模式。常用的模式有进出站免检模式、超程免检模式、日期时间免检模式和列车故障模式等。车站、中央工作人员可以根据权限通过计算机下达模式切换命令。

基于公共交通的安全考虑，AFC 系统还留有紧急命令外部接口，可以快速下发命令使整个 AFC 系统进入紧急放行模式，便于乘客的快速疏散。通常 AFC 系统采用的两种方式如下。

（1）车站车控室内安装紧急按钮，遇到突发事件，管理人员可以及时按下紧急按钮，使车站进入紧急放行模式。

（2）AFC 系统与消防报警系统建立命令接口。一旦发生火灾报警，AFC 系统进入紧急放行模式。

一座城市的轨道交通系统（网络）每天要面对数十万乃至数百万的乘客，负责将他们从其出发站输送到目的站，同时让每一位乘客在从购票乘车到下车出站的全过程中都感到满意，这是轨道交通运营管理的宗旨。

第五节　换乘站建设

换乘站作为城市轨道交通系统的“关节”，支撑了轨道交通系统乃至整个城市交通系统的高效运转。换乘站不仅是轨道交通线路之间换乘的枢纽，还承担与其他城市公共交通便捷换乘、接驳的责任。根据城市现状及发展，建设方便乘客的交通枢纽是在城市交通规划中应事先考虑周全的问题。城市用地是有限的，一旦建设完成再进行修修补补，不仅投资更大且很难达到预期。

一、轨道交通线路间的换乘

快速、大运量的城市轨道交通是城市公共交通的主动脉，轨道交通线网节点处组织良好的换乘能更好地发挥轨道交通的优势，也有助于吸引客流和提高公共交通的使用率。深圳城市轨道交通发展远期网络换乘节点示意图如图 6.57 所示。

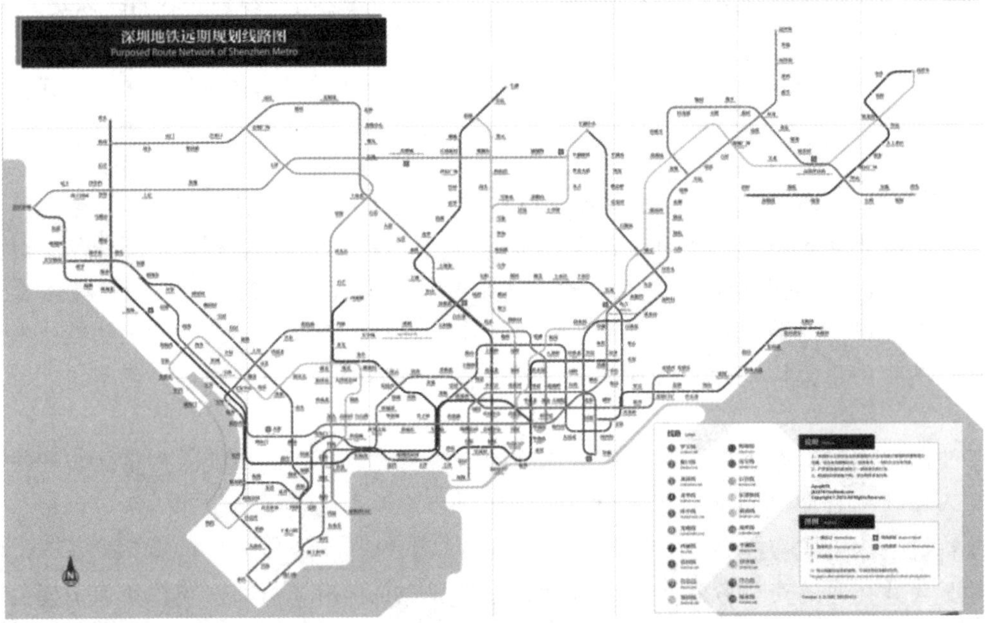

图 6.57　深圳城市轨道交通发展远期规划网络换乘节点示意图

（一）换乘车站基本要求

城市轨道交通是城市的永久性基础设施之一，建造的目的就是为公众服务，换乘设计要始终贯彻以人为本，一经建造，其线路走向、车站设置和换乘节点，都很难更改。

根据换乘的方式不同，有多种方案可供选择。在做具体设计时，应考虑尽量缩短换乘距离，做到明确、简洁、方便乘客。两线或多线的车站尽量减少换乘高差，避免高度损失。换乘客流与进、出站客流分开，避免相互干扰。

在做换乘设计时，应以远期高峰小时客流量为依据，换乘通道、楼梯、电梯等换乘设施应该能满足远期换乘量的需要。无障碍设施的建设在近期投入使用的轨道交通车站内已考虑，在换乘设施中也应该予以重视，达到四肢不便者和盲人也能与正常人一样换乘的目的。

换乘设施应考虑设置在各换乘车站的付费区内，实现一次购票即可到达最终目的地，这样可以达到购票乘车者重新购票环节，也可以充分发挥公交 IC 的功能。

一个城市的轨道交通线网不可能同步实施建设，一般而言，换乘站也不会同步配套完成，在先期设计、施工的车站应预留切实可行的接口（见图 6.58），先期投入使用的车站应该做好乘客安全防范措施及接口处的照明、排水设施。

图 6.58　某地铁车站预留换乘设施

轨道交通换乘枢纽一般而言都设置在人流集中的区域，各相关的轨道交通车站应考虑多设置出入口通道，交叉路口的各象限均应布设，通道可以作为城市道路人行地道，既可解决行人交通障碍也可吸引客流。相邻换乘枢纽距离比较近，可将这些换乘设施连成一个整体，并且在换乘通道设计、土地利用方面予以综合考虑。

（二）同站台平行换乘

1. 上、下层平行岛式站台换乘

采用上、下层平行岛式站台换乘时，进入换乘枢纽站的两条线路为平行走向，两个车站站台上下重叠设置，一般构成“一”字形组合，站台上下对应，便于布置楼梯、自动扶梯，乘客就在同一站台达到换乘目的，或通过楼梯、自动扶梯等到另一车站的站台换乘，两线四个方向均能在上、下层站台完成换乘，如图 6.59 所示。这种换乘方式线路短，换乘高度小，换乘方便，节约换乘时间，但是两个车站需同步实施。此种换乘方式在香港地铁广泛使用。国内广州地铁 2 号线和 3 号线支线嘉禾望岗站、北京地铁 6 号线和 8 号线南锣鼓巷站也采用这种方式。

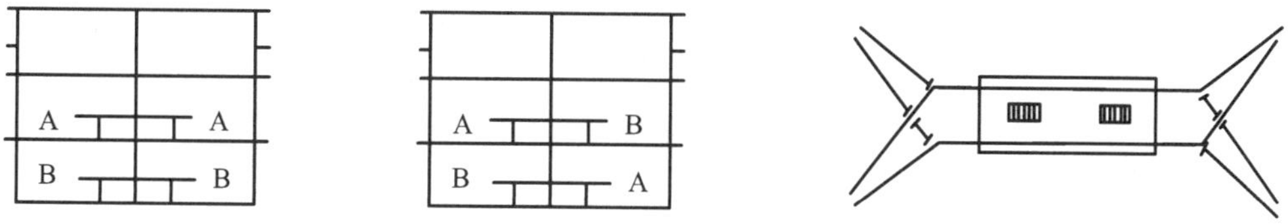

图 6.59　上、下层平行岛式站台换乘

2. 同站台共线岛式换乘

采用同站台共线岛式换乘时，两线或两线以上线路平行走向，分别进入同一换乘站，

需要换乘的乘客下车后在车站等候下一列车进站，换乘便捷，换乘量不受限制，但仅适用于各线发车密度不大的线路，通过该站的总量发车密度不得超过信号能实现的最小发车间隔，如图 6.60 所示。

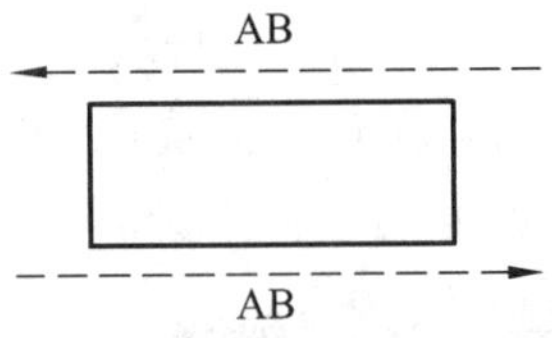

图 6.60　同站台共线岛式换乘

3. 双岛式同站台平行换乘

采用双岛式同站台平行换乘时，进入车站的两条线路为同标高平行走向，两线路各一个方向在同站台换乘，余下两个方向需通过站厅或通道换乘，需要同步建设两个车站。如图 6.61 所示。

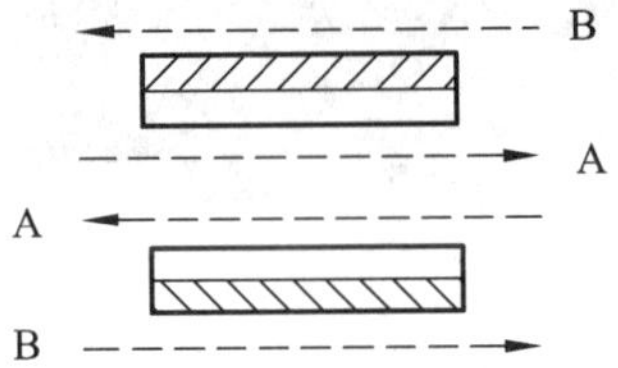

图 6.61　双岛式换乘

4. 上、下层平行侧式站台换乘

采用上、下层平行侧式站台换乘时，进入车站的两条线路为平行走向，两线路两个方向能在上、下层通过楼梯完成换乘，其余两个方向需通过站厅或通道换乘，这也需要同步建设两个车站。如图 6.62 所示。

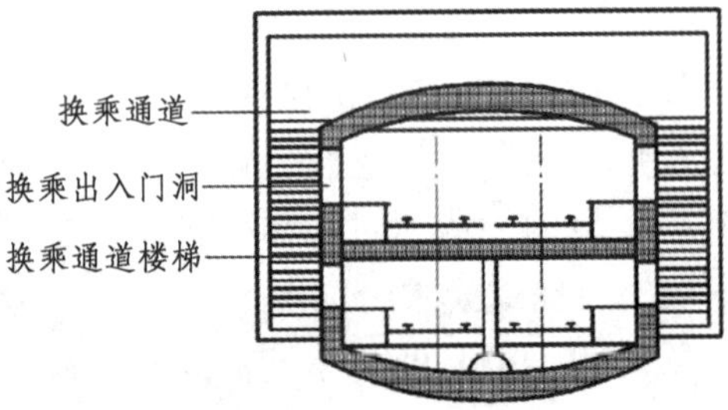

图 6.62　上、下层平行侧式站台换乘

5. 同层岛、侧式站台平行换乘

同层岛、侧式站台平行换乘又称为一岛二侧式站台平行换乘，如图 6.63 所示，进入车站的两条线路平行走向，两线路一个方向能完成平面换乘，其余方向仍然需通过站厅或通道换乘，可分期实施，但两车站合用的隔墙需要改建。

（三）同车站平行换乘

1. 双岛式站厅平行换乘

采用双岛式站厅平行换乘时，进入车站的两条线路平行走向，所有方向均需通过站厅层或通道换乘，可分期实施。如图 6.64 所示。

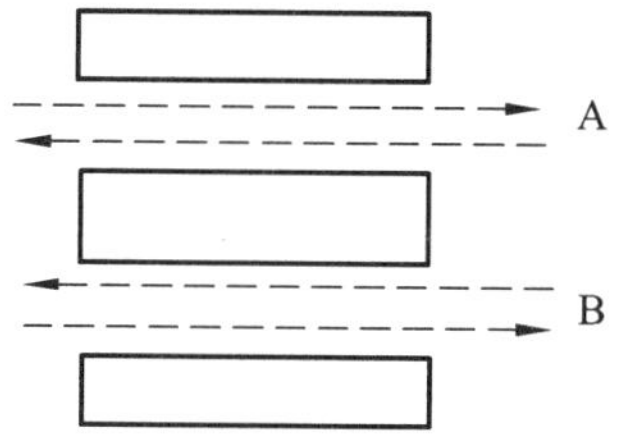

图 6.63　一岛二侧式站台平行换乘

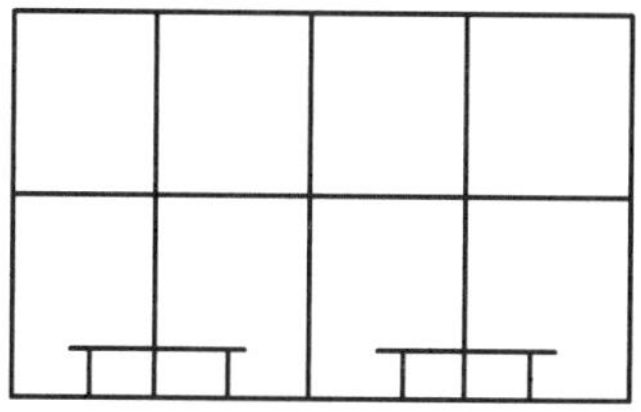

图 6.64　双岛式站厅平行换乘

2. 上、下平行侧式站台夹站厅层平行换乘

采用上、下平行侧式站台夹站厅层平行换乘时，进入车站的两条线路上、下平行走向，两线站台均通过站厅夹层进行换乘，此种形式往往用于高架车站，基本需要一次建成，如后建线路在上层，可分期实施如图 6.65 所示。

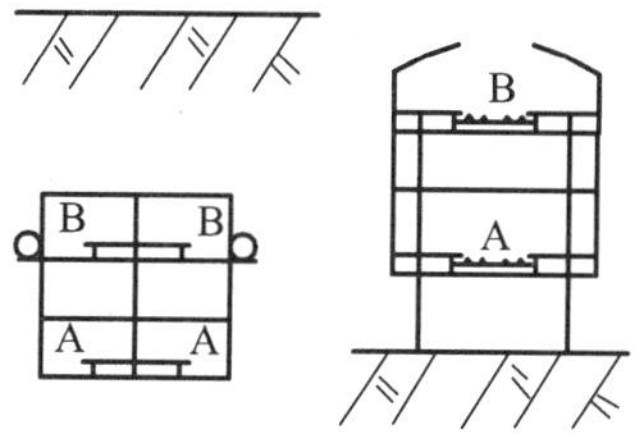

图 6.65　站厅夹层做换乘厅平行换乘

（四）站台点式换乘

两条或多条轨道交通线路走向很难做到平行，一般多呈空间曲线状，从平面图中看两条线路大多相交成一定角度，在相交部位设计换乘设施是可行、合理的，形成上、下站台一点换乘，换乘距离短、便捷，但是可用作换乘通道的站台处空间相交部位面积有限，从图 6.66 阴影部分可以清晰地看到，仅能安排一个楼梯，换乘量受控制，换乘客流方向一般只可解决从一个站台到另一个站台，反方向的换乘客流则必须采用通道换乘方式或站厅换乘方式。根据两个车站相交形状和位置的不同，一般可以将站台点式换乘区分为如下几种形式（见图 6.67）。

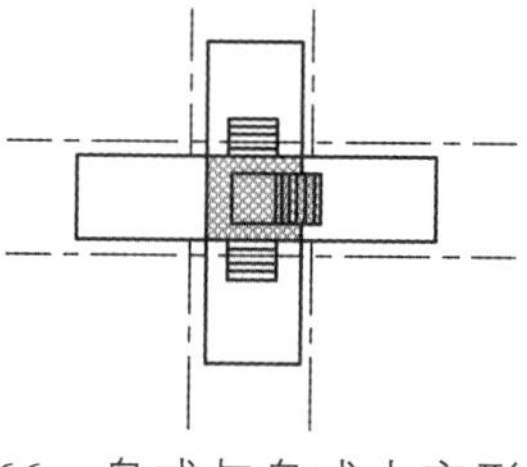

图 6.66　岛式与岛式十字形换乘

1. 岛式与岛式呈十字交叉换乘

形成上、下站台一点换乘，后建线路可预留接口，北京地铁比较多地采用这种换乘方式，如复兴门、建国门和西直门等车站。

2. 岛式与侧式呈十字交叉换乘

形成上、下站台两点换乘。深圳地铁多个换乘站都采取了这种形式，如会展中心站、世界之窗站。

3. 侧式与侧式呈十字交叉换乘

形成上、下站台四点换乘，如图 6.67（a）所示。

4. 岛式与岛式、岛式与侧式、侧式与侧式呈丁字交叉换乘

情况和前三种形式相同，不同处在于一条线路的站台计算长度外延伸段与另一线路的站台计算长度内相交完成换乘，如图 6.67（b）所示。

5. 岛式与岛式、岛式与侧式、侧式与侧式呈 L 字交叉换乘

情况和前三种形式相同，不同处在于两条线路的站台计算长度外延伸段相交完成换乘。L 形交叉换乘和十字形交叉换乘相比较，可取较大宽度的换乘楼梯，换乘量比后者大，但走行距离也比后者长。

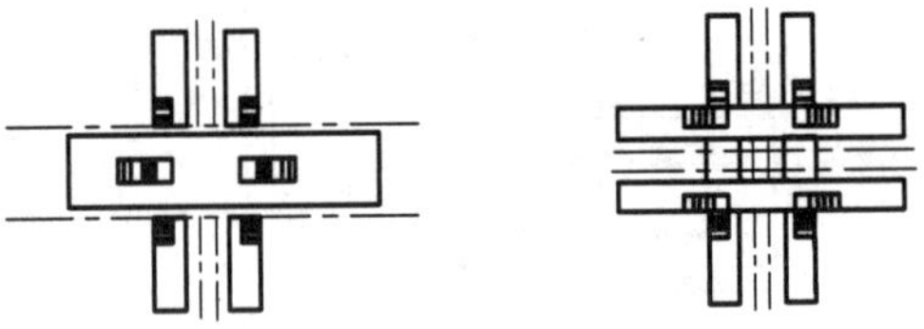

（a）十字形换乘

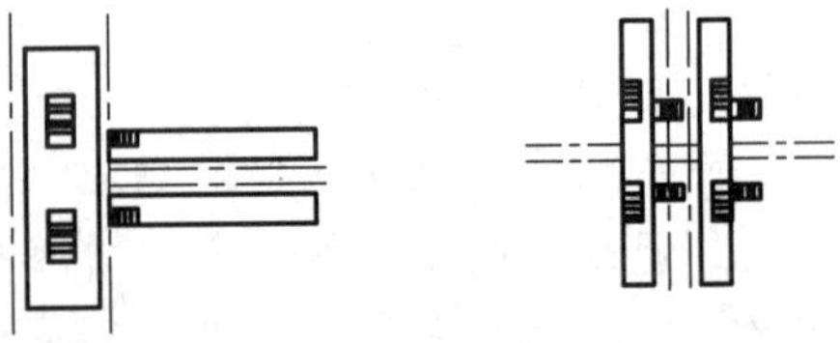

（b）丁字形换乘

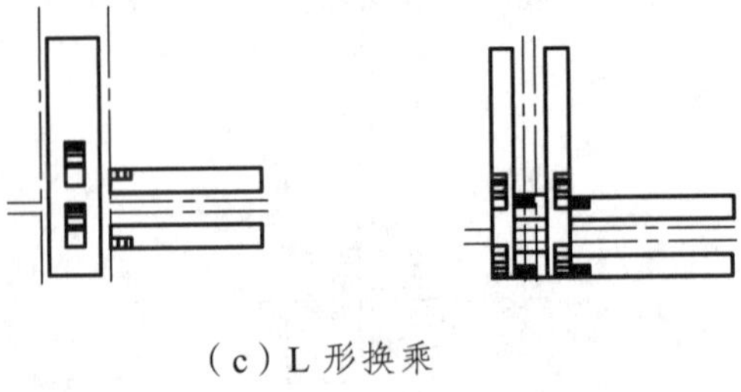

（c）L 形换乘

图 6.67　各种类型站台点式换乘方案

（五）通道换乘

采用通道换乘时，使用单通道、双通道或多通道把需要组织换乘的车站连接起来，达到换乘的目的（见图 6.68）。利用此种形式的换乘方式，往往通过站厅层沟通达到在付费区内换乘的目的，换乘距离长，不直接，如深圳地铁 3 号线和 5 号线在布吉站的换乘就是采用这种形式，如图 6.69 所示。

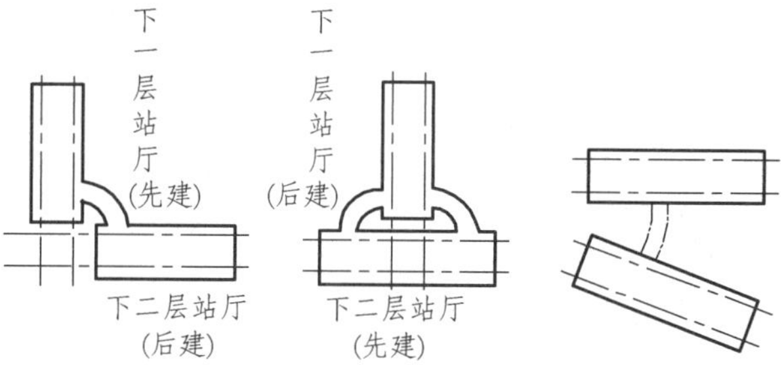

图 6.68　通道换乘的集中形式

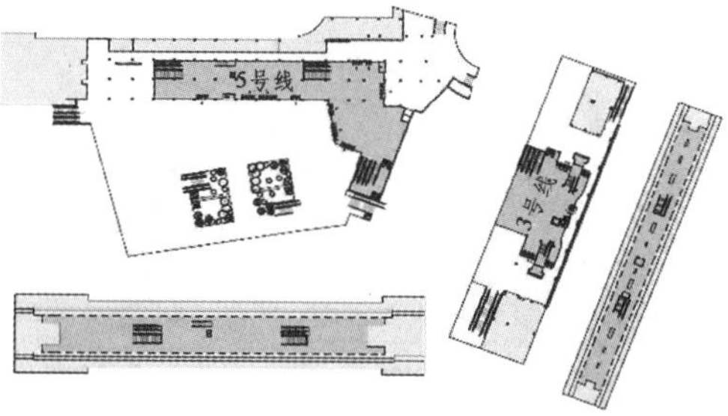

图 6.69　深圳地铁 3 号和 5 号线换乘通道

（六）组合换乘

两线以上换乘通常是上述换乘形式的组合，其形式有 H、n、Y 等形式，如图 6.70 所示。

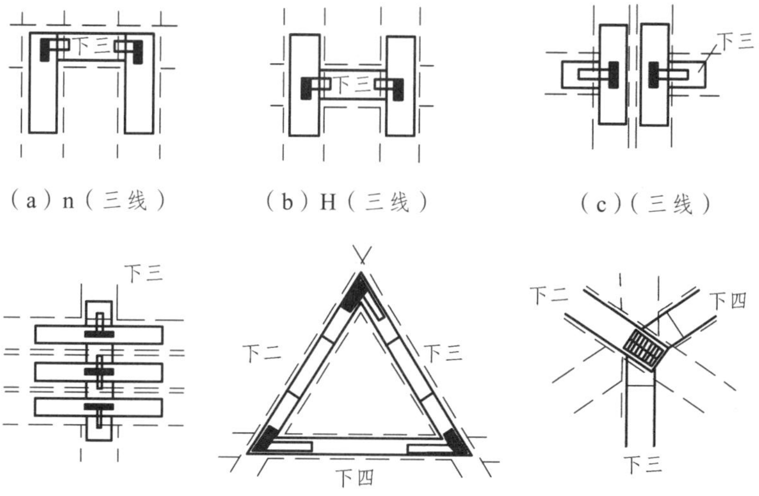

（a）n（三线）　（b）H（三线）　（c）（三线）

（d）（四线）　（e）△（三线）　（f）Y（三线）

图 6.70　组合换乘方案

（七）换乘实例

图 6.71 为上海南站的换乘通道，乘客需要经过此通道来往一号线与三号线站台的场景。图 6.72 为台北捷运古亭站同站台换乘三号线、四号线的场景。

图 6.71　上海南站换乘

图 6.72　台湾地铁换乘线路

深圳地铁 2 号线新秀方向在黄贝岭站换乘 5 号线黄贝岭方向列车采用了站厅换乘方案的形式，如图 6.73 所示。

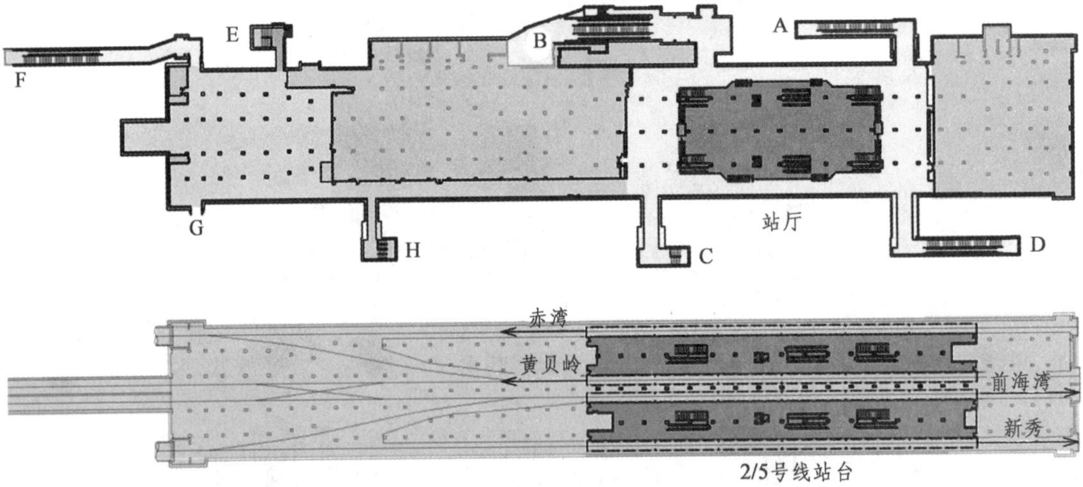

图 6.73　深圳地铁 2 号线与深圳地铁 5 号线换乘方案

二、轨道交通与公共交通的换乘

（一）轨道交通与地面公共交通的换乘

以深圳为例，截至 2020 年 8 月，深圳地铁已建成通车 10 条线路，线路总长 382 km，日均客运量 584.6 万人次。市区拥有各类公交线路 900 条以上，包括地铁在内的公共交通日均运送乘客 1 100 万人次以上。为了充分发挥轨道交通大容量、准点、快速的优势，以及地面公交便利、反应速度快捷、布局容易改变的特点。加强两者之间的接驳配套，形成科学合理的换乘体系已刻不容缓。

1. 轨道交通车站与地面公交配套枢纽接驳、换乘的困难

轨道交通车站在城市内大多设于地下或高架之上，乘客从地下或高架上到地面有一定

的步行距离。轨道交通车站很多设于交通繁忙的交叉路口，根据我国的交通规则，和交叉路口的一定距离范围内机动车辆不得停靠，也即不能设有公交车站，这又加大了从轨道交通站出入口到公交站点的距离，乘客在这两种交通方式之间的接驳、换乘步行距离较大。

2. 轨道交通车站与地面公交配套换乘枢纽布设

城市规划和城市建设早于轨道交通建设许多年，城市地面公交的设置、建设早已成型，公交乘客也已习惯使用这种公交站点的设置。

在城市已形成格局的情况下进行轨道交通线网规划、设计、接驳换乘配套，难免会出现不协调、不尽如人意的情况。而且轨道交通建设初期，建设方注意力会集中在轨道交通自身的建设上，而没有把精力放在与其他交通形式联系上。在地面公交与轨道交通配套问题上，地面公交调整往往只能浅尝辄止，难以进行系统的优化调整。

3. 轨道交通车站与地面公交配套的换乘客流数据分析

城市轨道交通与地面公交配套的目的在于组织客流，以最短的时间运送完成最多的出行客流，地面公交系统在以往的轨道交通配套中曾做出过一定的努力，但是由于近年发展速度相当快，整个中国的社会经济结构进行了有史以来最大的调整。

（1）大中型企业转制、调整、关闭、合并，工作出行的客流发生了很大变化。

（2）旧城区改造、城市 CBD 的形成、居民新村不断外迁，购物、就学、就医等发生了明显变化。

（3）我国正处于农村人口向城市转移的关键时代，各大城市流动人口比例持续走高。

（4）各大城市在向高科技、高水准发展的进程中，必然涌进大批人才，这些城市新移民的居住、出行习惯改变了以往客流的常规规律。

（5）随着全球化的进一步发展与中国经济近年来在全球经济中的地位快速提升，来华海外人士数量快速增长，这些人员在各城市的数量已达到一定规模，他们的出行客流规律有待研究。

（二）轨道交通车站与出租车配套换乘

出租车是城市公共交通中较高层次的出行工具，随着改革开放的深入发展，出租车行业得到了较快的发展，以深圳为例，全市拥有出租车超过 2 万辆，在 2019 年 7 月客运量达到 3 620.6 万人次。出租车的高客运量，反映了时代进步，社会财富增加，人的消费观念也跟着转变，另一个重要的原因是出租车的服务方式迎合了现代人追求方便、迅速、舒适、门到门的出行要求。

长期以来，有关部门对于出租车在城市公共客运体系中作用的认识不足，致使在市政建设和轨道交通规划中，出租车的候客站、扬招站配套严重滞后，导致乘客换乘极为不便。先期建造的轨道交通车站根本未考虑出租车的停靠问题，如本章第三节所述，轨道交通车站一般均设在交通繁忙、人流集中地段，由于事先未规划设计出租车停车区域，而轨道交通换乘乘客又需要在此换乘，造成出租车违章停车候客，堵塞交通。

在构筑城市交通一体化的过程中，如何使出租车成为城市交通中有机的组成部分，应该充分引起各方面的重视。

（三）轨道交通站与自行车寄放站和汽车停车场的配套

在发达国家每个家庭的小汽车拥有率很高，但是在纽约曼哈顿、巴黎和新加坡等城市市中心区域内，政府有意识限制小汽车通行，这些城市区域内公共交通的乘坐率极高，人们出行变成开小汽车到居住地附近的轨道交通（地铁、轻轨或通勤列车）车站，停车，然后换乘轨道交通列车进城，称为“P&R”（Park and Ride），这些国家的停车场是必要的配套设施。

我国市中心区域交通拥堵，经济富裕的群体开始向近郊转移，这部分人是潜在的客源，但是我们在建设郊区轨道交通车站时根本未考虑停车场的设置问题，而且也未有意识地留有将来发展的接口，这个问题值得思考和研究。

自行车在解决城市交通的问题中发挥了极重要的作用，人们骑车到轨道交通站点，寄放“自行车换乘轨道交通车辆进城，变成一种群众自创的出行方式。如今，共享单车的出现解决出行最后一公里”的问题，自行车的使用更加频繁，设置地铁外自行车停车场因此变得十分必要。

上梅地铁站摩拜单车推荐停车点如图 6.74 所示，深圳地铁站共享单车停放点如图 6.75 所示。

图 6.74　上梅地铁站摩拜单车推荐停车点

图 6.75　深圳地铁站共享单车停放点

思考与讨论

北京作为一个国际化大都市，其人口老龄化的趋势日益显现，无障碍设施的完善程度是城市文明和进步的标志，也是轨道交通车站人性化设计的一个重要方面。北京地铁 9 号线在无障碍设施设计方面，从全方位、统一的角度，充分考虑了站内乘客的构成及各自的需求特征，并结合市政设施的完善，把车站无障碍设施设计作为一个独立的系统，从一个较高的起点上进行设计，避免了以往仅孤立地布设无障碍设施，而无法实现真正的实用价值的情况。

思考讨论：全面的人性化设计是城市轨道交通的设计理念，是城市公共建筑的发展趋势，更是充分发挥轨道交通综合效益的需要。针对车站的乘客服务设施，结合新兴技术发展的趋势，思考应如何提升车站服务设施的服务品质和效率？

课后思考题

1. 简述按照不同分类方式总结城市轨道交通车站的类型。
2. 简述城市轨道交通车站的组成及其作用。
3. 简述车站机电设备组成及其基本功能。
4. 简述换乘站的形式及其特点。

第七章　城市轨道交通车辆

第一节　概　述

轨道交通车辆和汽车及其他的路上车辆结构和驱动原理有很大的不同。自行车的行驶轨迹是“自由”的、不受约束的；驱动的牙盘装在车架上；转弯由车把手控制；两个轮子的轴是固定在车架上，而轮子和轴靠钢碗和钢珠组成的轴承连接。

汽车也有类似的情况。汽车行驶轨迹是“自由”和不受约束的，驱动的发动机装在底盘上，转弯是由方向盘控制转向轮，两个轮子的轴套固定在底盘上，车厢则固定在底盘上。为了能过转弯半径比较小的弯，汽车的前后桥间的轴距不会很大，即车厢一般均不太大，如果要加大轴距则必须加“铰接”，如铰接公共汽车或如图 7.1 所示的集装箱车。

图 7.1　集装箱示意图

火车的出现早于汽车，从美国早期的火车可以看出，它是由马车的车厢演化而来的，车轴固定装在车厢底部，车轮绕轴转，轴距不大，车厢较小。

较长轴距的轨道交通车辆若仅在直线轨道上行驶没有问题，但在曲线上不容易处理。由于是曲线轨道，外轨道轨迹相比于内轨道轨迹，汽车前轮可以转一个角度，后轮则通过牙包差速器，外轮比内轮转动快；而火车的前后轴是平行的，如果两轮轴间距太大，则在小半径曲线轨道上，不可能让四个轮子都在钢轨上，而且要求外轮要比内轮转的快，鉴于此原因来发展的轨道交通车辆就改换了一个和汽车结构不同的思路，引入了转向架的概念。

轨道交通车辆的行驶轨迹是“不自由”的，受约束的，在特定的轨道中行驶；驱动车辆的电动机装在转向架上，直接驱动车轴，车轴和车轮紧配合成一体（轮对）；特定的轨道不但承载而且提供了轨道交通车辆的导向，司机室内没有方向盘之类的转弯装置；轮对的轴承盒弹性固定在转向架上；车厢则通过心盘和转向架连接，互相之间可以在一定范围内转动。

一、车辆的特点及分类

车辆是轨道交通系统中完成乘客运输任务的直接工具，它具有以下特点。

载客能力强：大型地铁车辆额定可达 310 人/辆。

动力性能好：速度快、加速能力强、制动效果好。

安全可靠性强：设备先进，故障率低，稳定性和可靠性强，突发情况下适应性强。

环境条件好：照明、空调、座椅、扶手等。

灵活的牵引特征：根据不同的线路特征，可采用不同的牵引方式，即动力集中牵引和动力分散牵引。

节能环保：车辆牵引动力常用电力牵引。

车辆的分类如下。

（一）按车辆牵引动力配置分类

1. 动车（Motor，用“M”表示）

车辆自身具有动力装置（动轴上装有牵引电机），具有牵引电机与载客双重功能。动车又可分为带有受电弓的动车（Mp）、不带受电弓的动车（M）、带司机室的动车（Mc）和带司机室和受电弓的动车（Mcp）。M 类车如图 7.2 所示。我国广州地铁 4 号线车辆采用四节编组全动车形式（=Mcp-M+M-Mcp=）。

2. 拖车（Trailer，用“T”表示）

车辆不装备动力装置，需动车牵引拖带的车辆，仅有载客功能。拖车可设置司机室（首位车辆，用“Tc”表示），也可带受电弓（“Tp”表示）。如图 7.3 所示。我国郑州地铁 1 号线车辆采用六节编组四动二拖形式（-Tc*Mp*M=M*Mp*Tc-）。

图 7.2　M 类车

图 7.3　Tp 车

（二）按车辆规格（车体宽度）分类

为有利于我国城市轨道车辆制造、运营、维修的良性发展，车辆类型的规范化及主要技术规格统一是十分必要的，建设部颁布的《城市轨道交通工程项目建设标准》根据我国各城市对城市车辆选型的不同要求和城市轨道车辆的发展现状提出了 A、B、C 型车的概念，它主要是按车体宽度的不同进行分类。《地铁车辆通用技术条件》中对于用于地铁运营车辆的技术规格也做出了相应的具体规定。

按车体宽度和驱动方式：可分为 A（3 m）、B（2.8 m）、C（2.6 m）、D、L 以及单轨六种车型。A、B、C 为不同车体宽度的钢轮钢轨系列车型；D 为低地板车型；单轨型为胶轮系列车型。以上五种均为黏着牵引系统车型。L 型为直线电机系列，是非黏着牵引系统车型。

（三）按车体制作材料分类

按车体制作材料分为耐候钢车、不锈钢车、铝合金车。目前国内大部分地铁车辆采用不锈钢或者铝合金作为车体材料，而北京地铁 1 号线、2 号线采用耐候钢车体材料。采用不锈钢车体或铝合金车体是近年来城市轨道交通领域的发展趋势，轻量化车体会显著地节约能源，减少车辆和线路的维修费用，因此耐候钢车体已经逐渐被不锈钢、铝合金车体所取代。

（四）按受电方式分类

按受电方式不同，可分为受电弓车和受流器（受电靴）车。受电靴如图 7.4 所示。

图 7.4　受电靴

（五）按电压等级分类

可分为直流 750 V 和直流 1 500 V 两种。我国北京地铁采用的是 750 V 直流供电电压，上海地铁、广州地铁、深圳地铁等采用的是 1 500 V 直流供电电压。

（六）按牵引控制系统分类

按牵引控制系统分为直流变阻车、直流斩波调压车、交流变压变频车、直线电机变压变频车。

二、城市轨道交通车辆的特殊要求

城市轨道交通车辆主要是指地铁车辆和轻轨车辆，它是城市轨道交通工程的最重要的设备，也是技术含量较高的机电设备。城市轨道交通车辆应具有先进性、可靠性和实用性，应满足容量大、安全、快速、舒适、美观和节能的要求（见图 7.5 和图 7.6）。

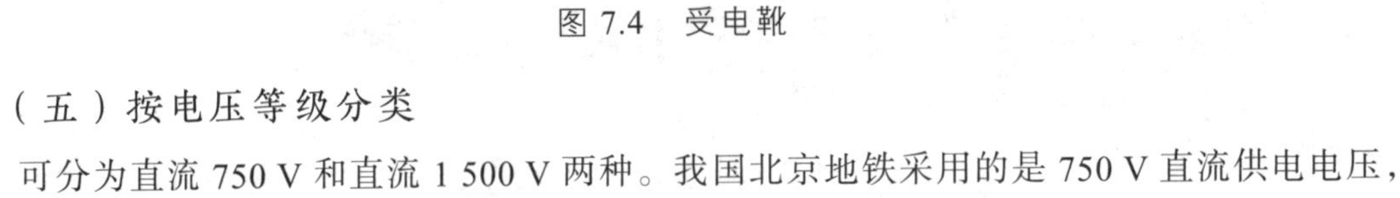

图 7.5　车辆编组

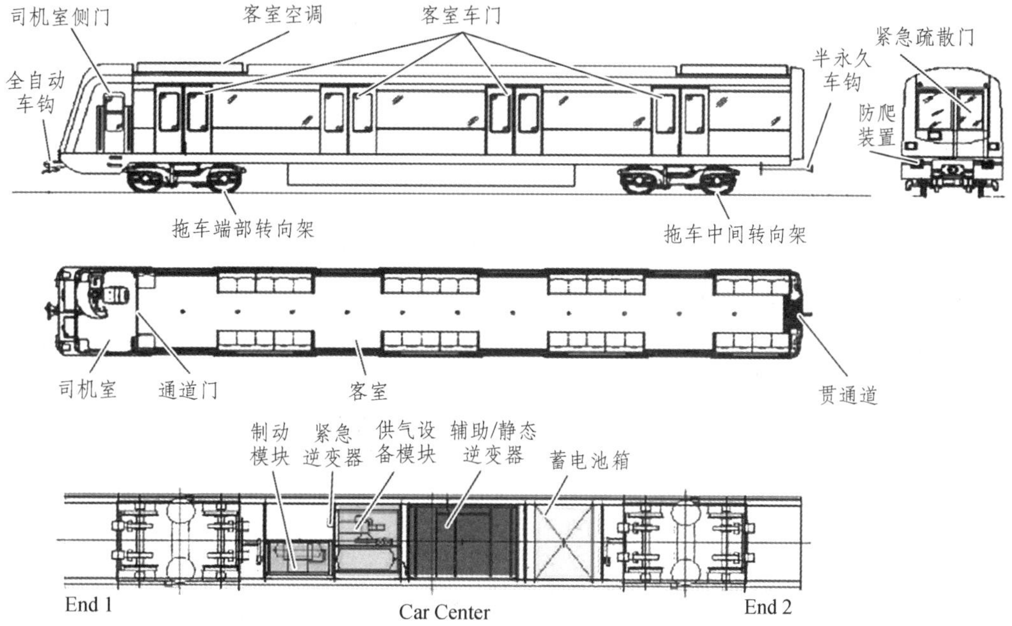

（a）TC 车的组成

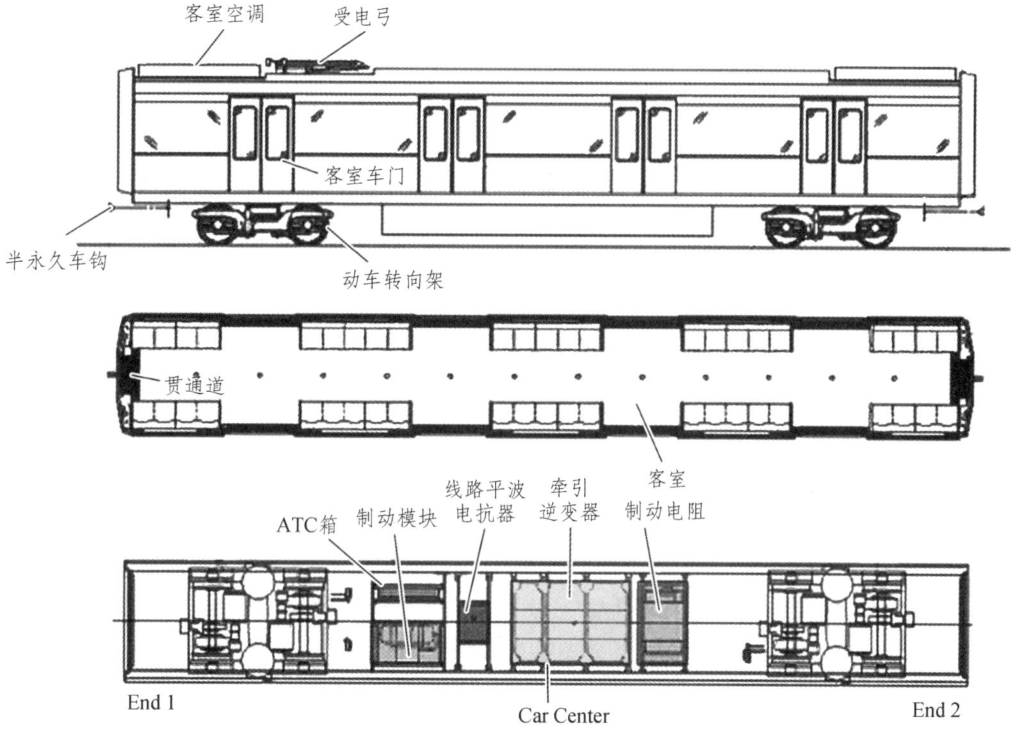

（b）M 或 MP 车组成

图 7.6　车辆系统组成

城市轨道交通车辆作为城市公共交通工具，主要在市内和市郊运行。它的运行条件与干线铁道车辆有种种不同；车辆要在地下隧道，高架和地面轨道运行，站距短，线路曲线半径小，坡度大；客流量大而集中，乘客上下车频繁，高峰时会超载。

作为公共交通，应尽量缩短乘客的乘坐时间；由于站距短，要提高运行速度是困难的，所以车辆一般有较高的起动加速度和制动减速度，以达到起动快、停车制动距离短、提高车辆平均速度的目的。

车辆的设计应遵循减少能耗、减少发热设备的原则，用以降低隧道内温度升高的数值，为此要尽量减轻自重，选择效率高的传动系统。

由于运转的密度较高，为确保安全行车，地下铁道的通信信号比较复杂，所以车载通信信号设备及车辆的控制系统，应有良好的适应能力。

随着生活水平的提高，人们对乘坐舒适性的要求也越来越高，所以车辆的悬挂系统比大铁路要求要高，不少地下铁道车辆的车厢内除采用机械式通风换气来改善车内空气品质外，还增设了空气调节装置，千方百计地提高乘坐舒适性，改善司机的工作条件。同时，在降低车厢内来自轮轨系统和动力系统的噪声方面，也采用了多种有效的措施。

第二节　车辆的基本组成

一、车体

车体分为司机室车体和无司机室车体两种。它是容纳乘客和司机驾驶（对于有司机室的车辆）的地方，又是安装与连接其他设备和部件的基础。同时传递列车横、纵、垂直力。近代城市轨道交通车辆车体均采用整体承载的钢结构或轻金属结构，以达到在最轻的自重下满足强度的要求，一般包括底架、端墙、侧墙及车顶等。

城市轨道交通车辆的车体与一般的铁路客车有许多相同之处，但由于其特殊的用途，有其特征：

（1）一般为电动车组，有 4 节、6 节和 8 节等编组形式，有头车（即带有司机室的车辆）和中间车，以及动车和拖车之分。

（2）服务于乘客的设备较为简单，由于服务于市内公共交通，在车内的平面布置上有其特征，例如座位少，车门多且开度大等。

（3）重量的限制较为严格，特别是高架轻轨车和单轨车，要求轴重小，以降低线路的工程投资。

（4）为使车体轻量化，对于车体承载结构，一般采用大型中空截面挤压铝型材，或者高强度复合材料，又或者不锈钢，构成整体承载筒形结构，对其他辅助设施尽量采用轻量化材料。

（5）对车体的防火要求严格，特别是运行于地下隧道的地铁车辆，在车体的结构及选材上采用防火的设计和阻燃处理。

（6）对车辆的隔声和减噪要求严格，以最大限度地降低震动及噪声对乘客和沿线居民的影响。

（7）由于用于市内交通，对车辆的外观造型和色彩都有美化和与城市景观相协调的要求。

地铁车辆的主要技术规格如表 7-1 所示。

表 7-1　地铁车辆的主要技术规格

名称			A 型车	B 型车	
				B1 型车	B2 型车
车辆轴数			4	4	4
车体基本长度/mm		无司机室车辆	22 000	19 000	19 000
		单司机室车辆	23 600	19 600	19 600
车钩连接中心点间距离/mm		无司机室车辆	22 800	19 520	19 520
		单司机室车辆	24 400	20 120	20 120
车体基本宽度/mm			3 000	2 800	2 800
车辆最大高度/mm	受流器车	有空调	—	3 800	—
		无空调	—	3 600	—
	受电弓车（落弓高度）		≤3 810	—	≤3 810
	受电弓工作高度		3 980～5 800	—	3 980～5 800
车内净高/mm			2 100～2 150	2 100～2 150	2 100～2 150
地板面距轨面高/mm			1 130	1 100	1 100
轴重/t			≤16	≤14	≤14
车辆定距/mm			15 700	12 600	12 600
固定轴距/mm			2 200～2 500	2 000～2 300	2 000～2 300
每侧车门数/对			5	4	4
车门宽度/mm			1 300～1 400	1 300～1 400	1 300～1 400
车门高度/mm			≥1 800	≥1 800	≥1 800
载员（人）	座席	单司机室车辆	56	36	36
		无司机室车辆	56	46	46
	定员	单司机室车辆	310	230	230
		无司机室车辆	310	250	250
	超员	单司机室车辆	432	327	327
		无司机室车辆	432	352	352
车辆最高运行速度/（km/h）			80、100	80、100	80、100

二、转向架

转向架是城市轨道交通车辆的走行部分，它装置于车体与轨道之间，用来牵引和引导车辆沿轨道行驶和承受与传递来自车体与线路的各种载荷并缓和其动力的作用，它是保证车辆运行品质的关键部件。转向架一般由构架、弹簧悬挂装置、轮对轴箱装置和制动装置等组成（见图 7.7）。对于动力转向架还设有牵引电机及传动装置。

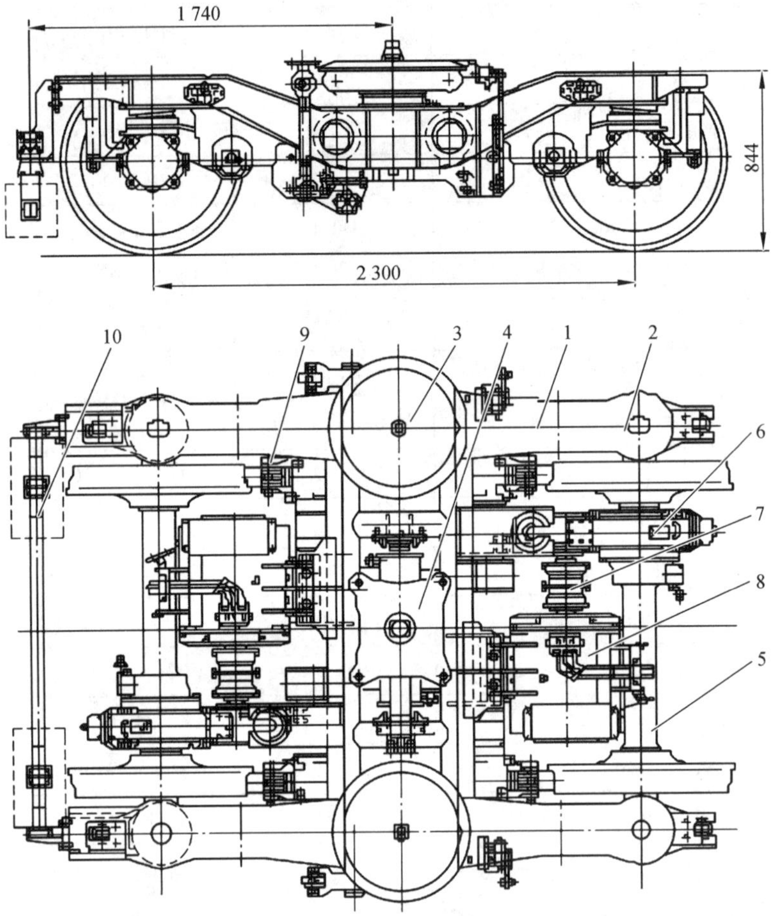

1—转向架构架；2—一系悬挂装置；3—二系悬挂装置；4—牵引装置；5—轮对；6—齿轮减速箱；7—齿式联轴器；8—牵引电动机；9—基础制动装置；10—ATP 安装梁。

图 7.7 转向架的基本结构

转向架作为车辆最重要的组成部件之一，它的结构组成特征及合理性直接关乎车辆运行过程中的安全性、稳定性、可靠性。

转向架的基本作用和要求有：

转向架的使用满足了不同的运输发展的需求：采用转向架可增加车辆的载重、长度以及容积，提高列车的运行速度。

保证车辆正常运行的过程中，车体可以可靠地固定在转向架上，通过轴承装置实现车轮沿着钢轨的滚动变为沿着线路运行的平动。

保证车辆的稳定性：承载车体，承受并传递从轮轨至车体之间或者从车体至轮对之间的各种载荷和作用力，使轴重均匀分配，增强稳定性。

车辆运行安全：保证车辆沿着直线运行及顺利通过各种曲线半径。

具有良好的制动性：通过轮轨间的黏着力，传递牵引力和制动力，使得列车具有良好的制动效果，保证在正常运行期间以及紧急状况下在规定的距离范围内停车。提高列车的安全性能。

便于弹簧减震装置的安装：保证列车具有良好的减震效果，缓和运行过程中的线路和车辆的相互作用力，减小振动和冲击以及动应力，由此提高列车的平稳性、安全性和可靠性。

转向架作为车辆的独立部件，需尽可能在转向架和车体之间减少零部件，结构不易复杂，便于拆卸、安装、清洗。

城市轨道交通转向架的主要组成部分如下：

（一）轮对

轮对是一根车轴和两个相同的车轮在轮轴连接区域采用过盈配合使两者牢固结合在一起的组成的结构，是转向架的基本构成。

轮对的重要性直接影响到车辆运行的安全性，所以在制造、维修及运用过程中，都有其严格的技术要求和管理制度。轮缘内侧距规定：一般的铁路标准轮对，内侧距为 1 353±3 mm；我国的地铁车辆轮对，内侧距为 1 353±2 mm。内侧距是保证车辆在任何线路上运行时，轮缘和钢轨之间有一定的距离，以减少两者的磨耗，且在紧急状况下可防止脱轨，同时安全通过道岔。

轮对的作用是引导车辆沿钢轨运动，同时还承受着车辆与钢轨之间的载荷。轮对性能好坏将直接影响到车辆的运行品质。对车辆轮对的要求如下：

① 在保证足够强度和一定使用寿命的前提下，使其重量最小，并具有一定弹性，以减少轮轨之间的作用力。

② 应具备运行阻力小，耐磨性好的优点。

③ 应能适应车辆直线运行，又能顺利通过曲线，还应具备抵抗脱轨的安全性。

（二）构架

构架是转向架的基础，它把转向架的零部件组成一个整体。故它不仅承受、传递载荷及作用力，而且它的结构、形状和尺寸都应满足零部件组装的要求。基本结构如图 7.8 所示。

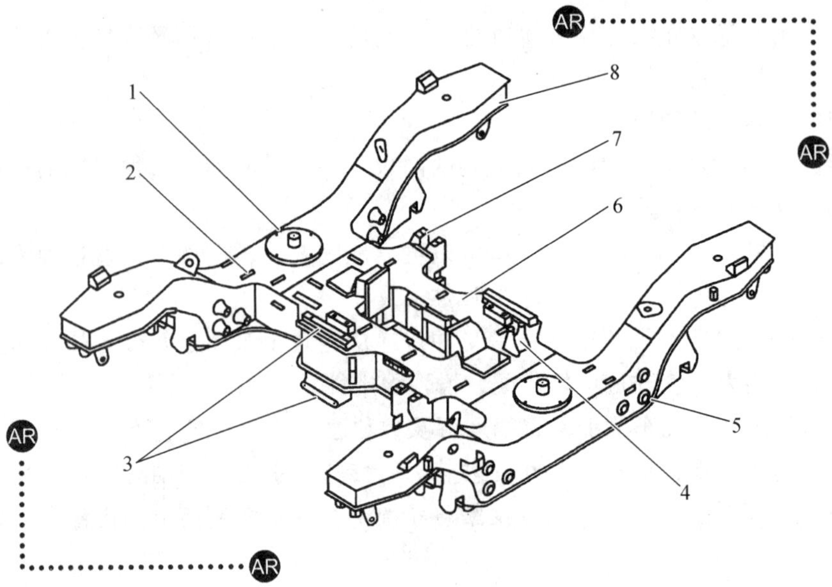

1—空气弹簧；2—管道支架；3—电动机连接件；4—横向缓冲器托架；5—制动装置连接件；
6—横向构件；7—扭接连杆托架；8—侧构架。

图 7.8　构架

构架主要由左、右侧梁，一根或几根横梁及前后端梁组焊而成。没有端梁的构架，称开口式构架亦称“H 型构架”；有端梁的构架称封闭式构架；就制造工艺而言，转向架的构架主要由铸钢构架和焊接构架两种形式。按结构形式的不同分为：开口式、封闭式或 H 形、日字形、目字形等。

对构架的要求如下：

（1）因为部分尺寸精度要求较高，使一些部件安装具有较高的定位精度，如轮对定位使转向架达到较高的性能。

（2）便于各部件及附加装置的安装，包括轮对安装、传动齿轮装置的悬挂、牵引电机安装、制动系统的安装。

（3）结构经过设计，具有足够高的强度，承受并传递牵引力、制动力、车体重量以及各种冲击、振动、保证列车运行安全。

（三）轴箱装置

轴箱装置的作用：将轮对和侧架或者构架联系在一起，使轮对沿着钢轨的滚动转化为整个车体沿着线路方向的平动；承载车辆重量，传递各方向的作用力；保证具有较好的润滑性能，减少磨耗，降低运行中的阻力；具有良好的密封性，防止尘土、雨水等物侵入及甩油，防止事故的发生。

轴箱装置按照轴承的工作特性分为滚动轴承轴箱和滑动轴承轴箱，前者相对于后者，列车起动阻力降低约 85%，并且改善了车辆走向部分的工作条件，减少了燃轴等惯性事故，减轻了日常维护工作，延长检修周期，加速车辆的周转，节省油脂，降低运营成本等。当然，滚动轴承轴箱前期投入较大，工艺要求更为精密，但是从长远及达到的性能效果来看，滚动轴承轴箱适用性更好，因此，在新造的客、货车都采用了滚动轴承。

（四）弹性悬挂装置

为减少线路不平顺和轮对运动对车体各种动态的影响，转向架在轮对与构架或构架与车体（摇枕）之间设有弹性悬挂装置。前者称为轴箱悬挂装置，后者称为摇枕（或中央）悬挂装置，也可称为一系悬挂装置和两系悬挂装置。弹性悬挂装置包括弹簧、减振、定位装置。

1. 一系悬挂装置

在车体和轮对之间，只设有一系弹簧减振装置，可称为一系悬挂装置。当转向架只有一系悬挂装置时，它可以设在车体与构架之间，也可以设在构架与轮对之间。一系悬挂装置用来保证一定的轴重分配，缓和线路不平顺对车辆的冲击，并保证车辆运行的平稳性。一系悬挂装置如图 7.9 所示。

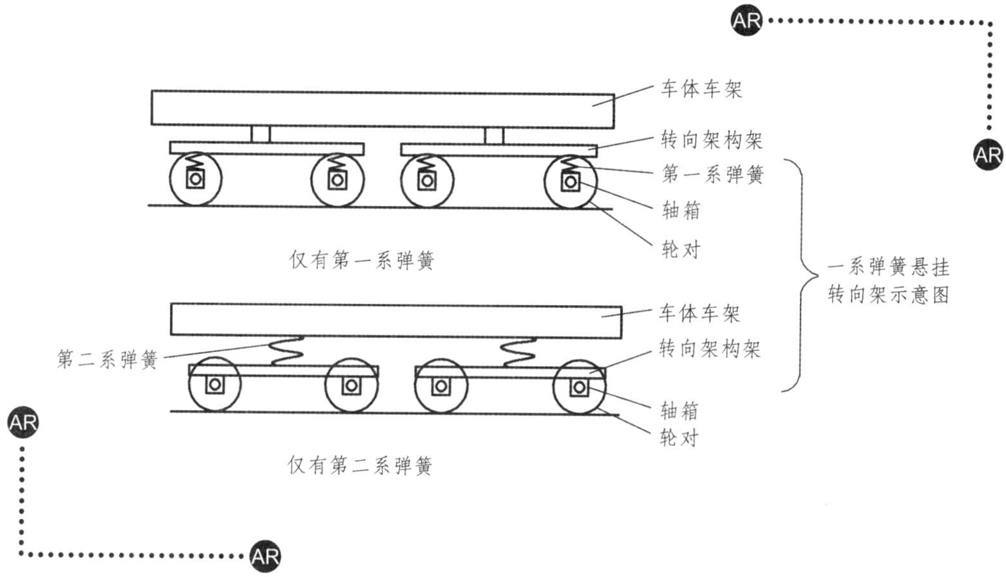

图 7.9　一系弹簧悬挂转向架示意图

2. 两系悬挂装置

在车体与轮对之间设有两系弹簧减振装置，即在车体与构架之间设摇枕弹簧装置，在构架与轮对之间设轴箱弹簧减振装置，两者相互串联，使车体的振动经历两次弹簧减振的衰减。

二系悬挂装置主要作用是用以传递车体与转向架间的垂向力和水平力，使转向架在车辆通过曲线时能相对于车体回转，并进一步减缓车体与转向架间的冲击振动。二系悬挂装置如图 7.10 所示。

（五）制动装置

运行中的车辆在规定的距离范围内停车，必须安装制动装置，其作用是传递和放大制动缸的制动力，使闸瓦与轮对之间的转向架内摩擦力转换为轮轨之间的外摩擦力，产生制动效果。

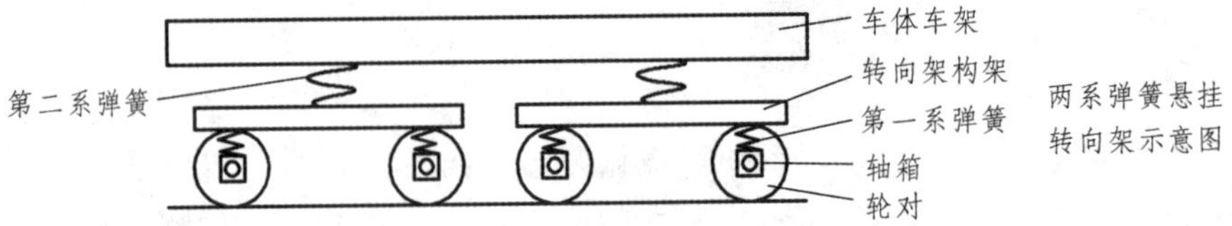

图 7.10　两系弹簧悬挂转向架示意图

（六）牵引电机与齿轮变速传动装置

使牵引电机的扭矩转化为轮对或车轮上的转矩，利用轮轨之间的黏着作用，驱动车辆沿着钢轨运行。地铁和轻轨的动力转向架，无论是采用直流电机还是交流电机，均需通过机械减速装置，将电机的扭矩转化为转向架轮对转矩，利用轮轨的黏着作用，驱使车辆沿着钢轨运行。

三、牵引缓冲连接装置

车辆编组成列运行必须借助于连接装置，即所谓车钩。为了改善列车纵向平稳性，一般在车钩的后部装设缓冲装置，以缓和列车冲动。另外还必须有连接车辆之间的电气和空气的管路。

列车分解时拨动司机室内的解钩阀或人工扳动解钩杆，钩舌即处于开锁位置，同时将制动主管塞门关闭。两车分离，电路断开，电器连接器防尘罩自动合上。

车钩缓冲装置主要由密接式车钩、缓冲器、风管连接器等部分组成。

城轨车辆用车钩基本上可分为自动车钩、半自动车钩和半永久性牵引杆三种。

（一）自动车钩

我国城轨车辆自动车钩主要有两种：一种是国产密接式车钩，采用半圆形钩舌；一种是 Scharfenberg 式自动车钩（见图 7.11），采用拉杆式连接车钩。

国产密接式车钩主要由车钩钩头、橡胶式缓冲器、风管连接器和电器连接器等组成，缓冲器位于钩头的后部，车辆连挂是依靠两车钩相邻钩头上的凸锥和凹锥孔相互插入，实现两车钩紧密连接；同时自动将两车之间电路和空气通路接通。两车分解时，亦可自动解钩，自动切断两车之间的电路和空气通路。

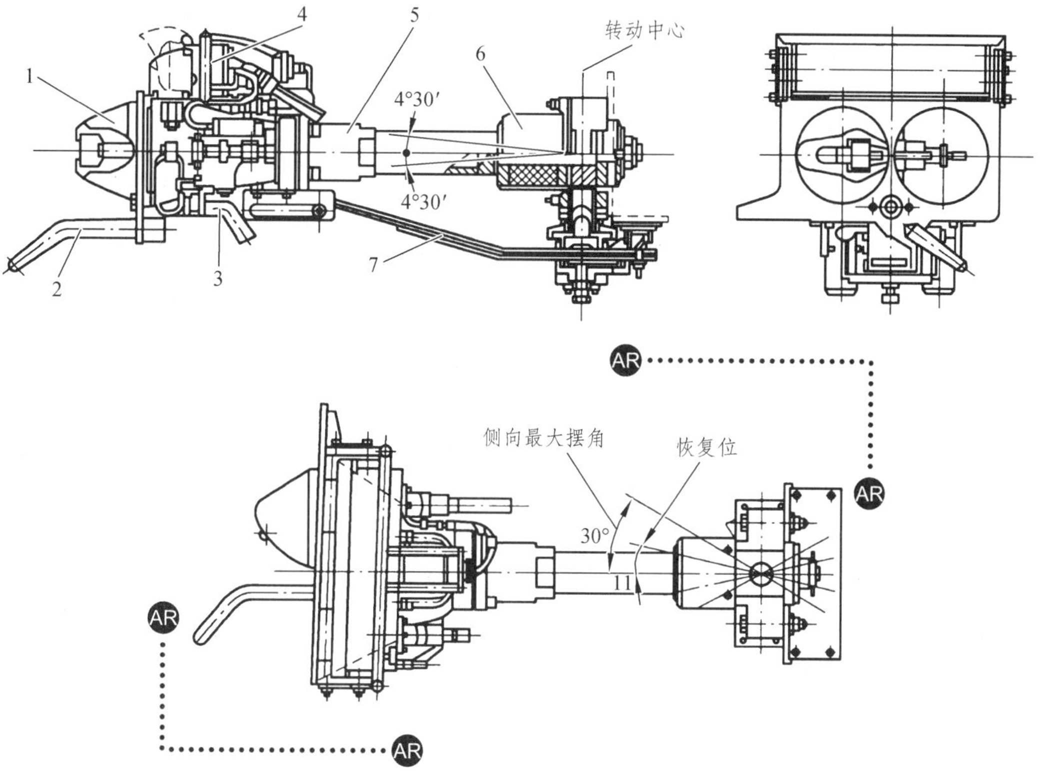

1—密接式车钩钩头；2—引导对准爪把；3—风管连接器；4—电气连接器；
5—钩身；6—橡胶弹簧；7—支撑弹簧。

图 7.11 Scharfenberg 密接式车钩缓冲装置

（二）半自动车钩

半自动车钩用于两编组单元之间的车辆连挂。半自动车钩的钩头连接形式与自动车钩相同。连挂方式和闭锁方式相同。可以自动实现列车单元之间的机械连接和风管连接，电气连接只能手动。解钩时机械和气路部分既可自动，也可手动，但是不能在司机室集中控制。

（三）半永久性牵引杆

半永久性牵引杆用于同一单元内车辆之间的编组，使之编组成单元。单元在运行的过程中一般不需要分解，通常只在维修时才分解。每个半永久性牵引杆上均有贯通道支撑座，用于车辆运行过程和解钩之后支撑贯通道。支撑座承受车辆正常运行时超员情况下贯通道所承受的载荷，深圳地铁车辆半永久性牵引杆基本结构如图 7.12 所示。

四、制动装置

制动装置是保证列车安全运行所必不可少的装置。不仅在动车上设制动装置，而且在拖车上也要设制动装置，这样才能使运行中的车辆按需要减速制动或在规定的距离内停车。城市轨道车辆制动装置除常规的空气制动装置外，还有再生制动、电阻制动和磁轨制动等。

城市轨道车辆制动装置的要求和特点如下：

城市轨道交通的站距很短，一般都在 1 ~ 1.5 km 左右，要求其制动装置具有操作灵活、动作迅速、停车平稳准确、制动率及制动功率相对较大的特点。

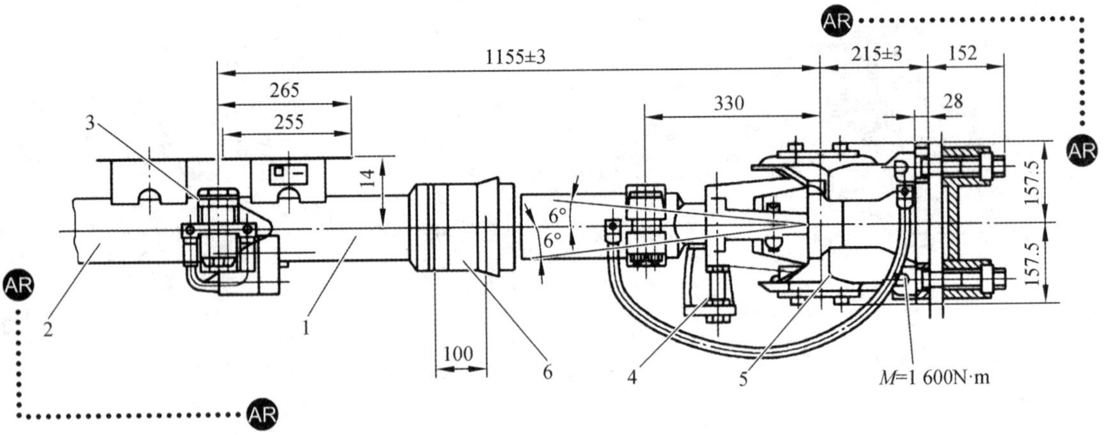

1—牵引杆（1）；2—牵引杆（2）；3—套筒式联轴节；4—垂直支撑装置；
5—橡胶缓冲装置；6—可压溃变形管能量吸收装置。

图 7.12　深圳地铁车辆半永久性牵引杆结构

城市轨道交通的客流量波动大，空载时列车的重量仅为自重，而满载时列车重量却很大，要求制动装置应具备在各种载荷工况下车辆制动力自动调整的性能，使车辆制动率基本不变，从而实现制动的准确性和停车的平稳性。

城市轨道车辆在部分车辆或甚至全部车辆上具有独立的牵引电机，具有电制动性能，需要与空气制动协调配合。

城市轨道交通车辆一般运行在人口稠密地区，并用于承载乘客，安全非常重要。要求列车具有紧急制动性能。

（一）按动能的转移方式分类

1. 闸瓦制动

闸瓦制动原理是空气制动机制动缸的制动作用力，经过基础制动装置均衡地作用于每个车轮的闸瓦。基础制动装置由制动拉杆、拉杆、制动梁、闸瓦等组成。

2. 盘形制动

盘形制动是在车轴或车轮辐板侧面安装制动盘，用制动夹钳使两个闸片紧压制动盘侧面，通过摩擦产生制动力，将列车动能转变为热能，消散于大气。

3. 电阻制动

电阻制动在城市轨道车辆大量应用。在使用直流牵引电机进行驱动车辆，它是在制动时将原来驱动轮对的自励牵引电动机改变为他励发电机，由轮对带动发电，并将电流通往专门设置的电阻器，采用强迫通风，使热量消散于大气而产生制动作用。

4. 再生制动

再生制动与电阻制动相似，再生制动也是将牵引电动机变为发电机，不同的是，它将电能反馈回电网，使本来电能变成的列车动能再生为电能，而不是变成热能耗散掉。

5. 磁轨制动

磁轨制动是在转向架的两侧、轨道上各安装一个电磁铁，制动时将它放下并利用电磁吸力紧压钢轨，通过电磁铁上的磨耗板与钢轨之间的滑动摩擦产生制动力，把列车动能变为热能耗散于大气。

6. 轨道涡流制动

轨道涡流制动与磁轨制动相似，从能量的角度来看，轨道涡流制动就是将列车的动能转换为电能，再转换为热能耗散于大气。

（二）按制动的作用分类

1. 常用制动

常用制动在正常的情况下为调节、控制列车速度或进站停车所施行的制动。其特点是作用比较缓和，且制动力可以调节，通常只用列车制动能力的 20% ~ 80%，多数情况下只用 50%。

2. 非常制动

非常制动是在紧急情况下为使列车尽快停住而施行的制动。其特点是把列车制动能力全部用上，且作用迅猛，制动力为最大常用制动力的 1.4 ~ 1.5 倍。非常制动有时也称快速制动。

3. 紧急制动

紧急制动紧急情况下采用的制动方式，特点与非常制动类似。它与非常制动的区别在于：非常制动一般为电、空联合制动，也可以是空气制动；紧急制动则只有空气制动作用。

（三）按制动力的操纵控制方式分类

按制动力非操纵控制方式进行分类，制动方式可分为空气制动，电空混合制动和电制动三类。

五、受流装置

从接触导线（接触网）或导线轨（第三轨）将电流引入动车的装置称为受流装置或受流器。

（一）三轨受流器受流

第三轨（简称三轨，又称接触轨），接触电压等级一般为直流 750 V。接触轨系统是地铁牵引供电系统的重要子系统，它直接影响到地铁供电系统甚至整个地铁系统的安全运营。

在接触轨系统零部件中，除包括导电轨的接触轨以外，还包括绝缘支架（或绝缘子）、防护罩、隔离开关设备、电缆等。接触轨、绝缘支架、防护罩是接触轨系统中送电、支撑、防护的三大件。接触轨系统，其技术特征之一是安装方式，特征之二是导电材料。接触轨一般采用低碳钢材料或钢铝复合材料。三轨受流器安装在车辆转向架构架两侧靠车辆外侧中部的位置。

（二）接触网受电弓受流

受电弓包括基础框架、框架、集流头和升降装置等，如图 7.13 所示。受电弓一般通过基础框架安装在车顶上，并尽量靠近转向架回转中心，以避免车辆通过曲线时引起受电弓偏离接触网导线。每个受电弓旁装有一个避雷器，用来防止来自车辆外部的过电（如雷击等）对车辆电气设备绝缘的破坏，其保护值范围应与变电所过电压保护协调。

受电弓用于从高压接触网电源受流，它可以根据司机的指令升起和降落。受电弓一般没有机械止挡，以限制受电弓在无线接触网区段上的垂直运动。选择受电弓应考虑在升弓时，对接触网无有害冲击；降弓时，对受电弓底架无有害冲击，同时还应考虑车辆最大车速和逆风时的空气动力学性能。

图 7.13　受电弓

受流装置按其受流方式不同可分为以下 5 种形式；

（1）杆形受流器。

外形为两根平行杆，上部有两个受电轨（导线），广泛用于城市无轨电车。

（2）弓形受流器。

形状如弓，属上部受流，弓可升可降，其接触有一根导线，下面有导轨构成电路，用于城市有轨电车。

（3）侧面受流器。

在车顶的侧面受流，又称为“旁弓”，多用于矿山装货物的电力机车上。

（4）轨道式受流器。

从底部导电轨受流，又称为第 3 轨受流，空间可得到充分利用，多用于速度较高的隧道列车运行。北京地铁及目前欧美大部分城市地铁均采用这种受流方式。

（5）受电弓受流器。

属于上部受流，形状如弓可升可降，适用于列车速度较高的干线电力机车上。上海地铁亦采用这种方式。

在受电制式上，目前世界上地铁发展较早的城市大都采用直流 750 V，个别有采用 600 V 的。北京地铁为直流 750 V，上海地铁采用直流 1 500 V，它与直流 750 V 相比具有以下优点：可提高牵引电网的供电质量，降低迷流数值，增加牵引供电距离，从而可减少牵引变电所数量；便于地铁线路实现地下、地面和高架的联动。

六、车辆的内部设备

车辆内部设备包括服务于乘客的车体内的固定附属装置和服务于车辆运行的设备装置。属于前者的有：车电、通风、取暖、空调、座椅和拉手等。服务于车辆的运行的设备装置大多数吊挂于车底架，如蓄电池箱、继电器、主控制箱、电动空气压缩机组、总风缸、电源变压器、各种电器开关和接触器箱等。

（一）通风、采暖及空调

城市轨道交通车辆因乘客拥挤、空气污浊，必须设有通风装置，一般采用机械通风。在地面高架并运行在较冷地区的车辆，设有电热器，一般由供电线路直接供电。为改善乘客的舒适度，现代城市轨道交通车辆一般设有空调装置。

（二）内部装饰及设备

内部装饰及设备是城市轨道交通车辆必不可少的，其要求是美观、舒适、实用、隔音、减振、坚固、防火。内部装饰包括客室内部的墙板、顶板、地板及司机室布置等。地铁车辆内部装饰包括客室内部墙板、顶板、地板安装及司机室布置。

车辆内部设计，应该以当地的地域性、文化、科技为背景，结合空气动力学、美学、人工工程学原理进行设计。在确保功能完善，结构牢固可靠的基础上，实现造型新颖、美观大方、色调协调、明快、柔和、富有现代气息的效果，同时具有良好的灯光和色彩布局搭配，注重乘客的各种需求，内部装饰为喷塑铝板和聚氨酯玻璃钢等。

城市车辆设备主要有作为旅客乘客口的侧拉门、司机室侧门、客室隔门、端门、座椅、车窗、各种扶手及吊环、立柱等，为了便于相邻车之间旅客能相互流通，调节客室疏密不均，增加事故情况下旅客逃生的通道，近些年来制造的城轨客车相邻两端趋向于走开口的贯通道，并相应增设了风挡和渡板。

七、车辆电气系统

由于车辆本身不携带能源，所需能源必须由电力牵引供电系统提供。城市轨道交通电气化系统由牵引变电所、接触网、车辆电气系统三部分组成。牵引变电所和接触网构成牵引供电系统，为车辆提供电力能源。

车辆电气系统包括车辆的各种电气设备及其控制电路，按其作用和功能不同可分为主电路系统，辅助电路系统和电子与控制电路系统 3 个部分。

城市轨道交通车辆电气系统是一个统一的总体，车辆从牵引供电网络获得电能，由牵引电机将电能转变为机械能从而驱动车辆运行，一般称其为电力牵引系统。

采用电传动技术的城市轨道交通电动车辆，为了实现能量的传输与变换，电力牵引系统不可缺少的硬件设备有以下三部分。

（1）高压设备，包括受电弓（或第三轨受流器）、高速断路器、防止大气过电压的装置（如避雷器、放电间隙）和电流检测装置。这部分设备的基本功能是保证通过触网动态接触，使电动车组从牵引变电所获取可靠供电。

（2）变流设备，主要包括直-交逆变器以及相关的附加设备，如通风机、压缩机、泵传递机构，如齿轮减速器、万向节空心轴传递装置等，直线电机牵引系统除外。

（3）转向架中的机电能量变换装置（也就是牵引电机）。一般的，在转向架中还装有力的传递机构，如齿轮减速器、万向节空心轴传递装置等，直线电机牵引系统除外。

现在交流传动和动力分散型控制技术的车辆大部分采用的是交流异步电动机驱动的直-交型车辆。整个系统由受电弓、高速断路器、VVVF 牵引逆变器、牵引电机、制动电阻等组成。电动车受电弓从直流接触网受流，通过高速断路器后，将高压直流电送入 VVVF 牵引逆变器。VVVF 牵引逆变器采用 PWM（Pulse Width Modulation，脉宽调制）模式，将高压直流电逆变成频率、电压可调的三相交流电，平行供电车辆 4 台交流鼠笼式异步牵引电机，对电机进行调速，实现列车的牵引、制动功能。

第三节　车辆的技术参数

车辆技术参数是概括地介绍车辆技术规格的某些指标，是从总体上表征车辆性能及结构的参数，一般分为性能参数与主要尺寸两大类。

一、车辆性能参数

1. 自重、载重及容积

自重为车辆本身的全部质量，载重即车辆允许的正常最大装载质量；均以 t 为单位，容积以 m^3为单位。

2. 构造速度

指车辆设计时，按安全及结构强度等条件所允许的车辆最高行驶速度。车辆实际运行速度一般不允许超过构造速度。

3. 轴重

指按车轴形式及在某个运行速度范围内该轴允许负担的并包括对自身在内的最大总质量。轴重的选择与线路、桥梁及车辆的走行部的设计标准有关。

4. 每延米轨道载重

是车辆设计中与桥梁、线路强度密切相关的一个指标，同时又是能充分利用站线长度、提高运输能力的一个指标，其数值是车辆总质量与车辆全长之比。城市轨道车辆的该参数按设计任务书规定进行设置。

5. 通过最小曲线半径

指配用某种形式转向架的车辆在站场或厂段内调车时所能安全通过的最小曲线半径。当车辆在此曲线区段上行驶时不得出现脱轨，倾覆等危及行车安全的事故也不允许转向架与车底架或与车下其他悬挂物相碰。

6. 轴配置或轴列数

4 轴动车，设两台动力转向架，其轴配置记为 B-B；6 轴单铰轻轨车，两端为动力转向架，中间为非动力铰接转向架，其轴配置记为 B-2-B。

7. 最大起动加速度、平均起动加速度和最大制动减速度

（1）最大起动加速度：指列车在起动过程中所能到达的最大的加速度。

（2）平均起动加速度：指列车速度从 0 增至某一速度（一般为 30 ~ 36 km/h）之间的平均加速度，一般情况下：地铁为 0.9 ~ 1.0 m/s^2，轻轨车为 0.8 ~ 1.3 m/s^2。

（3）平均制动减速度，是指在列车在额定载荷下，自最大运行速度制动减速度直至停车过程中的平均减速度。

8. 每吨自重功率指标

一般为 10 ~ 15 W/t。

9. 供电电压、最大网电流和牵引电机功率

目前城市上地铁发展较早城市，其供电电压大多数采用直流 750 V，个别也采用直流 600 V 的。北京地铁采用直流 750 V，而上海和广州地铁均采用直流 1 500 V。

最大网电流是指供电电网的最大允许电流。

牵引电机功率由列车运行工况决定，单电机功率通常为：地铁车 200 ~ 250 kW，轻轨车 150 ~ 200 kW。

10. 制动形式

包括摩擦制动、再生制动、电阻制动以及磁轨制动等多种形式。

11. 座席数及每平方米地板面积的站立人数

略。

12. 电器控制方式或电传动方式

目前有凸轮调阻控制，斩波调阻控制，斩波调压控制变压变频控制四种形式。

13. 冲击率

由于工况改变引起的列车中各车辆所受到的纵向冲击，在城轨车辆中，主要用于说明车辆本身电气及制动控制系统所应达到的冲动限制。

14. 列车平稳性指标

车辆平稳性是评定旅客舒适程度的主要依据，反映了车辆振动对人体感受的影响。因此评定平稳性的方法主要以人的感觉疲劳程度为依据，通常以平稳性指标表示。

二、车辆的主要尺寸

（1）车辆的主要尺寸除车辆全长、车辆定距及转向架固定轴距外，还包括以下几项内容。

① 车辆最大宽度、最大高度。

车辆最大的宽度指车体最宽部分尺寸，车辆最大高度是指车辆顶部最高点离钢轨水平面之间的距离。这两个尺寸均需符合车辆限界的要求。

② 车体长、宽、高。

车体长、宽、高又有车体外部与内部之别。但车体内部的长、宽、高必须满足货物装载或旅客乘坐等要求。

③ 车钩中心线距轨面高度（简称为车钩高）。

它是指车钩钩舌外侧面的中心线至轨面的高度。列车中机车与各车辆的车钩高基本一致，是保证正常传递牵引力及列车运行时不会发生脱钩事故所必需的。我国铁路规定新造或修竣后的空车标准车钩高为 880 mm；其他国家根据各自的历史条件决定其使用的车钩高。如苏联及欧洲各国的车钩高（或盘形缓冲器的中心高）定为 1 060 mm；城市轨道交通车辆的车钩高无统一的标准，上海地铁车辆为 720 mm，北京地铁车辆为 670 mm。

④ 地板面高度。

地板面距轨面的高度与车钩高一样，均指新造或修竣后空车的数值。它将受到两方面制约；一方面是车辆本身某些结构高度的限制，例如车钩高及转向架下心盘面的高度；另一方面又与站台高度的标准有关，例如上海地铁车辆地板面高为 1.13 m，北京地铁车辆地板面高为 1.053 m。

⑤ 车辆定距。

车辆两相邻转向架中心之间距离。

⑥ 转向架的固定轴距。

不论是二轴转向架还是多轴转向架，同一转向架最前位轮轴中心与最后位轮轴中心线之间的距离称为转向架固定轴距。

一般地铁车辆的轴距≤2 500 mm，而轻轨车辆的轴距为 1 800 ~ 2 100 mm。

（2）车辆设计的参数如表 7-2 所示。

表 7-2　地铁车辆设计参数

车辆的总体寿命/年	30
每辆车的平均轴重/t	≤16
牵引电机额定功率/kW	190
列车平稳性指标	2.7
最高运行速度/（km/h）	80
设计/结构速度/（km/h）	90

第四节　车辆段

一、车辆段的功能与设施

车辆段是车辆的维修保养基地，也是停放、运用、检查、整备和修理的管理单位，其设计的优劣将直接关系到轨道交通系统的工作质量和运营效率。

（一）车辆段的类型

按照《地铁设计规范》（GB 50157—2013）的规定，地铁车辆段根据功能不同可分为检修车辆段（简称车辆段）和运用停车场（简称停车场）。车辆段根据其检修作业范围不同可分为架（厂）修段和定修段。独立设置的停车场应隶属于相关车辆段。

（二）车辆段的主要功能

车辆段的主要功能如下。

（1）列车的停放、调车编组、日常检查、一般故障处理和清扫洗刷、定期消毒。

（2）车辆的修理：月修、定修、架修与临修。

（3）车辆的技术改造或厂修。

（4）车辆段内通过设施及车辆段维修设备的维护管理。

（5）乘务人员的组织管理、出乘计划的编制、备乘换班的业务工作。

根据城市轨道交通线路的情况，有时可以另外设置仅用于停车和日常检查维修作业的停车场或检车区，管理上一般附属主要的车辆段，规模较小，其功能主要如下：

（1）列车的停放、调车编组、日常检查、一般故障处理和清扫。

（2）车辆的修理：月修与临修。

（3）附设工区管理乘务人员出乘、备乘轮班。

所谓的定修段功能介于车辆段和停车场之间。

（三）车辆段的必备设施

（1）车辆段应有足够的停车场地，确保能够停放管辖线路的回段车辆。车辆段的位置设置应保证列车能够安全、便捷地进入正线运行，并应尽量避免车辆段出入线坡度过大、过长。

（2）车辆段内需设检修车检。检修车间的工作地点为架、定修库和月修库；列检作业在列检库或停车库（线）进行；架、定修库要有桥式起重机和架车设备、车轮镟销机床及存轮库，必要时应设不落轮车轮镟床；架、定修库内应有转向架、电机、电器、制动机维修间，应设转向架等设备的清扫装置，单独设立的喷漆库；车辆段内还应有车辆配件的仓库。

（3）根据运营管理模式的要求，多数运营单位在段内设运用车间，车间下辖乘务对、运转值班室、信号楼、乘务员备乘休息室、内燃轨道车班等。

（4）车辆段内还应有设备维修车间，负责段内的动力设施及通用设备的维修。

（5）配备车辆清洗设备，并设专用的车辆清扫线。

（6）车辆段内一般还设有为供电、通信信号，工务和站场建筑服务的维修管理单位。

（7）设立机关办公楼与其他服务设施，如培训场地、食堂、会议厅等。

车辆段主要由列车停放区、车辆清洗区、检查和小修库、大修库、机车库组成。一个典型的停放维修电动车组、工程车和机车的车辆段总体布局示意图如图 7.14 所示。

（四）车辆段的线路配置

轨道交通车辆段根据生产线需要和所负担的任务范围一般应设置下列线路。

（1）连接线路：出入段线路。

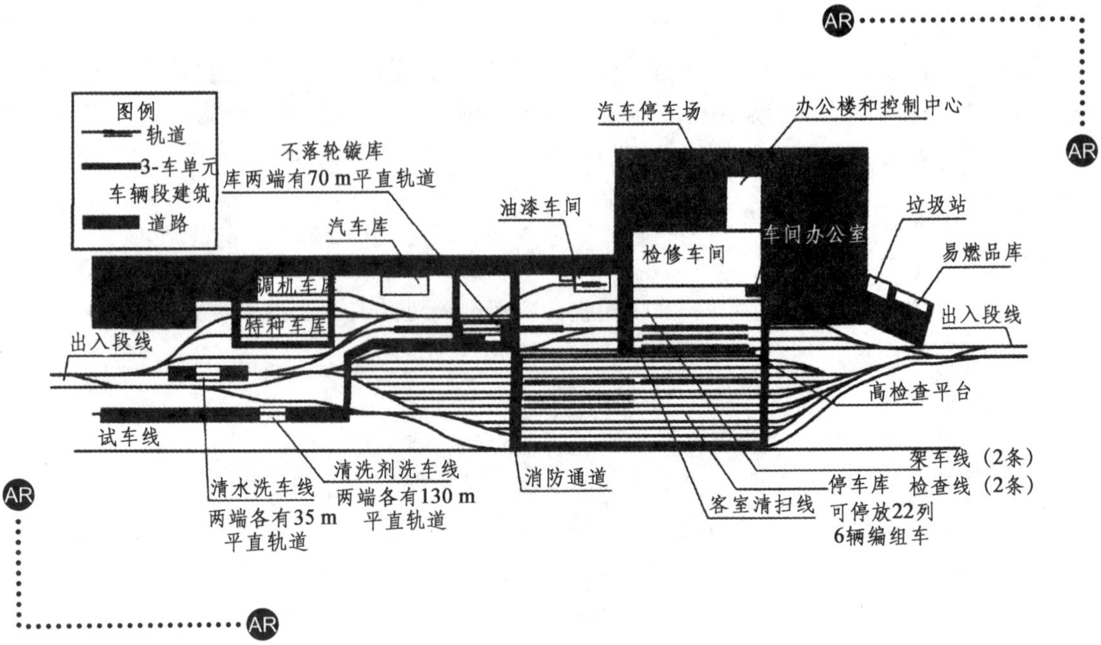

图 7.14　车辆段总体布局示意图

（2）停放线路：列车停放线。

（3）作业线路：列检作业线、月检作业线、定修线、临修线、架修线（或大、架修线）。

（4）辅助作业线路：外皮清洗线、吹扫线、油漆线、不落轮镟线。

（5）实验线路：静态调试线、动态试车线。

（6）辅助线路：调机停放线、牵出线、材料装卸线、回转线、国铁联络线、救援列车线。

二、基本图式

车辆段及停车场的平面布置应力求作业顺畅、工序紧凑合理。根据车辆段所需的各种线路的使用功能和有效长度，并结合地形的具体情况，车辆段的总体平面布置标准可分为两大类。

（一）根据车辆段与正线的联通方式

车辆段的站场形式可分为贯通式及尽端式两种。如图 7.15、图 7.16 所示，停车场的平面布置形式如图 7.17 所示。贯通式车辆段和尽端式车辆段站场布置形式特点的比较如表 7-3 所示。

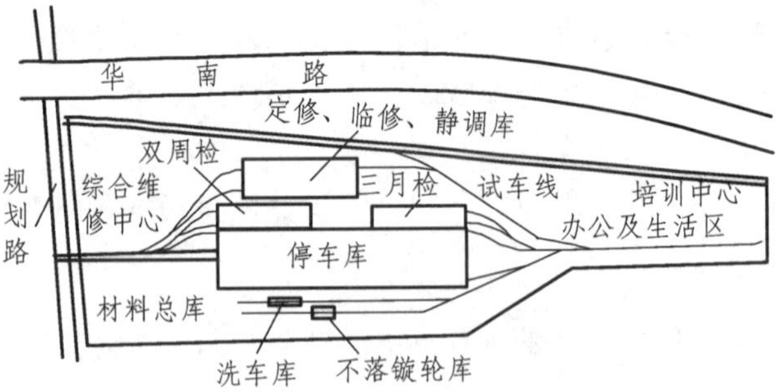

图 7.15　贯通式车辆段平面布置示意图

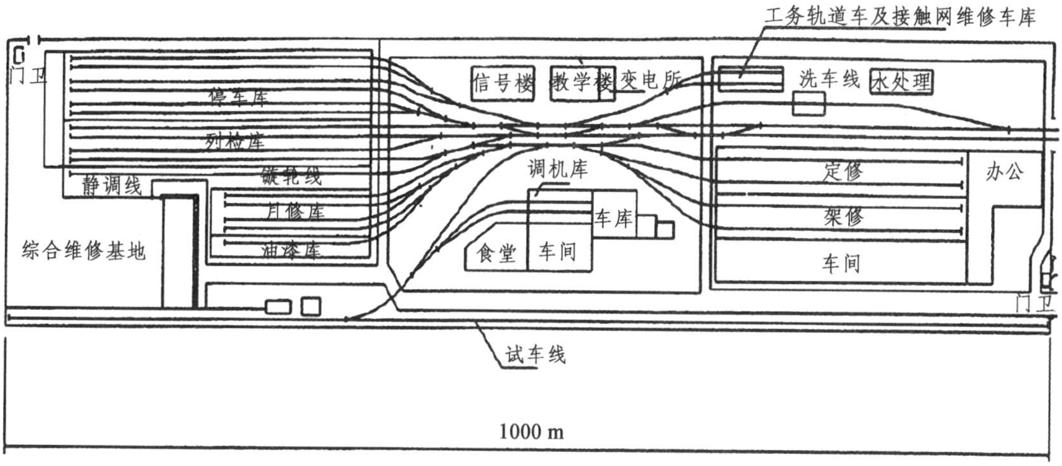

图 7.16　尽头式车辆段平面布置示意图

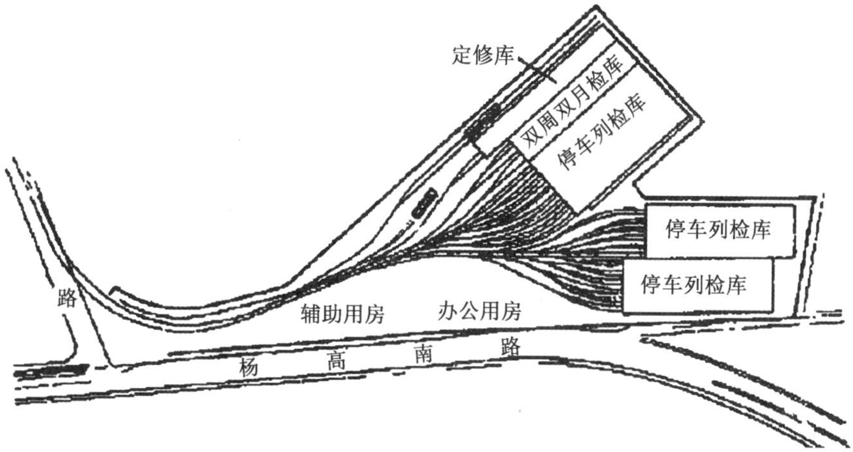

图 7.17　停车场平面布置示意图

表 7-3　贯通式车辆段和尽端式车辆段站场布置形式的特点比较

车辆段布置形式	优点	缺点
尽端式	① 对车辆段工艺要求相对简单；一般位于城市的边缘，对城区环境污染较小 ② 车场只有一个咽喉区，在相同的停车条件下占地面积小，线路短，铺轨工程量小	① 只能一个方向发车 ② 列车出入段灵活性差 ③ 咽喉区交叉作业多
贯通式车辆段	① 可向两个方向同时发车 ② 两端列车出入段灵活、方便、迅速 ③ 段内作业顺畅，咽喉区交叉作业少	① 对车辆段的工艺要求复杂 ② 车辆两端都布置咽喉区，占地较大，线路较长、铺轨的工程量大 ③ 段址离城区较近，会对城区产生一定的环境污染

（二）根据车辆段内库线群布置关系

线路区域是车辆段与综合基地内占地较大的部分，线路布置形式在很大程度上决定了整个车辆基地的布局，同时对建筑布置也有决定性影响。根据基地内库线群（主要指列检停车库等运用线群与检修库线群）布置的相互关系可将车辆基地的总平面布置分为纵列式、并列式和错列式 3 种。

纵列式布置适合狭长地形建段，车辆基地内的运用线群（列检停留线群）和检修线群等纵向排列，段形较长。列车在段内走行距离长，生产、生活及办公房屋一般布置在线路一侧，比较分散，生产联系工作相对不便。但纵列式布局可自然将功能区划分明确，便于分区集中管理。在纵列式布置中，有一种特殊的形式：倒装式。倒装式的车辆基地是将检修部分与运用部分逆向布置，利用调车线或走行线将两部分线群连接。这种总平面布置的优点是检修设施与运用设施相对独立，车辆在段内检修作业和运用作业相互干扰小，分解了咽喉区，可有效利用占地面积。缺点是由于检修部分与出入段线逆向，检修车进库需走“之”字形，增加了调车作业量。

并列式布置适合短宽地形建段，运用线群和检修线群等并列平行布置，两线群之间应留有一定的距离，用于设置工业管线及道路。线群前、后留有一定的位置，用于设置生产、生活及办公房屋。可根据需要，结合车辆基地的规模，地形，将段内设施总体布局集中或单独布置。这样布置的优点是整体布局较为紧凑，既便于组织生产和管理，也减少了列车在段内的走行距离，功能区可根据管理需要进行划分。但规模较大的车辆段由于列检停留线与检修线等的股道数量大，如使用这种布局则段形会过宽，而且由于股道数量大，股道咽喉区也会较长。一般较多适用于尽端式布置的车辆段。

在实际运用中单纯采用纵列式或横列式布置，都有一定的局限性，错列式是在纵列式与横列式布局基础上的引申和发展。这种布置方式吸收了前两种布局的优点，将纵列式与横列式有机结合起来，在实际设计中采用较多。

错列式布置适合于比较狭长的地形建段，运用线群前部、后部和检修线部分并列平行布置。段内线路布置应使车辆在段内各种作业流程顺畅，减少车辆在段内的走行距离及相互干扰，在满足功能的前提下，尽量使线路布置合理紧凑，做到铺轨最短，道岔最少，以便于车辆在段内的生产组织和管理。

从国内外城市轨道交通车辆段设置的案例来看，车辆段结构形式除平面布置形式外，也存在立体布置形式。其中，东京地铁 12 号光丘车辆段（三层结构）就是一个典型的案例（见图 7.18）。光丘车辆段是钢筋混凝土箱形断面的地上一层及地下 2 层的三层结构，地下 1 层主要是车辆的检修线，地下 2 层主要是停车线，而地面层主要设有转向架作业场所、事务所以及办公楼。利用这种结构形式一方面可以显著节省日益紧张的城市土地资源，对城市轨道交通的可持续发展具有积极的意义。但是，另一方面它将大大恶化地铁车辆维修职工工作环境，所以借鉴时应慎重进行研究，并提出改善工作环境的措施。我国北京的古城、太平湖及八王坟和上海的新龙华车辆段均采用平面布置的形式。

图 7.18　东京地铁 12 号线光丘车辆段

深圳地铁凉帽山车辆段选址用地受到高压燃气、输油管道和二级水源保护区的限制，在有限的用地内，为了满足工艺规模及要求，凉帽山车辆段因地制宜采用多层台地式的空间布置。

凉帽山车辆段总平面采用运用库与联合检修库横列尽端式布置。从场地标高上主要分为：75 m 层（停车列检库下层、工程车库、镟轮库）、86 m 层（主要工艺层：停车列检库上层、联合检修库、综合维修中心、物资总库等）、97 m 层（停车列检库顶，预留 6 层办公管理用房条件，初期设计为覆绿设计）、110 m 层（联合检修库顶，设计为文体公园）、61 m 层（调蓄池）、65 m 层（综合楼、派出所）。车辆段 75 m 层通过双线联络线与出入线及 86 m 层咽喉区连接，同时在 2 号上下层联络线尽端（出入线南侧）单独设置了 1 条牵出线，满足上下层调车作业条件。

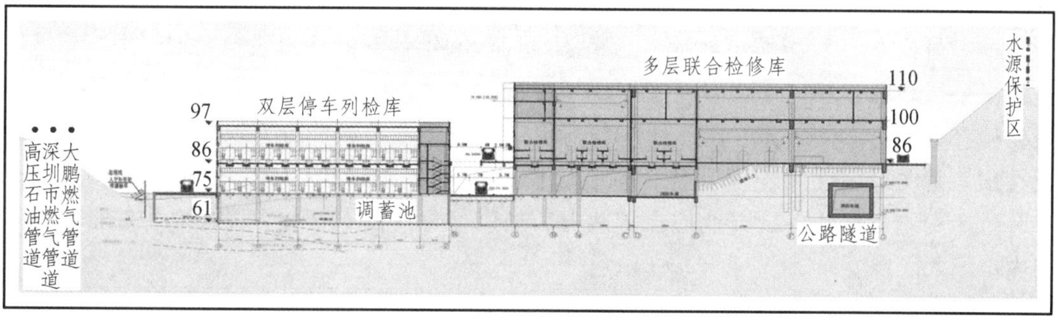

图 7.19　凉帽山车辆段横断面示意图（单位：m）

凉帽山车辆段西端将出入线、试车线联络线、洗车线、牵出线、上下层联络线及部分咽喉区布置于山体隧道内，形成 8 线隧道群，并于隧道顶覆绿恢复山体地貌。车辆段西北侧设置全地下试车线 1 条，通过隧道联络线与上层咽喉区连接，试车线全长 1430 m，为全地下直线试车线。凉帽山车辆段隧道群平面及横断面示意如图 7.20 所示。

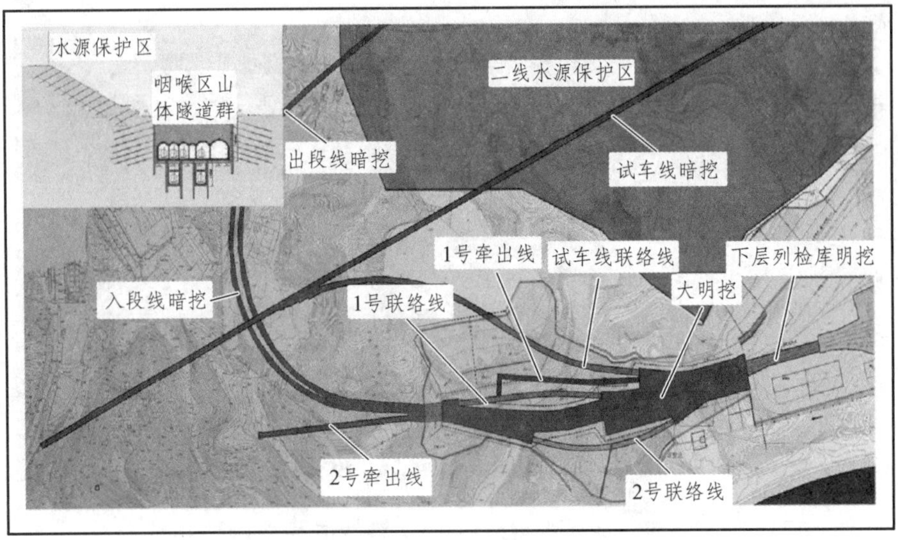

图 7.20　凉帽山车辆段隧道群平面及横断面示意图（单位：m）

思考与讨论

近 20 年来，随着我国城市轨道交通的迅速发展，以中国中车为代表的我国城市轨道车辆装备制造业也不断发展壮大。中国中车由中国北车、中国南车于 2015 年合并而成，现已成为全球轨道交通装备制造行业的领军企业。截至 2021 年年底，我国大陆城市配属中国中车生产的各型城市轨道交通车辆总数近 60000 辆。同时，中国中车制造的系列产品，已经成为中国向世界展示发展成就的重要名片，产品已经出口全球 100 多个国家和地区，基本覆盖“一带一路”沿线国家，越来越多的国外消费者享受到了“中国制造”带来的便捷交通。

思考讨论：① 我国城市轨道交通从 20 世纪 90 年代开始获得飞速发展，中国市场备受跨国公司青睐，相比于当时的中国车辆装备制造业，国外车辆企业的技术优势主要体现在哪些方面？② 从 2000 年至今，中国车辆装备制造业从哪些方面取得了长足的进步？成功出口海外，其主要竞争优势体现在哪些方面？③ 结合当今城市轨道交通的发展趋势，讨论中国车辆装备制造业应在哪些方面加以优化或技术突破，以进一步获得海外与国内市场的青睐？

课后思考题

1. 简述车辆的基本组成及其作用。
2. 总结车辆的主要技术参数。
3. 简述车辆段的主要功能及必备设施

第八章　城市轨道交通供电系统

第一节　概　述

一、供电系统构成

地铁供电系统是为地铁运营提供所需电能的系统，它不仅为地铁列车提供牵引用电，而且还为地铁运营服务的其他设施提供电能，如照明、通风、空调、给排水、通信、信号、防灾报警、自动扶梯等。

城市轨道交通供电系统通常由以下几部分组成：外部电源、主变电所或电源开闭所、中压供电网络、牵引供电系统、动力照明供电系统、杂散电流腐蚀防护系统、电力监控与数据采集（SCADA）系统、能量监测管理系统、过电压防护及综合接地系统组成。

二、供电系统功能划分

（一）外部电源功能

轨道交通供电系统的外部电源就是为供电系统的主变电所或电源开闭所供电的城市电力系统的高压系统。

（二）主变电所或电源开闭所功能

通过主变电所或电源开闭所将来自于城市电力系统的高压电源（110 kV、66 kV、35 kV）降压或配电为轨道交通系统使用的中压（35 kV、10 kV）交流电，并通过中压供电网络，向牵引供电系统和动力照明供电系统供电。

（三）中压供电网络功能

中压供电网络的功能是（用联络电缆和差动保护光缆）纵向将上级的主变电所和下级的变电所连接起来以及横向把全线的各个变电所连接起来，向牵引供电系统和动力照明供电系统供电。

（四）牵引供电系统功能

将来自于主变电所（或电源开闭所）的 35 kV（10 kV）电源，通过中压网络分配给牵引变电所，并通过降压整流，变成轨道交通列车使用的直流 1 500 V（750 V）电源，再通过牵引网（由馈电线、接触网、上网电缆、钢轨电路及回流网等构成）不间断地供给轨道交通列车电能，以保证列车安全、可靠、快速地运行。

（五）动力照明供电系统功能

将来自于主变电所或电源开闭所的 35 kV（10 kV）电源，通过中压网络分配给降压变电所，通过降压，变成车站、区间动力照明等设备使用的低压 380/220 V 交流电源，再通过低压配电系统供给动力照明等设备使用，以保证车站设备和照明系统的正常运行。

（六）杂散电流腐蚀防护系统的功能

杂散电流腐蚀防护系统的功能是防止直流牵引供电系统引起的杂散电流扩散，尽可能地避免杂散电流对城市轨道交通本身及其附近结构钢筋、金属管线的电腐蚀，并对杂散电流及其腐蚀防护状况进行监测。

（七）电力监控与数据采集（SCADA）系统功能

通过电力调度中心调度端、通信通道、子站，对整个轨道交通供电系统的主变电所、牵引变电所、降压变电所、接触网、杂散电流腐蚀防护系统等主要供电设施的运行状态进行实时监测、控制、数据采集及处理，实现供电设备的自动化调度管理，以保证设备的正常运行。能量监测系统对各线路车站、各设备的用电能量进行数据采集，集中统计、比较、分析，实现网络化管理。

（八）过电压防护及综合接地系统功能

供电系统在运行过程中会遭受暂态过电压、操作过电压、雷电过电压的侵袭，使设备绝缘直接破坏或不断劣化，最终引发事故。供电系统根据轨道交通沿线的气候情况和系统特点设置完善的防护措施。

综合接地装置由人工接地体和自然接地体组成，接地电阻应小于 0.5 Ω，接触电位差和跨步电位差应符合《交流电气装置的接地设计规范》（GB/T 50065—2011）规程相应的要求，确保人身安全和设备安全。

第二节　电力牵引供电系统

一、概述

城市轨道交通牵引系统由电力牵引系统和供电系统两部分组成。电力牵引是一种以电能为动力的牵引方式，它是以城市电网的电力为动力源，在车辆上将电能转换为机械能，从而牵引列车组在轨道上运行的一种牵引动力形式；而供电系统是城市轨道交通中最重要的能源设施，它由高压输电网、主变电所降压、配电网络和牵引变电所降压整流（转换为直流电）等环节构成，为各种用电设备提供电源，确保车辆和各系统的正常运行。

二、电力牵引系统

（一）电力牵引系统的发展状况

轨道交通电力牵引系统通常由受流器从架空接触网或第三轨（输电轨）接受电能，通过车载的变流装置给安装在转向架上的牵引电动机供电，将电能转化为机械能，通过齿轮传动箱和轮对，驱动电动车（组）运行。

1879 年首列电传动样车在柏林展会上出现后便很快受到世界范围的关注。随着工业技术的发展和进步，电力牵引也得到了广泛的发展和应用。特别是工业化进程的后期，由于发达国家城市化进程中汽车拥有量的急剧增长，导致交通阻塞、空气污染、噪声公害成为难以治愈的“城市病”，人们逐步认识到解决大城市的交通问题，必须开发大运量、速度快、能耗低、污染少的现代化快速轨道交通系统。电力牵引系统凭借其显而易见的优势而得到了充分的发展和应用。

就我国而言，城市地铁与轻轨建设起步较晚，但随着改革开放与国民经济的逐渐发展，它们也日益得到了重视。我国城市轨道交通车辆的现状，按其传动与控制方式不同可分为直流调阻车（如北京地铁 1 号线）、直流斩波车（如上海地铁 1 号线部分车辆）和交流传动（上海地铁 2 号线车辆与广州地铁 1 号线车辆等），其发展趋势与世界牵引技术发展主流基本一致。

（二）电力牵引系统的主要内容

轨道交通电力牵引系统的电流、电压制与通常的电力牵引电流、电压制相同。轨道交通供电电流制有直流、交流两类；电压制从低压到高压，国际电力牵引设备混合委员会建议采用下列数值：① 直流：600 V、750 V、1 500 V、3 000 V（标称值）；② 交流：6 250 V、15 000 V、25 000 V（标称值）。

轨道交通车辆电力牵引系统按照驱动电机的不同，通常分为直流电力牵引系统和交流电力牵引系统。

1. 直流电力牵引系统

直流电力牵引系统采用直流牵引电机作为驱动电机，由直流电源经直流变换器（DC-DC）向直（脉）流牵引电机供电，如图 8.1 所示。

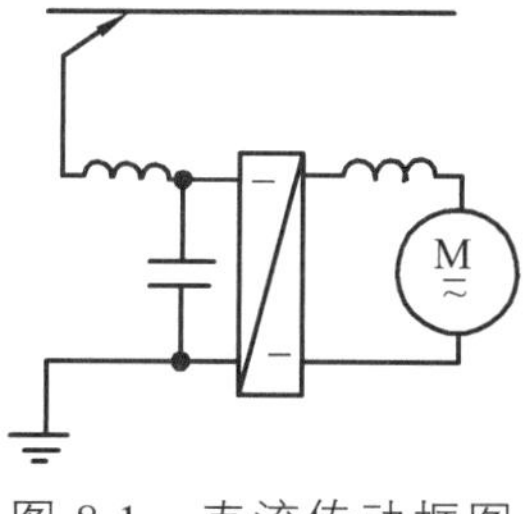

图 8.1　直流传动框图

2. 交流电力牵引系统

交流电力牵引系统采用交流牵引电机作为驱动电机，由直流电源经晶闸管或其他新型电力电子器件构成的逆变器将直流电源转换为可调压、变频的三相交流电源，再向交流牵引电机供电，也可以采用交流-直流-交流方式向三相交流牵引电机供电，如图 8.2 所示。

（三）不同轨道交通车辆的供电特点

1. 有轨电车

作为城市公共交通工具之一的有轨电车，从架空线获得电能，经车内调速系统变成可调节的电压，再供给牵引电机，电流经轮对传到钢轨再流回变电所。

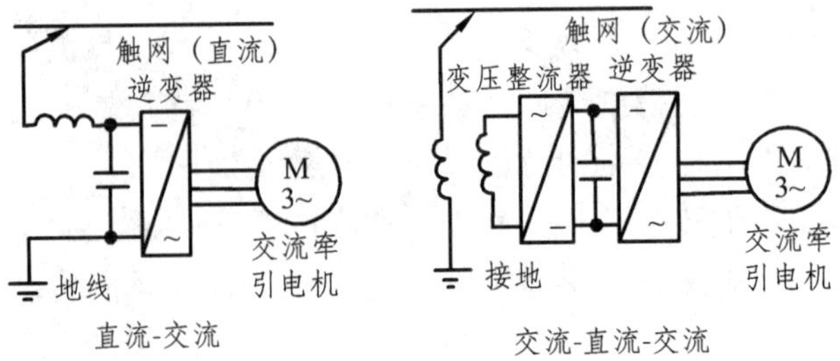

图 8.2　交流传动框图

2. 电动车组

电动车组专为客运服务，其中干线铁路上的电动车组车速较高，这种电动车组基本工作原理与有轨电车相同，都是用牵引电动机驱动，但电网电压为 25 kV，远高于城市轨道交通列车。对于城市轨道交通线路上的电动车组而言，其车速、功率及电网电压均远小于上述铁路干线上的电动车组。

3. 特种电动车

（1）单轨电动车。

单轨电动车的供电电缆一般置于轨道梁的梁腹部，用电刷引入车内。

（2）采用橡胶轮的轻轨车辆。

这类车辆常见于自动导向系统中，除了有供电电缆外，在轨道上还敷设有回流电缆。

（3）磁浮列车。

磁浮列车基本上采用线性电动车驱动车辆。高速磁浮列车采用轨道梁上全线敷设长定子绕组，列车上装置作为转子的感应板（无需受电），产生磁浮的电源由车载电磁供电；低速磁浮列车采用车上装置短定子绕组，全线敷设感应板，车辆受电、牵引方式和地铁一样。

三、供电系统

城市轨道交通供电电源一般取自城市电网，通过城市电网一次电力系统和轨道交通供电系统实现输送或变换，最后以适当的电压等级和一定的电流形式（直流或交流电）供给用电设备。城市电网一次电力系统包括发电厂、传输线和区域变电所，由国家电力部门负责建造和管理。发电厂是发出电能的中心，一般可分为火力发电厂、水力发电厂和原子核能发电厂等。发电厂的发电机发出的电能，要先经过升压变压器升高电压，然后以 110 kV 或 220 kV 以及更高的电压，通过三相传输输送到区域变电所。

在区域变电所中，电能先经过降压变压器把 110 kV 或 220 kV 的高压降低电压等级（10 kV 或 35 kV），再经过三相输电线输送给本区域内的牵引变电所和降压变电所，最后降为轨道交通所需的电压等级（如 DC 1 500 V、AC 380 V 等）。

在城市轨道交通供电系统中，根据实际需要，也可以专设高压主变电所。发电厂或区域变电所对城市轨道交通主变电所供电，经主变电所降压后，分别以不同的电压等级对牵引变电所和降压变电所供电。牵引变电所的设置和容量应按运行的列车编组及行车密度进行牵引供电计算后确定，降压变电所的设置和容量可根据动力、照明和其他用电设备的用电量确定。对主变电所，其容量应由全部牵引、动力和照明用电量来确定。

图 8.3 为城市电网一次电力系统和城市轨道交通供电系统图。图中虚线 1 以上为电网高压电力系统，虚线 1 和虚线 2 之间是中压电力系统，虚线 2 以下是城市轨道供电系统。

城市轨道交通系统是一个重要用电部门，它不同于一般工业和民用的用电，为一级负荷。一级负荷规定由两路独立的电源供电，当任何一路电源发生故障中断供电时，另一路应能保证一级负荷的全部用电。牵引变电所的电源进线应来自两个区域变电所或由区域变电所提供的两路独立电源，当一路电源失压时，另一路电源自动投入，牵引变电所能从区域变电所不间断地获得三相交流电。在城市轨道交通供电系统中，根据用电性质的不同可以分为两部分，即为牵引电力机车供电的牵引供电系统和为动力、照明及其他用电设备供电的降压供电系统。

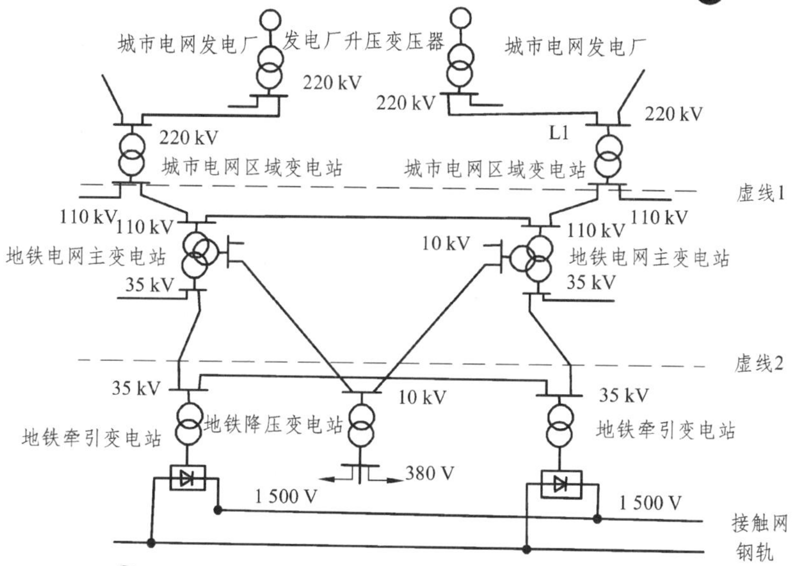

图 8.3　电力系统和城市轨道交通供电系统示意图

（一）牵引供电系统

城市轨道交通牵引供电系统如图 8.4 所示，其各部分的名称及功能简述如下。

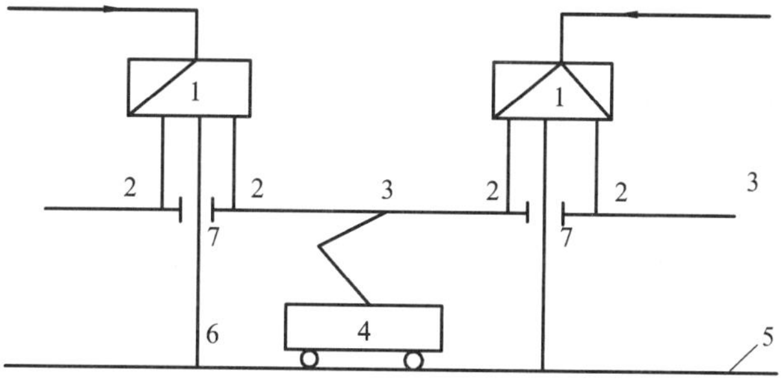

1—牵引变电所；2—馈电线；3—接触网；4—电动列车；5—钢轨；6—回流线；7—电分段。

图 8.4　城市轨道交通牵引供电系统示意图

（1）牵引变电所：供给地铁一定区域内电动车组牵引电能的变电所。

（2）接触网（包括架空接触网和接触轨）：经过电动列车的受电器向电动列车供给电能的导电网。

（3）回流线：用以提供牵引电流返回牵引变电所通路的导线。

（4）馈电线：从牵引变电所向接触网输送牵引电能的导线。

（5）电分段：为便于检修和缩小事故范围，将接触网分成若干段的装置称为电分段。

（6）钢轨：承载列车的同时被用来作为牵引电流回流回路的一部分。

一般将接触网、馈电线、钢轨、回流线总称为牵引网。牵引供电系统由牵引变电所和牵引网组成。

（二）动力和照明供电系统

地铁动力和照明供电系统示意图如图 8.5 所示，各部分功能简述如下：

（1）降压变电所：将三相电源进线电压降压为三相 380 V 交流电，主要为风机、水泵、照明、通信、信号和防火报警等用电设备供电。

（2）配电所（室）：配电所（室）仅起到电能分配作用。降压变电所通过配电所（室）将三相 380 V 和单相 220 V 交流电分别供给动力、照明设备，各配电所（室）为本车站及其两侧区间动力和照明等设备配电。

（3）配电线路：指配电所（室）与用电设备之间的导线。

在地铁供电系统中，降压变电所一般每个车站设置一个，有时也可几个车站合设一个；也可将降压（动力）变压器附设在某个牵引变电所之中，构成牵引与降压混合变电所。

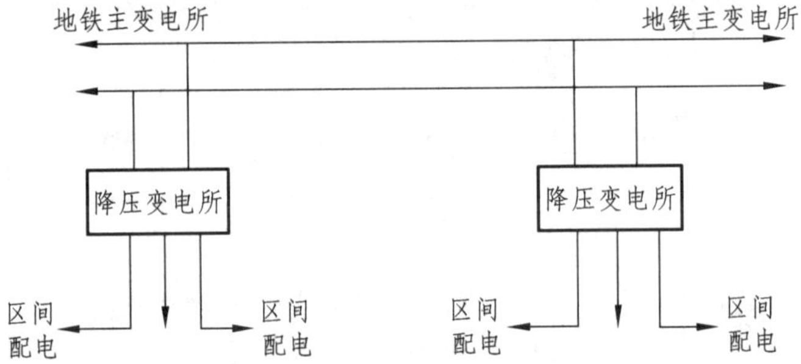

图 8.5　地铁动力和照明供电系统示意图

地铁车站及区间照明电源采用 380/220 V 系统配电。正常时，工作照明、事故照明均由系统交流照明电源供电。当失去系统交流照明电源时，事故照明自动切换为蓄电池供电，确保事故期间必要的紧急照明。

第三节　动力照明供电系统

一、车站动力照明配电方式

动力照明配电系统设计应满足安全可靠、技术先进、经济合理、接线简单、操作灵活以及方便运营维护等要求。动力负荷和照明负荷应分开配电。动力照明配电应将单相负荷尽量均匀地分配到三相电源的各相上，使三相负荷趋于平衡。动力照明配电系统设置的各类插座回路均应设置具备人身保护作用的漏电保护开关。

动力照明等用电负荷分为一级、二级、三级负荷，细划分如下。

（一）一级负荷

通信系统、信号系统、乘客信息系统、防灾报警系统、设备监控系统、自动售检票系统、电力监控与数据采集系统、消防系统、气体灭火、兼做疏散用的垂直电梯和自动扶梯、变电所操作电源、变电所维修电源、排烟系统用风机及相关电动阀门、车站排水泵、雨水泵、屏蔽门及安全门、防火卷帘门、防淹门、地下站公共区照明、地下区间照明、应急照明（含疏散照明）等。

其中通信系统、信号系统、变电所操作电源、电力监控与数据采集系统、防灾报警系统、应急照明为特别重要负荷。

一级负荷应由双电源双回路供电，当有一路电源发生故障时，另一路电源应保证对其正常供电，如站台、站厅公共区正常照明由变电所两段低压母线分别供电，各大约一半的照明负荷。一级负荷中特别重要负荷，除由双电源供电外，还应增加应急电源，下列电源可作为应急电源：

（1）蓄电池。

（2）独立于正常电源的发电机组。

（3）独立于正常电源的专用供电线路。

（二）二级负荷

地上站厅站台照明、附属房间照明、出入口排水泵、非消防疏散用的自动扶梯、普通风机、重要电器设备用房的空调机、电梯、污水泵、设备房检修电源、区间检修电源等。

二级负荷宜由双电源单回路供电，变电所母线引一路电源至用电设备，电源在变电所母线处切换。

（三）三级负荷

冷水机组、空调制冷及水系统设备、电热设备、广告照明、清扫及维修机械等，一、二级负荷以外的负荷系统。

三级负荷可由一路电源供电（通常取自 0.4 kV 三级负荷母线），必要时可自动或手动切除（当电源故障或变压器检修时）。

（四）电压偏差允许值

正常运行情况下，用电设备端电压偏差允许值（以额定电压的百分数表示）应符合下列条件：

（1）动力设备，正常情况：±5%。

（2）照明设备，一般情况：±5%。

（3）区间照明：+5% ~ −10%。

二、区间动力照明

（一）动力配电及控制

（1）区间动力设备配电设计以区间中心线为界，由相邻就近的车站降压变电所给车站左右各半个区间内动力负荷供电。区间动力电压偏差值为±5%。

（2）区间废水泵、雨水泵、防淹门和射流风机为一级负荷，由降压变电所两段母线各提供一路电源，末端自动切换。

（3）区间动力检修箱电源引自车站内端头（井）处区间动力检修总箱。各类区间动力设备配电箱、控制箱不得侵入设备限界。

（4）区间动力设备以直接启动为主，直接启动的压降影响其他设备运行时，应采取降压启动和其他补偿措施。

（5）区间每隔 100 m 左右处以及道岔附近设动力检修插座箱作为维修电源，容量为 15 kW，只考虑一处使用，应设漏电保护。

（6）区间应杂散电流专业要求，区间线路两侧每隔 250 m 左右设杂散电流监测电源箱一处，电源由检修插座箱内引出，电源接自检修插座箱。

如有通信专业要求，在区间的光纤直放站和区间中继器需设置电源，电源引至通信电源配电箱的上端头，并满足接地要求。

（7）区间设计地下、地上、地面段，地形较为复杂，因此电缆支架安装形式不一，根据现场情况选择合适的安装方式，保证供电线路的畅通、安全、可靠。在进站、出站以及地形过渡的地区更应该注意。

（8）动力设备根据具体情况及控制要求采用就地控制或自动控制等方式。区间废水泵控制箱内应留有提供给 BAS 系统用来监控设备运行状态的若干节点。

（9）区间废水泵房、雨水泵设就地、远程（BAS）和水位自动控制。

（10）区间射流风机设就地、远程（BAS）和水位自动控制，自动控制宜通过可编程控制器 PLC 完成。

（11）各级断路器根据需要设瞬时速断（短延时速断）、过载长延时及接地保护，插座（箱）及移动式等用电设备设漏电保护。

（二）照明配电及控制

（1）区间隧道内照明以区间中心里程为界，分别由临近就近车站的降压变电所供电，区间照明电压偏差值为+5%～-10%。照明配电采用树干式为主的方式。

（2）区间一般照明用电引自车站降压变电所，应急照明和疏散诱导照明引自车站 EPS。

（3）区间一般照明和应急照明采用 AC 380/220 V 供电，疏散指示采用 36 V 安全电压供电。

（4）区间照明电源引自车站内端头（井）处区间照明配电总箱。

（5）区间应急照明（含疏散指向照明）电源引自车站内端头（井）处的区间应急照明配电总箱（中间风井除外）。

（6）地下区间每隔 100～150 m 设一个一般照明配电箱，为附近的工作照明供电；每隔 100～120 m 设一个应急照明配电箱，为附近的应急照明和疏散指向标志照明供电；配电箱应采用不锈钢材质，外壳防护等级为 IP65。

（7）地下区间一般照明每隔 5 m 设一盏照明灯具，应急照明每隔 15 m 设一盏应急照明灯具，一般照明与应急照明灯具数量比例为 2∶1。区间疏散指向（双向）标志照明灯具在列车运行方向左侧，每隔 15 m 设一盏。

（8）区间工作照明平均照度 5 lx，区间应急照明平均照度 3 lx。

（9）在车站与区间接口处设工作照明配电总箱进行控制，区间工作照明设有现场控制、BAS 联动控制（含车控室和 OCC 控制）。

（10）疏散指向（双向）标志照明由设在站台层照明配电室的应急照明配电总箱控制，有三种控制方式：现场控制、车控室 IBP 控制、防灾 FAS 系统控制。在火灾工况下通过送风方向，人工控制指示方向（也可以联动），动态调整疏散指向标志，正常时光源不点亮。应急照明采用常明方式，不设开关。

（11）区间工作照明灯和应急照明灯采用荧光灯或 LED 灯光源，功率不宜超过 20 W，单灯功率因数不应低于 0.9，疏散指向标志灯采用 LED 光源，功率不宜超过 3 W，灯具防护等级为 IP65。

（12）工作照明灯具布置在行车方向的左侧上方墙上，区间每隔 5 m 设一盏节能型灯具（满足照度要求，通常在 11 W），灯具安装高度要根据车辆限界要求和具体情况确定。

（13）区间在敞开段和进出洞口的部位应设置过渡照明。

（14）区间照明电缆与照明工具的转接采用预分支线夹，减少了现场施工难度，但是图纸精确度需要提高，电缆供货商需要现场实际测量。转接方式也有采用绝缘穿刺线夹，分支线采用穿普利卡管的方式进行保护。

（15）地面及高架区间宜采用与接触网支柱共杆设置照明灯具的方式。

（三）施工注意事项

（1）穿越人防门的区间电缆要严格按照人防门设计单位指定的孔洞施工敷设。

（2）区间照明灯具所用接线盒的大小应根据实际的电缆尺寸定制。

（3）区间动力照明电缆的敷设位置应以供电专业的施工图为准。

（4）双圆盾构区间废水泵的电力电缆进行敷设时应每个区间敷设一根至废水泵房，并做好防火封堵。

（5）一边施工一边对区间工作及应急照明的照度进行测量，并做好记录，如不满足要求应及时通知并采取措施。

（6）本段区间电力电缆均沿电缆支架、电缆爬架、电缆桥架敷设，须保证电缆平直。电缆在区间曲线及过渡段敷设困难处需增加支架、爬架。

（7）电缆敷设在支架上应绑扎牢固，不得松动。

（8）所有电气设备的金属外壳、配线钢管等均应与 PE 线可靠联接。

UPS 电源综合系统相关内容请扫码观看

防雷与接地的相关内容请扫码观看

第四节　电力监控系统

电力监控系统又称 SCADA（Supervisory Control and Data Acquisition）系统，主要用于实现对城市轨道交通各变电所内主要电气设备进行遥控、遥信、遥测、遥调等。它对提高地铁供电系统运行的可靠性、安全性、经济性、减轻调度员的负担、实现电力调度自动化与现代化、提高调度的效率和水平等方面起到了不可替代的作用。

轨道交通电力监控系统是一个典型分层分布式结构监控系统，监控系统结构分为三层：中央级 SCADA 系统、车站级 SCADA 系统和现场间隔层设备。采用 3 级控制的方式来使用和管理，即控制中心远程控制（OCC）、所内控制信号盘上集中控制和现场设备本体控制。3 种控制方式互相闭锁，以达到安全控制的目的。

轨道交通电力监控系统采用分层分布式结构。整个系统由控制中心的调度系统、复示系统、通信通道、各变电所电力监控系统构成。电力监控系统作为子系统，在控制中心接入综合监控系统。监控系统网络结构如图 8.6 所示。

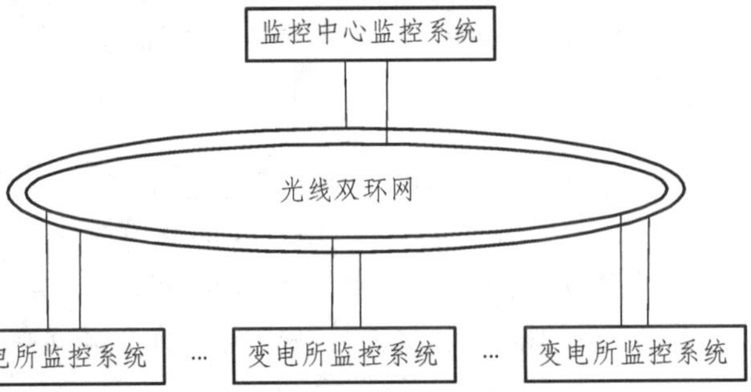

图 8.6　监控系统网络结构图

一、控制中心调度系统

控制中心调度系统主要包括系统软件和硬件设备，如调度工作站、数据库服务器、投影大屏幕、交换机、打印机等设备组成的。

控制中心调度系统对主变电所、全线主变电站、牵引降压混合变电所、降压变电所、跟随式变电所的主要供变电设备及接触网（轨）电动隔离开关进行监控，完成供电系统调度、事故分析、维护、维修。

控制中心调度系统是整个电力监控系统的核心。它利用显示终端或大屏幕投影显示各变电所的运行状态，具有以下功能：

（1）遥控、遥信、遥测、遥调功能。
（2）信息采集和处理功能。
（3）数据归档和统计报表功能。
（4）实现事件顺序记录、事故追忆、事故重演功能。
（5）在线自检及在线维护安全保护功能等。
调度系统运行的安全可靠性，是整个监控系统正常运行的先决条件。

二、复示系统

复示系统用于监视全线变电所设备、接触网（轨）设备的运行情况，完成维修调度作业计划的发送和接收，为检修人员提供第一手信息资料，供维修调度人员及时了解现场事故信息，达到快速调度抢修人员处理事故、缩短故障处理时间、提高响应速度及工作效率的目的。

复示系统如图 8.7 所示。

图 8.7　复示系统

三、通信通道

中央级电力监控系统通过光纤环形骨干网络传输通道与车站级各个变电所的电力监控制系统联接，如果一端通道故障可采用另一端通道，从而有效降低通道故障率，为通道维修提供保障。

四、变电所电力监控系统

变电所电力监控系统（包括主变电所、牵引混合变电所、降压所）属于车站级控制系统以计算机、通信管理机、保护装置、测控单元等智能设备为基本组成元素，采用三层的网络分布式结构，包括站控管理层、网络通信层和现场设备层。变电所内电力监控系统如图 8.8 所示。

图 8.8　变电所内电力监控系统

第五节　杂散电流

在直流牵引供电系统中，牵引电流并非全部由钢轨流回牵引变电所，而是有一部分由钢轨杂散流入大地，再由大地流回钢轨并回到牵引变电所。走行钢轨中的牵引电流越大或对地面绝缘程度越差，地下杂散电流也就相应增大，这种地下杂散电流又称作地下迷流。

一、杂散电流产生的危害

杂散电流对金属腐蚀、混凝土结构、埋设管线及排流设备等均有不同程度的影响，主要危害包括以下几个方面的内容。

（一）腐蚀金属

杂散电流对轨道交通自身地下结构的钢筋及沿线金属管线产生严重影响，杂散电流引起的腐蚀比自然腐蚀要严重得多。杂散电流腐蚀是由于外部电源泄露的电流作用而引起的结果，在数值上要比自然腐蚀的电流大几十倍，甚至上千倍。其腐蚀强度大、危害大、范国广、随机性强、腐蚀激烈。一般，腐蚀集中于局部位置（阳极区），当有防腐层时，往往集中于防腐层的缺陷部位。

对于排流网而言，由于它是杂散电流的良好通道，在回流点（阳极区）附近，杂散电流从排流网的结构钢筋中流出，排流网的结构钢筋失去电子带正电，称为正离子，铁离子与水蒸气中的硫酸根离子作用而变成硫酸盐遭到腐蚀。

（二）破坏混凝土结构

杂散电流通过混凝土时对混凝土本身并不产生影响，但如果有钢筋存在，钢筋则起到汇集电流作用，并把电流引导到排流点。

在杂散电流由混凝土进入钢筋之处，钢筋呈阴极，如果阴极析氢，且氢气不能从混凝土逸出，就会形成等静压力，使钢筋与混凝土脱开。在杂散电流离开钢筋的部位，钢筋呈阳极，发生腐蚀并形成腐蚀产物，生成 $Fe(OH)_2$ 继续被介质中的 O_2 氧化成 $Fe_2O_3 \cdot 2xH_2O$（红锈的主要成分），而 $Fe(OH)_3$ 可进一步生成 Fe_3O_4（黑锈的主要成分）。根据研究，黑锈体积可能大到原来的 2 倍，而红锈的体积可能大到原来钢筋体积的 4 倍。铁锈的形成，使钢筋体积膨胀，进而对周围混凝土产生压力，其内部形成拉应力。由于混凝土的抗拉强度很低，一般只有 0.88 ~ 1.5 MPa，会造成混凝土沿钢筋方向开裂。

（三）腐蚀埋设管线

轨道交通沿线附近埋有自来水、煤气、石油、公用、电缆等各种管线，由于埋设管线多为金属材质，因此容易集结，使其金属管线遭受腐蚀，产生严重的后果。

（四）烧毁排流设备

一般钢轨与轨枕、道床有绝缘材料相隔，如果某种原因导致绝缘材料损坏、钢轨与排流网短路，这时将有非常大的杂散电流通过排流网、排流柜，流回牵引变电所，而由于排流柜中的核心元件排流二极管的容量有限，如果短时间内杂散电流超过其限定的二极管导通电流，将有可能烧毁排流柜。

（五）危及设备和人身安全

杂散电流会对通信设备机架、其他受电设备有接地的外壳上产生高电位，使设备外壳与附近大地形成电位差，危及设备和人身安全。

二、杂散电流腐蚀防护主要思路

对杂散电流的防护必须给予足够的重视，从专业角度出发，应很好掌握杂散电流产生的原因和危害后果，并明确系统防护基本要求和治理的措施。防护工作以“堵—排—限”作为主要思路，并综合为“以防为主，以排为辅，加强监测，防止外泄”的综合防护措施，并以此作为治理方案的实施要求。相关专业按杂散电流防护要求配合执行，以实现经济、可靠地限制杂散电流，防止腐蚀的目的。

以“防”为主，即是“堵”，也是加强隔离防护，从源头开始，尽量减少杂散电流泄漏，采用钢轨、轨枕以及道床结构绝缘安装法。

以“排”为辅，即是基于上述“堵”的前提，防排结合，加强回流通路。在加强自身系统回流通路的基础上，利用杂散电流的首经通路——道床内的结构钢筋，将钢筋良好连通形成第一道屏蔽网（收集网），防止杂散电流向道床外部漏泄；利用隧道结构钢筋连通形成第二道屏蔽网（收集网），又防止杂散电流向隧道外部漏泄，避免危及市政公共设施。在牵引变电所内设置自启动智能型排流装置，排流装置自动将杂散电流屏蔽网中的电流引回牵引变电所的负极。

“限”包含两层意思。一方面，对于车辆段钢轨对道床的泄漏电阻较低，杂散电流较大的区段，设置单向导通装置，限制杂散电流的扩散。另一方面，对隧道内的钢筋管线和其他钢筋设施采取材质选择和对地绝缘等措施，限制杂散电流向其漏泄。

“加强监测”，设置杂散电流监测系统，监测装置测量的信息通过上位机进入 SCADA 系统或设专用通道将监测装置测量的信息上传到控制中心和复示系统，以便了解和分析杂散电流的特点。目前上海轨道交通系统将监测信息送入网络级能量监测管理系统。

杂散电流腐蚀防护的治理涉及多个专业，如牵引供电、钢轨、土建、给排水、车辆段、通信、信号、接触网等，需要相关专业密切配合，并提出具体要求。

思考与讨论

城市轨道交通以电力作为驱动，电源取自城市电网，经过一系列降压、整流后供给列车和其他系统设备。可靠的供电系统是确保城市轨道交通平稳运行的重要保障。在碳达峰、碳中和上升为国家战略的背景下，城市轨道交通作为绿色环保的交通工具，在低碳交通运输体系建设中被委以重任。

思考讨论：① 查找城市轨道交通已经实施的节能管理措施相关资料，并分析其效果。② 在不降低服务水平、不影响运营安全的前提下，如何构建绿色城市轨道交通，实现绿色低碳可持续发展？

课后思考题

1. 简述供电系统的主要功能。
2. 简述牵引供电系统的主要功能。
3. 简述车站动力照明用不同电负荷等级的覆盖设备。
4. 简述杂散电流防护的基本思路。

第九章　城市轨道交通通信信号系统

第一节　城市轨道交通通信系统

一、城市轨道交通通信系统的作用

城市轨道交通通信系统是指挥列车运行、公务联络、传递各种信息和提高运输效率的重要手段，是保证列车安全、快速、高效运行必不可少的综合系统。

城市轨道交通通信系统作为地铁运营调度、服务乘客、治安反恐、应急指挥的网络平台，是地铁正常运转的神经系统。它的任务是建立一个视听链路网，确保提供传输服务，给旅客提供服务信息，并且确保对车站、列车进行有效的控制。

城市轨道交通通信系统能够为地铁工作人员提供内部、外部联络用的通信手段；为地铁运营调度指挥列车运行、下达调度命令、列车运营、电力供应、日常维修、防灾救护、票务管理等提供指挥的专用通信工具；同时为乘客及工作人员以及运营所需各系统提供通信网络。

城市轨道交通通信系统的组成不是单一的子系统，而是多个独立子系统的组合。这些子系统在设计上能协调工作，在不同的运营环境下能正确地相互作用。城市轨道交通通信系统一般由通信传输系统、专用无线系统、闭路电视监控系统、专用电话系统、广播系统、时钟系统、电源系统、乘客资讯系统、商用通信系统以及录音系统等组成。

二、城市轨道交通通信系统的组成

城市轨道交通通信系统是保证列车安全运营的重要设备，主要由通信传输系统、专用电话系统、无线调度通信系统、录音系统、广播系统、闭路电视监控系统、时钟系统、乘客资讯系统、商用通信系统等组成，如图 9.1 所示。

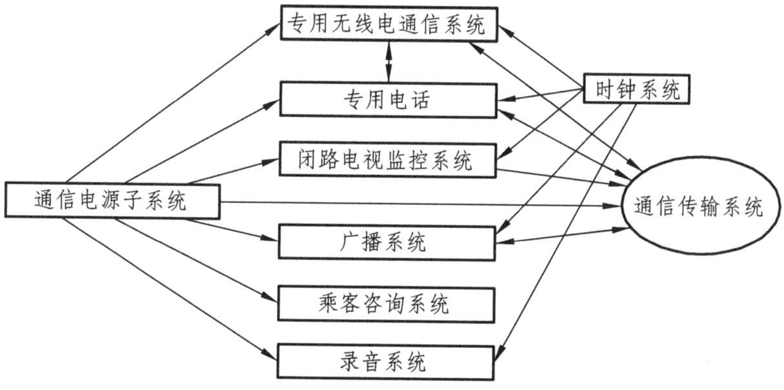

图 9.1　城市轨道交通通信系统的组成

（1）通信传输系统是一个能够承载语音、图像信息、数据等各种信息的综合业务数字通信网，是城市轨道交通通信系统的基础承载平台。城市轨道交通通信网由光纤数字传输系统、数字电话交换系统、广播系统、专用电话系统、闭路电视监控系统、无线通信系统等组成。这些系统通过电缆、光缆、漏泄电缆和空间电磁波等传输媒介，在控制中心与各车站、列车之间构成多个互相关联、互相补充的业务信息传输和交换通道，为城市轨道交通提供综合通信能力。

（2）专用电话系统为城市轨道交通管理、运营和维修人员提供语音通信。主要由公务电话和专用电话（包括调度、站内、站间和区间轨旁电话）两个子系统组成。

（3）无线调度通信系统，也称为无线集群通信系统。无线通信子系统主要用于解决固定人员（调度员、值班员）与流动人员（司机、维修人员与站务人员等）及其相互之间的通话及数据传输问题。为了保证调度和司机通话的安全、畅通，城市轨道交通没有采用公众移动通信网络通信，而是建设了轨道交通专用的无线调度通信网络。

目前国内开通的地铁专用无线系统基本都采用 TETRA 制式。TETRA 数字集群系统还支持功能强大的移动台脱网直通（DMO）方式，可实现鉴权、空中接口加密和端对端加密。TETRA 数字集群系统同时还具有虚拟专网功能，可以使一个物理网络为互不相关的多个组织机构服务。TETRA 数字集群系统具有丰富的服务功能、更高的频率利用率、高通信质量、灵活的组网方式。

（4）录音系统是为确保控制中心调度员与车站运营人员之间的调度指令和安全指令能正确保存而设置的系统。录音系统可对每个话路进行录音、监听、回放及识别来电号码，并运用信息化、网络化的技术，为调度提供现代化的管理手段，提高管理部门信息的收集、处理能力，联动及反应能力，为各级管理人员提供准确、及时的数据，提高管理工作效率。

（5）广播系统是轨道交通运行的重要组成部分之一，其主要用于地铁运营时对乘客进行公众语音广播、通告列车运行及安全、向导等服务信息；发生灾害时兼作救灾广播。从而保证了地铁运营的服务管理质量，为运营管理及维护人员提供了更灵活、快捷的管理手段。

广播系统是城市轨道交通运营行车组织的必要手段，包括：对乘客广播、通知列车到站、离站、线路换乘、时间表变更、列车误点、安全状况，播放音乐改善候车室、站厅、站台、列车车厢环境；防灾广播，在突发或紧急情况下，组织指挥事故抢险，提高应急响应能力；对运营人员广播，发布有关通知信息，协同配合工作，告知办公区、站台、站厅、运用库、段内道岔群附近及人行道情况等信息。

（6）闭路电视监控系统为控制中心调度管理人员、车站值班员、站台管理人员和司机等对车站的站厅、站台、出入口等主要区域提供监视服务。通过实时监控车站客流、列车出入站、旅客上下车情况，为提高运营组织管理效率，保证列车安全、正点提供信息，并借助车站和中心录像进行安全事故的取证。

（7）时钟系统是城市轨道交通运行的重要组成部分之一，其主要作用是为地铁工作人员和乘客提供统一的标准时间，并为其他各个有关系统提供统一的标准时间信号，使各系统的定时设备与时钟系统同步，实现地铁全线统一的时间标准。

（8）乘客资讯系统（Passenger Information System，简称 PIS）利用流媒体技术、数字电视及计算机技术，采用先进的资讯播出控制方式，实现信息服务功能，将地铁乘客需要的紧急信息、列车运行信息、时钟日期信息、电视新闻、广告、娱乐等多媒体资讯信息以声音、文字、动画、数字视频等灵活的方式，按照计划的时间表提供给乘客，并在火灾、阻塞情况下，提供紧急疏散信息指示。同时也可提供诸如时间、天气预报、新闻及广告等其他信息。

（9）商用通信系统也称为地下公共覆盖系统，是为旅客提供在地铁内的无线通信、广播、无线上网等服务的系统。该系统主要包括信号源（基站）和分布式反馈系统两大部分。目前引入的主要公用移动通信系统有城市广播、中国移动 GSM 通信、GPRS 上网、中国联通 GSM、中国电信 CDMA 通信和 4G 服务等。

第二节　城市轨道交通信号基础设备

城市轨道交通列车在各自轨道上的行驶必须遵守一定的信号指挥。为了保证列车行驶的安全，提高运输的效率，设有多种交通信号机设备来保证列车的行车作业。城市轨道交通信号基础设备主要有：继电器、信号机、道岔及转辙机、轨道电路及计轴器和应答器等。

一、继电器

继电器是自动控制系统中常用的电器，用于接通和断开电路，以发布控制命令和反映设备状态，从而构成自动控制和远程控制电路。信号继电器是用于城市轨道交通信号技术中各类继电器的统称（在信号系统中简称继电器），主要作为电子式或计算机式信号系统的接口部件，发挥着不可缺少的重要作用。继电器动作的可靠性直接影响到信号系统的可靠性和安全性。

继电器的种类很多，性能各不相同，结构形式各种各样，但都由电磁系统和接点系统两大主要部分组成。其中电磁系统由线圈、固定铁芯、轭铁以及可动的衔铁构成，接点系统由动接点和静接点构成。当线圈通入一定数值的电流后，由于电磁感应产生电磁吸引力，吸引衔铁，由衔铁带动接点系统，改变其状态，从而反映输入电流的情况。

对于继电器的分类，可按不同方式进行划分：

（1）按动作原理分类，可分为电磁继电器和感应继电器。

（2）按动作电流分类，可分为直流继电器和交流继电器。

（3）按输入量的物理性质分类，可分为电流继电器和电压继电器。

（4）按动作速度分类，可分为正常动作继电器和缓动继电器。

（5）按接点结构分类，可分为普通接点继电器和加强接点继电器。

（6）按工作可靠程度分类，可分为安全型继电器和非安全型继电器。

二、信号机

信号机是在室外向列车司机指示各类行车命令的设备，包括停车、正常通过、故障通过等命令。

信号机种类很多，性能各不相同，结构形式各种各样，但都由点灯单元、光源和报警电路组成。信号机基本原理如图 9.2 所示。

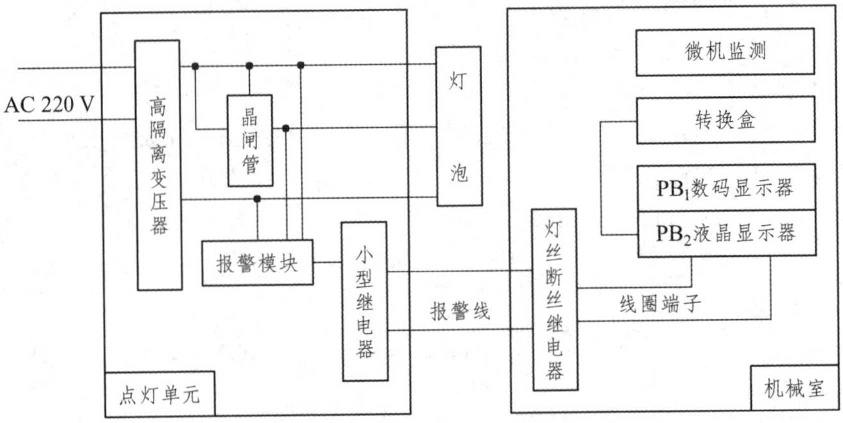

图 9.2　信号机基本原理

输入的交流电源首先经过具有防雷功能的高绝缘隔离变压器，由于该变压器一次、二次线圈经过高绝缘隔离处理，所以它能有效地抑制感应雷的冲击。晶闸管和报警模块平时处于半工作状态，只有出现故障时才工作。小型继电器负责向室内灯丝断丝继电器输送报警条件。室内报警单元具备显示功能，使用数码显示器或液晶显示器。转换盒负责将故障报警发送给微机监测系统，指示信号维修人员进行设备的维护工作。

信号机类型繁多，可按不同方式分类：

（1）按显示光源分类，可分为透镜式信号机和 LED 信号机。

（2）按显示颜色分类，可分为红灯、绿灯、黄灯、引导、蓝灯、白灯。

（3）按灯光配列分类，可分为一显示信号机、两显示信号机、三显示信号机等。

（4）按功能分类，可分为进站信号机、出站信号机、道岔防护信号机、线路尽头信号机、模式信号机、复示信号机、场段信号机、调车信号机等。

（5）按交通制式分类，可分为地铁和轻轨信号机、有轨电车信号机、胶轮路轨 APM 信号机等。

三、道岔和转辙机

道岔是决定列车运行进路的关键设备，而动作道岔的设备是转辙机，转辙机设置于道岔尖轨的轨旁或轨间，其动作和表示都需接受信号系统的控制和监督。

（一）道岔组成

道岔的机械结构如图 9.3 所示，有两根可以移动的尖轨，尖轨的外侧是两根固定的基本轨，与尖轨和基本轨相连接的是 4 根合拢轨，其中两根合拢轨是直向的，另外两根合拢轨是弯向的（其曲线叫道岔导曲线），两根内侧合拢轨相连的辙叉，它由两根翼轨、一个岔心和两根护轮轨组成。护轮轨和翼轨用于固定车轮运行方向，因为机车车辆通过道岔时都要经过辙叉的“有害空间 S”，如果不固定车轮轮缘的前进方向，就有可能造成脱轨事故。

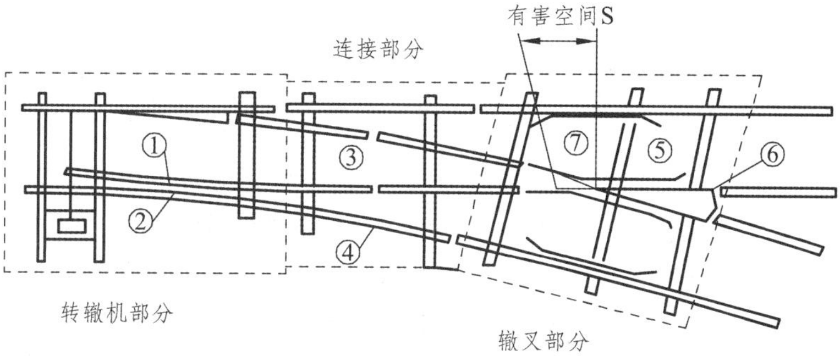

1—尖轨；2—基本轨；3—直合拢轨；4—弯合拢轨；5—翼轨；6—辙叉心；7—护轮轨。

图 9.3　道岔结构示意图

目前，在我国国家铁路上，大多采用 9、12、18 号三个型号的道岔，它们所允许的侧向通过速度分别为 30、45、80 km/h。城市轨道交通线路正线一般都采用 9 号道岔。

根据道岔的打开方式分类，常见的有单开道岔、双开道岔、三开道岔和复式交分道岔。单开道岔的打开方向包括一个直向和一个侧向；双开道岔呈 Y 形，岔后的两股道向两侧分岔；三开道岔像 Ψ 形，同时衔接三股道，由两组转辙机操作两套尖轨；复式交分道岔如 X 形，相当于四组单开道岔和一副菱形交叉的组合。城市轨道交通最常用道岔是单开道岔，也有少量三开道岔。

根据道岔的控制方式分类，有单动道岔和双动道岔。信号系统的一个道岔控制电路只能控制一组道岔时，则称该道岔为单动道岔；如果一个道岔控制电路能使两组道岔同时或顺序转换，则称为双动道岔，也称联动道岔。为了简化操作手续，简化联锁关系，有时还为了保证行车安全和节省信号器材等因素，凡是能双动的道岔尽量使之双动。

根据牵引转辙机的数量分类，有单机牵引道岔、双机牵引道岔和多机牵引道岔，即一组道岔可由一台转辙机牵引，也可由两台转辙机牵引，甚至两台以上转辙机牵引。

（二）转辙机

转辙机是道岔控制系统中的执行机构，是转辙设备的核心和主体，和连接杆、尖端杆、密贴调整杆、表示杆等各类杆件，以及外锁闭装置，共同完成转换道岔、锁闭道岔和反映道岔的位置状态等功能。

转辙机的基本功能有如下几点：

（1）转换道岔尖轨的位置，根据需要将道岔转换至定位或反位。

（2）道岔转至所需位置而且尖轨密贴后，实现锁闭，防止外力转换道岔。

（3）正确地反映道岔的实际位置，道岔的尖轨密贴于基本轨后，应给出相应的表示。

（4）道岔被挤或因故处于“四开”（两侧尖轨均不密贴）位置时，及时给出报警及表示。

另外，转辙机种类繁多，可按不同方式分类：

（1）按动作能源和传动方式分类，可分为电动转辙机、电动液压转辙机和电空转辙机。

（2）按供电电源种类分类，可分为直流转辙机和交流转辙机。

（3）按动作速度分类，可分为普通动作转辙机和快动转辙机。

（4）按锁闭道岔的方式分类，可分为内锁闭转辙机和外锁闭转辙机。

（5）按是否可挤分类，可分为可挤型转辙机和不可挤型转辙机。

此外，各种转辙机还有不同转换力和动程的区别。

四、轨道电路与计轴器

（一）轨道电路

轨道电路是利用线路上两条钢轨作为导线，可在这段线路分界处，用钢轨绝缘隔断，一端接上电源，称为供电端；另一端接上轨道继电器，称为受电端，这样构成的电路称为轨道电路。区间轨道电路是区间钢轨传输线和连接于其始端和终端的设备总称，用来检查列车占用钢轨线路的状态，它的出现代表铁路自动信号的诞生。

根据运行条件的不同以及区间轨道电路的特征不同，轨道电路有不同的分类方式：

（1）按相邻轨道电路的分割方法可分为：有绝缘（机械）轨道电路和无绝缘（电气）轨道电路，电气绝缘轨道电路是通过谐振回路等电子器件实现相邻轨道区间的电气绝缘。

（2）按信号电流的性质可分为：直流轨道电路和交流轨道电路。

（3）按接收器的工作方式可分为：电压接收式轨道电路和电流接收式轨道电路。

（4）按供电方式可分为：连续式轨道电路和脉冲式轨道电路。

（5）按列车牵引类型可分为：非电气化区段轨道电路和电气化区段轨道电路。

轨道电路的基本工作状态主要有调整状态、分路状态和断轨状态。调整状态是指轨道电路空闲、线路完整、设备正常时的轨道电路状态；分路状态是指钢轨被轮轨（或其他导体）相连，能反映出线路被占用的电路状态；断轨状态是指轨道电路的传输线（钢轨）在某处断开的电路状态。轨道电路需要考虑这三种状态下的最不利条件。

（二）计轴器

与轨道电路类似，计轴器是列车位置检测设备，它克服了轨道电路对地绝缘不良跳红光带、区段分界处“压不死”等多发故障，通过自身的安全处理机制，为信号系统提供更加可靠的区段的占用/出清状态。

计轴系统包括室外设备和室内设备，如图 9.4 所示。室外设备有车轮传感器和电子连接箱；室内设备有运算器、UPS 电源、继电器以及由计算机构成的计轴器主机系统。室内设备和室外设备由专用计轴电缆相连。

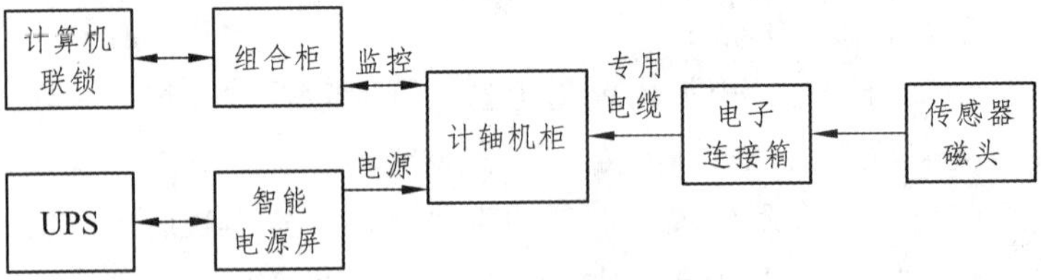

图 9.4　计轴系统构成示意图

在检测轨道区段的入口处和出口处设置有车轮传感器，属于电磁式有源传感器，利用线圈互感原理，当列车车轮通过计测点时发生的磁通变化，从而得到轮轴信号。每个传感器配有两套磁头，每套磁头包含发送磁头和接收磁头。在无车轮经过时，接收磁头的线圈内感应出一定的交流电压信号，其相位与发送磁头电压相位相同。当有车轮经过时，由于车轮的屏蔽作用，整个磁通桥路发生变化，接收磁头的线圈内感应的交流电压相位与发送磁头电压相位相反。该相位变化经车轮电子检测器电路处理后，形成车轴脉冲。

当列车驶入该轨道区段，列车车轮抵达入口车轮传感器的作用区域，该传感器通过电子连接箱把车轴脉冲发送给室内计算机主机系统，由主机系统计算车轴数量，并根据两套磁头的作用时机，判断列车运行方向；同样，当列车车轮抵达出口车轮传感器的作用区域，该传感器也通过电子连接箱把车轴脉冲发送给室内计算机主机系统，由主机系统确定对轴数是累加计数还是递减计数。

依据该轨道区段驶入点和驶出点所记录轴数的比较结果，确定该区段的占用或空闲状态。当输入轴数大于输出轴数时，计轴主机系统判定该区段占用，并控制该区段的轨道继电器落下；当输入轴数等于输出轴数时，计轴主机系统判定该区段空闲，并控制该区段的轨道继电器吸起。

五、应答器

城市轨道交通信号系统的列车定位功能是安全关键功能，列车定位的准度和精度直接关系到列车自动防护系统的安全性，这在移动闭塞制式的 CBTC 信号系统中表现得尤为突出。列车定位有两种方式：绝对定位和相对定位。绝对定位是指通过车载查询设备读取地面定位设备，从而得到列车当前位置的方式；相对定位是指在绝对定位的基础上，通过速度计或雷达的测速测距累加得到列车当前位置的方式。应答器系统即属于列车绝对定位设备。

城市轨道交通中应用最为广泛的列车绝对定位系统主要是基于射频识别（RFID）技术的“查询机-应答器”系统。如图 9.5 所示，列车绝对定位系统由车载查询机和轨旁应答器组成。车载查询机包括车载解码器和车载定位天线，车载解码器通过车载定位天线读取轨旁应答器信息，并发送给车载信号主机。轨旁应答器包括无源应答器和有源应答器两种，其中，无源应答器提供列车绝对定位信息，而有源应答器则与信号机、道岔关联，辅助实现后备模式下的点式 ATP 防护功能。

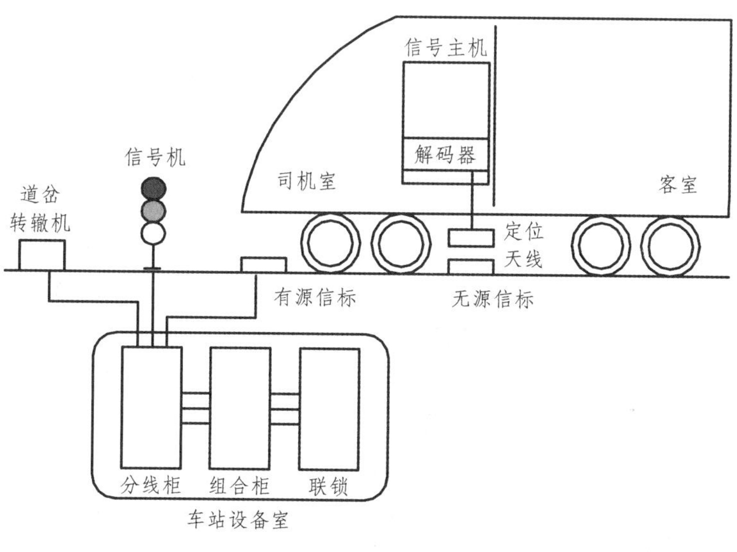

图 9.5　应答器系统工作原理

常用列车绝对定位系统有两种制式：欧式应答器系统（Euro Balise Beacon）和美式信标系统（AAR Transcore Tag）。

目前，国内应用欧式应答器系统的厂商主要有阿尔斯通、西门子等；而应用美式信标系统的厂商则有泰雷兹、安萨尔多。此外，欧式应答器系统在国铁 CTCS-2、CTCS-3 列控系统中也广泛应用。美式信标系统在国铁货运铁路车号自动识别系统（ATIS）有所应用。

第三节　闭　塞

一、行车闭塞法概述

为保证列车运行安全，在组织列车运行时，通过设备或人工控制，使连续发出的列车保持一定间隔距离安全行车的办法，称为行车闭塞法。

保持列车间隔距离的方法有两大类：一类是空间间隔法，即把线路划分为若干个区间（或分区），在每个区间（或分区）内同时只准许一列车运行，使前行列车和追踪列车之间必须保持一定距离，或是前后运行的列车之间必须保持一个列车制动距离加上安全防护距离的行车方法。另一类是时间间隔法，按一定的时间间隔开行列车，即第一列列车发出后，需经过一定的时间才发出下一列列车。由于按时间间隔法行车，不易严格保持前后运行列车之间的安全间隔，如果进路办理疏忽或司机操纵不当，容易发生追尾事故。因此，正常情况下，轨道交通采用空间间隔法行车，只是在特殊情况下，如一切电话中断时才准许采用时间间隔法，并且要有安全保证措施。

按空间间隔法行车时，行车闭塞法分为基本闭塞法和代用闭塞法两类。基本闭塞法是在基本闭塞设备正常时采用的行车闭塞法。在采用自动闭塞设备的线路上，基本闭塞法是指连续发出的列车以闭塞分区、轨道电路区段，或者以列车制动距离加上安全防护距离作为安全间隔运行。在采用非自动闭塞设备的线路上，基本闭塞法是指连续发出的列车以站间区间作为安全间隔运行。代用闭塞法是指基本闭塞设备因故不能使用时临时采用的行车闭塞法，电话闭塞法是常用的代用闭塞法。

轨道交通采用的基本闭塞设备主要是自动闭塞设备。自动闭塞技术的发展经历了从固定（自动）闭塞到移动（自动）闭塞的过程，固定闭塞技术又分为传统信号及 ATC 系统两种。

传统的自动闭塞一般设地面通过信号机，装备有机车信号，保证列车按照空间间隔自动运行的技术方法是利用信号或凭证来实现的。轨道交通采用的自动闭塞类型通常是三显示带防护区段自动闭塞和四显示自动闭塞两种。

在采用 ATC 系统时，区间线路划分成若干个固定的轨道电路区段，追踪列车与运行列车之间以轨道电路区段作为间隔，不设置地面通过信号机，以车载 ATP 速度信号（又称速度码）作为主体信号控制列车运行。根据前行列车位置等信息，ATP 子系统不断调整前行列车后方各轨道电路区段的出口速度，通过车载 ATO 设备对后行列车运行速度进行自动控制，确保追踪安全间隔。图 9.6 是基于轨道电路的 ATC 系统速度控制与列车间隔示意图，按前行列车所在位置，要使后行列车运行速度不低于 65 km/h，则列车间隔至少应保证有 6

个轨道电路区段。

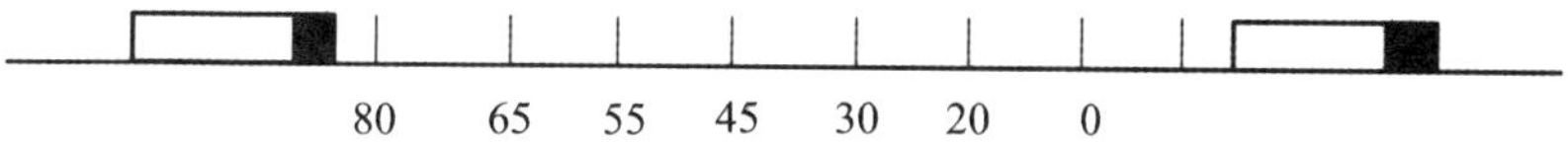

图 9.6　ATC 系统时的速度控制与列车间隔示意图

在采用移动闭塞时，取消了传统的轨道电路，区间线路不再固定划分闭塞分区或轨道电路区段，列车间隔按后行列车制动距离加上安全防护距离进行控制，并且是动态的、随着前行列车移动而移动的，列车制动的起点和终点均无分界点位置限制。移动闭塞时的列车追踪运行间隔如图 9.7 所示。

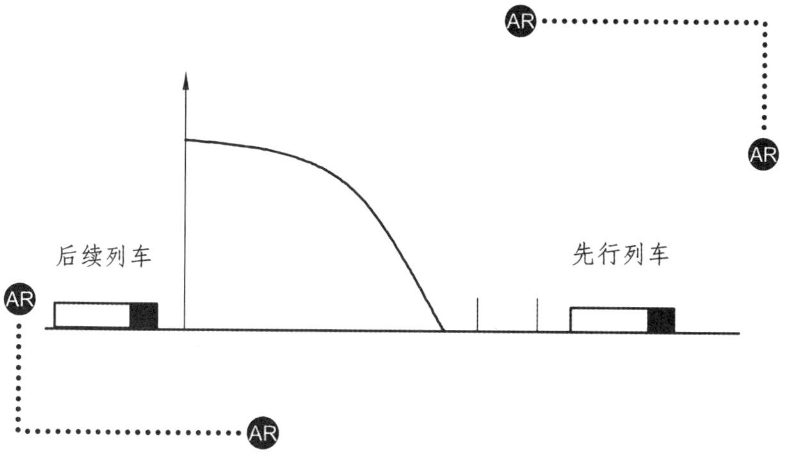

图 9.7　移动闭塞时列车间隔示意图

二、固定闭塞

固定闭塞方式是将列车运行线路划分为若干个闭塞分区，每个闭塞分区的长度要满足一个速度等级制动距离的要求。闭塞分区的长度按线路条件经牵引计算确定，一旦划分将固定不变。固定闭塞技术又分为传统信号及 ATC 系统两种。

传统的自动闭塞信号设备将正线区间划分成若干个固定的闭塞分区，每个闭塞分区内设置一个独立的轨道电路，每个闭塞分区的入口处设置通过信号机来进行防护。通过轨道电路将列车运行位置的变化与通过信号机的自动显示联系起来。轨道交通采用的自动闭塞类型通常是三显示带防护区段自动闭塞和四显示自动闭塞两种。三显示带防护区段自动闭塞是在三显示自动闭塞的基础上增加一个闭塞分区作为防护区段，如图 9.8 所示。三显示自动闭塞信号是指区间通过信号机显示有红、黄、绿三种灯光。当通过信号机开放绿灯时，列车按图定速度运行，在带防护区段的情况下，通过信号机开放绿灯表示列车运行前方至少有三个闭塞分区空闲，一个黄灯表示列车运行前方还有两个闭塞分区空闲，红灯表示列车运行前方最多还有一个闭塞分区空闲，不准列车越过该信号机。如果司机因失去警惕而未采取停车措施时，自动停车装置将起作用，使行驶的列车自动停车。

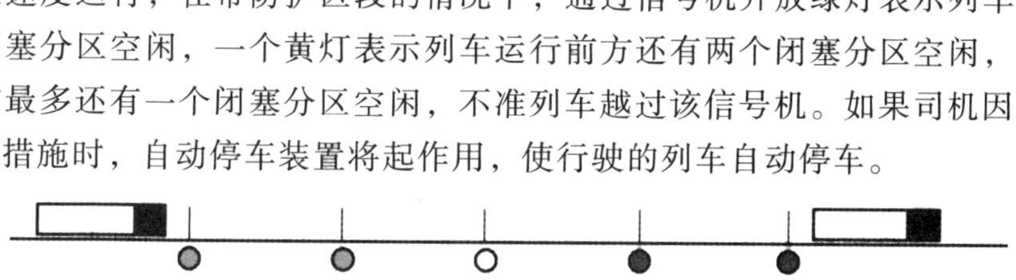

图 9.8　三显示带防护区段时的信号显示

在行车密度大、列车速度高的情况下，为提高线路通过能力和保证列车运行安全，可考虑采用四显示自动闭塞设备来进行列车间隔、速度的控制，即在红、黄、绿三种灯光信号显示的基础上，增加一种灯光信号显示（黄绿色），如图 9.9 所示。

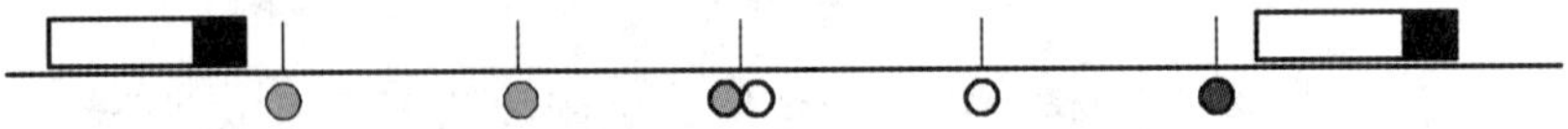

图 9.9　四显示时的信号显示

在采用 ATC 系统时，运行列车间的空间间隔是若干个闭塞分区，闭塞分区数根据划分的速度级别而定。一般情况下，闭塞分区用轨道电路或计轴装置来划分，它具有列车定位和轨道占用检查的功能。固定闭塞的追踪目标点为前行列车所占用闭塞分区的始端，后行列车从最高速度开始制动的计算点为要求开始减速的闭塞分区的始端，这两个点都是固定的，空间间隔的长度也是固定的，所以称为固定闭塞，如图 9.10 所示。

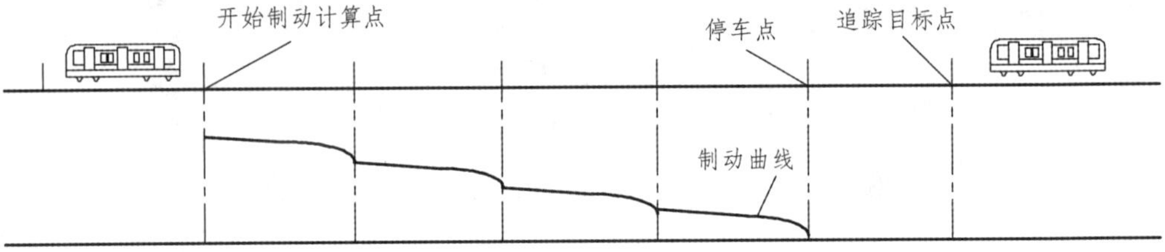

图 9.10　固定闭塞

由于列车定位是以固定区段为单位的（系统只知道列车在哪个区段中，而不知道在区段中的具体位置），所以固定闭塞的速度控制模式必然是分级的，即台阶式的。在这种制式中，需要向被控列车安全传送的只是少数几个速度码。固定闭塞在一定程度上限制了行车密度及线路通过能力。

三、准移动闭塞

准移动闭塞方式是介于固定自动闭塞和移动闭塞之间的一种闭塞方式，它对前、后列车的定位方式是不同的。前行列车的定位仍沿用固定闭塞的方式，而后行列车的定位则采用连续的或称为移动的方式。它采用目标距离控制模式（又称连续式一次速度控制）。目标距离控制模式根据目标距离、目标速度及列车本身的性能确定列车制动曲线，不设定每个闭塞分区的制动等级，采用一次制动方式。

准移动闭塞的追踪目标点是前行列车或限速点所占用闭塞分区的始端，留有一定的安全距离，目标速度是目标点的限速值，目标距离是后行列车至目标点的距离。后行列车从最高速度开始制动的计算点是根据目标距离、目标速度及列车本身的性能所决定的。目标点相对固定，不依前行列车在同一闭塞分区内走行而变化，在前行列车出清原占用闭塞分区时，目标点前移一个闭塞分区，后行列车的制动曲线随着目标点的移动而发生跳变。后行列车制动曲线的起始点是随线路参数和列车本身性能不同而变化的，空间间隔的长度不固定，如图 9.11 所示。

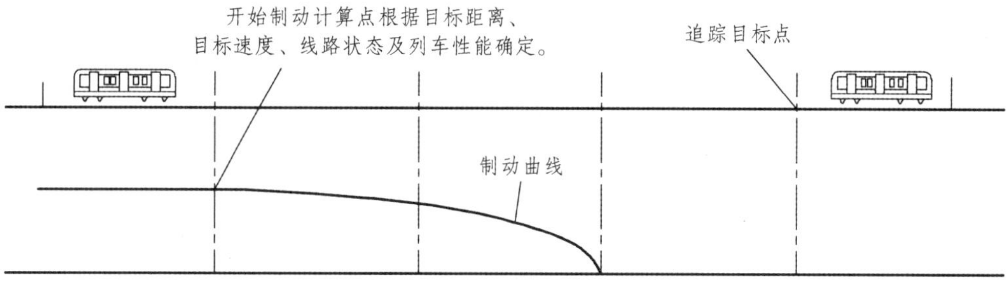

图 9.11　准移动闭塞

准移动闭塞方式在控制列车的安全间隔上比固定闭塞进了一步。它通过采用报文式轨道电路辅之环线或应答器来判断闭塞分区是否被占用并传输信息，信息量大；它可以告知后行列车继续前行的距离，后行列车可根据这一距离合理地采取减速或制动，列车制动的起点可延伸至保护其安全制动的地点，从而可改善列车速度控制，缩小列车安全间隔，提高线路利用效率。但准移动闭塞中的后行列车的最大目标制动点仍必须在前行列车占用闭塞分区的外方，闭塞分区的长度在一定程度上也会影响列车的追踪运行间隔，因此它并没有完全突破轨道电路的限制。为了与移动闭塞相区别，称其为准移动闭塞。

四、移动闭塞

移动闭塞方式是基于感应环线或无线传输系统，通过地面控制中心、轨间传输电缆和车载设备等设备，将前方目标的距离等一系列地面基础数据传至车上，再由车载计算机实时计算出列车最大允许速度曲线，并按此曲线对列车的实际速度进行监控，实现列车超速自动防护的功能，确保列车运行不会越过前方目标点的安全距离。

移动闭塞方式中已经没有了将线路分为若干个闭塞分区的概念，列车运行间隔是动态的，并随前行列车的移动而移动，该间隔是按后行列车当前速度所需的制动距离加上安全余量实时计算和控制的，确保追踪运行不追尾。列车制动时机、制动起始点和终点均是动态的，其目的是最大限度地利用机车车辆特性全速运行，尽可能地缩短列车运行间隔，最有效、最合理地利用区间，提高区间通行能力。

移动闭塞是一种新型的闭塞制式。它不设定固定闭塞区段，前、后两列车都采用移动式的定位方式。它采用目标距离控制模式，根据目标距离、目标速度及列车本身的性能确定列车制动曲线，采用一次制动方式。移动闭塞的追踪目标点是前行列车的尾部（留有一定的安全距离），后行列车从最高速度开始制动的计算点是根据目标距离、目标速度及列车本身的性能来计算决定。如图 9.12 所示。

移动闭塞追踪目标点是前行列车的尾部，与前行列车的运行速度有关，是随时变化的。而制动曲线的起始点随线路的参数和列车本身性能不同而改变。列车间的空间间隔长度不固定，所以称为移动闭塞，其追踪运行的间隔要比准移动闭塞更小一些。移动闭塞缩短了列车的行车间隔，提高了行车密度以及线路通过能力，从而提升运能、提高服务质量和服务水平。

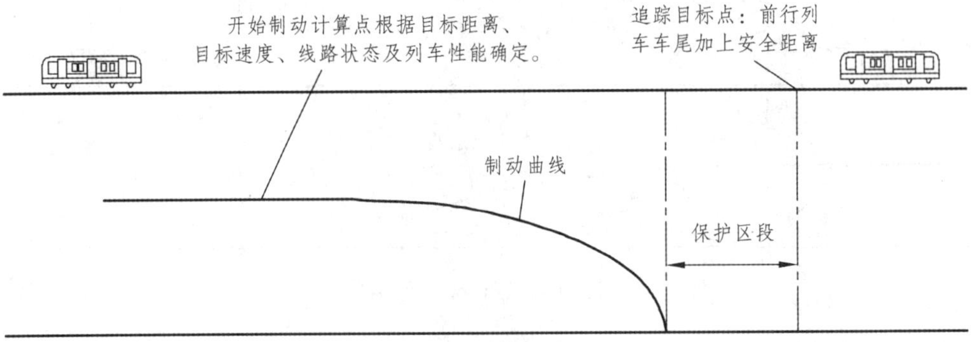

图 9.12　移动闭塞

第四节　联　锁

一、联锁的基本概念

联锁是铁路信号保证行车安全的重要技术措施。在城市轨道交通的车站和车辆段，为了保证列车在进路上的安全、有效地利用站线能力、高效率地指挥行车和调车、改善行车人员的劳动条件，需要利用机械、电气自动控制和远程控制、计算机等技术和设备，使车站范围内的信号设备之间保持一定的相互制约关系，这种关系称为联锁关系。为保证行车安全，联锁关系必须十分严密，并采用技术措施加以保证。

如图 9.13 所示，车站和车辆段内有许多线路，它们通过道岔连接。列车和调车车列在站内运行所经过的路径，称为进路。按各道岔的开通方向不同可以构成不同的进路。列车和调车车列必须依据信号的开放而通过进路，即每条进路必须由相应的信号机来防护。如进路上的道岔位置不正确，或已有车占用，或敌对进路（两条或两条以上的进路，有一部分相互重叠或交叉，同时建立有可能发生列车或机车车辆行车冲突的进路）已建立，有关的信号机就不能开放；信号开放后，其所防护的进路不能变动，即此时该进路上的道岔不能再转换。这就是车站信号、道岔、进路之间的相互制约联锁关系，简称联锁。

车站和车辆段内的进路大体上可分为列车进路和调车进路两类。列车进路又可划分为接车进路、发车进路和通过进路等。凡是列车进站所经由的路径叫作列车接车进路；列车由车站往区间所经由的进路叫作发车进路；由列车通过车站所经过的正线接车进路和正线同方向发车进路组成的进路，叫作通过进路。调车进路按方向区分又可分为调车接车方向进路和调车发车方向进路。各种不同性质的进路，应由设于进路入口处的不同用途的信号机进行防护。如接车进路应有进站信号机防护；发车进路应有出站信号机防护；调车进路应有调车信号机防护等。所有的列车或车辆均需要根据信号机的开放来进入进路。

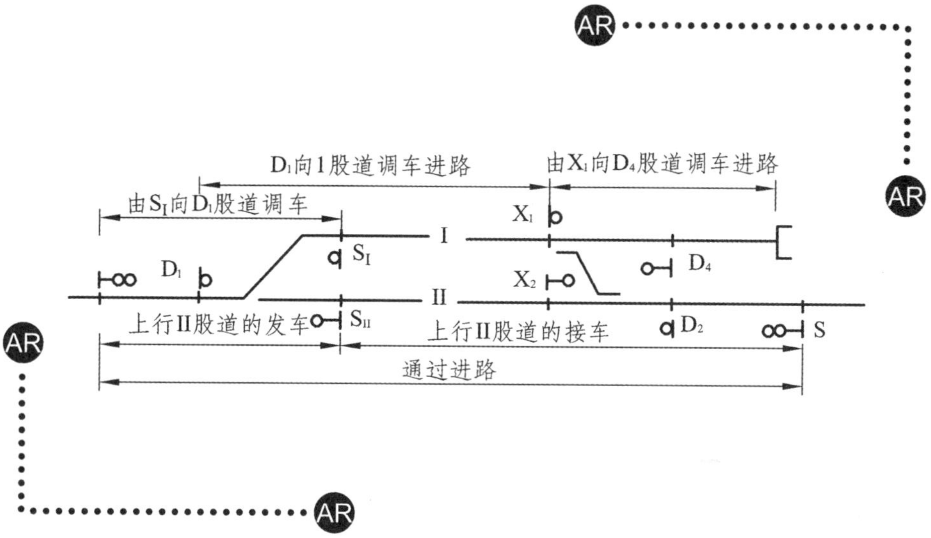

图 9.13　车站进路划分

二、联锁的基本内容及技术条件

联锁的基本内容包括：防止建立会导致机车车辆相冲突的进路；必须使列车或调车车列经过的所有道岔均锁闭在与进路开通方向相符合的位置；必须使信号机的显示与所建立的进路相符。

实现联锁的基本技术条件如下：

（1）进路上各区段空闲（无车占用）时才能开放信号。如果进路上有车占用，却能开放信号，则会引起列车、调车车列与原停留车的冲突，这是绝对不被允许的。所以，进路的信号开放前必须检查进路的空闲情况。

（2）进路上有关道岔在规定位置才能开放信号。如果进路上有关道岔开通位置不对却能开放信号，则会引起列车、调车车列进入异线或挤坏道岔，从而造成行车事故。所以，进路的信号开放必须确保进路上道岔位置正确。

（3）一旦信号开放，其防护进路上的有关道岔必须被锁闭在规定位置，而不能转动。信号开放后，进路上任何道岔的转动或松动，都将会危及运行中的列车和车列的安全。

（4）敌对信号未关闭时，防护进路信号机不能开放；防护进路信号机开放后，与其敌对的信号必须被锁闭在关闭状态，不能开放，否则列车或调车车列可能造成正面冲突，危及行车安全。所以，进路的信号开放必须检查并确保敌对信号处于关闭状态。

三、联锁系统的层次结构及设备技术要求

（一）联锁系统的层次结构

车站联锁控制系统一般可分为人机会话层（控制台）、联锁层（联锁机构）和监控层三层结构，如图 9.14 所示。

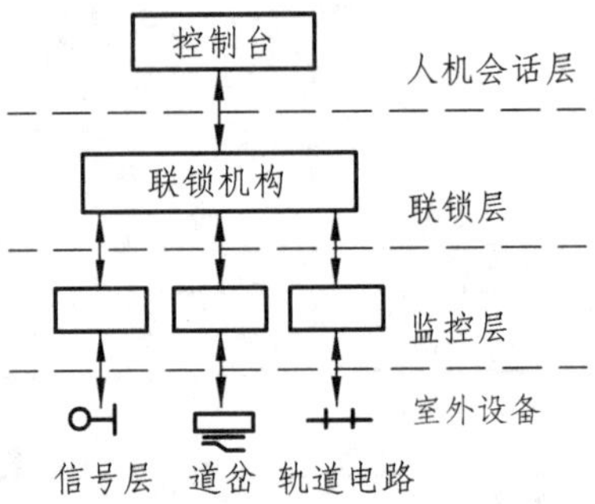

图 9.14　联锁系统的一般层次结构

1. 人机会话层功能

操作人员通过操作向联锁机构输入进路操作信息，并接受联锁机构输出的反映设备工作状态和行车作业情况的表示信息。

2. 联锁层功能

实现联锁逻辑处理（或运算）。对输入的操作信息和状态信息及联锁机构的当前内部信息进行处理，进行联锁逻辑运算，改变内部信息，产生相应的输出信息，即进路控制命令（建立、锁闭和解锁进路）、信号控制命令（确定信号显示、关闭，开放信号机）和道岔控制命令（解锁、转换和锁闭道岔），并交付监控层的控制电路予以执行。

3. 监控层功能

接受来自联锁层的联锁控制命令，通过信号机和转辙机来控制电路，从而控制信号机的显示和驱动道岔转换，向联锁机构传输信号状态信息、道岔状态信息以及轨道电路状态信息。

（二）联锁系统设备的技术要求

（1）确保进路上进路、道岔、信号机的联锁，联锁条件不符时，禁止进路开通。敌对进路必须相互照查，不得同时开通。

（2）装设引导信号的信号机因故不能开放时，应通过引导信号实现列车的引导作业。

（3）应能办理列车和调车进路，根据需要设置相应的防护进路。

（4）联锁设备宜采用进路操纵方式。根据需要，联锁设备可实现车站有关进路、端站折返进路的自动排列。

（5）进路解锁宜采用分段解锁方式。锁闭的进路应能随列车正常运行自动解锁，以及可以人工办理取消进路和限时解锁并应防止错误解锁。限时解锁时应确保行车安全。

（6）联锁道岔应能单独操纵和进路选动。影响行车效率的联动道岔宜采用同时启动的方式。

（7）车站站台及车站控制室应设站台紧急关闭按钮。站台紧急关闭按钮电路应符合故障导向安全的原则。

（8）联锁设备的操纵宜选用控制台方式。控制台上应设有意义明确的各种标识，用以监督线路及道岔区段占用、进路锁闭及开通、信号开放和挤岔、遥控和站控等。

（9）车站联锁控制项目应包括：列车进路、导引进路、进路的解锁和取消、信号机关闭和开放、道岔操纵及锁闭、区间临时限速、扣车和取消、遥控和站控、站台紧急关闭和取消。

第五节　列车自动控制系统（ATC）

一、ATC 系统概述

（一）列车自动控制系统（ATC）的概念

列车自动控制系统是将先进的控制技术、通信技术、计算机技术与轨道交通信号技术融为一体的具有行车指挥、控制、管理功能的自动化系统。它是保障轨道交通行车安全，提高运输效率的核心，也是标志一个国家轨道交通技术装备现代化水准的重要组成部分。

（二）列车自动控制系统（ATC）的组成

它由列车自动保护系统（ATP——Automatic Train Protection）、列车自动运行系统（ATO——Automatic Train Operation）以及列车自动监控系统（ATS——Automatic Train Supervision）三个子系统组成。该系统通过软件实现联网、通信及列车运行管理自动化，ATP、ATO、ATS三个子系统既相互独立又相互联系，组成完整的 ATC 系统，确保列车安全、快速、有序地运行。ATC 系统设备分布于控制中心（OCC）、车站、轨旁及列车。

（三）列车自动控制系统（ATC）的作用

列车自动控制系统是对列车运行全过程或部分作业实现自动控制的总称，主要作用概括如下：

（1）列车间隔自动保护。

（2）列车速度自动保护。

（3）列车自动跟踪监督。

（4）提供无人驾驶的列车自动折返。

（5）自动排列进路。

（6）能对列车运行图进行优化并对新的运营要求及时反应。

二、ATP 子系统

（一）ATP 的基本概念

ATP 即列车运行超速防护及列车运行速度监督。ATP 系统的功能是对列车运行进行超速防护，实时监控与安全相关的设备，实现列车位置检测，保证列车间的安全距离，保证列车在安全速度下运行，完成信号显示、故障报警、降级提示、列车和线路参数的输入，并与 ATS、ATO 及车辆系统接口以进行信息交换。

（二）ATP 的设备

1. ATP 轨旁设备

ATP 系统的核心设备安装在列车上，但是它所需的主要信息都来自轨旁设备。根据城市轨道交通信号系统的不同制式，列车自动防护系统的轨旁设备分为 ATP 轨旁单元、点式应答器、轨道电路或计轴器等。列车运行时，通过 ATP 轨旁设备向列车传递有关信息，并由安装在列车上的设备接收和处理这些信息。

2. 车载设备

车载主机根据地面传递到车上的限速信息，计算出两信息点之间的速度控制曲线，实现列车超速防护的功能。列车正常运行时，该控制曲线对列车没有速度限制。当列车的实际速度达到或稍有超过最高限速时，发出报警，提醒司机降速。如果司机没有反应，系统会自动启动制动器并作出记录，一般先启用常用制动，如果继续超速，将采取紧急制动。ATP 系统的车载设备主要包括车载主机、驾驶状态显示单元、速度传感器、列车地面信号接收器、列车接口电路、电源和辅助设备等。

（三）ATP 的主要功能

1. 安全停车点防护

车载 ATP 系统接收地面 ATP 的限制速度，通过计算得出紧急制动速度曲线，确保列车不能越过安全停车点。

2. 速度监督与防护

根据轨道交通线路状况、列车运行的最大允许曲段速度和列车临时限制区域速度，车载 ATP 计算列车控制运行速度，一旦超速立即报警并采取常用制动或紧急制动措施。

3. 列车间隔控制

根据前行列车的位置及线路参数等条件计算（确定）后行列车的运行速度等，保证最小安全间隔，提高运行效率。

4. 测距与测速

ATP 的测距和测速功能是基于测速单元的输入，负责列车运行速度、运行距离、运行方向和位置的测定，给出行驶距离，以便与限制速度比较，从而采用自动运行功能。

5. 车门监控功能

ATP 对车门的控制主要是对车门状态的监督。通常情况下，当车辆没有停稳在站台时，ATP 不允许车门开启。如果检测到列车在移动，且车门未锁闭在关闭状态时，车门监督功能就会触发紧急制动。只有当列车在车站的预定停车区域内停稳且停车点的误差在允许范围内时，ATP 才会允许开关车门。当列车停靠站台的精度偏离 0.5 m 或 1 m 时，允许列车以 5 km/h 的速度移动，以精确停车。在列车运行过程中，ATP 不断监视车门是否处于关闭且锁闭状态。

6. 列车检测

采用轨道电路或计轴器等 ATP 轨旁设备作为列车检测设备。通过发送不同的信息以检测区段是否有车占用，通常将检测到的数据传至联锁设备中。

7. 司机人机接口（MMI）功能

MMI 提供信号系统与司机的接口。借助于 MMI，司机可以按照 ATP 系统的指示安全运行。MMI 向司机显示实际运行速度、最大允许速度以及 ATP 设备的运行状态，另外显示列车运行时产生的重要故障信息，在某些情况下伴有音响警报（例如超过了最大允许速度）。

8. 折返/改换驾驶室功能

列车折返时，要求司机改换驾驶室。ATP 车载设备必须考虑到在使用不同的驾驶操作台时，需保存相对轨旁位置、列车前部和后部的信息。因为改换驾驶室会引起列车前部和后部的互换，所为 ATP 车载设备必须相应地调整位置信息。

三、ATO 子系统

（一）ATO 的基本概念

ATO 系统是控制列车自动运行和在车站自动停车的设备。ATO 系统主要用于实现“地对车的控制”，即用地面信息实现对列车驱动、制动的控制，包括列车自动折返，根据控制中心指令自动完成对列车的启动、牵引、惰行和制动，送出车门和屏蔽门同步开关信号，使列车按最佳状况正点、安全、平稳地运行。

（二）ATO 的设备

虽然各个城市地铁系统采用的 ATO 系统结构不尽相同，但 ATO 系统的基本组成相同。ATO 系统都由轨旁设备和车载设备组成。

1. ATO 轨旁设备

ATO 轨旁设备通常兼用 ATP 轨旁设备，接收与列车自动运行有关的信息。ATO 轨旁设备如点式应答器、轨道电路等，能够接收来自列车 ATO 车载天线发送的信息，也能够将与 ATS 有关的信息发送到列车上，由列车 ATO 车载设备进行接收和处理。

2. ATO 车载设备

ATO 车载设备由列车每一端司机室内的 ATO 车载控制器（包括司机控制台）及安装在每一端司机室车体下的两个通信天线组成，还包括 ATO 附件，这些附件用于速度测量、定位和司机接口。ATO 车载设备通常和 ATP 车载设备安装在一个机架内。ATO 车载控制器是 ATO 系统的核心组成部分，它从 ATP 车载设备获得必要的信息，如列车运行速度和列车位置信息等，进行实时处理，计算出列车当前所需的牵引力或制动力，向列车发出请求，列车牵引或制动系统收到请求指令后，对列车施加牵引或制动，使列车得到实时控制。

（三）ATP 的主要功能

1. 站间自动驾驶

通过车载计算机生成牵引和制动控制信号，实现列车站间自动运行，调整列车运行间隔。

2. 车站定位停车

ATO 系统负责自动调整列车车速，生成平滑控制牵引力和制动力的指令，引导列车运行，在一定精度范围内对位停车，停车误差范围不超过±300 mm。

3. 运行时间控制

ATO 系统根据 ATS 的控制指令自动运行，区间实际走行时间与时刻表时间误差不大于15%，自动运行过程中可以对较小的运行误差进行自动调整，按照时刻表和节能要求实现自动调整功能。

4. 区段限速

限速数据事先输入到 ATO 系统中，限速信息通过数字轨道电路或轨间环线传输到车载 ATP 系统中，再由 ATP 将限速命令经 ATO 系统传送到车辆牵引系统，实现列车限速运行。

5. 车门控制

根据停车位置和停车精度对车门进行控制，由 ATP 检查停车精度，送出开门信号，ATO 自动打开车门。

6. 运行信息记录

在 ATO 系统的缓存区内记录列车运行、制动信息，包括起动时间、运行速度、制动时间、制动力和司机信息等，以便事故的调查分析。

四、ATS 子系统

（一）ATS 系统的基本概念

ATS 系统主要实现对列车运行及道岔、信号等设备运行状态的监督和控制，为行车调度员显示全线列车的运行状态，监督和记录运行图的执行情况，在列车因故偏离运行图时及时做出调整，辅助行车调度人员完成对全线列车运行的管理。

ATS 系统在 ATP 系统和 ATO 系统的支持下，根据运行时刻表完成对全线列车运行的自动监控，可以自动（或人工）监督和控制正线（车辆段、停车场、试车线除外）列车进路，并向行车调度员和外部系统提供信息。

ATS 系统能与 ATP 系统、计算机联锁设备或继电联锁设备配套使用，并有与时钟系统、乘客导向系统和综合监控系统的接口。

ATS 系统负责监控列车的运行，是非故障-安全系统。ATS 系统的工作方式为集中管理、分散控制。

（二）ATS 系统的组成

1. ATS 控制中心设备

ATS 控制中心设备是 ATC 的核心。用于状态表示、运行控制、运行调整、车次追踪、时刻表编制及运行图绘制、运行报告生成、行车调度员培训与其他系统的接口。

2. ATS 车站设备

ATS 车站设备构成分为集中联锁车站和非集中联锁车站两种类型。

3. ATS 车厂设备

ATS 车厂设备包括 ATS 分机和车厂终端设备。车厂联锁设备通过 ATS 分机与控制中心交换信息，实现厂内运行列车的追踪监视。

4. ATS 列车识别系统（PTI）和列车发车指示器（DTI）

（三）ATS 系统的主要功能

（1）列车追踪。

（2）列车监视。

（3）列车进路的控制。

（4）列车运行调整。

（5）节能运行。

（6）临时限速。

（7）车站发车指示。

（8）列车运行图/时刻表的编制及管理。

（9）运营记录与回放。

（10）行车报表及行车指标统计。

（11）系统故障监测与报警。

第六节　全自动运行系统（FAO）

一、FAO 系统的组成、特点和基本功能需求

（一）FAO 系统的基本组成

全自动运行（Fully Automatic Operation，FAO）系统是用现代信息及自动化技术提升运营服务水平，增强系统装备功能和性能为目标的新一代城市轨道交通系统，它能提升列车运行的安全与效率，在世界城市轨道交通建设中已被广泛应用，在未来轨道交通领域也具有广阔的应用空间。全自动运行（FAO）系统具有自动行驶、自动检测和远程控制等功能，其核心是将列车驾驶员、调度员执行的工作，完全由自动化、智能化的系统替代。

如图 9.15 所示，国际公共交通协会（UITP）将列车运行自动化等级（GoA）被划分为 4 级。

GoA3 级和 GoA4 级统称为 FAO，正常情况下 GoA3 与 GoA4 由设备自动完成各项操作，故障条件下 GoA3 由车上的乘务员处置故障，而 GoA4 等级则需由地面派人到车上进行处置。

全自动运行系统包括调度、车站、轨旁、车载等子系统，如图 9.16 所示。

Grade of Automation	Type of train operation	Setting train in motion	Stopping train	Door closure	Operation in event of Disruption
GoA1	ATP with driver	Driver	Driver	Driver	Driver
GoA2	ATP and ATO with driver	Automatic	Automatic	Driver	Driver
GoA3	Driverless	Automatic	Automatic	Train attendant	Train attendant
GoA4	UTO	Automatic	Automatic	Automatic	Automatic

ATP:Automatio Train Protection　ATO:Automatic Train Operation

图 9.15　轨道交通自动化等级划分（来源：IEC 62290—1 标准）

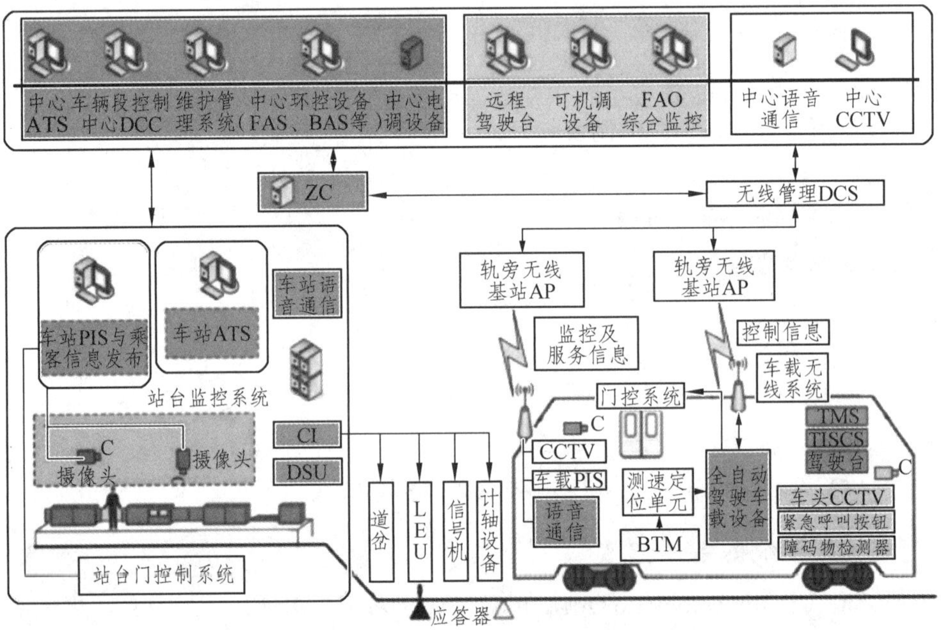

图 9.16　全自动运行系统组成示意图

全自动运行系统不再设置司机，CBTC 有人驾驶系统由司机进行操作，在 FAO 系统中，有计划的操作由系统自动联动控制，需要人工判断或突发情况由中心远程控制完成。全自动系统与传统 CBTC 的主要区别如下：

（1）设备组成：控制中心采用冗余设计，设置备用控制中心；设置智能综合运维平台，具备车辆监控、乘客服务功能。车站增加人员防护和控制开关；车载增加休眠唤醒模块。

（2）车辆段土建：停车列检库长度增加，实现库内动态测试及自动入库停车；车辆段划分全自动/非全自动区域，增加隔离设施。

（3）自动化程度提高：ATS 与综合监控深度集成为 TIAS，实现综合自动化联动控制，原来由司机操作的功能，转为系统自动实现，包括列车自动休眠、唤醒、全自动运行、全自动洗车等。

（4）运营人员职责变化：司机角色转换为乘务员，工作由驾驶列车变为服务乘客；控制中心增加乘客调、车辆调、维护调，进行远程车辆控制和乘客服务。

（二）全自动运行系统的特点

1. 自动化程度提高，重复性工作减少

在系统自动化程度上，与非全自动运行线路进行对比分析，全自动运行系统主要解决了以下三个问题：

（1）解决多专业高效协同的问题。采用行车指挥为核心的综合监控系统，提供更全面的列车监控、乘客服务、综合维修调度及辅助决策功能，解决了子系统复杂交互，各个专业分属不同平台部署，数据不完全共享；各专业中间环节多，应急情况时不能快速及时响应；人机界面多，降低人员监控以及处理的办公效率等问题。

（2）解决车辆段运行效率低的问题。非全自动运行系统每日发车前，需人工完成日检，开关列检库车库门，手动驾驶回库进行清扫/洗车作业等操作。而全自动运行系统能够全程自动完成上述操作。

（3）解决正线自动化程度低的问题。非全自动运行系统下，若 ATO 未精准停车，需退出 ATO 模式，由司机进行手动对标；司机需人工执行中心或计划好的清客任务；若某个车门或站台门单独发生故障，不能区别处理；自动折返仍需要司机进行相应操作。全自动运行系统根据列车运行的场景，有计划地操作，由系统自动根据时间触发，需要人工判断或突发情况由中心远程控制。实现列车上电、自检、段内行驶、正线区间行驶车站停车及启动、清客、端站折返、列车回段、休眠断电、洗车等全过程自动控制。FAO 系统可以有效减少重复性工作人员的投入。

2. 设备可用性提高，损失成本降低

相比于传统的 CBTC 线路，有些原本由人完成的职责转变为由设备完成，因此全自动运行线路对信号、综合监控、车辆、站台门、通信等系统的技术装备水平提出了更高的要求。通过增加系统自动检测以及闭环验证，解决检测检验手段有限的问题;通过采用设备冗余方案，解决单套设备无法满足 FAO 系统对设备可靠性要求高的问题。

FAO 系统的应用倒逼各设备自身的功能和可靠性变得更为强大，原先系统存在的会降低服务质量但不至于中断运营的故障将会大大减少。如车辆发车前进行 30 多项上电自检和测试，一项不通过禁止发车，使系统始终处于健康状态。另外，FAO 系统的调试周期比传统 CBTC 长并不是 FAO 系统的调试复杂度上升了很多，而是传统 CBTC 线路各专业系统相对孤立，无法交叉验证，开通时问题暴露不够充分，作为尾工遗留到载客运营阶段，影响运营。在 FAO 线路系统调试时，系统联调联试大纲覆盖多专业联动场景，问题暴露手段大大提升，极大地减少了尾工遗留的数量，从而保证了系统开通试运营后整体的可用性水平提高。

3. 系统集成度提高，维护成本降低

以行车为核心，信号与车辆、综合监控、通信等多系统深度集成，提升轨道交通运行系统的整体自动化水平。在系统集成度上，与非全自动运行线路相比，全自动运行系统主要解决了以下两大问题：

（1）解决统一维护的问题。如采用 MS（综合维修维护系统）可减少信息误报、漏报，获取信息不及时，维护流程繁冗耗时，对用户支持不友好等问题。

（2）解决不同需求及场景的应急处理问题。采用云平台构建综合大数据中心，实现智能调整维护库存备件、故障历史数据分析、故障趋势预警、地铁客流拥挤指数，解决维修库存数量不清、故障原因难定位、故障趋势难掌握、地铁客流量变化无法统计等问题。

4. 系统中车辆的可靠性指标高，提升措施完善，系统安全程度提高

（1）可靠性指标。

以北京燕房线为例，列车运营可靠性指标如下：

① 服务故障：每组车平均无故障时间 6000 h；

② 大晚点故障：每组车平均无故障时间 4500 h（常规驾驶为 3000 h）；

③ 碎修、列检故障：每列车平均无故障时间 200 h（常规驾驶为 150 h）。

另一方面，牵引系统、制动系统、辅助电源系统、通风空调系统、车门系统、TCMS 系统具有自诊断功能，可实现系统设备运行状态、故障及操作指令自动信息采集和记录功能，并可将影响运营的故障信息、主要状态信息及能耗记录发送至车载 VOBC 统一记录和显示。

（2）提高可靠性指标措施。

① 车上设备状态远程检测。

车载 VOBC 系统和车辆 TCMS 系统通过增加与 TIAS、IMS 系统的接口，将列车状态、诊断信息汇总到控制中心（车辆调和设备管理系统），强化远程监测功能。车辆 TCMS 周期将车辆故障信息、状态信息和里程信息发送给车载 VOBC。车辆 TCMS 与地面服务器通道传输车辆故障信息和维护信息。

② 列车控制与诊断系统自动控制。

TCMS 故障诊断和监控；增强 TCMS 的数据记录和传输系统；提升 TCMS 系统可靠性；TCMS 远程安全修复和故障安全自愈技术。

③ 走行部安全监测和故障诊断。

车辆走行部若发生严重故障而未及时采取措施，容易造成运营安全事故，比如轴承烧损。传统车辆走行部监测诊断未实现控车，严重故障应急措施依靠诊断信息和司机人工决策的方式，全自动驾驶车辆需要研究高实时性的走行部故障诊断和自动分级报警决策技术。严重故障实时报警通过列车网络与调度系统实时远程连接用于监控，从而保障全自动驾驶模式下的车辆运行安全。

④ 采用以太网+MVB 双网结构。

关键系统均为冗余设计，如图 9.17 所示。

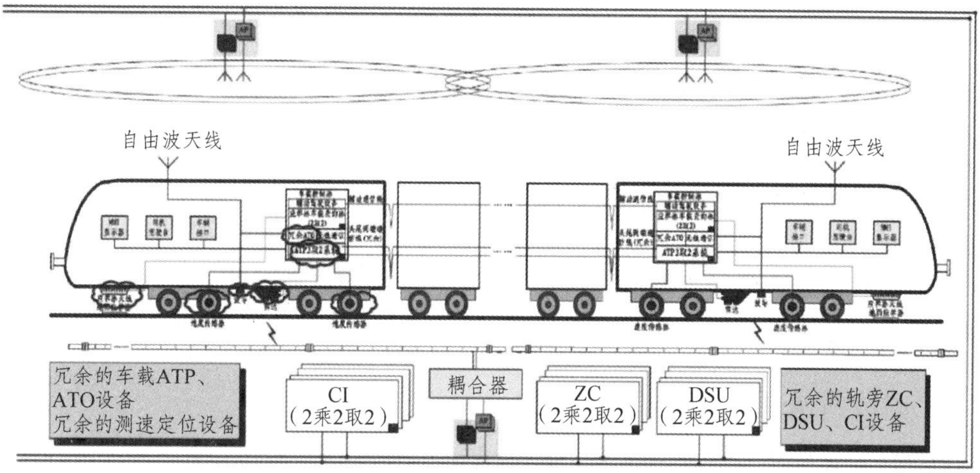

图 9.17　关键系统均冗余设计示意图

⑤ 车地通信大数据处理。

全自动驾驶车辆的车载子系统和传感器多，需要实时把控制数据、运行状态数据和故障信息实时记录并发送给地面控制中心，为列车的运行和维护检修提供支撑。

数据记录要确保数据的完整性和实时性。数据记录系统为 TCMS 通过 MVB 与各系统进行通信，采用大容量进行记录，记录芯片固化在设备内部，且在列车两端均冗余设置有快速存储器。

数据传输系统为 TCMS 通过 MVB 和以太网与各系统进行通信，传输 TCMS 控制信息以及各系统运行数据、故障信息等，并通过校验及安全传输技术确保数据的发送的安全性、准确性。信号系统可通过 TCMS 反馈数据实时监控关键系统如牵引、制动、车门等关键运行状态，最终实现数据传输系统服务全自动驾驶车辆大数据量处理的需求。

（三）FAO 系统的基本功能需求

根据中国城市轨道交通全自动运行系统技术指南，全自动运行系统的基本功能需求包括五个部分，分别为列车驾驶与监控、运营管理与监督、监督乘客乘车、设备及自动化区域监测、紧急状态的检测与运行处置。

1. 列车驾驶与监控

主要内容包括唤醒、休眠、列车蠕动模式运行、进站停车、列车状态远程监控、车辆制动系统故障处理、列车紧急制动缓解和远程紧急制动与缓解等操作。

2. 运营管理与监督

主要内容包括早间上电、出库、进入正线服务、停止正线服务、回库、扣车、跳停、折返换端、车辆段内自动转线、雨雪模式、洗车、清扫工况等操作。

3. 监督乘客乘车

主要内容包括站台发车、再关车门/站台门控制、清客、车门站台门间隙防护等操作。

4. 设备及自动化区域监测

主要内容包括障碍物检测、SPKS 设置、车辆检修按钮设置、列车启动指示灯设置、FAO 模式指示灯设置等操作。

5. 紧急状态的监测与运行处置

主要内容包括紧急呼叫、紧急操作装置、车辆火灾监控及系统联动、车站火灾监控及系统联动、区间火灾监控及系统联动、车门状态丢失处理、站台门状态丢失处理、车门对位隔离站台门、站台门对位隔离车门、救援、区间疏散含逃生门管理(如有)等操作。

二、国内外全自动运行系统应用及发展情况

全自动运行系统的发展应用情况分为起步阶段（1971 ~ 2004 年）和广泛应用阶段（2005 至今）。在此过程中，轨道交通系统经历了从人工驾驶、半自动驾驶到全自动运行的转变。轨道交通系统的安全性和自动化程度得到了不断提升。

（一）国外发展情况

国外 FAO 系统的运营发展过程是循序递进的，是由有人值守到逐渐无人值守的运营管理过程。1983 年，法国里尔首次开通 FAO 系统运营线路，所有站台采用站台边门，避免乘客落入站台轨道；1985 年，高架线路温哥华 Sky Train 采用 FAO 系统，分派工作人员巡逻，并撤掉站台边门，采用侵入检测装置；1995 年，日本东京建设 FAO 系统机场快轨线，实现与其他交通方式衔接；1998 年开通巴黎 Meteor 线，首次实现无人值守，正线采用全自动运营，但车辆段仍采用司机有人驾驶模式；2003 年，新加坡东北线系统开通运营，列车在正线和车辆段均采用全自动驾驶模式；2006 年，德国纽伦堡完成了 U2、U3 线改造升级，实现 FAO 系统运营；2007 年，西班牙巴塞罗那 9 号线开通 FAO 系统线路；2010 年，新加坡环线 Marina 线开通运营 FAO 系统。目前，加拿大、法国、丹麦等国家均已不同程度实现了列车运行全自动化，截止至 2019 年年底，全球已有 42 个城市、890 个车站、56 条共 1026 km 线路使用全自动运行系统。国际公共交通协会（UITP）估计，到 2020 年，国际上 75%的新线将使用全自动运行系统，40%的既有线改造时将使用全自动运行系统。

2000 年，德国布伦瑞克大学提出虚拟编组（Virtual Coupled train formation），其定义为列车以小间隔运行组成列车群，列车群统一响应外部指令，用于提升欧洲货运铁路的灵活性和运力。Shift2Rail 提出将虚拟连挂作为列控系统关键的创新之一，使“虚拟耦合列车”能够更接近彼此运行，并在移动时动态修改其自身组成。IP2 计划于 2021 年年底，完成虚拟连挂方案整体功能要求和安全性分析，确定虚拟耦合技术通信解决方案。Shift2Rail 计划针对虚拟耦合技术，计划应用时间将是 2036 ~ 2054 年。

（二）国内发展情况

根据中国城市轨道交通协会（CAMET）在 2022 年发布的《城市轨道交通 2021 年度统计和分析报告》中统计，中国内地共计有北京、上海、天津、重庆、广州、深圳、武汉、成都、苏州、宁波、南宁、济南、太原、芜湖 14 市开通了全自动运行系统线路，包括北京机场线、上海 10 号线、广州 APM 线、北京燕房线、上海浦江线、北京大兴机场线等线路

共计 23 条，已形成了 554 km 的全自动运行线路规模。2021 年开通全自动运行线路 387.1 km，其中上海开通最多达 3 条段线路长度 102 km，轨道交通全自动运行线路规模正在快速增长。

其中北京燕房线，为中国首条自主研发的全自动运行地铁线路。燕房线工程由主线、支线 2 部分组成，如图 9.18 所示。其中：主线长约 14.4 km，设站 9 座；支线长约 6.1 km，设站 3 座。

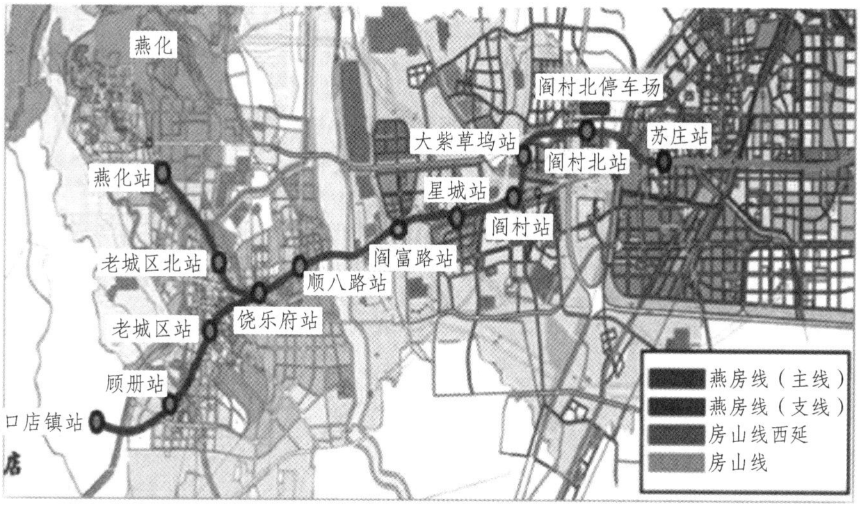

图 9.18　燕房线全线图

作为全国首条采用 FAO 系统的地铁线路，北京燕房线采用的 FAO 系统实现了如下理论与技术创新：

（1）设计了适用于我国城轨特点的 FAO 系统运营场景。

（2）建立了全自动运行系统安全风险分析和应急处置流程设计方法体系。

（3）创建了适用于我国城市轨道交通运营特点的全自动运行系统集成体系。

（4）涵盖了符合国际标准最高自动化等级以车辆、信号、LTE-M 和综合监控为核心的整套技术装备。

三、未来发展趋势

近年来列车自动化在全球轨道交通领域日渐升温，巴黎、新加坡、洛桑、迪拜、纽伦堡、哥本哈根等城市地铁都已引入全自动运行系统，目前运行情况良好。全球新建线路中将有 75% 采用全自动运行系统，改造线路中也将有 40% 采用全自动运行系统，国内主要城市已将全自动运行系统纳入建设规划，经过 10 年的发展，全自动运行系统已经成为我国城市轨道交通建设的主流制式选择。按照《中国城市轨道交通智慧城轨发展纲要》的最新发展规划，中国将迎来智慧城市轨道交通时代。在 2021 年 9 月，深圳地铁全自动运行工程试验中心（简称“试验中心”）正式建成并投入试运营。深圳作为轨道交通先行示范区，近些年来，轨道交通技术快速迭代，深圳地铁四期工程 12、13、14、16、20 号线、6 号线支线全部采用了全自动运行系统。该试验中心的建成为深圳未来发展建设的全自动运行线路提供了测试验证服务，可大幅节约现场测试时间，并逐步发展成为湾区系统装备试验及检测基地，助力智慧城轨在安全、效率、成本的全方位提升，为中国轨道交通的未来发展探索智慧之路。

根据国际公共交通联合会（UITP）的在 2020 年的地铁数据统计中，到 2020 年年底，全球已有 48 个城市建成全自动化地铁（自动化 4 级；GoA4）线路，这意味着每四个地铁系统中就有一个以上，至少有一条无人驾驶线路。2017 年至 2020 年，GoA4 线路总数从 62 条增至 80 条。2017 年年底，全自动地铁总长 1007 km。三年后，这一数字将超过 1350。

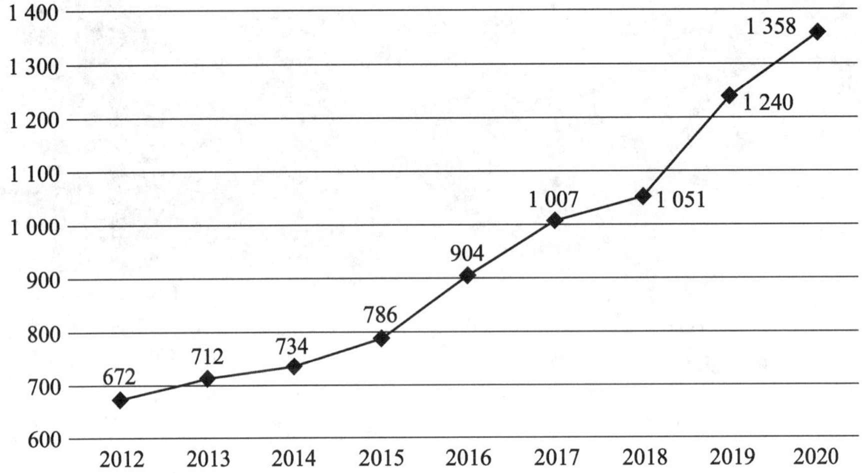

图 9.19　2012 ~ 2020 年全球 GoA4 线路公里总长

如图 9.19 所示，到 2020 年年底，全自动地铁占该时期新地铁基础设施的 10%，占地铁基础设施总量的 8%，预计 2025 年全球将有 2300 km 的全自动运行线路。

四、缩略语

FAO：全自动运行（Fully Automatic Operation）。

GoA：自动化等级（Grade of Automation）。

CBTC：基于通信的列车控制系统（Communication Based Train Control）。

SPKS：人员防护开关（Staff Protection Key Switch）。

TCMS：列车控制及监控系统（Train Control and Monitor System）。

VOBC：车载控制器（Vehicle On-Board Controller）。

LTE-M：地铁长期演进系统（Long Term Evolution-Metro）。

IMS：视频监视系统（Image Monitoring System）。

RAMS：可靠性、可用性、可维护性、安全性（Reliability、Availability、Maintainability、Safety）。

MVB：多功能车辆总线（Multifunction Vehicle Bus）。

TIAS：交通不规则性分析系统（Traffic Irregularity Analysis System）。

思考与讨论

全自动运行已成为世界轨道交通的主流发展趋势。从首都机场线到燕房线，北京地铁用了 15 年，完成了我国城市轨道交通全自动运行系统从无到有的跨越。首都机场线建设时，由于列车运行控制技术主要来自国外，技术受制于人，不仅付出了高昂的成本，调试开通过程也十分艰难。2013 年，经过多方权衡，燕房线决定改用全自动运行。围绕这条线路，一系列科技攻关就此展开。中国中车负责车辆，交控等企业负责信号，各方共同发力，逐渐培育起全自动运行城市轨道交通产业。2017 年底，中国第一条拥有自主知识产权的全自动运行线路燕房线通车。2021 年 6 月，燕房线列车实现最高等级“无人值守”全自动运行。与此同时，上海、深圳等多个城市也陆续开通运营了全自动运行的轨道交通线路。

思考讨论：① 为什么我国投入大量资源进行轨道交通全自动运行技术的研发？全自动运行技术与传统的列车运行控制技术相比有什么优势？② 相比于使用国外技术，请说明使用拥有自主知识产权的全自动运行技术的重要性？

课后思考题

1. 简述轨道交通通信系统的构成。
2. 简述轨道交通系统系统的构成，深入理解闭塞与联锁的概念。
3. 简述固定闭塞、准移动闭塞与移动闭塞各自的特点。
4. 分析城市轨道交通运行控制系统的发展趋势。

第十章　城市轨道交通运营管理

在按照相关规范完成各类设施设备设计、施工安装以及各项系统工程的安全评估程序，并通过工程竣工验收后，城市轨道交通系统就进入了运营管理阶段，这也是在全寿命周期中周期最长，也是最为复杂的阶段。在这个阶段中，运营单位既要提供安全、可靠、高效、经济的运输服务产品，又要兼顾社会和生态环境要求，切实做到以人为本，保障社会公共利益。

城市轨道交通运营管理工作主要可分为行车组织、客运组织、设施设备管理和安全与应急。这四个组成部分是轨道交通运营管理体系的核心，通过各组成协同作业共同完成城市轨道交通系统运营组织和管理的全过程。

一、行车组织

城市轨道交通行车组织工作应坚持以安全为导向，贯彻集中指挥、逐级负责的原则。城市轨道交通的行车组织可以分为运输计划的编制（客流计划与全日行车计划）、车辆配备计划、列车牵引计算、列车运行图铺画、列车交路计划、运输能力计算、列车运行与行车调度指挥等内容。

二、客运组织

城市轨道交通客运组织和服务工作应遵循安全第一、乘客为先、需求导向、持续改进的原则。客运组织的内容包括车站岗位设计、应急预案演练、客运设施设备管理、票务管理、环境卫生管理、信息发布、乘客服务等。

三、设施设备维护管理

城市轨道交通设施是指投入运营的土建设施及附属软硬件监测设备，包括桥梁、隧道、轨道、路基、车站、控制中心和车辆基地等。

城市轨道交通设备是指投入运营的各类机械、电气、自动化设备及软件系统，包括车辆、通风空调与供暖、给水与排水、供电、通信、信号、自动售检票系统、火灾自动报警系统、综合监控系统、环境与设备监控系统、乘客信息系统、门禁、站台门、车辆基地检修设备和相关检测监测设备等。

城市轨道交通设施设备的运行维护，贯穿了城市轨道交通运营全生命周期，遵循安全第一、动态监测、规范管理、标准作业的原则。

四、安全与应急

城市轨道交通系统专业性强、技术设备复杂、客流量大、时效性强，加之城市轨道交通空间狭小、事故救援难度较大，一旦发生安全事故，就会关系到人民群众的生命财产安全，后果极其严重，并会对社会形成巨大影响。城市轨道交通的安全管理重点突出安全生产制度建设、风险动态管理、应急管理等主要方面。

综上所述，城市轨道交通是一个涉及社会因素复杂、技术门类繁多、动态影响明显的综合性系统。我国城市轨道交通的发展历史较短，运营管理经验有限，有待努力积累经验并不断完善。

第一节　运输计划

乘客的需求是多种多样的，而且各种需求的性质不同，特性也不同，因此客观上就要求有各种不同的供给形式与之相适应，来满足各种不同的需求。编制运输计划的最终目的就是尽量满足大多数乘客的出行需求，并合理引导需求；在不大规模增加供给的情况下保持供给和需求的相对平衡，增加运输供给，适应运输需求。

运输计划是城市轨道交通系统运输组织的基础。从社会服务效益的角度看，轨道交通系统应充分发挥运量大和服务有规律的特点，安全、迅速、正点和舒适地将乘客运送至目的地。从企业经济效益的角度看，轨道交通系统的运营应实现高效率和低成本。为了达到这个目标，轨道交通系统的运输组织必须根据客流的特点，合理编制运输计划，合理调度指挥列车运行，实现计划运输。

运输计划的内容包括行车计划、列车运行交路、列车停站设计和车辆运用计划等。运输计划的编制基础是客流、技术设备及其能力等相关因素。

一、客流计划

客流计划是运输计划期间轨道交通线路客流的规划，是编制全日行车计划、车辆配备计划和列车交路计划等的基础。

（一）客流变化特点

城市轨道客流是指在单位时间内，某条线路上特定方向的乘客人数。客流的概念既表明了乘客在空间上的位移及其数量，又强调了这种位移是带有方向性和具有起讫位置的。

客流可以是预测客流，也可以是实际客流。客流是动态流，随天、时、地的变化而改变，这种变化是城市社会经济活动、生活方式在轨道交通系统的反映。客流变化主要体现在空间分布的变化和时间分布的变化两个方面。

客流的变化特点包括以下几个方面的内容。

（1）一日内每小时的客流变化。

（2）一周内每日客流的变化。

（3）季节性或短期性客流的变化。

（4）每条线路客流的分布变化。

（5）每个方向客流的分布变化。

（6）每个断面客流的不均衡。

（7）每车站乘降人数的不均衡。

（二）客流计划的编制

在新线投入运营时，客流计划根据客流预测资料进行编制，在既有运营线路的基础上，客流计划则根据客流统计资料和客流调查资料进行编制。

客流计划主要包括站间到发客流量，车站双方向上下车人数，全日、高峰和低谷小时的断面客流量，全日分时最大断面客流量等。

客流计划的编制基础为站间到发客流量资料，分步计算出各站上下车人数和断面客流量表。表 10-1 为轨道交通线路的站间到发客流量斜表（*A* 站至 *H* 站方向为下行方向）。根据站间到发客流量资料可以计算出各站上下车人数（见表 10-2）。根据各车站上下车人数，可计算出断面客流量数据（见表 10-3）。根据表 10-3 资料可绘制断面客流图（见图 10.1）。从表 10-3 可以直观地看出上行的最大断面客流量出现在 *D*—*E* 区间，下行的最大断面客流量出现在 *C*—*D* 区间。这是计算全日行车计划的基础。

表 10-1　站间到发客流量斜表　　单位：人/h

O/*D*	*A*	*B*	*C*	*D*	*E*	*F*	*G*	*H*
A	0	5 830	5 200	6 200	3 505	8 604	9 620	17 568
B	6 890	0	1 420	4 575	3 694	5 640	6 452	14 566
C	4 580	1 212	0	423	724	2 100	2 430	3 511
D	6 520	2 454	523	0	423	1 247	1 434	3 569
E	3 586	1 860	866	513	0	356	1 211	2 456
F	7 625	6 320	1 724	2 413	285	0	750	4 857
G	9 654	8 214	2 130	4 547	1 234	960	0	1 463
H	15 607	12 500	4 324	5 234	2 567	5 427	2 401	0

表 10-2　各站上下车人数（单位：人）

下行		车站	上行	
上客数	下客数		上客数	下客数
56 527	0	A	0	54 462
36 347	5 830	B	6 890	32 560
9 188	6 620	C	5 792	9 567
6 673	11 198	D	9 497	12 707
4 023	8 346	E	6 825	4 086
5 607	17 947	F	18 367	6 387
1 463	21 897	G	26 739	2 401
0	47 990	H	48 060	0

表 10-3　各区间断面客流量（单位：人）

下行	区间	上行
56 527	A—B	54 462
87 044	B—C	80 132
89 612	C—D	83 907
85 087	D—E	87 117
80 764	E—F	84 378
68 424	F—G	72 398
47 990	G—H	48 060

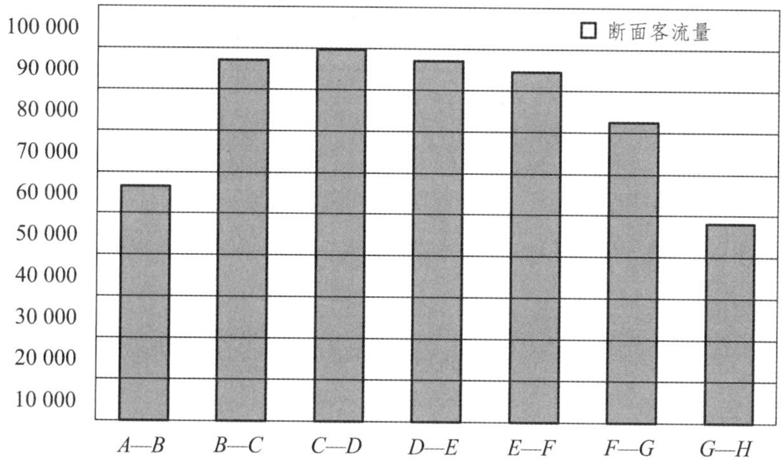

图 10.1　断面客流量图

客流计划以站间到发客流量数据作为原始资料，通过计算得到各站方向分别上下车人数和全日分时最大断面客流量等客流数据。在客流计划编制过程中，高峰小时的断面客流量可以通过高峰小时站间到发客流数据来计算，也可以通过全日站间到发客流量数据来估算。在用全日站间到发客流数据时，在求出全日断面客流量数据后，高峰小时的断面客流量按占全日断面客流量的一定比例来估算，比例系数的取值可通过客流调查来确定，具体将在下节中详细讲解。

二、全日行车计划

全日行车计划是营业时间内每小时开行的列车对数计划，它规定了城市轨道交通线路的日常运输任务，它是编制列车运行图，计算运输工作量和确定车辆运用的基础数据。全日行车计划编制的基础是客流计划。

（一）全日行车计划编制资料

1. 运营时间

根据统计，世界主要城市轨道交通系统运营时间如表 10-4 所示。由表可见世界上大多数城市的轨道交通系统运营时间在 18 ~ 20 h，个别城市为 24 h 运营，如美国的纽约和芝加哥。运营时间的长短在一定程度上体现了城市轨道交通系统服务水平高低。

表 10-4　世界主要城市轨道交通系统营运时间

城市	类型	始运年份	营运时间/h
伦敦	地铁	1863	20
纽约	地铁	1868	24
芝加哥	地铁	1892	24
布达佩斯	地铁	1896	19
巴黎	地铁	1900	20
柏林	地铁	1902	21
东京	地铁	1927	19.5
莫斯科	地铁	1935	19
北京	地铁	1969	18
华盛顿	地铁	1976	18
香港	地铁	1979	19
深圳	地铁	2004	16.5

2. 全日分时最大断面客流量

全日分时最大断面客流量通常是在高峰小时断面客流量的基础上，根据全日客流分布模拟图来计算确定。如条件许可，采用分时断面客流量分布计算所得的全日分时最大断面客流量数据更为准确可靠。

3. 列车定员数

列车定员数是列车编组辆数和车辆定员数的乘积。列车编组辆数的确定以高峰小时最大断面客流量作为基本计算依据。

4. 线路断面满载率

线路断面满载率是指在单位时间内特定断面上的车辆载客能力利用率。线路断面满载率在实际工作中通常是指早高峰小时，单向最大客流断面的车辆载客能力利用率。在编制全日行车计划时，轨道交通系统可采用列车在高峰小时适当超过承载列车定员的做法。

（二）全日行车计划编制步骤

1. 计算全日分时最大断面客流量

根据全日客流分布模拟图，计算全日分时最大断面客流量数据。

2. 计算营业时间内各小时应开行的列车数

计算公式如下：

$$n_i = \frac{P_{\max}}{P_{列}\beta}$$

式中：n_i——分时开行列车数（列或对）；

P_{max}——分时最大断面客流量（人）；

$P_{列}$——列车定员数（人）；

β——线路断面满载率。

3. 计算行车间隔时间

计算公式如下：

$$t_{间隔}=\frac{3\,600}{n_i}$$

式中：$t_{间隔}$——分时行车间隔（s）。

4. 确定全日行车计划

在编制轨道交通系统全日行车计划时，应把方便乘客、提高服务质量作为重要因素，调整开行间隔，并最终确定全日行车计划。

在已经计算得到每小时应开行列车数和行车间隔时间的基础上，应检查是否存在某段时间内行车间隔时间过长的情况。行车间隔时间过长，会增加乘客的候车时间，降低乘客的出行速度，不利于吸引客流。为方便乘客、提高服务水平，轨道交通系统在非高峰运营时间内，应视轨道交通线路沿线的客流状况来合理确定行车间隔，最终确定的行车间隔时间不宜大于 10 min。

三、列车开行方案

（一）列车交路计划

列车交路计划是根据运营组织的要求及运营条件的变化，按运行图或由调度指挥列车按规定区间运行、折返的列车运行计划。列车交路计划规定了列车运行区段、折返车站以及按不同交路运行的列车数量。

1. 列车折返

列车折返是指列车通过进路改变、道岔转换，经过车站的调车进路由一条线路至另一条线路运营的方式。具有列车折返条件的车站称为折返站。列车折返分为站前折返和站后折返。

（1）站前折返。

列车在中间站或终点站利用站前渡线进行折返作业称为站前折返。由于渡线设置在站前，可以减少项目建设的土建投资，缩短列车的运行距离，但列车折返会占用区间线路，从而影响后续列车的运行，并且行车安全保障要求比较高，所以城市轨道交通行车组织中较少采用这种折返方式，特别是在行车密度高、列车运行间隔短的条件下，如图 10.2 所示。

（2）站后折返。

列车在中间站、终点站利用站后渡线进行折返作业称为站后折返。由于车站接发车采用平行作业，不存在进路交叉，因此行车安全，同时有利于提高列车的旅行速度，这是城市轨道交通行车作业中常用的折返方式，如图 10.3 所示。

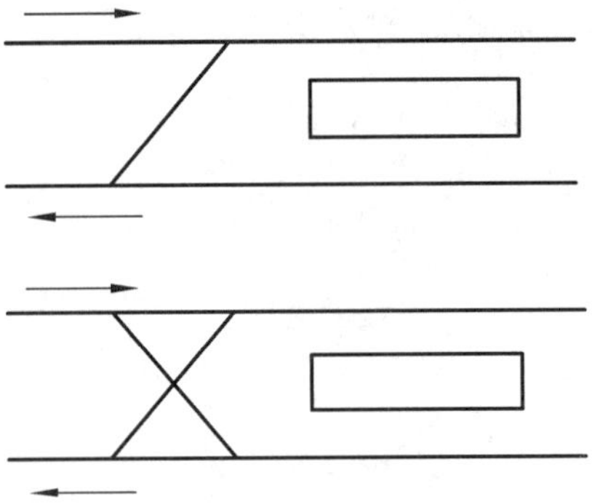

图 10.2　站前折返示意图

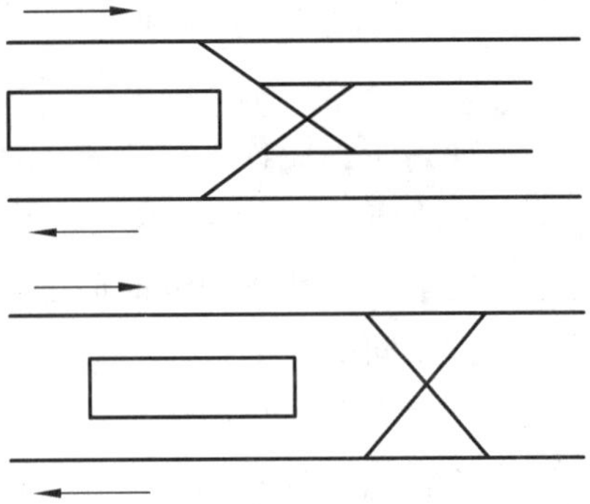

图 10.3　站后折返示意图

2. 列车交路计划

在列车开行计划中，列车交路规定了列车的运行区段、折返车站以及按不同列车交路运行的列车对数。在线路各区段客流量不均衡程度较大的情况下，采用合理的列车交路，能在不降低服务水平的前提下提高车辆运用效率，避免运能浪费。

列车交路分为长交路、短交路和长短交路三种。长交路是指列车在线路的两个终点站间运行；短交路是指列车在线路的某一区段内运行，在指定的车站上折返；而长短交路是指列车在线路上运行，既能够在两个终点站间折返，也能够在某一中间站折返。

图 10.4（a）为长交路列车运行的图解，从行车组织的角度，长交路列车运行组织要较短交路列车运行组织简单，对中间站折返设备的要求也不高，适合于全区段客流量比较均衡的线路，但在各区段客流量不均衡程度较大的情况下，会产生部分区段运能的浪费。图 10.4（b）为短交路列车运行的图解，短交路能适应不同客流区段的运输需求，运营比较经济，但要求中间折返站具有两个方向的折返能力以及具有方便的换乘条件，站在乘客的角度，由于在乘行途中需换乘，服务水平有所降低。图 10.4（c）为长短交路列车运行的图解，长短交路混跑的组织方案，既能满足运输需求，又能提高运营效益。

在线路各区段客流量不均衡程度较大的情况下，可以采用以长交路为主、短交路为辅的列车交路形式，组织列车在线路上按不同的密度行车。同样，当高峰期间客流在空间分布上比较均匀而低谷期间客流在空间上分布相差悬殊时，也可以在低谷时间采用长短交路列车运行方案，组织开行部分在中间站折返的短交路列车。

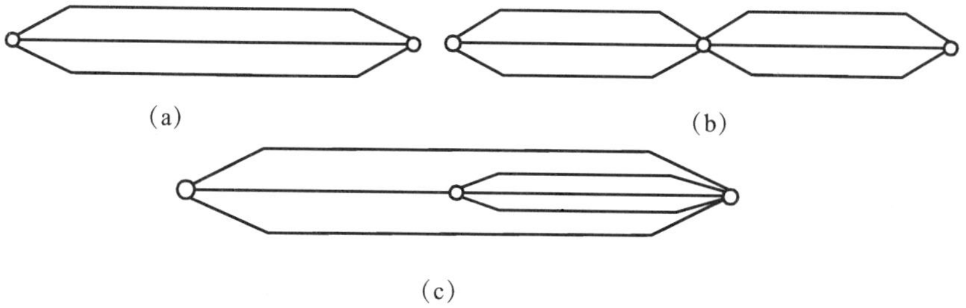

图 10.4　三种列车交路

在我国城市轨道交通的运营实践中，列车运行交路通常是采用长交路，偶有采用长短交路（如深圳轨道交通 1 号线、3 号线），很少采用短交路。采用长短交路时，为加速中间站折返作业，不影响线路通过能力，对折返站的折返作业设备客运组织工作提出了较高的要求。

（二）列车编组方案

1. 大编组方案

大编组是指在运营时间内列车编组辆数固定且相对较多，如地铁列车采用的 6 或 8 辆编组的情形。

2. 小编组方案

小编组是指在运营时间内列车编组辆数固定且相对较少，如地铁列车采用的 3 或 4 辆编组的情形。

3. 大小编组方案

大小编组是指在运营时间内列车编组辆数不固定。大小编组有两种情形：一种是在客流非高峰时段编组辆数相对较少，在客流高峰时段编组辆数相对较多，如在客流非高峰和高峰时段，地铁列车分别采用 3/6 辆编组、4/6 辆编组或 4/8 辆编组的情形；另一种是在全日运营时间内采用大小编组，如地铁列车采用 3/6 辆编组或 4/6 辆编组的情形。采用大小编组方案时，与 4/6 辆编组方案相比，3/6 辆编组方案更具有乘客服务水平较高、可根据客流量灵活编组以及车辆检修周期一致等优点。

应该指出的是，离开一定的客流条件来讨论列车编组方案的比选是无意义的。例如，在线路的分时客流比较均衡时，大小编组方案失去了比选的必要性；在客流已经接近远期设计客流量时，小编组方案失去了实施的可能性。因此，只有在客流尚未达到远期设计客流量、并且分时客流不均衡程度较大的情况下，才有必要对列车编组方案进行比选。

（三）列车停站方案

1. 站站停车

站站停车方案为列车在全线所有车站均停车，如图 10.5 所示。与非站站停车相比，线路上开行列车种类简单、不存在列车越行，乘客无须换乘、也无须关注站台上的列车信息显示。在跨区段、长距离出行乘客比例较大时，站站停车在车辆运用与服务水平方面均未达到最佳状态。

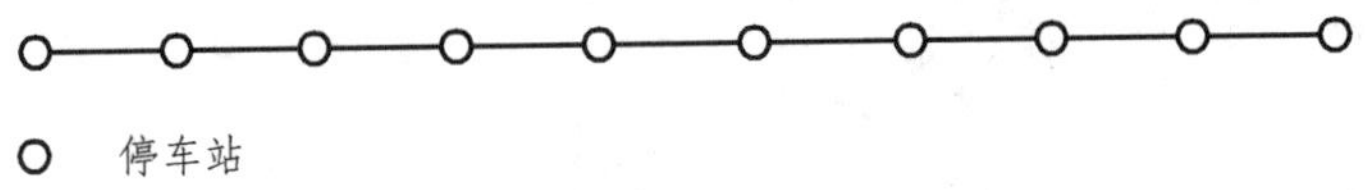

图 10.5　站站停车方案示意图

2. 区段停车

区段停车方案在长短交路情况下采用，长交路列车在短交路区段外每站停车，但在短交路区段内不停车通过；而短交路列车则在短交路区段内每站停车，短交路列车的中间折返站同时又是乘客换乘站，如图 10.6 所示。与站站停车相比，区段停车方案中的长交路列车在短交路区段内不停车通过，列车停站次数的减少使长交路列车的停站时间和起停车附加时间总和也相应减少，提高了列车旅行速度、压缩了列车周转时间。因此，采用区段停车方案有利于压缩长距离出行乘客的乘车时间、减少车辆运用和降低运营成本。但是，区段停车方案也存在若干问题：首先，在行车量较大的情况下，有可能会产生列车越行的情形，需要在部分中间站修建侧线；其次，在不同交路区段间上下车的乘客会增加换乘时间，而在短交路区段内上下车的乘客则会延长候车时间。

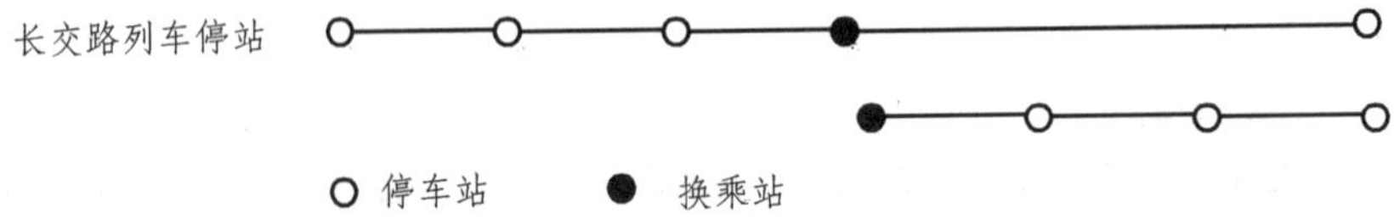

图 10.6　区段停车方案示意图

3. 跨站停车

列车跨站停车方案在长交路的情况下采用，将线路上开行的列车分为 *A*、*B* 两类，全线的车站分为 *A*、*B*、*C* 三类，其中 *A*、*B* 类车站按相邻分布的原则设置，*C* 类车站按每隔 4 或 6 个车站选择一个的原则设置。*A* 类车在 *A*、*C* 类车站停车、在 *B* 类车站通过；*B* 类车在 *B*、*C* 类车站停车，在 *A* 类车站通过，如图 10.7 所示。与站站停车方案相比，跨站停车方案的优点类似于区段停车方案。由于 *A*、*B* 两类车站的列车到达间隔加大，在 *A*、*B* 两类车站上车乘客的候车时间有所增加；此外，在 *A*、*B* 两类车站间上下车的乘客需要在 *C* 类车站换乘，会增加换乘时间及带来不便。因此，跨站停车方案比较适用于 *C* 类车站上下车客流较大，并且乘客乘车距离较远的情形。

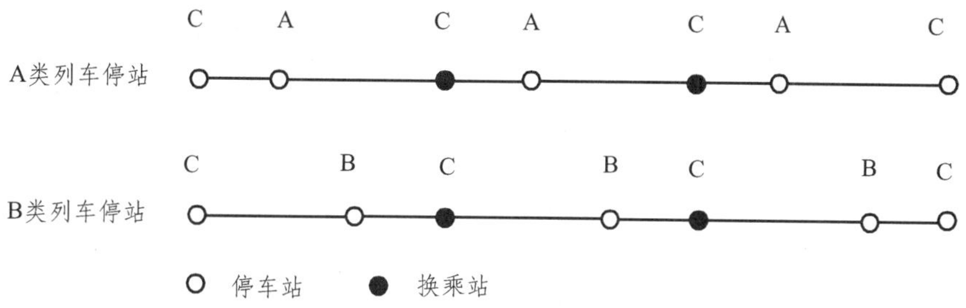

图 10.7　跨站停车方案示意图

4. 部分列车跨多站停车

部分列车跨多站停车方案是指线路上开行两类长交路列车，即普速、站站停列车和快速、跨多站停列车，快速列车只在线路上的主要客流集散站停车，而在其他站则不停站通过，如图 10.8 所示。该停车方案在提高跨多站停车列车旅行速度的同时，避免了跨站停车方案存在的部分乘客需要换乘问题，做到既能提高运营经济性，又不降低对乘客的服务水平。此外，该停车方案运用比较灵活，运营部门可根据客流特征、按不同比例确定快速列车开行对数。但在线路通过能力利用率比较高的情况下，采用该停车方案通常会引起快速列车越行普速列车；如果不安排列车越行，则只能以损失线路通过能力来保证追踪列车间隔时间。

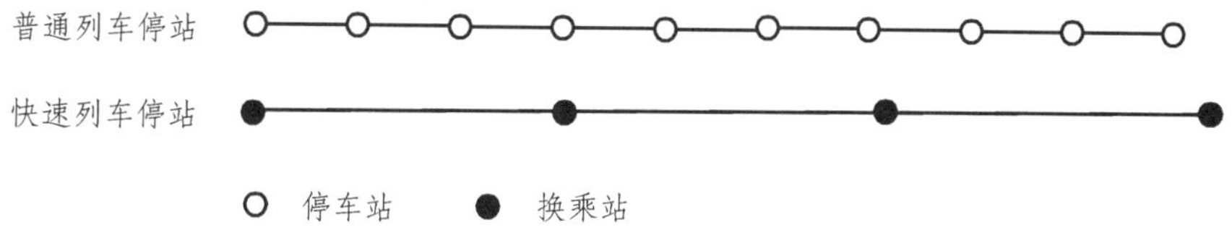

图 10.8　部分列车跨多站停车方案示意图

四、车辆运用计划

车辆配备计划是指在一定类型的设备和行车组织方法条件下，为完成一定的运输任务而必须保有的车辆。车辆保有数包括运用车辆数、检修车辆数和备用车辆数。

（一）运用车

运用车是为完成日常运输任务而配备的技术状态良好的车辆，运用车的需要数与高峰小时开行列车对数、列车旅行速度及在折返站停留时间等因素有关，按下式计算。

$$N_{运用}=\frac{n_{高峰}\theta_{列}m}{3\,600}$$

式中：$N_{运用}$——运用车数（辆）；

$n_{高峰}$——高峰小时开行列车数（列）；

$\theta_{列}$——列车周转时间（s）；

m——列车编组辆数（辆）。

列车周转时间是指列车在线路上往返一次所消耗的全部时间。它包括了列车在区间运行、列车在中间站停车供乘客乘降以及列车在折返站进行折返作业的全过程。当列车在折返站的出发间隔时间大于高峰小时的平均行车间隔时，须在折返线上预留一列车进行周转，此时运用车数需相应增加。

（二）检修车

检修车是指处于定期检修状态的车辆。车辆的定期检修是一项有计划的预防性维修。车辆的定期检修分成月检、定修、架修和大修（又称为厂修）等，也有安排双周检与双月检的情形。不同的检修级别有不同的检修周期。表 10-5 为某城市轨道交通线路的车辆检修级别和检修周期。车辆检修级别和检修周期是根据车辆各部件使用寿命以及车辆运用环境等因素综合考虑确定的。通过对车辆的不同部件制定不同的技术标准、检修级别和检修周期，使车辆在经过不同级别的定期检修后，能在整个检修周期内保持良好的技术状态。

表 10-5　城市轨道交通车辆检修级别、周期及停时

检修级别	运用时间	走行公里/km	检修停时
双周检	2 周	4 000	4 h
双月检	2 月	20 000	2 d
定修	1 年	100 000	10 d
架修	5 年	500 000	25 d
大修	10 年	1 000 000	40 d

车辆检修周期是一个与车辆段建设规模和车辆段作业组织关系密切的技术指标，它也是推算检修车数的基础资料之一。检修周期主要是根据车辆运用时间确定的，同时还需综合考虑车辆运用时间和走行公里数。在车辆运用时间和检修周期确定的情况下，根据每种检修级别的年检修工作量和每种检修级别的检修停时，可以推算检修车数。

除车辆的定期检修外，车辆的日常检修还有日检，检修停时约每日 2 h，车辆临修的停时按运用列车平均每年 1 次，确定为每次 2 d。

（三）备用车

为了适应客流变化，确保完成临时紧急的运输任务，以及预防运用车发生故障，必须保有若干技术状态良好的备用车辆。备用车的数量一般控制在运用车数的 10%左右。备用车原则上停放在车辆段内或线路两端终点站。

列车保有量根据线路远期客流预测结果，远期计划运行行车间隔，可得出所需运用列车数，而备用列车数量按照运用列车数量的 10%取得；检修列车数量需根据运用列车数量综合维修能力、修程修制取得，一般为运用列车数量的 10%～15%。

第二节　列车运行图

在城市轨道交通系统中，列车运行图是列车运行的综合计划，它规定了列车占用区间的次序，列车在每一个车站出发、到达或通过的时间，区间运行时分，车站停车时分。也就规定了线路、站场、车辆和通信信号等设备的运用流程与行车有关各部门的工作。

城市轨道交通的列车运行要求各个部门、各工种、各项作业之间相互协调配合。车站按列车运行图安排接发列车、组织客运工作；调度指挥部门按列车运行图指挥列车运行；车辆部门根据列车运行图确定每天需要的车组数和运行时刻，制定车组的检修和乘务司机的值乘计划；供电、通信信号、机电、工务等部门均根据列车运行图的规定来安排运营生产施工计划和检修计划。各个部门、各个工种、各项作业之间相互配合、协调动作、时间准确地工作，使各次列车按规定的时刻运行。

因此，列车运行图是协调城市轨道交通系统各部门、单位按一定程序进行生产活动的工具，也是城市轨道交通运输工作的综合计划、行车组织的基础。经济、合理的列车运行图既要考虑城市轨道交通系统能提供的运营设备能力，又要在符合各时期、各时段线路客流量规律的前提下，使运能与运量达到最佳的组合，既方便乘客出行，又使企业获得最佳经济效益。

一、列车运行图基础

（一）列车运行图的表示方法

列车运行图是运营调度部门组织列车在各站和区间运行的一种图解形式。列车运行图又称为时距图（Distance Time Diagram），通常以图解法来表示行车时刻，利用坐标原理表示列车运行状况，将列车看作一个质点，斜线就是列车运行的轨迹，代表列车的运行线。坐标系有两种表示方法，在图 10.9（a）中，纵坐标为距离，水平线间的距离即为站间距，横坐标为时间，这种表示方法应用最为广泛；图 10.9（b）的表示方法正好与第一种相反，例如德国的轨道交通运用的就是这种列车运行图形式。

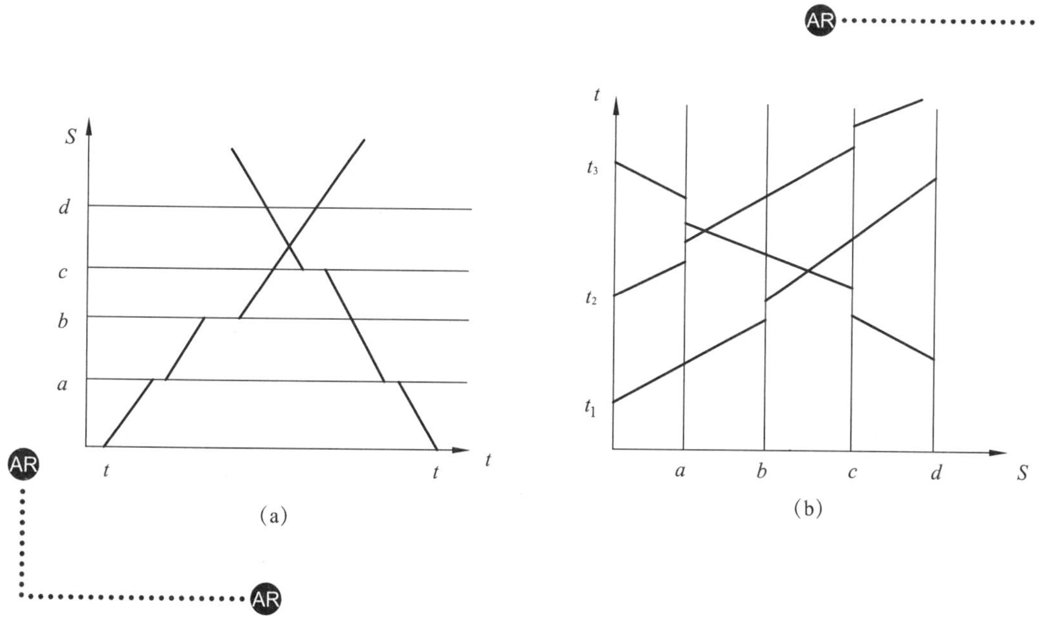

图 10.9　列车运行图的坐标表示

（二）列车运行图的图解表示

我国大多数的城市轨道交通系统运行图中采用的是图 10.9（a）的表示方法，图中的斜线是列车运行的轨迹，代表列车运行线。在列车运行图上，下行列车的运行线由左上方向右下方倾斜，上行列车的运行线由左下方向右上方倾斜。在图 10.9（a）中：

（1）横坐标：表示时间，用一定的比例进行时间划分，城市轨道交通列车运行图一般采用 1 分格或 2 分格，即每一等分表示 1 min 或 2 min 时间。

（2）纵坐标：表示距离分割，根据区间实际里程，采用规定的比例，以车站中心线所在位置进行距离定点。

（3）垂直线：是平行的等分线，表示时间等分段。这些垂直线将横轴按一定的时间单位进行划分，代表一昼夜的小时和分钟。

（4）水平线：是平行的不等分线，这些水平线将纵轴线按一定比例加以划分，代表车站的中心线，通常中间站的车站中心线以较细线条表示，换乘站、折返站和终点站以较粗线条表示。

（5）时刻：在列车运行图上，列车运行线与车站中心线的交点即表示该列车到达、出发或通过的时刻。城市轨道交通列车停站时间较短，一般不标明到、发时间。

（6）车次：对于不同种类的列车，列车运行图采用不同的列车运行线条和车次范围加以区别。一般按不同的列车类别规定代号与列车号。按发车顺序对车次进行编号，上行采用双数，下行采用单数（ATC 方式的列车车次末两位则表示列车运行的目的地号码）。

（三）不同信号系统运行图的区别

不同的信号系统的运行图表示方式有所区别，以深圳市轨道交通为例，目前所采用的西门子信号系统与卡斯柯信号系统的运行图在颜色、坐标、线条等表示方式上均有所区别。

1. 西门子信号系统的运行图

西门子信号系统列车运行图如图 10.10 所示。

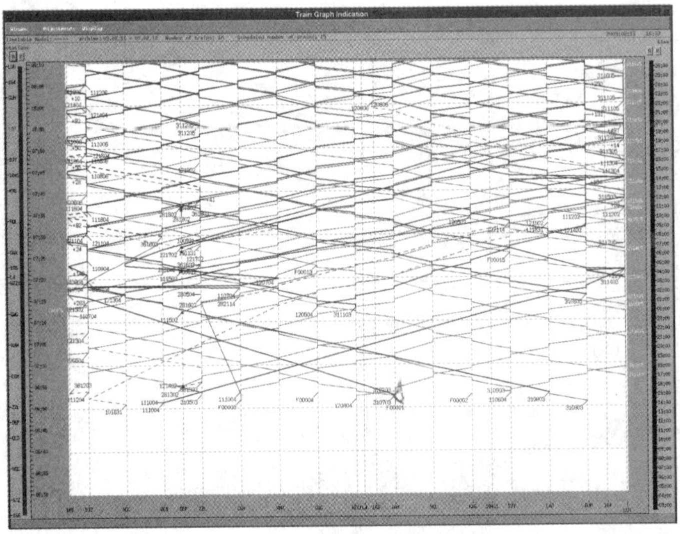

图 10.10　西门子信号系统列车运行图

（1）横坐标以垂直线来划分表示车站，纵坐标以横线来划分表示时间。

（2）运行线（斜线）由左至右为上行，由右至左为下行；蓝色运行线代表计划线，红色运行线代表实际线。

（3）运行图的显示格式可以根据所选择的时间范围自动选择 1 分格、2 分格、4 分格等不同格式的运行图。

2. 卡斯柯信号系统的运行图

卡斯柯信号系统列车运行图如图 10.11 所示。

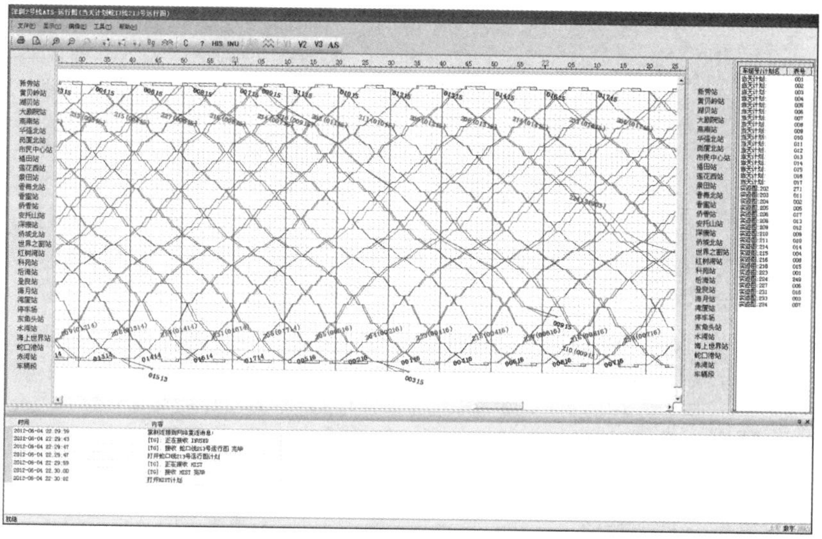

图 10.11　卡斯柯信号系统列车运行图

（1）横坐标以垂直线来划分表示时间，纵坐标以横线来划分表示车站。

（2）运行线（斜线）由左至右为上行，由右至左为下行；黑色运行线代表计划线，粉色运行线代表实际线。

（3）运行图的显示格式通常为 1 分格运行图。

（四）列车运行图要素

列车运行图要素是指编制列车运行图时必须遵守的一些时间标准，在编制运行图时，必须首先确定运行图的各要素。列车运行图的要素有：

（1）列车区间运行时分：指列车在两个相邻车站之间的运行时间标准。它通过牵引计算和现场查标相结合的方法进行查定。

（2）列车在中间站的停站时间：列车在中间站进行开/关车门、乘客进行乘降等作业所需要的时间。中间站的停站时间标准一般采用分析计算和现场查标相结合的方法进行查定。

（3）列车在折返站的作业时间标准：列车在折返站进行到/发、换端等作业所需要的时间标准。

（4）行车间隔：两相邻列车在同一运行方向经过同一地点的时间差。在城市轨道交通中，根据市民的出行习惯和上、下班时间，在各个时间段的客流是不同的，因此在运营时间内可能采取几种行车间隔以满足市民出行的需要。一般而言，越小的行车间隔，需要越多的列车投入服务，其运输能力越大。

二、列车运行图的编制

（一）编制步骤

城市轨道交通列车均为可载客列车，在车站只进行乘客上下车的客运作业，而且不存在车辆解体编组和车辆技术作业及跨线运输等问题，列车行车密度较高。在新线开通或线路客流量、技术设备和行车组织方式发生变化时都需编制列车运行图（见图 10.12）。其编制步骤如下。

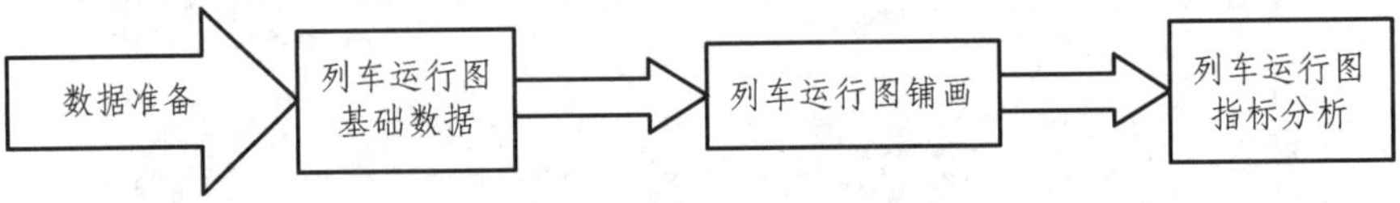

图 10.12　列车运行图的编制

（1）按编制要求和目标确定编制的注意事项。

（2）收集编图资料，对有关问题组织调查、研究和试验。

（3）总结分析现行列车运行图的完成情况和存在的问题，提出改进意见。

（4）确定全日行车计划。

（5）计算所需运用列车数量。

（6）计算运行图所需的各项基础数据。

（7）确定列车运行图草图。

（8）计算所需运用列车数。

（9）听取调度部门、行车、客运部门和车辆部门的意见，对列车运行方案进行调整。

（10）根据列车运行方案铺画详细的列车运行图、编制列车运行时刻表和编制说明。

（11）全面检查列车运行图的编制质量，计算列车运行图的各项指标。

（12）将编制完毕的列车运行图、时刻表和编制说明上报审核，经批准后执行。

（二）编制方法

1. 车站中心线的确定方法

车站中心线有以下两种确定方法：

（1）按区间实际里程比率确定，即按整个区段内各车站间实际里程的比例来画横线。采用这种方法时，列车运行图上的站间距可以完全反映实际情况，能明显地表示出站间距离的大小。但由于各区间的线路和纵断面不一样，使列车运行速度有所不同，这样列车在整个区段的运行线往往是一条斜折线，既不整齐，也不易发现列车在区间运行时分上的差错，所以一般不采用这种方法。

（2）按区间运行时分比率确定，即按整个区段内各车站间列车运行时分的比例来画横线。采用这种方法时，可以使列车在整个区段运行线基本上是一条斜直线，既整齐又美观，也容易发现列车在区间运行时分上的差错，故多被采用。如图 10.13 所示。

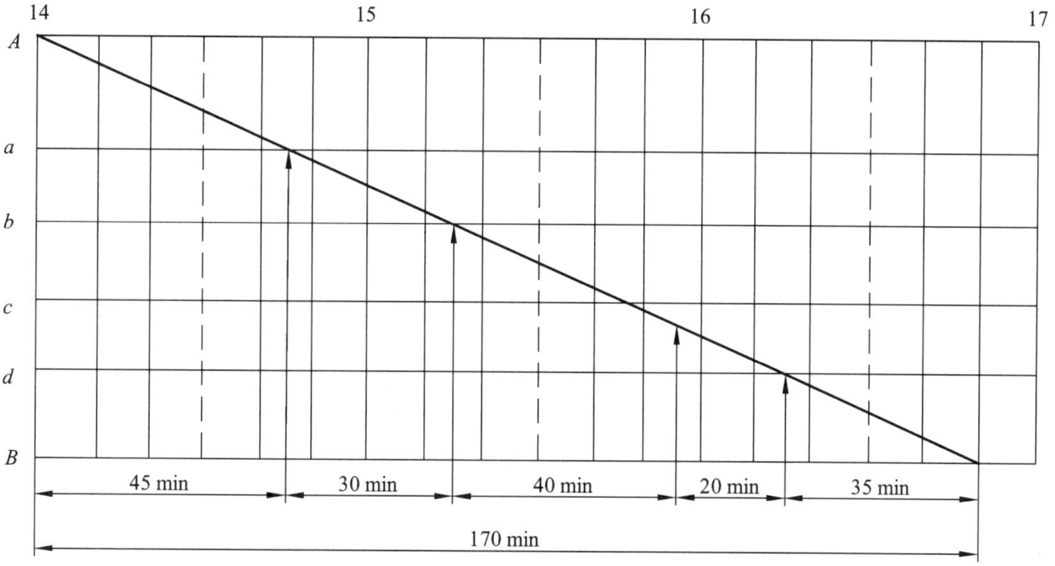

图 10.13　区间运行时分比率确定车站位置示意图

列车运行图上的列车运行线与车站中心线的交点，即为列车到、发或通过车站的时刻。所有这些表示时刻的数字或符号，都填写在列车运行线与横线相交的钝角处。

2. 计算列车单程旅行时间

列车单程旅行时间等于单程各区间列车运行时分加沿途各车站停站时间的总和。由于上、下行单程旅行时间不一定相同，须分别计算作为在列车运行图上铺画上、下行列车运行线的依据。

3. 计算列车运行图的运行周期

列车运行图的运行周期就是列车运行交路所需的时间，它等于上、下行列车旅行时间与两端折返站折返时间之和。

4. 计算平均列车运行间隔时间

根据在正线上运营的列车数和列车运行图的运行周期就可算出平均列车运行间隔。

5. 列车车次的编号

列车车次的编号原则上分两大类：

（1）调度监督下的列车运行。其车次号码为四位数，第一位代表线路的编号，第二、三、四位代表列车识别符，末位数上行列车为双数、下行列车为单数。

（2）实施调度监控室的列车运行。其车次号码为五位数，前三位为列车识别符，后两位为目的地符（目的地符代表列车运行的终点站）。

6. 列车运行线的图示

列车运行图上的列车运行线按其列车运行方向的规定可分为上行列车运行线和下行列车运行线。上行列车运行线是由左下角向右上角铺画的斜直线，而下行列车运行线是由左上角向右下角铺画的斜直线。

7. 列车运行交路的图示

列车到达终到站后，在满足图定列车折返作业时间标准的基础上，应画出该列车就近折返的列车运行线（含车次号和始发站时刻），将列车终到时间与折返列车运行线间用线段相连接就是本次列车在该终到站的列车运行交路图示。

三、编制质量检查

列车运行图编完后，必须对运行图的编制质量进行全面的检查。检查的主要内容如下：

（1）上、下行的首、末端车站载客列车在站的开车时间是否符合运营时间的规定。

（2）运行图上铺画的载客列车和空驶列车是否符合要求。

（3）列车运行图上铺画的列车数和折返列车数是否符合要求。

（4）各时段列车运行间隔是否符合高峰及低谷客流时段的运能要求。

（5）列车运行线的铺画是否符合规定的各项时间标准。

（6）列车在车站折返时，同时停在折返线的列车数是否超过该站折返线数。

（7）列车乘务员的工作和休息时间是否符合规定的时间标准。

（8）换乘站的列车到发密度是否均衡。

四、列车运行图的使用

（一）列车运行图使用前的准备工作

为了评价新运行图的质量，除计算新运行图的各项指标外，还应与现行运行图进行比较，分析各项指标提高或降低的原因，列车运行图经批准后，为了保证新图能够顺利地实行，必须在实行新图之前做好下列准备工作：

（1）发布实行新图的命令。

（2）印刷并分发列车时刻表。

（3）拟定实现新图的技术措施。

（4）组织学习，使职工了解、熟悉新图规定的要求。

（5）做好车辆和司乘人员的调配工作。

（二）公布列车时刻表

在铺画好列车运行图后，应编制列车时刻表。编制时刻表的依据是列车运行图及各区间上、下行列车运行时间和沿途各车站列车停站时间标准。简易列车时刻表可人工编排，实施自动监控的列车运行图其列车时刻表可使用计算机编排，并作为生成列车运行图使用。列车时刻表可分为载客列车和出入场空驶列车两大部分，先编排载客列车且上、下行载客列车时刻表编在一起，然后再编排出入场的空驶列车时刻表。各车站接到列车时刻表后，应在实施新的列车运行图之前，将首、末班列车时刻以及相应的行车间隔对外通告。

五、网络列车运行计划编制

（一）网络列车运行计划编制原则

网络化运营条件下，运行计划编制既需要考虑线路本身的运能供需协调性，也需要考虑到与其他线路的衔接协调性。网络列车运行计划编制原则如下：

（1）统一管理、分工负责。

（2）严格遵守各项技术标准。

（3）严格遵守路网运力配置计划。

具体到各条线路，要求：

（1）确保行车安全：严格遵守行车作业程序和各项时间标准。

（2）以安全可靠为前提，提高旅行速度，降低全程周转运行时间。

（3）优化运输产品：保证合理的列车发车间隔和合适的满载率。

（4）在保证运量需求的条件下，减少车组运用数量。

合理运用设施设备：流线结合，充分利用线路通过能力。

（二）网络列车运行计划编制需求

编制网络列车运行计划时需要对不同层次运行计划的编制需求进行界定。

路网层全局管理对各条线路运能供需协调性的规定及对线间协调性的规定；线路层根据路网层对运行计划编制的总体需求，考虑线路功能和定位的差异性，在已知线路各项基础作业时间参数及与移动设施相关的数量参数（如：编组长度、定员、车组周转里程等）的基础上，通过与路网层进行的对运行计划编制过程中运能供需情况的交互反馈调整，实现运行计划编制。

根据运行计划编制对路网层及线路层的需求，在路网层下达对各条线路运能供需协调性的规定及对线间协调性的规定时，要求掌握路网的运能需求及各条线路的运能供给情况。路网运能需求以路网客流 OD 数据及各线全天分小时、30 min、15 min 的最大断面客流量为依据；路网的运能供给以各条线路最大通过能力及对应不同满载率的最大输送能力为依据；路网线间协作则以换乘站小时分向换乘客流量、分向换乘必需时间等数据为依据。

由路网整体的运能供需现状规定各线路运营起止时间、各线路满载率、换乘站的分时方向性衔接需求以及最大列车发车间隔时间。必要时，路网层还应提供现行列车运行计划完成情况的分析总结和改进意见，并给出计划编制的运行计划预计完成的主要指标及其分析比较。

（三）网络列车运行计划编制关键问题

针对城市轨道交通网络化运营带来的新问题，城市轨道交通网络列车运行计划编制需要重点解决的问题如下：

（1）线路列车运行计划编制时的客流依据不仅仅包括本线路直达客流，还包括系统内出行路径经由该线路某个区段的换乘客流。因此，在给定路网分时 OD 数据的情况下，如何获取各条线路本身客流的时空分布及线间换乘客流的时空分布特性，并将其量化为线路列车运行计划编制相关的参数、约束或目标，是网络列车运行计划一体化编制需要解决的首要问题。

（2）根据各线客流时空分布特性量化数据进行列车开行参数的设计，是一个运输需求与供给的协调过程。线路的空间位置及功能定位不同使得列车开行参数设计具有较大的线间差异性，因此，设计的路网通用性线路列车发车频率的模型应满足各条线路对运能配置协调程度的差异性需求。

（3）城市轨道交通系统的线路结构具有较大的差异性，各线路列车运行计划在编制时都是以本线的线路拓扑结构为依据。因此，编制网络列车运行计划时应考虑线路结构差异性和不同的作业规则约束。可以借鉴对单线列车运行图编制关键技术的研究（如车辆出入段、折返以及行车间隔、运用周期、车底数量间相互影响和制约条件的满足）和对多时段车底数量需求的研究来进行网络列车运行计划的编制。

（4）跨线客流组织优化是城市轨道交通网络列车运行计划编制最重要的特点。单线叠加网络化运营下，换乘客流组织无序。在多线换乘枢纽处容易积聚大量客流，形成能力制约瓶颈，不仅降低了网络效率，影响了网络服务水平，也容易造成安全隐患。根据路网运能需求的时空特性，基于换乘点分析车流与客流关系，研究轨道交通跨线客流的换乘组织优化问题是实现网络化列车运行计划编制的关键。

（5）城市轨道交通网络化运行计划编制中，计算机实现技术是提升运行计划编制效率的重点。通过人机交互决策可以快速、智能地对运行计划的编制全过程进行控制和调整，能更好地满足交互协作的分层网络化运营管理机制下的路网运行计划编制需求。

第三节 列车运行调度指挥

城市轨道交通系统组成复杂、技术密集，各工作环节紧密联系、协同运作，要求城市轨道交通系统必须实行集中领导、统一指挥的原则。运输调度正是实现城市轨道交通系统日常运输工作的指挥中枢，凡与运输有关的各部门、各工种都必须在运输调度的统一指挥下进行日常生产活动。

运输调度的基本任务是：科学合理地组织客流，经济合理地使用车辆及其他运输设备，挖掘运输潜力，提高运输效率和经济效益，组织与运输有关各部门的密切配合，确保列车按图运行，完成运输生产任务，为城市经济建设和人民生活服务。

一、轨道交通列车运行指挥

（一）列车运行指挥机构

城市轨道交通系统是一个复杂的、技术密集型的城市公共交通系统。为了能实行统一指挥，有序组织运输生产活动，我国的大部分城市的轨道交通系统中通常会设立调度控制中心（Operation Control Center，OCC），由调度控制中心担任城市轨道交通系统的列车指挥工作。调度控制中心实行分工管理的原则，按业务性质设置不同的调度工种，承担不同专业类型的工作内容，如行车调度、电力调度、环控调度、信息调度、视频调度等。各调度岗位由值班主任协调统一指挥，对全线列车运营和设备运行情况进行总体监视、控制、协调、指挥和调度。

OCC 的基本任务包括以下内容：

（1）组织制定行车、电力、环控调度规程，参与运营技术管理、行车组织等规程及突发事件预案，并组织实施。

（2）组织、控制有关行车人员按运行图行车，遇到列车晚点和突发事件时，及时采取调整措施、迅速恢复列车正常运行。

（3）密切注意客流动态，并按规定负责下令和通知自动售检票系统有关单位实行相关运营方案。

（4）负责行车、设备事故及突发事件的救援抢修的调度指挥，采取有效措施防止事故扩大，尽快恢复正常运行；按事故报告程序及时做好上报和下达工作。

（5）负责编制和组织实施正线的施工、抢修以及工程、调试列车的作业计划。

（6）建立、健全生产运营、调度指挥等各项原始记录、统计和分析报表，并按规定向上级主管部门上报。

（7）维护调度纪律，督查各基层单位执行调度命令和有关规章制度的情况，发现问题立即采取相应措施。

（二）行车调度工作

行车调度工作是城市轨道交通系统的核心。它的好坏直接影响乘客运输任务的完成。

行车调度工作的基本任务为：

（1）组织指挥各部门、各工种严格按照列车运行图工作。

（2）监控列车到达、出发及途中运行等情况，确保列车运行秩序正常。

（3）随时掌握客流情况，必要时调整列车运行方案。

（4）检查监督各行车部门执行运行图的情况。

（5）当列车运行秩序不正常时，及时采取措施，尽快恢复正常运行秩序。

（6）及时、准确地处理行车异常情况，防止行车事故的发生。

（7）当发生行车事故时，按规定程序及时向上级主管部门汇报，并采取措施防止事故扩大，积极参与组织救援工作。

行车调度的工作职责为：

（1）在主任调度员的领导和指挥下，与电调、环调配合，共同完成运营组织工作。

（2）按照行车组织有关规章的规定，协调行车各岗位的运作，组织运营工作的落实，确保整个行车系统的正常运作。

（3）监控列车运行，维持正线列车运行秩序，确保列车运行安全、正点。

（4）组织工程车开行和安排施工作业，指示车站或施工负责人检查施工作业和人员的安全保护措施，尽量满足设备维修需要。

（5）听取设备状况报告，及时向维修值班人员通报设备故障情况。

（6）传达上级有关运营工作的指令，发布调度命令，布置、检查、落实行车工作计划，确保行车工作顺利进行。

（7）处理运营中出现的紧急事件，分析影响程度，记录处理经过，通报故障及延误情况，及时调整列车运行，尽快恢复正常运营，减少损失。

（8）监控各种行车设备运作，做好故障记录工作。

（9）收集、填写运营工作有关数据指标，做好原始记录。

二、行车调度控制方式

城市轨道交通系统的基本行车调度控制方式主要与采用的行车调度指挥设备类型有关，主要有调度集中和行车指挥自动化两种。车站控制是在特殊情况下采用的辅助方式。

（一）调度集中

行车调度员通过调度集中控制设备来控制所管辖线路上的信号和道岔，办理列车进路，组织和指挥列车运行。这时，基本闭塞方法为自动闭塞法，列车运行以驾驶员操纵为主。在采用非调度集中控制时。可改为车站控制，车站值班员在列车调度员的指挥下，办理列车进路，接发列车作业。

调度集中控制设备是一种远程控制的信号设备。它是区间采用自动闭塞、车站采用电气集中联锁，在控制中心利用电缆引接指挥该线路列车运行。控制中心的行车调度员通过操纵控制台上的按钮集中控制、管辖线路上的信号和道岔，直接办理各车站的接发车进路，指挥列车运行。行车调度员通过区间和车站线路表示盘，可以清楚地掌握线路上列车运行和分布情况、区间和站内线路的占用情况、各种信号机的显示状态和道岔开通位置等。

（二）行车指挥自动化

在行车调度员的监控下，由双机冗余计算机组等设备构成的列车自动监控（ATS）子系统完成列车运行的控制任务。这时，基本闭塞方法为自动闭塞法，通常还采用列车自动保护（ATP）和列车自动运行（ATO）子系统，三个子系统构成列车自动控制（ATC）系统，ATC 系统具有列车运行自动化和行车指挥自动化功能。在 ATS 子系统因故不能使用时，改为调度集中控制。

ATS 子系统的硬件组成包括：双机冗余计算机组和控制室内的显示盘、工作站、绘图仪、打印机等设备。该子系统的主要功能是跟踪正线列车运行，显示列车车次，根据储存的基本运行图或调整过的计划运行图，行车调度员可用人机对话方式生成当前使用运行图，自动排列列车进路，自动进行列车运行调查，自动绘制实际列车运行图和生成各种运行报告。该子系统的主要人工功能包括行车调度员直接办理进路和进行列车运行调整。

三、行车调度组织

（一）正常情况下的列车运行组织

为实现按图行车，行车调度员要努力确保列车正点运行，行车调度员应在列车出场、列车折返方式和客流组织等方面进行组织，确保列车正点始发。由于途中运缓、设备故障等原因，会造成列车运行晚点。此时，行车调度应根据列车运行点和行车安全的原则，尽快使晚点列车恢复正点运行。

列车运行调整的主要方法如下：

（1）始发站列车提前或推迟出发列车。

（2）根据车辆的技术状态、线路允许速度，改变列车速度，恢复正点。

（3）组织车站进行快速乘降作业，压缩停站时间。

（4）组织列车越站运行。行车调度员应严格掌握列车跳停原则：客流较大车站原则上不安排通过，不允许办理连续两列车通过同一车站，列车以规定运行等级速度通过车站，通过车站的计划原则上在始发站安排。

（5）变更列车运行交路，组织列车在具备条件的中间站折返。

（6）扣车。当一条线路的列车由于车辆或其他设备故障引起运行不正常，造成乘客拥挤时，调度员可采取扣车措施，将列车扣在附近车站，以缓解压力确保列车间隔。

（7）停运列车。当线路某区段中断，已不能满足在线列车运行时，调度员可适当抽调部分列车下线，拉大列车时间间隔运行。

（二）特殊情况下的列车运行组织

非正常情况下的列车运行组织是相对上述正常情况下的列车运行组织而言的，它是在基本列车运行控制方式由于信号故障、道岔故障等原因而不能继续采用时的列车运行组织。下面选取部分特殊情况下的列车运行组织进行分析。

1. 列车自动控制系统故障时

在采用ATC系统情况下，由ATS子系统完成列车运行的控制任务，行车调度员只起监控作用。列车根据ATP子系统提供的信息，由ATO子系统自动驾驶运行。

在ATC系统发生故障时，行车指挥方法和列车运行控制方式改变如下。

（1）ATS 子系统发生故障，改为调度集中控制，由行车调度员人工控制全线的信号与道岔、办理列车进路和调整运行秩序。

（2）ATP地面设备发生故障，因ATO车载设备接收不到限速命令，无法按自动闭塞法行车。在小范围的设备故障时，可由行车调度员确认故障区间空闲后，向驾驶员发布命令，列车在故障区间限速运行；如发生大范围的设备故障时，须停止使用自动闭塞法而实行电话闭塞法行车，改为由车站控制。

（3）ATP 车载设备发生故障，因故障列车无法接收限速命令，该列车驾驶员应按调度命令，人工驾驶限速运行。

（4）ATP子系统和车站通信设备同时发生故障，采用时间间隔法行车。

（5）ATO子系统发生故障，列车改为人工驾驶，在ATP车载设备的监护下，按车内速度信号显示运行。

2. 改为车站控制时

凡发生下列情形之一时，根据行车调度员的命令，由调度集中控制改为车站控制。

（1）对所管辖的道岔或信号失去了控制作用时。

（2）表示盘上失去了复示功能或不能正确复示时。

（3）停止使用自动闭塞法时。

（4）清扫道岔时。

（5）列车运行或调车有关工作必须由车站办理时。

当调度集中控制改为车站控制时，在行车调度员的指挥下，由车站行车值班员办理闭塞、准备进路、开闭信号相接发列车。

3. 改用时间间隔法行车时

由于自然灾害或其他原因使车站一切电话中断，车站行车值班员无法与控制中心、邻站取得联系，为了不间断行车，双线区间可改用时间间隔法行车。

此时，行车作业办法与要求如下：

（1）车站行车值班员指定改用时间间隔法的第一趟列车驾驶员，将实行该情况通知有关车站。

（2）除线路两端折返站外，中间站道岔一律置于正线列车运行位置，如车站行车值班员无法在控制台上确认道岔位置或转换道岔的，必须随车就地确认或办理。

（3）出站信号机置于停车信号显示，列车进入区间的行车凭证为红色许可证，手信号发车。

（4）两列车的间隔时间和列车运行速度应符合要求。

4. 夜间施工时

夜间施工是城市轨道交通系统生产活动的重要组成部分。运输调度部门既要按照批准的施工计划，保证设备维修更换、线路扩建工程等夜间施工任务的顺利完成，又要保证次日运输生产能正常地进行，为此，夜间施工时的行车应按有关作业办法与要求组织。

（1）行车调度员应认真核对当夜施工计划，对施工内容、地点和方法做到心中有数。目前上海市规定：如施工负责人在规定时间内未与行车调度员确认夜间施工，视为施工计划自行取消，行车调度员不予安排。

（2）行车调度员在规定时间内将施工命令下达给有关车站值班员和信号楼值班员，相应车站应做好相关的准备和布置工作。行车调度员应保证施工时间，并在施工过程中与施工负责人或车站值班员保持联系。

（3）需向施工封锁区间开行施工列车时，列车进入封锁区间的行车凭证为调度命令。调度命令中应包括列车车次、运行速度、停车地点和停车时间等有关事项。向施工封锁区间开行施工列车，施工地点每一端只准进入一列。施工列车进入施工地段时，应在施工防护人员显示的停车手信号前停车，并按照施工负责人的要求，采取调车方式，进入指定地点。

（4）施工列车应按闭塞方式运行。当一个区段一条线路上，只有一个列车往返多次运行时，可采取封闭区间运行的办法。

四、列车运行调整

在轨道交通运营过程中，当发生突发事件、设备故障造成列车晚点或运行秩序紊乱时，行车调度人员应及时介入，根据实际情况合理组织、灵活应变，运用各种手段对列车进行调整，在确保安全的前提下维持有限度的运营服务，降低对乘客造成的影响，尽快恢复正常的运营秩序，实现按图行车。

（一）列车调整原则

列车调整的目的是尽量降低故障、事件对乘客服务所造成的影响，尽快恢复按图行车。调整列车应在确保安全的前提下，做到全面、快速、有效，从而做到尽量缩小影响范围，保证运营的服务质量。

（1）安全是轨道交通运营的生命线，行车调整必须把安全放在首位，确保行车、设备及乘客生命财产的安全。

（2）在人工调整列车时，行车调度员要做到全面掌控，不能只顾突发事件、设备故障本身的处置，而是应充分评估事件、故障对全线运营的影响，尽量确保事件、故障发生区域以外的其他线路不受影响，从而减小影响范围。

（3）在故障、事件发生后，行车调度员应做到快速反应、及时处置，把握事发初期的关键时间，及时介入调整，掌握主动权，尽量降低对乘客造成的影响。

（4）为乘客提供优质的服务是轨道交通运营的基本目标，行车调整的根本目的就是降低事件、故障对乘客造成的影响。因此，行车调度员进行人工调整列车时应充分考虑对乘客的影响，采取合理、有效的调整措施，维持故障区域的有限度运营，尽量确保其他区域不受影响。

（二）人工调整列车的方式

通常情况下，列车延误时间在 ATS 系统自动调整范围以内时，ATS 系统可对列车运行速度、停站时间进行自动调整，使列车恢复按图运行。但在列车延误超过自动调整的范围时，就需要行车调度员人工介入进行调整。常用的人工调整列车的方式主要有以下几种。

1. 扣车

行车调度员通过信号系统执行相关扣车命令（中央控制时）或直接向司机和车站发布扣车指令将列车扣停在车站。扣车主要用于当前方列车或车站发生突发事件、故障导致列车晚点时调整列车运行间隔或防止后续列车在区间停车。扣停列车原则上遵循“谁扣谁放”的原则。

2. 人工限速

行车调度员通过向司机发布降低运行速度的口头命令以达到列车限速运行的目的。限速主要用于行车调度员临时调整列车运行间隔、安排相关人员查看某段线路设备状态或线路设备故障等原因需临时限速的时候。

3. 越站

行车调度员通过信号系统执行相关跳停指令或向司机发布指令来实现列车在某个车站不停站通过（也称跳停）。越站主要用于车站周边地面客流管制、车站发生突发事件暂停服务。组织列车越站时，必须充分考虑对乘客的影响，及时通知相关车站及司机必须做好乘客服务工作，载客列车越站应得到主任调度员同意后方可执行。

4. 放空列车（追线）

当列车出现较大延误造成后续列车堵塞时，行车调度员可组织某列车在终点站完成折返作业后空车不停站运行至某个车站后重新投入载客服务或组织中途加开的列车空车运行一段距离后再投入载客服务，确保列车运行间隔相对均衡。连续放空列车会对乘客造成较大的影响，因此原则上不应连续放空两趟列车。

5. 调整发车时间

（1）当后续列车预计将出现较大延误，行车调度员在充分考虑客流压力和设备能力的情况下可适当推迟载客列车在始发站的发车时间，从而保证列车间隔相对均匀，均衡各列车的客流压力。

（2）在行车密度较大的情况下，如因加开列车的原因造成折返站的折返能力紧张，行车调度员可视情况适当组织某次列车早发，确保后续列车正常折返。某次列车因故退出服务造成行车间隔加大时，行车调度员可组织前发列车晚发或后续列车早发，确保列车间隔相对均匀。

6. 抽线

抽线是指因列车延误较多或因故退出服务时，行车调度员根据实际情况取消某次图定列车的运行计划。抽线主要用于以下情况：

（1）当列车因故出现较大延误，造成终到折返完成后的比照图定发车时间仍然延误一个行车间隔以上时，如在当前运行单程无法安排备用列车投入服务或备用列车数量不能完全填补延误造成的间隔时，行车调度员可根据实际情况取消某次图定列车的运行计划，此时行车调度员可以通过控制前发列车的运行速度来适当调整间隔。

（2）当某列车在运行途中因故退出服务，本次列车的下一个单程无法安排备用车顶替时，行车调度员可视情况停运下一个单程的图定车次。

7. 加开（图外）列车

加开列车是指行车调度员根据实际情况安排备车开行图外车次或安排原计划退出服务的列车开行图外车次继续服务。加开列车主要用于出现大客流或列车故障延误较多时，行车调度员安排加开列车以缓解客流压力的情况。

8. 反向运行

当出现运营线路中断或列车严重堵塞时，行车调度员可组织某一时段的部分列车经辅助线转到另一方向的线路上反方向运行至终点站（或反方向运行一段线路后再转回原方向运行至终点站），维持中断或堵塞方向的列车服务，均衡双方向列车的运行间隔。

9. 小交路运行

小交路运行指列车在中间站清客后，经辅助线折返至另一方向的线路后继续运营。当列车或其他设备发生故障造成某段线路严重堵塞时，行车调度员可根据实际情况适当组织列车在中间站清客后执行小交路运行，均衡列车间隔。

10. 单线双向运行

单线双向运行（俗称“拉风箱”）是指在某段单方向运营的线路上固定一段时间内组织列车执行双方向运营。主要用于当某单方向区段严重堵塞时，为避免运行中断，行车调度员可安排列车在与该区段线路平行的另一方向线路区段上执行单线双向运行，通常在执行单线双向运行时应结合小交路运行，两种调整方式共同配合。单线双向运行时对车站的客流组织能力要求较高，行车调度员应提前决策并及时下达调整方案，与车站做好沟通。

11. 赶点

赶点指在出现列车延误时，行车调度员通过安排车站对晚点列车进行针对性的客流组织、组织司机在折返站加快折返作业提前发车等一系列手段压缩列车停站作业时间，从而达到减少列车延误，尽快恢复按图行车的目的。

12. 变更路径

变更进路指行车调度员通过信号系统以人工排列进路的方式改变某次列车的计划运行进路。变更进路通常用于某段线路因故中断时，行车调度员利用辅助线改变列车计划运行进路维持运营，或折返站因设备故障等原因行车导致调度员需改变列车的计划折返进路等情况。

五、运行质量分析

运营统计指标包括兑现率、正点率等指标。通过对运营指标的完成情况进行统计分析，以找出提高运营指标的办法，同时对日常调度工作进行综合统计分析，发现问题、制定措施。此外，还需对班组调度员的报表填计及运营生产完成情况进行考核。调度分析、统计工作可分为日分析、定期分析和专题分析。

（一）日分析

日分析包括如下内容：

（1）正点率，兑现率，列车加开、取消情况，运营里程。

（2）换车情况、放站、清客、列车救援、严重晚点、反方向运行情况。

（3）设备故障、列车故障情况。

（4）施工完成情况。

（5）各种记录报表及运营指标的考核工作。

（二）定期分析

定期（例如每月）对该阶段的各项运营指标、安全生产和施工检修等情况进行分析、统计，并做出相应的报表以积累资料，为运营决策部门改进日常运营组织方案提供必要的依据。

（三）专题分析

对某一特定任务组织专题分析，以便指导行车调度员更好地完成任务或进行总结。

第四节　客运组织

一、客运服务流程

城市轨道交通系统的运行目的是不间断地运送乘客安全、准时地到达目的地。

城市轨道交通客运组织流程根据乘客“购票、检票、候车、乘车、验票、离站或换乘”车站活动，可以分解为以下具体作业流程，如图 10.14 所示。

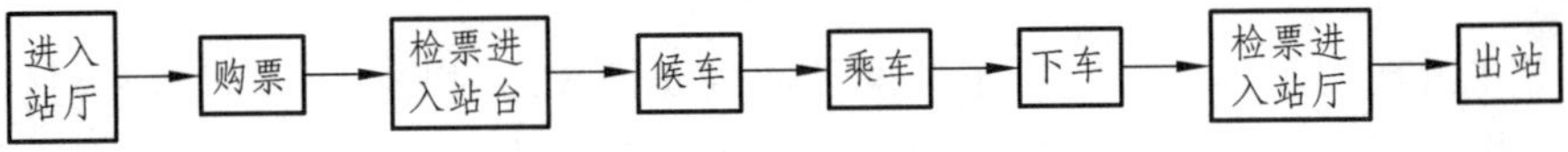

图 10.14　客运组织流程

（一）进站

乘客搭乘城市轨道交通，首先需弄清附近城市轨道交通车站的位置，然后通过出入口进入。为此需要明确乘客需求，以确定设施设置原则和具体位置。

1. 乘客需求

（1）车站位置合理，方便到达。

（2）到城市轨道交通车站的走行距离短。

（3）城市轨道交通出入口易找到。

（4）城市轨道交通引导系统指示明确。

2. 设施设置原则

（1）出入口以最大限度吸引客流为准则。

（2）出入口与公交车站换乘方便。

（3）城市轨道交通标志醒目，指示牌设置合理。

（二）问询处

搭乘城市轨道交通的乘客可分为一般购票乘客、老人、学生等特殊乘客及残障人士。其中购票乘客可分为熟悉城市轨道系统的乘客，如购 IC 卡的本地乘客；不熟悉城市轨道系统的乘客，如购单程票的外地乘客、旅客和搭乘城市轨道交通次数不多的本地乘客。一般情况下，询问的乘客多为不熟悉城市轨道交通的乘客。

1. 乘客需求

（1）位置合理、醒目。

（2）引导指示明确，标志醒目。

（3）规模结合乘客特点。

（4）询问人流不干扰其他人流。

2.设施及服务要求

（1）询问处服务窗口的多少、等候面积。

（2）需根据不同车站的乘客特点，设计不同询问处的形式。

（3）服务人员要服饰整洁、热情周到、礼貌待客、服务规范。

（三）购票

进入车站付费区的乘客均需持有城市轨道交通车票，持单程票的乘客每次进入车站均需购票。持储值卡的乘客，需根据实际情况进行充值。

1. 乘客要求

（1）非付费区设有售票机、票务亭。

（2）位置合理，处于进站的流线上。

（3）引导指示明确，标志醒目。

（4）最好设有零钞兑换机。

（5）售票机、人工售票工作台数量合理，购票等待时间不长。

2. 设施的设置

（1）售票机、票务室设置的数量。

（2）根据不同车站的乘客组成特点及乘客舒适的购票时限而设计所需的空间，设计前需分析乘客的组成特点。

（四）检票

乘客购票后，将所持车票送入闸机检票口；经检票无误后，闸机开放，让乘客通过闸机进入付费区。

1. 乘客需求

（1）迅速找到闸机。

（2）能快速通过闸机。

2. 对设施的要求

（1）位置醒目，指示明确。

（2）闸机的通过能力与客流量相匹配。

（3）闸机数目、进出的配置需根据不同车站的乘客组成特点。

（五）候车

乘客过闸后，进入付费区，到站台等候列车到达。

1. 乘客需求

（1）方便到达站台，舒适候车。

（2）清楚明了现在所处的位置及需搭乘列车的方向和车次。

2. 对设施的要求

（1）站台应设有明显的候车安全线。

广播提示乘客在列车未进站停稳、车门未完全打开之前，不要越过安全线，以防发生意外事件。

（2）采用广播系统预报。

车站通过广播为乘客预报下次进站列车的方向。已经有两种新的设备投入运用，一种为自动广播系统，当后续列车驶入接近区段时，广播系统自动工作；另一种为在站台设置同位显示器，向乘客预告列车运行情况。

（3）安装站台门。

屏蔽门可为乘客提供一个舒适的候车环境，又能保障乘客在站台的候车安全；

（4）舒适的候车环境。

空间宽阔、压抑感少，灯光照明配置合理，减少噪声干扰，空调气流组织舒适；引导指示系统醒目清楚；广告位置合理，不干扰引导指示系统。

（六）列车旅行

1. 乘客需求

（1）列车运行平稳。

（2）车内整洁舒适。

（3）能随时了解列车的运行情况。

2. 客车要求

（1）客车外部运行方向标示明显。

（2）客车内要有列车运行路线图展示，并标示站名。

（3）客车内要有与该线路相交叉的轨道交通网图及相交路线的运行时刻。

（4）客车上的管制标语（如禁止吸烟等）应该清楚标示。

（5）客车符合运行标准，车内灯光配置合理，座位舒适。

（6）客车广播信息及时、准确。

（七）验票

乘客乘坐轨道交通到站后，下车持票到闸机，验票出闸。出站闸机的设置应与乘客行走路线一致，并反映乘客的需求。

（八）补票

乘客到站验票过程要求手续简单；乘客对设施的要求为：在付费区内设置，引导指示明确，容易找到；发生车票损坏或补车资等情况，需到票务室等候时间短。

（九）出站

乘客验票出站后，通过出入口离开车站。

1. 乘客需求

（1）方便出入。

（2）方便到达目的地。

2. 乘客对设施的要求

（1）车站在不同街区有出入口，出入口兼作过街隧道或天桥。

（2）出入口靠近公交车站。

（3）出入口设在人流主要活动区。

（十）换乘

换乘的乘客从一个车站到另一个车站，通过通道、扶梯或站厅换乘。

1. 乘客需求

（1）换乘距离短、快捷。

（2）换乘方向明确。

（3）通道照明适度、环境舒适。

（4）地下通道通风良好。

2. 设置要求

（1）换乘通道短、直接。

（2）引导指示清晰、明了。

二、客流组织管理

客流组织是为实现乘客运送任务，组织乘客按照预先设定的路线有序、安全地流动所采取的对应措施。

（一）进站客流管理

1. 出入口客流管理

（1）组织引导乘客经出入口、楼梯、自动扶梯（或垂直电梯），通过通道进入车站站厅层非付费区。该部分客流组织的关键环节是出入口客流组织。地下车站出入口一般均设置电扶梯和楼梯，电扶梯的方向可以根据需要进行调整，如果只有一部电扶梯时，一般将该部电扶梯运行方向调为向上，为出站乘客提供便利、避免出站乘客爬楼梯，并利于出站乘客快速疏散。楼梯根据宽度和该出入口客流大小设置相应的隔离栏杆。出入口客流组织应结合实际的客流大小情况，当车站设施能够满足客流需求时，采用正常的客流组织方法，各个出入口全部开放，进出站客流不需隔离分流，进出站乘客在楼梯上可混合行走。当出入口客流较大时，在出入口楼梯、通向站厅层的通道内设置分流隔离设施，确保进出站客流不相互干扰，不发生客流冲突。

（2）对于经过通道与站厅连接的出入口，当客流较大时，可在通道内进行组织排队，当客流过大时，需采取在出入口限流、分批放行乘客进站或临时关闭出入口等情况。

（3）对于与商场、物业连接的出入口，应考虑客流组成和出行特征，当客流放大时，应根据双方协议与相关单位共同制定的措施组织客流。

2. 购票

（1）组织引导部分需要购买单程票的乘客到自动售票机（TVM）、票亭半自动售票机（BOM）或临时票亭购票。购票客流组织的关键环节是通过合理设置导流设施，使乘客有序排队购票，并且购票队伍不影响正常进出站客流。

（2）在自动售票机或票亭前组织乘客有序排队购票、充值，车站一般可利用导流带等隔离设施进行排队组织，排队方向应不影响其他正常乘客通行为宜。当排队乘客较多时，可在站厅非付费区加开临时票亭，安排人工售卖预制单程票，将购票乘客进行分散。

3. 检票进闸

（1）当有大量乘客进闸时，车站需宣传组织进闸乘客有序进闸，防止乘客聚集在一起，出现争抢进闸的现象。

（2）车站根据进出站客流实际情况，可对双向闸机的方向进行调整，以便于更好地组织客流，调整时须保证优先满足出站客流的需求，同时尽量减少进出站客流的交叉，提高客流组织效率。

4. 至站台候车

乘客进入付费区后，通过导向标志、告示、隔离栏等措施组织引导乘客通过楼梯、自动扶梯（电梯）进入站台层候车，图 10.15 所示为在地铁车站站厅层设置导流栏杆，引导乘客进入付费区后，通过导向标志、告示、隔离栏杆等措施组织引导通过楼梯、自动扶梯（电梯）进入付费区的乘客快速到达站台候车（对于新开通地铁试运营初期）。

图 10.15　站厅层设置导流栏杆

（二）出站客流管理

1. 验票出闸

（1）乘客下车后到达站台，组织引导乘客通过楼梯、自动扶梯（电梯）进入站厅层付费区。

（2）站厅付费区设有导向标志，付费区出站导向标志提示各出入口周边环境建筑设施、道路信息，乘客根据出站指引导向标志，选择正确的出闸方向出站。

2. 出站

乘客通过出站闸机，进入站厅层非付费区，站厅非付费区设有导向标志（各个出入口周边道路、大型建筑设施、单位），通过导向标志或人工问询服务组织乘客找到所要到达目的地的出入口，经通道、出入口楼梯、自动扶梯（或垂直电梯）出站。出站客流组织应坚持尽快疏散乘客出站为原则，防止出站与进站客流产生明显对冲和交叉，为使乘客较快疏散和方便乘客出站，出入口电扶梯运行方向一般调为向上。

（三）换乘客流管理

换乘站一般客流比较大，同时客流流线复杂，客流组织相对于其他车站较为复杂。换乘站根据换乘方式的不同在客流组织管理上应注意采用不同的方法，总体的客流组织原则是组织好换乘客流、缩短换乘路径、减少换乘客流与进出站客流的交叉、干扰。

根据城市轨道交通换乘系统的构成，改善换乘客流组织的措施可以分为空间资源整合与时间效益优化两类。空间资源整合是通过对各种换乘设施进行优化设计，缩短换乘走行距离，减少换乘流线间的干扰，优化换乘导向标志，使得人流在换乘站有序、安全、畅通地流动，换乘衔接紧密。时间效益优化主要是通过对轨道交通模式内和模式间换乘占用的时间资源进行优化设计，利用计算机系统和信息技术，进行列车时刻表的协调和优化，减少换乘的等待时间。

（四）网络化客流管理

随着城市轨道交通网络化的形成，轨道交通承担城市出行的比重逐步增大，车站的进出站客流量会迅速增加，已建成车站的空间有限，与单位时间内因客流增加造成的车站可用空间不足形成矛盾，解决这一矛盾的有效手段就是合理的客流组织。

1. 运营全盘考虑、统筹兼顾

网络运营条件下的列车运行计划编制，须重点考虑换乘车站尤其是大型换乘枢纽的运营计划，各条运营线路应根据不同线路的客流量来制定换乘车站各方向列车的到发点，尽量做到各条线路到发客流与其列车运能的匹配。在制定换乘站的运营计划时，还应考虑不同线路之间的列车运行间隔时间，最大限度地减少乘客在站台上的停留时间。

2. 换乘车站统一管理

大型换乘枢纽站，不仅客流量大，而且客流组成复杂，为应对客流出行特征的变化、满足未来乘客出行的需求，要求换乘站所涉及的多条线路实行统一的运营管理。实现换乘枢纽车站管理的统一性、完整性。统一的线路管理将有利于为乘客提供完整的信息服务支持和优质、统一、标准的客运服务。

3. 合理布置车站售检票设备

车站自动售检票设备的布局，将直接决定客流的流动线路，自动售检票设备的合理布局是保证客流快速流动的重要条件。换乘车站具有出入口多、车站规模大的特点，车站设备的布置更要考虑客流的走向，使各种形式的客流尽量减少相互间的对冲与交叉干扰。在换乘车站，特别是站厅换乘的车站，由于受到车站可利用空间的限制，不能盲目、简单地进行付费区设置，应充分考虑乘客售检票、换乘、进出站等不同的流动目的，进行车站整体布置。

4. 换乘导向系统需加强优化

换乘车站对涉及换乘的导向标志和乘客信息显示系统要充分考虑换乘客流的需求，合理确定导向的位置，准确明晰地制定导向的内容。在导向信息的分布中，首先要强调主要信息，如换乘方向、线路的分布等，其次也应发布一些乘客可能需要了解的信息，如出入口的周边信息、首末班车时刻等。

5. 利用网络的通达性，合理引导客流

轨道交通网络形成后，各条线路因换乘站而连接成网，任何两车站之间的路径可有多种不同的选择。一旦某条线路发生了列车故障，为减少单点故障对乘客的影响，运营单位除了积极采取应急措施外，还可以充分利用轨道交通网络，避开故障区域，尽可能减少故障影响，同时还应及时加强对全网客流的引导、组织，引导乘客通过其他路径迂回、避开故障区域。

（五）车站大客流管理

大客流是指在某一集中时段集中到达，客流量超过车站正常客运设施或客运组织措施所能承受的流量时的客流。

1. 单个车站大客流管理

当全线网中的某一车站发生故障，不能正常运营，影响严重时，本站按照车站现场组织方法进行组织，必要时，向行车调度员申请在本站通过不停车，减缓本站压力。同时行车值班员向行车调度员汇报，由行车调度员通知线网各次列车司机，及时通过车内广播告知乘客，并通知相邻车站。

2. 全线网相关车站大客流管理

（1）接到通知后，立即采取限流措施，进行宣传解释，减缓或阻止乘客进站，在站外开展乘客组织工作，稳定乘客情绪，保证乘客安全。

（2）利用站内广播和其他宣传疏导方式，告知乘客列车运营情况，劝导乘客乘坐其他交通工具。

（3）因突发事件受到重大影响的各车站，必要时申请临时封站。

（4）继续运营的车站要充分考虑客流压力的波形传递性，加强客运组织力量，做好面对客流急增的准备。

三、票务管理

票务管理体系包括收益管理、车票管理、AFC 系统设备设施管理等，如图 10.16 所示。

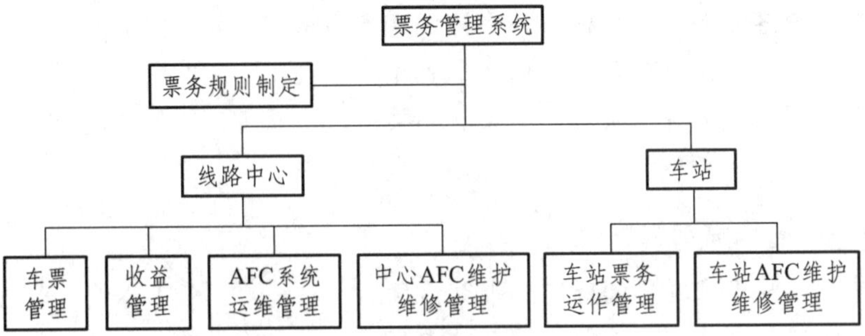

图 10.16　票务管理体系

票务规则制定：公司定期修订票务规则、票务政策，线路中心和车站负责执行最新版票务规则。

车票管理：负责线路中心对车票的储存、保管、配发、监控等工作。

收益管理：主要是通过设备交易数据、设备寄存器数据和统计数据、人工台账数据对设备和票亭半自动售票机操作员的收益情况进行核对，查找差异并分析原因，同时指导车站票务运作。

AFC 系统运维管理：系统维护人员对线路中心 AFC 系统的运维工作。包括系统定期巡检、日常系统维护等。

中心 AFC 维护维修管理：维修中心对各线路 AFC 备品备件的库存管理，以及对中心部件维修工作的监管。

车站票务运作管理：监管车站人员所参与的车站票务运作工作，包括现金、车票、AFC 系统、设备及报表等管理。

车站 AFC 维护维修管理：对车站 AFC 终端设备、服务器、网络设备的维护维修管理，包括定期维护、故障维修等。

四、客运服务质量

城市轨道交通系统虽然复杂，但只有客运服务工作才直接面对广大乘客，客运服务工作是直接反映系统运营管理水平的重要标志之一，也是反映城市文明程度的窗口。

（一）乘客需求特征

无论从企业的角度看，还是从乘客的角度看，要实现乘客满意，都需要完整地理解乘客需求。从运营实践中来看“乘客需求”有以下 3 个特点。

1. 乘客需求是多方面的

乘客选择城市轨道交通出行，要求购票方便，候车舒适、安全、便捷、车站服务良好等。显然，其中安全与便捷是乘客出行最主要考虑的需求。在市场经济条件下，乘客总是选择最安全便捷、服务质量最好、价格相对便宜的交通路线作为出行首选，当这些指标都比较接近时，服务质量就成了主要因素。

2. 乘客需求是有层次的

马斯洛需求层次理论表明，不同层次有不同的需求期望值，同一层次不同用户、不同消费群有不同的爱好和需求，即使同一用户群在不同场合也会有不同的需求，需求的变化多体现在心理上的满足。

3. 乘客需求是不断发展的

随着生产水平的发展，乘客需求是不断变化、提高的。在市场经济条件下，乘客的出行促进了城市轨道交通企业的生产和发展。企业不仅要重视乘客当前主要层次的显性需求，更要着眼于即将到来的潜在需求，同时要认真清理出行需求量骤降的服务，从中总结出过去—现在—将来的需求发展规律。

（二）客运服务艺术

在满足了客运服务的基本要求之后，企业追求的是更高的服务质量、更高的乘客满意度。要达到这一目的，就需要有技巧地提供服务，即讲究服务艺术。

我们通常所说的“服务艺术”，实际是指在劳务活动中为满足服务对象某种特殊需要所运用的具体方法。讲究服务艺术，即讲究服务方法，它追求的是良好的服务动机与良好服务效果的统一。

1. 掌握乘客的心理

科学的服务方法来自对服务工作客观规律的正确认识。客运服务人员的服务对象是乘客，在乘客旅行过程中，乘客的各种愿望和要求是受心理支配的，各种外界的条件变化又直接影响着乘客心理，客运服务人员需要掌握乘客的心理活动规律，增加服务工作的有效性，提高服务工作的预见性。

（1）让乘客及时乘上车是乘客最基本的需要。

乘客的基本需要是及时乘上车，因此，城市轨道交通的客运服务都要从满足乘客的基本需要出发，急乘客所急，想乘客所想，尽责守职，做好本职工作，满足乘客及时乘上车的愿望，体现一心为乘客着想的良好的职业道德品质。

（2）关心安全，方便乘行，满足乘客的普遍性需要。

乘客的普遍性需要是安全和方便，对城市轨道交通客运服务人员来说，要时刻关心乘客的出行安全，尽力为乘客提供各种乘行过程中的方便，以此满足乘客的普遍性需要。

客运服务人员要时刻留意乘客的动态，及时发现不安全因素，对乘客的不安全行为要给予必要的提醒和劝阻。列车进站时要提醒乘客不要拥挤，劝阻抢上抢下；开关车门时要提醒乘客不要手扶车门，尽自己所能，积极防止因各种原因造成的乘客跌伤、压伤、挤伤等事故。总之，客运服务人员在任何情况下都要以对乘客高度负责的精神，关心乘客的乘行安全。

客运服务人员如要为乘客提供乘行的方便，需要做好在乘行中购票、等车、上车、乘车、下车、进站和出站等一系列乘行环节的服务工作。

（3）体贴照顾，热情周到，满足乘客的特殊需要。

老、弱、病、残、孕及怀抱小孩或其他一些特殊困难人群是客运服务人员重点服务的对象。由于这些乘客的自理能力或活动能力不及一般乘客，对乘行的方便往往都有特殊的需要，因此，需要热情而周到地为他们服务，城市轨道交通客运服务人员应尽力满足他们需要。

满足乘客的特殊需要，要求客运服务人员首先要能了解这些特殊乘客的困难和不便，体贴他们的难处，从感情上激发起为他们服务的热情，其次还要尽力设法予以特殊照顾，积极为他们排忧解难。对于老、弱、病、残、孕等特殊乘客，客运服务人员要特别注意他们的上下车安全，有条件的最好能搀扶一下；由于他们的行动都比较迟缓，其中有些耳目不便的，客运服务人员就更要对他们多留心一些。对一些残疾乘客，客运服务人员还要注意说话用语，不要伤害他们的自尊心，以免产生不快。这些乘客的特殊需要，对于客运服务人员虽然较麻烦，但它却最能体现我国社会人与人之间相互关心、相互照顾、团结友爱的平等互助关系，不仅是我们服务工作的需要，也是社会主义精神文明建设的需要和社会主义核心价值观的要求。

2. 讲究语言技巧

规范用语是讲究语言技巧的前提，是服务岗位的基本要求。而运用技巧性的语言满足乘客的服务需求是讲究服务艺术，提高服务质量的要求，是在规范用语的基础上所能提供的高水平的服务。

（1）语言亲切。

客运服务人员的服务是否到位，一方面要看服务是否主动周到，另一方面就要看客运服务人员的说话语气是否亲切、热情。

（2）商量口气。

客运服务人员与乘客是服务和被服务的关系，因此，客运服务人员对乘客说话应避免“命令式”口气，应用商量的口气希望乘客配合自己的工作。

（3）言辞委婉。

客运服务人员在向乘客解释一个问题的时候，言辞不能有责备的口气，应以委婉的言辞达到提醒乘客，让乘客得到理解。

（4）恰到好处。

客运服务人员在处理乘务矛盾时，说话办事要恰到好处，不该说的话不说，不该做的事不做，不该多说话的时候要控制自己少说几句。

（5）留有余地。

客运服务人员在乘务活动中说话办事，都要给乘客或自己留有余地，不说绝对的话，不要产生被动的局面。

（6）语言幽默。

幽默语言是要求客运服务人员在向乘客解释问题的时候，能让乘客听了感到心情愉快、容易理解、乐意接受。

（7）注意自责。

客运服务人员在乘务活动中出现乘务矛盾时，不要首先责备乘客，而应先讲自己有什么不足之处，然后再向乘客解释问题，从感情上化解矛盾。

（8）顾全大局。

客运服务人员在处理自己与乘客发生乘务矛盾的过程中，要从保护乘客的利益、维护公交企业信誉这个大局出发，宁可自己受点委屈，也要妥善处理好在工作中发生的一些乘务矛盾。

3. 坚持“以理服人，得理让人”的服务原则

乘客与客运服务人员之间发生的矛盾，部分是由于误会或是客运服务人员工作的疏忽造成的，这时，只要我们客运服务人员能耐心解释或虚心道歉，以诚恳的态度取得乘客的谅解，矛盾完全可以消除，对此，大多客运服务人员是知理的，也是能够做到的。

“以理服人，得理让人”是城市轨道交通职工在长期服务工作实践中总结的一条经验。它主张城市轨道交通职工在是非矛盾面前要心平气和，有礼貌地说理；有了理，又要本着

缩小矛盾的态度宽以待人，做到得理让人。俗话说“人非草木”，只要乘客不是故意侮辱人，不是耍野蛮、耍流氓，客运服务人员对其坚持耐心诚恳的态度，始终对他们保持信任和尊重，争取他们态度的转变还是可能的。

客运服务人员在服务工作中坚持“以理服人，得理让人”的服务原则，这样能有效地避免矛盾的产生，创造文明和谐的乘车环境，促进社会风气的改善。

第五节　设施设备管理

一、设施设备运行监测

设施设备运行状态监测是进行设施设备管理的基础和必要手段。其依据是各类设备的操作手册，操作手册应至少包括启用前的状态检查、启停程序、操作流程、异常情况处置程序、安全作业管理规定等内容。

设施设备运行状态监测作为常态化工作，应根据运营实际，合理制定设备运行计划。每日运营前，应对轨行区行车环境，车辆系统、供电系统、通信系统、信号系统、自动售检票系统、乘客信息系统、站台门等直接影响行车安全和客运服务的设备，以及其他重新开机启用的设备进行检查，确认正常后方可投入运营。

在密切监控设施设备运行状态的基础上，对于设备异常情况报警，应进行分级分类，及时检查确认并处理。无法继续维持运营或继续运营将危及行车安全的，应停运抢修并尽快恢复运营。可继续维持运营的，应视情采取区间限速、添乘检查、安全防护等措施，尽快完成故障修复。其他不影响运营的故障，应明确故障修复方案，在具备条件后及时组织故障处理。

对桥梁、隧道、轨道、路基等城市轨道交通设施，《城市轨道交通设施设备运行维护管理办法》中规定了巡查和监测工作的频次，设施存在病害、遇不良地质地段、发现变形较大地段及其他需要重点关注的地段，应根据实际情况加密监测点并加密监测次数。

（1）桥梁。

混凝土桥梁巡查频率不应低于 1 次/3 月，钢桥、钢混组合桥梁、钢混混合桥梁巡查频率不应低于 1 次/月。桥梁墩台基础沉降与梁体竖向变形等在交付运营后的第一年内监测频率不应低于 1 次/6 月，第二、三年监测频率不应低于 1 次/年，第三年之后频率不应低于 1 次/3 年。

（2）隧道。

巡查频率不应低于 1 次/月。隧道结构变形、联络通道等地下区间附属设施变形等第一年内监测频率不应低于 1 次/6 月，第二年监测频率不应低于 1 次/年，第二年之后频率不应低于 1 次/3 年。

（3）轨道。

巡查频率不应低于 1 次/周，对轨距、水平、高低、三角坑等轨道静态几何尺寸的监测频率不应低于 1 次/3 月，定期对轨道动态几何尺寸、车体垂直振动加速度和横向振动加速度等进行监测。

（4）路基。

巡查频率不应低于 1 次/月，对路基本体、排水设施以及防护加固设施的检查频率不应低于 1 次/年。

（5）接触网。

巡查频率不应低于 1 次/月，定期对接触网导高、拉出值、磨耗等进行监测。

车辆、供电、信号等设备通过自有或者辅助的监测和诊断功能，重点对以下关键部位、区域进行监控：

（1）车辆。

牵引系统、制动系统、受流装置、走行系统等。

（2）供电。

断路器、继电保护装置、干式变压器、再生储能装置、UPS 电源等。

（3）通信。

电源、传输设备、网络设备等。

（4）信号。

应答器、转辙机、电源系统等。

（5）机电。

通风空调与供暖、给水与排水、自动售检票系统、火灾自动报警系统、乘客信息系统、站台门等。

（6）区间设备。

区间消防电话、应急照明、区间联络通道、区间疏散平台、车站、区间人防门（防淹门）和区间防排烟系统和风阀等。

（7）安全服务设备。

列车门紧急解锁装置、站台紧急停车按钮、站台门应急解锁装置以及电扶梯紧急停梯按钮等紧急操作设备。

（8）接口设备。

定期对供电、通信、信号、综合监控、站台门等存在接口关系的设备系统时钟进行监测和校准，确保各系统与主时钟服务器同步。

二、设施设备维护

设施设备维护的依据是设施设备维护相关规程。设施设备维护规程应至少包括设施设备维护项目、维护周期、维护流程、维护工艺及技术标准、质量与安全控制要求、维护验收等内容，对关键工序的作业程序、注意事项及检查标准等应作详细规定。其中，车辆、信号等关键设备维护应符合以下要求。

（1）车辆系统列检间隔时间不超过 15 天，月检间隔时间不超过 3 个月，架修间隔不超过 5 年或 80 万车公里，大修间隔不超过 10 年或 160 万车公里，整体使用寿命一般不超过 30 年或 480 万车公里。

（2）信号系统维护间隔时间不超过 7 天，整体使用寿命一般不超过 20 年。

根据维护规程编制设施设备维护计划并组织实施，其中正线或车辆基地咽喉区关键道岔、正线接触网（轨）、正线轨道、车辆关键部件等重要设施设备的维护工作应严格按照维护计划执行。在制定运营计划时要充分考虑运营线路每天非运营时间内的设备设施检修施工预留时间，合理保障设施设备维护工作时长。

在设施设备维护施工过程中应严格落实施工区域管理、请销点登记等制度，加强安全防护和质量监控。轨行区等重点区域或关键设施设备施工作业应有专业人员监督。施工过程中动用其他设施设备的，施工完毕后应及时恢复原本状态并进行检查确认。由外单位进行施工作业的，运营单位应加强安全管理，由运营单位办理相关施工手续后，方可进行施工。在轨行区等重点区域施工的，运营单位应安排专人旁站监督。

设施设备维护所需的备品备件及周转件管理需建立相关制度，明确备品备件采购、存放、验收、领用和维护保养等要求，并结合设施设备故障统计分析情况，合理配备备品备件，避免因存放过久导致的功能失效出现。维修返回的周转件与备品备件区分管理，建立周转件履历资料，对其维修和流转使用情况进行跟踪记录。

对维护使用的工具、装备、仪器仪表进行定期检查、试验、校准和保养。禁止使用未经检测或检测不合格的工具、装备、仪器仪表对设施设备进行检测和维护。涉及强制检定的工具、装备、仪器仪表等设施设备，必须按照有关规定执行。

三、更新改造管理

更新改造是指以新建、新购固定资产替换需报废、拆除的原固定资产，而进行的综合性技术改造和采取的重大技术措施，以及对既有固定资产进行系统性技术改造、改良的升级更新。更新改造范围主要包括：

（1）对原有设备进行的综合性技术改造和采取的技术措施。

（2）为提高自动化、智能化水平和采用新技术、新材料、新产品而进行的技术改造。

（3）设备和建筑物等固定资产的购置或新建。

（4）环境保护、劳动保护、节能、综合利用原材料等需要添置的设备和相应的土建工程。

根据设施设备使用年限、运行状况监测评估结果、备品备件供应以及维护成本等情况，确定设施设备的更新改造项目，并编制设施设备更新改造方案，包含可行性论证、设计文件、运营组织调整方案和安全保障措施等内容。

对于车辆、供电、信号等涉及行车安全的关键设备，到达使用年限的应及时更新。未经充分技术评估论证，不能确保运行安全的，不得延期使用。更新改造过程中，轨道、车辆、供电、通信、信号等关键设施设备的主要部件批量采用新技术、新材料或新产品的，应在更新改造前对其安全性、可靠性、可维护性等进行充分评估，确认满足设施设备功能要求后方可逐步推广应用。

新购置列车均应开展动态功能测试，测试应先在试车线进行，并做好安全防护措施。在满足冲突点防护、车门与动车互锁、溜车防护和超速防护等安全功能要求后，方可进行正线测试。测试合格后，应开展不少于 2 000 列公里的不载客运行后，方可投入运营。正线测试应在非运营时段施行。

信号系统整体更新前应对更新工程的可行性进行充分论证，确保新信号系统的选型能与车辆、供电、通信、综合监控、站台门、乘客信息系统等原有设备接口兼容，尽量减少对原接口设备的升级改造。信号系统整体更新应在非运营时段进行，应实施全过程监控管理，确保既有信号系统在过渡期间正常运行，并对设备的安装工艺和标准进行卡控。

对于关键设施设备运行过程中暴露出来的软件安全隐患或缺陷，应及时组织供应商升级修复。对于新增功能或其他优化性的软件升级需求，应对功能变化和其他功能模块受影响情况进行充分论证后方可施行。软件升级前，应在实验室进行充分试验，并进行技术交底。升级时应组织供应商共同做好安全防护。

第六节　安全与应急管理

城市轨道交通运营安全与应急管理是城市轨道交通运营的重中之重。通过建立“横向到边、纵向到底”的全员、全方位、全过程的运营安全管理组织体系，形成有效的“控、治、救”的管理机制，实现“预先控制、过程控制、事后控制”的运营安全管理全过程控制，以保障轨道交通系统的安全有效运行。

一、安全管理制度

安全管理制度包括安全管理机构、安全运营生产责任、安全培训教育、事故管理、安全信息管理等内容。

随着 2005 年 8 月 1 日建设部颁布实施《城市轨道交通运营管理办法》(简称《办法》)，一定程度上弥补了国家对城市轨道交通行业安全立法的空白，《办法》颁布后各城市也根据所在城市的运营特点抓紧推动地方立法，对城市轨道交通综合安全管理体系做出规定，细化、丰富城市轨道交通安全管理法律法规体系。

城市轨道交通安全管理制度建设过程中要认真总结国内外城市轨道交通运营安全管理工作经验，针对城市轨道交通运营安全管理上存在的普遍问题，并根据各地城市轨道交通运营安全管理存在的主要问题以及不同城市轨道交通制式的运营特性，抓紧制定和完善国家及地方关于城市轨道交通安全运营管理的法律法规。明确城市轨道交通运营单位的安全职责，促使城市轨道交通监管部门的监管到位，依法规范乘客行为，保护城市轨道交通安全设施，确保城市轨道交通系统的安全运营。

此外，还要因地制宜地制定城市轨道交通运营安全管理的地方标准以及完善、统一的城市轨道交通行业标准。同时运营单位应制定企业自身的运营安全管理规章制度，在企业内部引入先进的运营安全风险管理体系，建立城市轨道交通应急处置体系、制定完备的应急预案，固化运营操作流程，规范员工行为。各级各地城市轨道交通行业监管部门则应加强对安全管理法律法规、技术标准实施情况的监督管理。从而建立起一套国家、地方、行业到企业的运营安全管理法律、法规、标准体系，确保城市轨道交通运营安全管理工作有法可依、执法有效。

二、安全风险管理

根据国际标准化组织的定义（ISO 13702—1999），安全为“没有超过允许限度的危险”或“没有不可接受的有害风险”。而风险是衡量危险性的指标，是某一种有害事故发生的可能性与事故后果的组合。安全管理本质上是一个风险管理的过程，风险管理是一门研究风险发生规律和风险控制技术的现代科学管理方法。随着我国越来越多的城市轨道交通线路投入运营，城市轨道交通运营风险和安全问题已引起社会各界的极大关注，城市轨道交通运营单位引入一套系统、科学的运营安全风险管理体系也成了大势所趋。

城市轨道交通运营安全风险管理是指城市轨道交通运营单位通过识别风险、衡量风险、分析风险，从而有效地控制城市轨道交通运营中可能产生的风险，用最经济的方法来综合处理风险，以实现最佳安全运营保障的科学管理方法。

城市轨道交通安全风险管理的程序主要包括风险识别、风险衡量、风险管理对策和执行与评估：

（1）风险的识别是对尚未发生的潜在的各种风险进行系统的归类和实施全面的识别。

（2）风险的衡量是对特定风险发生的可能性及损失的范围与程度进行估计和衡量。

（3）风险管理对策主要包括风险控制对策和风险经济处理对策。

（4）执行与评估是协调配合采取风险管理的各项措施，不断地通过信息反馈检查风险管理决策及其实施情况，并视情形不断地进行调整和修正，使之更接近风险管理的目标。

城市轨道交通运营安全风险管理综合考虑人、物、环境和管理体制等因素，建立运营安全风险管理机制，实施运营安全评价体系，旨在鉴别城市轨道交通工程及各系统中显露的和潜在的风险，处置并控制风险，以期预防城市轨道交通运营中可能产生的安全风险及其带来的损失；在损失发生后提供尽可能的补偿，减小损失对运营的危害性，保障城市轨道交通运营企业安全生产和各项活动的顺利进行。

三、应急管理

应急管理是针对可能发生的灾害类型，建立事故应急救援体系，以及因设备故障、突发客流、恐怖袭击等异常原因所造成的非正常运营情况，制定相应的应急处置预案，并应定期针对不同事故的应急救援进行演练。

为确保对各类突发事件的快速、及时、有效处置，最大限度地缩小突发事件的影响范围，减少其带来的损失，尽快组织人员救援和恢复开通运营，必须根据各类城市轨道交通的具体运营特点对各类城市轨道交通突发事件进行科学的预测，制订、完善各种事故情境下的应急处理预案，建立与公安、消防、医疗、公交、供电等单位沟通联系的城市轨道交通灾害抢险救援联动机制和指挥体系。并通过应急预案的演练，达到各级人员与各种设施设备的联调，提高多工种协同配合抢险作业的能力以及城市轨道交通运营管理人员的应急应变能力，同时也检验安全、应急设施设备维护保养的质量和应急功能的状态。

根据城市轨道交通突发事件的发生过程、性质和机理，突发事件主要分为以下三类：

（1）系统安全事故：列车脱轨、冲突、颠覆、突发停电、大客流爆满、道床伤亡等事件。

（2）公共安全事件：火灾、投毒、爆炸、公共卫生以及恐怖袭击事件等。

（3）自然灾害事件：大风、大雾、大雪、暴雨、霜冻、高温、雷击、地震等自然灾害。

城市轨道交通应急预案应该涵盖以上各类突发事件以及其他突然发生造成或者可能造成轨道交通区域（包括车站、列车内和区间线路等）重大伤亡、财产损失及恐怖暴力危及公共安全的各类紧急事件。此外，还应定期组织对城市轨道交通应急预案进行修订完善，通过对应急预案演练情况的总结，或对应急预案实际操作执行效果的评价，对现有应急预案进行评估、对应急预案各类别进行审核，确定应急预案内容的及时更新与完善，以适应新形势下的城市轨道交通安全运营需要。

第七节 主要运营指标相关内容请扫码观看

思考与讨论

2011 年 9 月 27 日 14 时 37 分，上海地铁 10 号线两列列车在豫园站至老西门站下行区间百米标 176 处发生追尾事故，造成 295 人到医院就诊检查，无人员死亡。经调查认定“9·27”事故是一起造成重大社会影响的责任事故。事故的直接原因是地铁行车调度员在未准确定位故障区间内全部列车位置的情况下，违规发布电话闭塞命令；接车站值班员在未严格确认区间线路是否空闲的情况下，违规同意发车站的电话闭塞要求，导致地铁 10 号线 1005 号列车与 1016 号列车发生追尾碰撞。

思考讨论：① 城市轨道交通面临的安全挑战主要有哪些？结合前序章节内容，从不同专业角度分析如何保障城市轨道交通运营安全？② 城市轨道交通的运营安全承载了城市市民大众出行安全。在这起事故中，人为因素是事故发生的主要原因，请思考如何增强职业的使命感和岗位的责任心？

课后思考题

1. 简述全日运行计划编制的要素和步骤。
2. 分析正常情况下和非正常情况下的列车运行组织的差异。
3. 分析客运组织的流程和关键要素。
4. 如何运用运营指标来指导运营生产和管理工作？

参考文献

[1] 孙章，何宗华，徐金祥. 城市轨道交通概论[M]. 北京：中国铁道出版社，2000.

[2] 谭复兴，高伟君. 城市轨道交通概论[M]. 北京：知识产权出版社，2007.

[3] 布赖恩・哈代. 巴黎地铁手册[M]. 北京：中国铁道出版社，2010.

[4] 尹浩东，李得伟，葛喜俊. 伦敦地铁的运营管理模式[J]. 都市快轨交通，2014（8）：122 ~ 124.

[5] 中华人民共和国住房和城乡建设部. GB 50157—2013 地铁设计规范[S]. 北京：中国建筑工业出版社，2013.

[6] 矢岛隆，家田仁，陆化普. 轨道创造的世界都市——东京[M]. 北京：中国建筑工业出版社，2016.

[7] 薛美根，杨立，程杰. 现代有轨电车主要特征与国内外发展研究[J]. 城市交通，2008（11）：88 ~ 91，96.

[8] 中国城市轨道交通协会年鉴编委会. 中国城市轨道交通年鉴（2019）[M]. 上海：上海书店出版社，2019.

[9] 中华人民共和国住房和城乡建设部，中华人民共和国国家质量监督检验检疫总局. GB/T 50833—2012 城市轨道交通工程基本术语标准[S]. 北京：中国建筑工业出版社，2012.

[10] 毛保华，等. 轨道交通网络化运营组织理论与关键技术[M]. 北京：科学出版社，2011.

[11] 冯爱军，李忍相. 市域快轨发展研究及技术分析[M]. 北京：中国建筑工业出版社，2015.

[12] 中华人民共和国住房和城乡建设部. GB/T 50546—2018 城市轨道交通线网规划标准[S]. 北京：中国建筑工业出版社，2018.

[13] 刘迁，吴爽. 我国城市轨道交通线网规划实践与思考[M]. 北京：人民交通出版社，2015.

[14] 易思蓉. 城市轨道交通线路规划与设计[M]. 北京：科学出版社，2013.

[15] 叶霞飞，顾保南. 城市轨道交通规划与设计[M]. 北京：中国铁路出版社，2001.

[16] 许药. 城市轨道交通规划与设计[M]. 北京：北京交通大学出版社，2012.

[17] 雷晓燕，圣小珍. 铁路交通噪声与振动[M]. 北京：科学出版社，2004.

[18] 应怀樵. 现代振动与噪声技术[M]. 北京：航空工业出版社，2005.

[19] 周庆瑞，金锋. 新型城市轨道交通[M]. 北京：中国铁道出版社，2006.

[20] 张庆玲，王海啸. 城市轨道交通车辆结构与检修[M]. 北京：北京理工大学出版社，2015.

[21] 赵洪伦. 轨道车辆结构与设计[M]. 北京：中国铁道出版社，2009.

[22] 朱宏，林瑜筠. 城市轨道交通概论[M]. 北京：中国铁道出版社，2011.

[23] 吴海军，柴小春. 城市轨道交通客运组织[M]. 重庆：重庆大学出版社，2013

[24] 贾文婷，庞绍煌. 城市轨道交通列车运行控制[M]. 北京：北京交通大学出版社，2012.

[25] 杨志强. 城市轨道交通车辆总体[M]. 北京：中国铁道出版社，2007.
[26] 王博铭. 城市轨道交通车辆工程[M]. 成都：西南交通大学出版社，2007.
[27] 曾青中，韩增盛. 城市轨道交通车辆（第 2 版）[M]. 成都：西南交通大学出版社，2009.
[28] 仇立新. 城市轨道交通系统车辆段设计有关问题探讨[J]. 中国铁路，2001（12）：39.
[29] 肖瑞金. 国外地铁车辆段的设计和车辆段维修设施[J]. 都市快轨交通，2005（1）：75.
[30] 李桂桂，冯太群. 地铁车辆段站场设计相关问题研究[J]. 铁道标准设计，2012，（3）.
[31] 谭复兴，等，城市轨道交通系统概论[M]. 北京：知识产权出版社，2011.
[32] 徐纪康，赵晓峰. 城市轨道交通运营信号基础[M]. 成都：西南交通大学出版社，2017.
[33] 伍勇，刘思宁. 基于节能和面向旅客服务的列车编组方案研究[J]. 城市轨道交通研究，2004（6）：27 ~ 31.
[34] 陈浩然. 用于城市轨道交通的小编组高密度列车开行方案[J]. 中国铁路，2001（5）：44 ~ 46.
[35] 刘明姝. 市域快速轨道交通线列车开行方案优化研究[D]. 上海：同济大学，2005.
[36] 王媛媛. 城市轨道交通列车运行图编制理论与方法研究[D]. 成都：西南交通大学，2013.
[37] 张秀媛. 城市轨道交通客运管理[M]. 北京：北京交通大学出版社，2012.
[38] 兰云飞，崔宏巍，鲍敏. 城市轨道交通票务管理[M]. 北京：北京交通大学出版社，2015.
[39] 国家市场监督管理总局，中国国家标准化管理委员会. GB/T 38374—2019 城市轨道交通运营指标体系[S]. 北京：中国标准出版社，2020.
[40] 郜春海，王伟，李凯贾，庆东. 全自动运行系统发展趋势及建议[J]. 都市快轨交通，2018，31（01）.
[41] 宁滨，郜春海，李开成，张强. 中国城市轨道交通全自动运行系统技术及应用[J]. 北京交通大学学报，2019，43（01）.
[42] 李猛，张艳兵，徐成永，郭泽阔.全自动运行系统地铁车辆关键技术[J]. 都市快轨交通，2018，31（01）：123-128.